掌尚文化

SALUTE & DISCOVERY

致敬与发现

顾 问 － 敖 鸿 吴仕华

贵州省民营经济发展报告

(1978-2018)

Report on the Development of
Private Economy
in Guizhou Province (1978-2018)

主 编 － 吴大华

执行主编 － 罗以洪

副 主 编 － 黄 勇 罗以洪 卫肖晔

经济管理出版社
ECONOMY & MANAGEMENT PUBLISHING HOUSE

图书在版编目（CIP）数据

贵州省民营经济发展报告：1978-2018/ 吴大华主编 . —北京：经济管理出版社，2020.8（2020.12重印）
ISBN 978-7-5096-7370-6

Ⅰ . ①贵… Ⅱ . ①吴… Ⅲ . ①民营经济—经济发展—研究报告—贵州—1978-2018 Ⅳ . ① F127.73

中国版本图书馆 CIP 数据核字（2020）第 152461 号

组稿编辑：宋　娜
责任编辑：杜羽茜　张鹤溶
责任印制：黄章平
责任校对：陈颖

出版发行：经济管理出版社
　　　　　（北京市海淀区北蜂窝 8 号中雅大厦 A 座 11 层　　100038）
网　址：www.E-mp.com.cn
电　话：（010）51915602
印　刷：唐山昊达印刷有限公司
经　销：新华书店
开　本：880mm×1230mm/16
印　张：15.25
字　数：410 千字
版　次：2020 年 9 月第 1 版　2020 年 12 月第 2 次印刷
书　号：ISBN978-7-5096-7370-6
定　价：98.00 元

《贵州省民营经济发展报告（1978-2018）》
编辑部

主　　　编　吴大华

副 主 编　黄　勇　罗以洪　卫肖晔

执 行 主 编　罗以洪

执行副主编　陈加友　林宏伟　李成刚　陈　涛　卫肖晔

编　　　辑　罗以洪　卫肖晔　陈　涛　林宏伟　魏　霞　谢孝明

　　　　　　陈加友　李成刚　曾　亮　邓小海　任永强　游建民

　　　　　　张　松　刘杜若　林　玲　何　松　吴　蓉　王　忠

　　　　　　罗正平　周中强　杨德明　徐　政　成　锦　斯　维

　　　　　　白映霞　李　凌　朱　薇　杨　燕　梅小亚　陈　婷

　　　　　　赵　策　丁文将　杨春明

主要编者简介

　　吴大华，男，1963 年生，侗族，湖南省新晃县人，法学博士，法学博士后，经济学博士后，博士生导师，博士后合作导师。现任贵州省社会科学院党委书记，二级研究员，贵州省首批新型智库·国家治理体系治理能力现代化地方实践高端智库首席专家。兼任中国法学会常务理事，中国法学会民族法学研究会常务副会长，中国人类学民族学研究会副会长暨法律人类学专业委员会主任，中国民族团体联合会常务副会长，国家民委法律顾问，国家民委决策咨询委员会委员，贵州省人大常委会咨询专家，贵州省人民政府法律顾问室法律顾问等。系国务院政府特贴专家、第三届"全国十大杰出中青年法学家"、全国首届杰出专业技术人才、教育部第四届"高校优秀青年教师奖"获得者、全国"十大教育英才"、全国文化名家暨"四个一批"人才、中国社会科学院首届"十大杰出法学博士后"、贵州省核心专家。在《人民日报》《光明日报》《经济日报》《中国法学》《民族研究》等报刊上发表文章 400 多篇。出版《民族法学通论》等个人专著 13 部，合著 70 余部，主编参编教材 15 部，主持国家社科基金重大、重点、一般、委托和后期资助课题 6 项，省部级以上课题 15 项。

　　罗以洪，男，1968 年生，土家族，重庆市酉阳土家族苗族自治县人，管理科学与工程博士，贵州省大数据政策法律创新研究中心副主任，副研究员，贵州省首批新型智库·国家治理体系治理能力现代化地方实践高端智库研究员。中国区域经济学会少数民族地区经济专业委员会理事，贵州省大数据专家库专家。主要研究方向为：区域经济、大数据、工业经济、民营经济、创新管理等，在《管理科学学报》《技术经济》《光明日报》《经济日报》《贵州社会科学》等报刊上发表文章 20 多篇，出版专著 1 部。负责或参与《贵州省"十三五"工业发展规划》《贵州省数字经济规划》《贵州省"十三五"现代服务业发展总体规划》等多项经济发展规划，主持 1 项国家课题、4 项省级课题，负责执行主编的蓝皮书及编著主要有《贵安新区发展报告（2015–2016）》《贵安新区发展报告（2016–2018）》《贵州省民营企业社会责任蓝皮书（2017–2019）》等。

序

2018年11月1日，习近平总书记在民营企业座谈会上发表重要讲话，充分肯定我国民营经济的重要地位和作用，宣示我党必须坚持和完善我国社会主义基本经济制度，毫不动摇地巩固和发展公有制经济，毫不动摇地鼓励、支持、引导非公有制经济发展"两个毫不动摇"的坚定立场，就坚持基本经济制度的一系列重大理论和实践问题作出深刻阐释，提出支持民营经济发展壮大的6个方面政策举措，让民营企业和民营企业家吃下定心丸、安心谋发展，为民营经济健康发展注入强大信心和动力，在全面建成小康社会进而全面建设社会主义现代化国家新征程中，民营经济将走向更加广阔的舞台。贵州省委、省政府先后召开省委常委会、省政府常务会议，传达学习习近平总书记重要讲话精神，要求全省各级各部门深入贯彻习近平总书记关于支持民营经济发展的重要指示要求，始终坚持"两个毫不动摇""三个没有变"，推动全省民营经济不断发展壮大。

贵州的发展历程，是中国改革开放的缩影和成功实践。1978年底，党的十一届三中全会召开，贵州民营经济快速发展，对全省经济社会发展做出了巨大贡献。"西部大开发"战略、《国务院关于进一步促进贵州经济社会又好又快发展的若干意见》（国发〔2012〕2号）、"一带一路"倡议、国家生态文明试验区、国家大数据（贵州）综合试验区、贵州内陆开放型经济试验区等的实施，以及"大扶贫、大数据、大生态"三大战略行动的推进落实，将曾经阻碍贵州这一中国西南内陆省份发展的不利因素，转变为新时代贵州发展的独特优势，从曾经对外开放的后方变成了对外开放的前沿。贵州充分依托丰富的自然资源和多民族文化特色，经济社会发展取得了显著成效，全省GDP从1978年的46.62亿元增加到了2018年的14806.45亿元，增长了289.5倍。1978年以来，贵州省民营经济从无到有、由弱到强，在贵州国民经济中的地位和作用越来越显著，全省个体工商户从 1978 年的 8617 户增加到 2018 年的 1848583 户，增长了 213.5 倍。近年来，贵州省委、省政府高度重视民营经济发展，四次召开全省民营经济发展大会，全省民营经济继续保持了良好的发展态势。2011 年 3 月，贵州省加快民营经济发展暨表彰大会在贵阳举行，时任省委书记、省长发表了重要讲话。2014 年 7 月、2016 年 7 月、2018 年 12 月又分别召开了第二次、第三次、第四次全省民营经济发展大会，省四大班子领导出席会议，营造了全省民营经济发展的良好氛围。2018 年以来，贵州省深入学习贯彻落实习近平总书记在民营企业座谈会上的讲话精神，始终坚持"两个毫不动摇"，大力支持民营经济健康持续稳定发展。认真贯彻实施新修订的《中华人民共和国中小企业促进法》，在中小企业中着重营造学法、懂法、用法的浓厚氛围，取得了良好的普法效果和社会反响。全省民营经济发展大会成功召开，要求进一步加强和改善党对民营经济工作的领导，推动全省民营经济不断发展壮大。出台《中共贵州省委、贵州省人民政府印发〈关于进一步促进民营经济发展的政策措施〉的通知》（黔党发〔2018〕29 号）、《中共贵州省委、贵州省人民政府关于营造企业家健康成长环境 弘扬优秀企业家精神 更好发挥企业家作用的实施意见》（黔党发〔2018〕3 号）、《省人民政府关于进一步激发民间有效投资活力促进经济持续健康发展的实施意见》（黔府发〔2018〕5 号）等促进民营经济发展政策，切实解决民营企业困难和问题，推动民营经济高质量发展。开通"服务民营企业省长直通车"，成立贵州省促进中小企业发展工作领导小组，召开民营企业座谈会，建立常态化沟通机制，为民营企业发展提供优质高效服务的政务环境。大力开展政策落实、金融服务、降本减负、扩大民间投资、营商环境整治、领导干部联系服务企业六大专项行动，着力构建"亲""清"新型政商关系，为全省民营企业营造良好发展环境。坚持非公有制经济改革，加强和改进非公有制企业党的建设，协调推进商事制度改革、行政审批制度改革，破除制约民营经济发展的各类壁垒，打造公平竞争环境，全省 9 个市（州）和贵安新区民营经济发展环境得到较大改善，其中贵阳市、毕节市和黔西南州民营经济发展环境指数分别达到了 85.83、85.00 和 84.81。大力推进"星光黔行·匠心铸梦"活动，持续抓好中小企业"专精特新"培育，积极引导民营企业投身脱贫攻坚行动，推动全省中小企业绿色发展、创新发展、转型发展。开展"6·27 中小微企业日"系列活动，促进创业创新，中小微企业服务体系进一步完善，服务能力进一步提升。大力弘扬优秀企业家精神，加强民营企业家队伍建设和组织领导，切实保障企业家合法的人身和财产权益。深入开展民营企业"千企帮千村"扶贫活动，召开全省贵商大会。在稳定增长、增加就业、推动创新、改善民生方面不断努力，更是在脱贫攻坚战场勇当先锋，贵州民营经济成为推动全省经济高质量发展的一支生力军。

原贵州省民营经济发展局委托贵州省社会科学院承担编著的《贵州省民营经济发展报告（1978-2018）》，系统归纳总结了 1978 年改革开放以来贵州省民营经济发展的主要历程、取得成效、主要政策文件和大事记，详实记录了 1978~2018 年贵州省民营经济的发展壮大进程，以实事求是的态度，总结了全省各个市（州）民营经济的发展成就、经验与教训，为全省民营经济高质量发展提供了重要参考。

民营经济是社会主义市场经济的重要组成部分，是推动贵州经济社会发展的重要力量，是未来贵州经济增长的主要源泉。未来贵州省将继续认真学习贯彻习近平总书记关于民营经济发展的重要论述，准确把握其精神实质和核心要义，坚决贯彻落实支持民营经济发展。始终坚持"两个毫不动摇"，按照高质量发展要求，构建"亲""清"新型政商关系，破除影响民营经济发展的歧视性限制和隐形障碍，着力创造更加公平的市场环境、政策环境、法治环境、社会环境，让民营经济创新源泉充分涌流，让民营经济创造活力充分迸发，成为推动贵州省经济社会发展的重要力量和经济增长的主要源泉，为贵州经济持续增长、决战脱贫攻坚、决胜同步小康提供强有力支撑，助推全省经济社会发展迈向新的历程。

贵州省工业和信息化厅副厅长　敖　鸿

（原贵州省民营经济发展局局长）

2020年2月

目　录

总报告

分报告

专题报告

附　录

总报告

1 贵州省民营经济发展报告

1978~2018 年，贵州省民营经济经历了起步阶段、稳步发展阶段、快速发展阶段、优化整合加速发展阶段。1978~2018 年，贵州省民营经济规模总量持续壮大，民间投资平稳增长，民营工业快速发展，综合效益日益提升，中小企业稳步发展。民营经济在取得显著发展成效的同时，也存在融资难、融资贵，民营工业增速放缓，民间投资占比下滑，政策落地"最后一公里"仍然存在，现代企业制度没有完全建立，民营经济管理机构不太健全等突出问题。要释放政策红利，提高民营经济在贵州省国民经济中的比重，营造良好的政商环境，发展特色产业助推民营经济转型升级，提高自身素质，推进可持续发展。

1978~2018 年，贵州省经济社会发生了翻天覆地的变化。贵州省的发展历程，是中国改革开放的缩影和成功实践。云贵高原、茶马古道、百节之乡，具有鲜明的地理、历史和文化特色，也是贵州省的传统名片。中国改革开放的推进、"一带一路"倡议的实施、发展理念的调整、"大扶贫、大数据、大生态"三大战略行动的推进落实，使曾经阻碍贵州省这一中国西南内陆省份发展的不利因素，正在转变成新时代贵州省发展的独特优势。"一带一路"倡议的实施、基础设施的改善，使贵州省拥有了直通周边国家的区位优势，从曾经对外开放的后方变成了对外开放的前沿。

贵州省充分依托丰富的自然资源和多民族文化特色，经济社会发展取得了显著成效，全省 GDP 从 1978 年的 46.62 亿元增加到了 2018 年的 14806.45 亿元，增长了 289.5 倍。1978~2018 年，贵州省民营经济从无到有、由弱到强，在贵州省国民经济中的地位和作用越来越显著，全省个体工商户从 1978 年的 8617 户增加到 2018 年的 1848583 户，增长了 213.5 倍。民营经济在促进贵州省经济发展、创业就业、改善民生等方面具有不可替代的重要作用，是全省国民经济快速发展、内生经济发展活力提升的重要支撑，也是全省经济发展新生的经济力量。

一、改革开放前贵州省民营经济发展

1949 年中华人民共和国成立，从此翻开了贵州省发展的新篇章。随着社会主义生产资料所有制形式的改变，贵州的社会性质也发生了质的变化。1949 年底，贵州国民经济进入恢复时期，在之后的 3 年中，贵州各族人民在中国共产党领导下，取得了剿匪斗争的胜利，建立和巩固了人民民主政权，在完成社会主义民主革命的同时，也取得了恢复和发展国民经济的巨大成就。1952 年，贵州省工农业生产在规模上、速度上都达到了历史上从未有过的水平：当年工农业总产值达到 13.46 亿元，政府收入达到 1.22 亿元，比 1950 年增长 2.43 倍。这一切为开展大规模、有计划的经济建设和社会主义改造准备了条件。

中华人民共和国成立初期，贵州省的民营资本企业只有几家得到了发展，绝大多数的民营资本企业濒临倒闭，全省民营资本企业仅为26家，整个民营经济处于十分萧条的状态。仅存的民营资本企业发展水平低下，生产设备简陋，生产技术落后，绝大多数民营工业企业仍然采用手工方法生产，如采煤业仍大量使用手镐刨煤，人力托筐，其他行业也是如此。针对这一现实，贵州省人民政府在1950年至1952年迅速接管了官僚资本企业，并对贵州民营资本企业进行扶持和改造。这一指导思想和措施为后来全省民营经济发展奠定了一定基础。

（一）中华人民共和国成立初期私营工商业在贵州国民经济恢复和发展中占有重要地位

据统计，1950年贵州省私营工业产值占全省工业总产值的67.7%，比全国同期比重高16.7个百分点。私营商业企业销售额占全省社会商品销售总额的92.9%，其中占社会商品批发总额的88.5%，占社会商品零售总额的95.6%，占零售总额的比重比全国同期高10.6个百分点。私营工商业在增加工业产品以满足人民需要的同时，促进了商品流通，在推动城乡交流、吸收劳动力就业、培养技术工人和管理人才、增加国家税收和社会积累方面起到了重要作用。

（二）中华人民共和国成立初期贵州私营工商业生产经营面临严重困难

中华人民共和国成立初期，贵州省工商业十分萧条，私营企业资金逃离现象非常严重。据统计，1950年上半年，贵阳市申请停业的私营企业就有1/3。针对这种情况，贵州省委、省政府对私营工商业采取了保护措施。按照《中国人民解放军布告》（又名《约法八章》）的规定，对民营资本家的私人股份进行认真清理，并及时退还给私人。在土地改革中，对占有土地的工商业者实行"割尾巴"，对其工商业资本坚决保护。规定不准到贵阳抓人，不准到工厂和商店抄查财务等。为保护民营资本家的安全，还专派部队护送，保

障运输等。

1950年6月，根据毛泽东同志在中共七届三中全会上作的《为争取国家财政经济状况的根本好转而斗争》的报告精神，贵州对私营工商业进行合理调整。贵州在调整工商业方面采取了如下措施：一是用扩大加工订货和收购其产品的办法，解决私营工商业在原材料、资金和产品销售等方面的困难，帮助其恢复和发展生产。省内一些地方特别是主要城市还成立了专门机构，制定了具体方法，加强了对加工订货的管理。二是对私营商业实行代购、代销、经销，如将一些商品的经营权让给民营工商业者。三是组织一些私营工商业户合并转业，有计划地在卷烟、肥皂、制革等行业中组织工业联营，在百货、电器、钟表等行业中组织商业联营。四是提供资金，改善服务。省内各地银行部门增加了对私营工商业的贷款，并降低了贷款利率。五是对食盐、棉纱、棉制品和毛制品降低了税率，简并了工商税税种和税目，对一些困难较大的欠税户，酌情予以税收减免或缓征，允许"借税"，同时改善了税收的稽征办法，简化了手续。六是在坚持广大工人的民主权利、发展生产、劳资两利的原则下，调整劳资关系，帮助私营工商业发展生产经营。通过合理调整，贵州省私营工商业得到较大恢复和发展：1951年的头10个月，贵阳、安顺、贵定、兴仁、毕节等地的私营工商业户增加了34%，资本额增加了64%。对私营工商业实行保护政策和进行合理调整，一方面，帮助私营工商业摆脱经济上的严重困难，使它们得以迅速恢复和发展，从而保护和发展了生产力，增加了社会产品，活跃了市场，增加了国家的财政收入，有利于全省国民经济的恢复和发展，有利于人民生活的改善。另一方面，促使私营工商业比较顺利地完成了由半殖民地半封建经济向新民主主义经济转变。在这一转变过程中，社会主义国营经济的领导地位进一步加强，私营工商业开始纳入国家资本主义的轨道，生产经营上的盲目性和无政府状态逐渐克服，经营方针和经营作风得到改进，这一阶段的民营资本企业的发展是比较正常的，也显示了民营经济在国民经济发展中的重要作用。

1953年，贵州开始着手对私营工商业的改

造工作。贵州省政府在《贵州发展国民经济的第一个五年计划》中，提出了对私营企业进行社会主义改造的计划目标，根据国家对资本主义工业实行社会主义改造的要求，结合本身的需要和可能的条件，在第一个五年计划期内，预计将产值 2104.1 万元左右的私营企业实行公私合营，到 1957 年公私合营的工业产值将达到 4157.3 万元，在全省工业总产值中所占的比重，也将由 1952 年的 10.87% 上升到 91.7%，私营工业的大部分将转变为高级形式公私合营的国家资本主义，建立起对私营工业的社会主义改造的基础。为实现对私营工业企业社会主义改造目标，贵州省主要采取了以下措施和步骤：加强对私营工业的改造工作。按行业归口改造，在对有条件的私营工业进行公私合营的同时，加强对私营工业的加工、订货、包销、收购等工作。到 1958 年社会主义建设时期，贵州民营资本主义工商业的社会主义改造已完成了 85% 左右，民营资本企业已基本纳入社会主义公有制体系。1949 年中华人民共和国成立时，贵州民营工业企业有 712 家，1950 年为 691 家，1951 年 1109 家，1952 年 1277 家，1953 年为 1186 家，1954 年为 870 家，1955 年为 429 家，1956 年和 1957 年均为零家，在社会主义改造完成后，贵州民营资本企业作为私有制的经济形式已基本不存在[①]。

（三）社会主义改造基本完成后贵州民营经济发展

1957 年，社会主义改造完成后，我国进入第二个五年计划时期。1958 年 5 月，中共八届二中全会制定了"鼓足干劲、力争上游，多快好省地建设社会主义"的总路线，不久全国各地掀起了"大跃进"的热潮。贵州省政府遵照党中央"关于继续加强对残存的私营工商业、个体手工业和小贩进行社会主义改造"的精神，结合贵州省情况，根据"整顿、登记、改造、淘汰或取缔"的原则和按业归口的办法，纳入组织改造的私营工商户共计 6219 户，其中手工业 1877 户，小商贩 4342 户。在小商贩中组织了共负盈亏的合作商店、合作小组 64 个、公私合营的商店 3 个，手工业

者（大多为私营企业主）分别参加到合作化高潮时组成的集体所有制的供销合作社和生产合作社中，实行按劳分配。

1962 年，党中央提出了对国民经济"调整、巩固、充实、提高"的八字方针，贵州对小商贩和手工业者（小企业主）采取了"开笼放雀"的办法，把"大跃进"时期进入国营的合作店、合作组的人员退出去，恢复其原来的组织和经营形式，允许他们在规定的地区和范围内，采购原料，销售产品。同时适当恢复被取缔的个体商贩和手工业者，让他们从事生活服务和修理等行业，小手工业者和小商贩发扬原有的灵活多样的经营特点和多种多样的服务方式，尽量便利群众。

（四）"文化大革命"期间贵州民营经济发展

1966 年 5 月至 1976 年 10 月，发生了持续十年的"文化大革命"，在此期间所有公私合营的企业全部转为国营。在"文革"中，一些由小商贩、小手工业者组成的合作社、合作商店，自动去掉"合作"二字，有的公私合营企业，将"公私合营"四字去掉，有的公私合营企业提出申请，要求转为国营。一大批公私合营的企业转为国营，其中较具代表性的有贵阳一些公私合营企业。比如贵阳黔光铝制品厂、贵阳胶鞋厂、贵阳化工原料厂、贵阳制漆厂、贵阳造纸厂、贵阳文教用品厂、贵阳酒厂、贵阳电池厂、贵阳华丰帆布厂、贵阳染织厂等。此外还有"延安""春雷""中南"以及钟表、委托 5 个商店都转为了国营。

在"文化大革命"中，还有 10 家公私合营工业工厂（手工业管理局属下 1 家，化工局属下 3 家，轻工局属下 6 家），3 家商办工厂（糖果厂、酱菜厂、中药厂），53 个独立核算商店（含门市部），160 个营业门市部（店）全部转为国营。

（五）中华人民共和国的成立为贵州民营企业发展奠定了一定基础

中华人民共和国成立初期，贵州根据中央精神对民营资本企业进行联营、公私合营的社会主义改造后，民营资本企业大部分完成了生产资料

① 申满秀.贵州历史与文化［M］.成都：西南交通大学出版社，2015：305.

所有制的伟大变革。这一变革对贵州经济、社会的发展以及贵州以后的社会主义建设打下了良好基础。

由于长期以来贵州非公有制经济（民营经济）发展不充分，贵州经济发展基础较为薄弱。作为经济欠发达地区，大力发展非公有制经济（民营经济），要围绕本地区经济发展实际，避免思想僵化。在选择贵州经济发展方针和策略时，不能脱离贵州实际，要实事求是地结合省情，聚精会神搞建设，一心一意谋发展。

二、改革开放后贵州省民营经济发展历程

改革开放后，贵州民营资本企业随着我国所有制结构的大幅度调整而重新出现。在农村广泛推行家庭联产承包责任制基础上，部分农民从集体经济中脱离出来，出现了大量的剩余劳动力，为非农业投资和剩余劳动力的结合创造了条件，个体企业应运而生。由于生产的发展和市场需求的扩大，一些个体企业开始雇用劳动力，兴办较大规模的私营企业，民营资本企业重新出现。民营资本企业这种经营机制，在社会主义初级阶段具有较大的内在动力。我国人口众多、劳动力廉价，耕地面积不足，民营资本企业成为农村剩余劳动力就业的最佳去处。这种经营机制也使生产经营者与生产资料紧密地结合起来，从而最大限度地调动生产经营者和生产者的积极性。

民营资本企业具有较强的生命力，在获得改革开放的阳光雨露后，贵州民营企业就如雨后春笋般迅速成长起来。党的十一届三中全会前，贵州几乎没有非公有制经济。1978年，贵州省国民生产总值中，非公有制经济只占1.15%，到了1988年，全省注册个体工商户为25.43万户，其中私营企业1.59万户，10年间分别增长了69%、74.1%。1997年，非公有制经济在贵州省国民生产总值中的比重上升到25%，上缴税收上升到11.26%，从业人员上升到16.47%，工业总产值上升到20.24%，社会消费品零售总额上升

到52.5%。2018年底，贵州省民营经济增加值为5628.48亿元，占全省地区生产总值的54.1%。

1978~2018年，贵州省民营经济从无到有、从小到大、由弱到强，大体经历了四个发展阶段。

（一）民营经济起步阶段（1978~1992年）

1. 个体私营经济、民营经济发展起步

1978~1981年，民营经济发展实现起步。党的十一届三中全会的召开，使贵州沉睡了20多年的民营企业开始孕育成长。为了解决社会就业问题，国家放宽了政策，允许个体从事工商业经营，允许适当雇工。随着人们思想观念的转变，私营经济这一曾被封杀了20多年的、被当作资本主义尾巴割掉的生产形式终于被人们所接纳，并成为社会主义市场经济的重要补充。改革开放前，"一大二公"的单一所有制结构已被"以公有制为主体，多种所有制经济共同发展"的基本经济制度所取代。但由于改革开放刚刚起步，此阶段出现的民营资本企业，大多以集体经济的形式出现，即打着乡镇企业的招牌发展。比如1980年贵阳市东风云锦村罗敬华等创办的东风水泥厂、周俊和创办的宝莲彩印厂，以及1981年杨钦赐等创办的贵州广厦建材开发公司等，都是以集体经济的形式出现，实际上这些民营企业是贵州在改革开放后最早出现的民营企业。这一阶段，民营资本企业尚处于规模小、以手工操作为主的工场手工业阶段，起步层次仍然很低，且主要从事矿产资源的开发和加工业务[1]。

1981年后，经过进一步的调整和改革，对过去排斥和限制非公有制经济发展的做法有所改变，按照国家、集体、个人一齐上的方针，继续放宽政策，集体经济、个体经济、私营经济和中外合营经济都有了较快发展。20世纪80年代初期，贵州省个体经济发展较为活跃，私营经济处于萌芽状态。1984年，城镇集体个体所有制职工人数为51.3万人，占国民经济各部门职工人数的24.33%。[2]

---

①　申满秀.贵州历史与文化［M］.成都：西南交通大学出版社，2014：142.

②　贵州省地方志编纂委员会.1985年贵州年鉴［M］.贵阳：贵州人民出版社，1985：90.

2. 支持和鼓励发展城镇集体经济、个体经济

1982~1988 年，贵州大力支持和鼓励城镇集体经济、个体经济发展。在这一阶段，随着政策的不断完善，贵州加大了改革力度，使得非公有制经济经营领域不断扩张，民营资本企业得到长足发展。1987 年，贵州省个体工商户达到 2.96 万户，从业人员 39.3 万人。20 世纪 80 年代中期，贵阳市的个体工商大户、农村专业户由于资金积累逐渐增多，经营管理能力不断增加，生产规模逐步扩大，雇用人数超过 7 人的个体大户日益增多。

1987 年 11 月，党的十三大进一步指出，"私营经济是公有制经济的必要的和有益的补充""社会主义初级阶段的所有制结构应以公有制为主体，对于城乡合作经济、个体经济、私营经济，都要鼓励它们发展"。1988 年 3 月 25 日，我国又以法律的形式确认民营经济的地位和作用。《中华人民共和国宪法》总纲第十一条明确提出："在法律规定范围内的个体经济、私营经济等非公有制经济，是社会主义市场经济的重要组成部分。国家保护个体经济、私营经济的合法的权利和利益，对私营经济实行引导、监督和管理。"民营经济的存在和发展得到了法律的保障，所以在这一阶段，在党和国家鼓励发展非公有制经济政策以及法律的保障下，贵州不少民营企业丢掉了"个体大户"或"集体经济"的招牌，堂堂正正地以自身面目参与到市场竞争中。在 1988 年之前，贵阳市民营企业雇工最多的有 79 人，最少的有 8 人，自有资金最多的 8 万元，最少的 400 元。截至 1988 年 3 月底，贵阳市民营资本企业发展到 162 户，从业人员 2117 人。

1984 年，贵州省采取了多种政策措施，扶持和保护城镇集体经济发展，支持和鼓励发展城镇集体经济、个体经济。一是微利企业经过税务部门批准，可免交所得税；对纳税有困难的企业可根据不同情况，实行减、缓、免。二是允许集体企业采取多种办法搞活产销渠道，不受地区、部门的限制。三是银行在资金上给予集体企业扶持，1984 年仅贵阳市就安排了 2000 万元贷款扶持集体企业。四是改变劳动人事制度，集体企业招工用工实行合同工制，对到集体企业工作的技术管

理人员待遇从优，试行职工养老金制。五是改县、市联社统一核算、统负盈亏为企业独立核算、自负盈亏、自愿联合。六是发展个体经济和集市贸易，改变了集市管理办法。

1985 年，贵州省集体所有制工业产值达 10.8 亿元，比 1978 年增长 69%，平均每年递增 8.63%，个体工业已发展到 1 万户，合资工业从无到有，已有近 20 户。与此同时，一厂多制的企业越来越多。1986 年，逐步深入贯彻执行调整方针，采取有效措施恢复和发展集体经济，使集体性质的手工业合作社、厂、组不断恢复和壮大，个体手工业者也逐渐增多。1988 年，国家制定了《私营企业管理条例》，贵州省私营企业获得较快发展。

3. 民营经济实现巩固发展

1989~1992 年，商业、饮食业、服务业出现阶段性相对饱和，国家针对这一现象，实行了"治理经济环境、整顿经济秩序"政策，民营经济增长放慢。1989 年，贵阳市民营企业发展速度加快，到 1989 年底，全市私营企业已发展到 231 家，从业人员 3887 人；注册资金 2232 万元，总产值 1270 万元，其中独资企业 213 户，合资企业 15 户，有限责任公司 3 户；固定资产 679 万元，流动资金 2088 万元；企业注册资金最多为 50 万元，每户从业人员 30 人以下的占绝大多数，50 人以上的有 8 户，超过 100 人的有 5 户。1991 年，贵州个体工商户 29.1 万户，从业人员 38.9 万人，民营企业 1878 户，雇工人数 3.73 万人，其中个体工商户略有下降，民营企业略有上升。民营企业发展具有代表性的是贵州云商印务有限公司、贵州省开阳磷化有限公司，以及贵州红跃集团。位于贵阳市乌当区顺海村的贵州红跃集团，其前身是贵阳红跃食品厂，该厂由师红毅和师红跃等人于 1989 年在贵阳市沙河街 65 号的一间面积 40 平方米的小屋内，以两口铁锅起家而兴办，此时的红跃食品厂仅是一个作坊式的工厂，主要生产"罗汉果"牌牛肉干。1994 年，投资 1000 万元，新建了占地 8000 平方米，集科研、生产、经营于一体的综合厂房，随后又建立了贵州民族制药厂和贵州民族医药研究所，开发出"心胃丹"胶囊等药品，1996 年经有关部门批准成立了贵州红跃集

团，下辖贵州红跃食品（集团）有限公司、贵州镇宁生物有限公司、贵州民族制药厂、贵州红跃销售公司、贵州嘉木冰茶有限公司、贵州红宁实业有限公司等企业。

1989~1991年，在加强宏观调控中，非公有制经济发展速度有所减慢。1989~1991年，在贵州省工业总产值中，非公有制工业总产值增长了40.7%，年平均增长13.5%，低于1979~1988年年平均增速0.3个百分点；社会商品零售额中，非公有制经济年平均增长5.6%，低于1979~1988年年平均增速11.7个百分点，其中，集体经济年平均增长3.5%，个体经济年平均增长6.6%，分别低于1979~1988年年平均增速5.2个和69.2个百分点。1991年，在贵州省社会商品零售总额中，非公有制经济所占比重也比1988年下降了2.6个百分点。1992年，全省个体工商户281700户，从业人员373400人，私营企业2200户，雇工41650人。

（二）民营经济稳步发展阶段（1992~2003年）

1992~2003年，是贵州省民营经济稳步发展时期。1992年10月召开的党的十四大明确了建设社会主义市场经济体制的总目标。党的十四大报告明确指出："社会主义市场经济体制是同社会主义基本经济制度结合在一起的。在所有制结构上，以公有制包括全民所有制和集体所有制经济为主体，个体经济、私营经济、外资经济为补充，多种经济成分长期共同发展。"以1992年初邓小平同志南方谈话为契机，贵州省委、省政府提出了"放心、放胆、放手"发展非公有制经济的方针，相继出台了《关于加快个体私营经济发展的意见》（省发〔1994〕12号）和《关于进一步加快个体、私营经济发展的决定》（省发〔1996〕23号），提出了对发展个体、私营经济实行"五不限"，即不限发展比例、不限发展速度、不限经营方式、不限经营规模、不限经营范围。党的十四大以后，贵州省委、省政府根据贵州具体情况，特别是从全省国有经济占绝对比重、个体私营经济弱小且发展相对较慢的实际出发，做出了大力发展个体私营经济的决策，并制定了相应的

优惠政策和措施，大力推动个体私营经济的发展。1993年1月28日，贵州省政府以黔府发〔1993〕3号文件批转贵州省工商局《关于加快个体私营经济发展的意见》，要求各地认真贯彻执行，这一文件就继续"放心、放胆、放手"发展个体私营经济问题，提出了一系列政策和措施，其主要内容有：放宽个体工商户和私营企业经营的行业和品种，除国家禁止和限制的10种行业和商品外，都允许生产、经营；允许经营批发业务，允许综合经营和长途贩运，可以开展多种形式的横向联合，与公有制企业实行联营，开展代理业务、租赁、兼并、购买公有制企业，同公有制经济实行股份制经营；支持开展边境贸易，举办合资、合作企业，发展外向型经济，支持到国外经商办企业。在观念上，充分认识个体民营经济在贵州国民经济中的地位和作用。在职称评定上，民营企业都应同国有企业一样，一视同仁。在依法征税上，提高税收透明度，杜绝随意征税。贵州省政府还规定，各专业银行应在服从国家宏观调控和保证重点建设资金需要的前提下，安排一定的资金，支持个体、民营经济发展等。由于国家和贵州省政府进一步放宽了私营经济的经营范围和经营方式，从而使贵州省民营经济获得了前所未有的发展速度，全省注册民营企业从1990年的1579户增加到1995年底的7371户，增长了3.67倍；注册资金从1990年的1.46亿元增加到1995年的21.10亿元，增长了13.45倍；雇工人数从1990年的35767人增加到1995年的105194人，增长了1.94倍；按当年价计算的总产值由1991年的2.02亿元增加到1995年的7.79亿元，增长了2.86倍；社会消费品零售额从1992年的1.22亿元增加到1995的4.72亿元，增长了2.87倍。

从总体看，贵州城镇民营企业的发展速度快于农村。1993~1995年，全省城镇民营企业从1597户增加到5837户，增长了2.65倍，农村民营企业从970户增加到1534户，只增长了58.14%；城镇民营企业雇工从37141人增加到68383人，增长了84.12%；农村民营企业雇工从24534人增加到36811人，增长了50.04%。1995年底，贵州省民营企业中，城镇总户数占

79.19%，农村总户数仅占 20.81%。1993 年底，贵阳市民营企业 745 户，从业人员 11155 人，其中投资者 2004 人，雇工 9151 人，注册资金 12658 万元，户均注册资金 12.17 万元，总产值 9628 万元。民营企业经营领域拓展到工业生产、商业批发与零售、交通运输、建筑业、房地产开发、饮食服务、科技咨询及文化艺术、教育、医疗卫生等行业。

1993 年，贵州省非公有制经济工业快速增长，在乡及乡以上工业总产值中，非公有制经济工业总产值达到 57.25 亿元，占全省工业总产值的比重由 1992 年的 11.6% 上升到 17.6%。其中，集体工业产值为 45.46 亿元，比 1992 年增长了 21.4%。其他经济类型为 11.49 亿元。其中，外资企业工业产值为 3.89 亿元，港澳台投资企业工业产值为 3.25 亿元，分别占其他经济工业产值的 33.86% 和 28.29%。全省工业企业中，乡及乡以下非公有制经济中有村办工业企业 2296 个，从业人员 48935 人，实现工业产值 5.23 亿元，比上年增长 16.7%，产品销售收入 49956 万元，缴纳所得税 1086 万元，实现利润总额 5100 万元；城乡联营和城乡个体工业户 22.5 万户，从业人员 69.6 万人，实现工业产值 43.27 亿元，上缴税金 1.73 亿元。1994 年，《贵州省股份合作企业条例》（以下简称《条例》）经贵州省第八届人民代表大会常务委员会第十二次会议通过并公布实施，以地方法规的形式来规范股份合作企业，在全国省级地方立法中尚属首例。《条例》的立法宗旨就是为了确立股份合作企业的法律地位，保护股东、债权人的合法权益，支持、引导、鼓励全省股份合作企业的发展。1995 年，贵州省非公有制经济比重持续保持较好的发展势头，在国民经济中所占的比续上升，成为推动全省经济发展的重要力量，其主要特点为：一是从业人员规模继续扩大；二是固定资产投资能力进一步增强；三是在商品流通领域所占份额增大。

1995 年 11 月 28 日，贵州省委、省政府印发《中共贵州省委、贵州省人民政府关于进一步加快城镇集体经济发展的决定》（省发〔1995〕26 号，以下简称《决定》）。《决定》要求各级党委、政府要进一步解放思想，更新观念，立足于全省经济社会发展全局，充分认识发展城镇集体经济的重要性和必要性，把发展集体企业与搞好国有企业摆在同样重要的位置上，像重视国有经济那样重视集体经济发展，像关心支持国有经济那样关心支持集体经济运营。1995 年 7 月 11 日至 17 日，贵州省工商联在贵州省社会主义学院举办了全省非公有制经济代表人士培训班，来自全省 9 个地、州、市及其部分县、市（区）的 30 名学员均为当地有一定经济实力和社会影响的私营企业厂长、经理，学习了贵州省委、省政府《关于加快个体、私营经济发展的意见》。1996 年，贵州省上下贯彻落实贵州省委、省政府《关于加快个体、私营经济发展的意见》，非公有制经济加快发展，非公有制经济成为全省经济发展和社会稳定的重要保证。全省非公有制经济规模进一步扩大，从业人员继续增多，发展速度快于国有经济，固定资产投入力度加大，在各类商品市场中的份额提高，乡镇企业成为推动非公有制经济发展的重要力量，城乡个体工商户发展迅速。1996 年底，全省共有城乡个体工商户 37.86 万户，注册资金 22.6 亿元，全年实现营业收入 116.88 亿元，均比上年有较大幅度增长。1997 年 5 月 23 日，贵州省委办公厅、贵州省人民政府办公厅联合发出《关于成立贵州省发展个体、私营经济工作领导小组的通知》（以下简称领导小组）。领导小组由省政府和有关部门领导组成，负责全省个体、私营经济的综合协调和指导服务，研究、分析和处理个体、私营经济工作中的重大问题。一系列促进民营经济发展政策的出台，使贵州省民营经济发展明显加快，1997 年全省私营企业户数达到 1.22 万户，是 1992 年的 5.54 倍，注册资本达到 61.93 亿元。

1999 年，贵州民营资本企业从整体上看继续保持稳步发展势头，规模和实力又迈上了一个新台阶。据贵州省工商管理局统计，1999 年全省民营企业有 17619 户，从业人员 17.81 万人，注册资金 110.89 亿元；个体工商户有 414037 户，从业人员 60.52 万人；外商投资企业有 1136 户，注册资本 19.0429 亿美元。民营资本企业发展在规范化经营程度上明显提高，其组织形式主要以有限责任公司为主，有限责任公司由于具有产权清晰、权责明确的特点，成为贵州民营资本企业热衷的组织形式。1999年，贵州省有民营有限责任公司10465户，比上年增长20%，占民营资本企业总户数的59.4%；投资者33062人，比上年增长23.6%，占私营企业总户数的62.2%，雇工人数91790人，比上年增长35.5%，占总数的51.4%；注册资本925992万元，比上年增长21.6%，占注册资本总额的83.5%。1999年，全省民营企业新增加了120户，主要分布在生物医药、电子信息等高新技术领域，以神奇制药、益康药业、中腾网络、圣泉实业、宏宇药业、新天药业为代表。例如贵州益康制药有限公司，1993年10月由张秋生等人投资10万元创立，1997年7月投资2000多万元，在贵阳市花溪区竹林村建成贵州益康制药厂。该厂拥有国内一流的生产设备及各种检测仪器，全部设计符合药品GMP标准，年生产能力达6亿粒（10万件）片剂、胶囊剂。该公司开发的主要产品有中药制剂"全天麻胶囊""杜仲胶囊""肝舒片"等，其中，"全天麻胶囊"荣获1994年贵州省人民政府颁发的"贵州省名牌产品奖"及其他奖项。

1999年3月，全国人大九届二次会议通过的《宪法修正案》明确规定："在法律规定范围内的个体经济、私营经济等非公有制经济，是社会主义市场经济的重要组成部分。"党的十五大、十六大、十七大以来的一系列方针政策，为贵州省民营经济的发展进一步扫清了思想障碍。党的十六大报告提出了两个"毫不动摇"，党的十七大进一步强调要坚持和完善公有制为主体、多种所有制经济共同发展的基本经济制度，毫不动摇地巩固和发展公有制经济，毫不动摇地鼓励、支持、引导非公有制经济发展，坚持平等保护物权，形成各种所有制经济平等竞争、相互促进的新格局。截至1998年底，贵州省私营企业在各级工商行政管理部门注册登记的已达15912户，雇工人数达16.35万人，注册资金达91.38亿元。分别为"七五"初期（1990年）的996.36%、457.13%和6000.4%；为"八五"末期（1995年）的215.87%、155.48%和433.36%；个体工商户43.16万户，从业人数63.64万人，注册资金36.23亿元。

1999年，贵州非公有制经济继续保持稳步发展势头，规模和实力迈上了新台阶，在活跃经济、繁荣市场、解决劳动就业等方面起到了积极作用，特别是作为全省经济发展的重要增长点，对经济增长的拉动作用更趋明显。1999年底，贵州省共有规模以上非公有制经济工业企业702个，比上年增加172个。非公有制经济工业企业占全部规模以上工业企业单位数的比重为33.1%。其中，私营企业和其他企业106个。在批发、零售、贸易、餐饮业网点中，非公有制经济已占绝对优势，所占比重在95%以上。随着非公有制经济单位数量的增加、规模的扩大，非公有制经济单位成了重要的就业、再就业渠道，为公有制企业改革的顺利实施创造了良好条件。1999年末，在非公有制经济单位就业的职工达40万余人，占全部从业人数的20.29%。1999年，非公有制工业共创造总产值338.96亿元，占全部工业的43.3%。在贵州省财政收入中，非公有制经济提供的财政收入也逐步上升，已成为全省地方财政收入的重要增长点。1999年，非公有制经济共上缴税金30亿元。"十五"期间，民营经济发展的方针政策不断深化、民营企业发展环境日益宽松。2002年党的十六大报告中关于个体、私营等非公有制经济重要作用的论述，关于基本经济制度中"两个毫不动摇"和"一个统一"的论述，关于调动和保护各方面创业积极性以及营造鼓励人们干事业、支持人们干成事业的社会氛围的论述，使人们对民营经济的认识达到了一个全新的高度。

（三）民营经济快速发展阶段（2003~2010年）

2003年11月15日至17日，中共贵州省委员会九届四次全会在贵阳召开。会议审议通过《中共贵州省委关于贯彻落实〈中共中央关于完善社会主义市场经济体制若干问题的决定〉的意见》，并从10个方面部署了贵州深化社会主义市场经济体制改革工作。2003年12月22日，贵州省政府建立全省推动中小企业发展工作联席会议制度。2004年3月14日，全国人大十届二次会议通过《宪法修正案》，完善了保护合法私有财产的法律规范，特别是《关于鼓励支持和引导个体私营等非公有制经济发展的若干意见》(国发〔2005〕3号文)下发之后,贵州省促进民营经济发展的制度保障和体系框架基本形成,广大非公有制经济人士深受鼓舞。在中国民营经济快速持续增长的同时,贵州省民营经济也得到了持续平稳的增长,民营经济呈现出发展态势良好、发展环境改善、财税支持力度加大、企业管理水平逐步提高等特征。为促进贵州省民营企业占大多数的中小企业发展,2000年12月30日,贵州省召开了首次全省中小企业工作会议,明确了全省中小企业工作的指导思想。2004年9月,贵州省中小企业局正式挂牌成立,负责对全省中小企业、非公有制经济改革与发展工作进行协调、指导和服务。2004年4月,贵州省政府决定设立"省中小企业发展专项资金",每年2000万元,当年共安排扶持项目89项,收到了较好的效果。2006年5月,《贵州省人民政府关于贯彻国务院鼓励支持和引导个体私营等非公有制经济发展若干意见的意见》(黔府发〔2006〕14号)出台后,全省民营经济发展环境日益宽松,贵州民营经济呈现出良好的发展态势。2007年,贵州省政府在2001年成立的"全省推动中小企业发展联席会议"的基础上,成立了"全省推动非公有制经济、中小企业发展联席会议",成员单位35个,办公室设在贵州省中小企业局(贵州省非公有制经济办公室)。各成员单位按照职责,对全省中小企业、非公有制经济实行积极扶持、加强引导、完善服务、依法规范、保障权益。2007年,全省私营企业户数分别为1997年和1992年的4.5倍和22.9倍,注册资本(金)为1997年的12.6倍,呈现出财税支持力度加大、企业管理水平提高、民营经济总体实力增强等特征,民营经济已成为推动贵州省经济增长的重要力量,在提供就业,增加税收,加快全省工业化、城镇化、农业产业化发展步伐方面起到了重要作用,为富民兴黔事业做出了突出贡献。

2008年,贵州省民营经济遭受了百年不遇的特大雨雪冰冻灾害影响,部分地区遭受了严重洪涝灾害,同时又受到了国际金融危机冲击等重大挑战和考验。在贵州省委、省政府的坚强领导下,广大民营企业坚定信心,迎难而上,充分发挥主观能动性,全省民营经济保持了平稳、健康发展的良好势头,对全省经济社会的贡献进一步增强。截至2008年底,贵州省工商注册登记的个体工商户为54.9757万户,比2007年增加了4.2102万户;从业人员80.17万人,比2007年增加了3.3792万人;注册资本(金)94.23亿元;全省私营企业达63822户,比2007年的54812户增加了9010户,增长了16.4%;注册资本(金)总额946.77亿元,比2007年的777.44亿元增加了169.33亿元,增长了21.8%。2008年,贵州省委、省政府下发了《中共贵州省委 贵州省人民政府关于支持安顺试验区加快改革发展的意见》(黔党发〔2008〕12号),掀起了省直各职能部门制定支持非公有制经济加快发展的配套政策措施高潮,在"超前探索、先行试验封闭运行、大胆创新"的要求下,加大非公有制经济的财政支持、营造非公有制经济发展的良好融资环境、完善非公有制企业社会服务体系、维护非公有制企业的合法权益等措施相继出台,发挥了"近期作示范、长远探路子"的试验示范作用,贵州省民营经济发展环境得到了进一步的改善。

2009年,国务院出台了《关于进一步促进中小企业发展的若干意见》,贵州省委十届五次全会通过了《中共贵州省委 贵州省人民政府关于大力推进个体私营等非公有制经济又好又快发展的意见》,贵州省人大在全省开展《中小企业促进法》执法检查,贵州省委督查室、贵州省政府督查室、贵州省纪委、贵州省经信委中小企业办公室、贵州省目标办、贵州电视台、《贵州日报》共同组成联合督察组,对全省非公有制经济发展进行督查。贵州省中小企业发展专项资金继续加大对非公有制经济的支持力度,其中非公有制经济项目和资金分别占82.26%、79.36%。2009年,贵州省民营经济发展呈现如下特征:一是非公有制经济工业保持平稳发展态势,效益下降。2009年末,全省规模以上非公有制经济工业企业2515个,占规模以上工业企业的90.1%,完成工业总产值1526.61亿元,占规模以上工业总产值的44.5%,比上年提高4.6个百分点,实现主营业务收入1358.97亿元,比上年增长18%,占规模以上工业的 42%，比上年提高 2.6 个百分点，创造利润总额 77.32 亿元，比上年下降 6%，占规模以上工业的 40.3%，比上年下降 4.8 个百分点。2009 年非公有制经济占全部社会投资额的 48.4%，比上年下降了 1.5 个百分点。二是个体私营等非公有制经济较快发展。全省个体工商户 59.79 万户，从业人员 88.62 万人，注册资本（金）163.11 亿元，分别比 2008 年增长 8.75%、10.54% 和 73.1%。

（四）民营经济优化发展阶段（2010~2018年）

2010~2018 年，是贵州省民营经济优化发展的阶段。2010 年后，贵州省委、省政府高度重视民营经济发展，民营经济发展的政策环境和政策保障体系得到逐步完善。2010 年 5 月，国务院发布了《关于鼓励和引导民间投资健康发展的若干意见》（以下简称"民间投资 36 条"），进一步放宽了民间资本准入领域，具体到交通、电信、能源、基础设施、市政公用事业、国防科技工业 6 大领域 16 个方面。在加快垄断性行业向民营资本开放进程中"民间投资 36 条"堪称里程碑式的大事，给贵州省民营企业提供了广阔的发展空间和难得的历史机遇。

2010 年，贵州省中小企业和非公有制经济加快发展，组织起草了《贵州省中小企业促进条例》，并由贵州省人大正式颁布。贵州省经信委制定下发了《关于推动非公有制经济又好又快发展的实施意见》，从创业支持、企业扶持、融资服务、自主创新、节能减排和完善服务等方面对全省经信部门、中小企业管理部门提出了具体落实措施。实施中小企业成长工程，支持中小企业做优做强。组织向国家申报的 90 个中央特色产业发展专项资金项目已获审批，资金额度为 7552 万元。重点实施了"百户优强中小企业扶持计划"，2010 年共安排中小企业发展专项资金 1 亿元，支持项目 262 项。贯彻落实"旅游商品产业振兴计划"，实施"万户小老板工程"。

为进一步加快全省民营经济发展，2011 年贵州省召开了全省加快民营经济发展暨表彰大会，制定了"民营经济 38 条"和"民营经济三年倍增计划"，举办了全国民营企业助推贵州发展大会等

重大活动，全省上下放心放胆、放宽放活、放手放开发展民营经济，努力营造"亲商、爱商、安商、敬商"环境，促进非公有制经济发展提速、比重提高、贡献提升，非公有制经济发展环境进一步改善。2011 年《中共贵州省委 贵州省人民政府关于进一步加快全省民营经济发展的意见》和《贵州省民营经济三年倍增计划（2011-2013 年）》出台，提出了发展目标和重点任务。贵州省直部门、各市（州）加快"简、优、限"，省直机关共取消、下放、转变管理方式、合并行政审批事项 579 项，占原有总数的 59%。贵州省中小企业发展专项资金继续加大对非公有制经济的支持力度，非公有制经济项目和资金分别占 83.15%、85.4%。2011 年末，全省规模以上非公有制经济工业企业 2970 户，比 2010 年增加 471 户；全社会民间投资完成 2429.74 亿元，占全社会固定资产投资的 47.6%。全省私营企业、个体工商户分别达到 9.46 万户、75.5 万户，分别同比增长 21.6%、16.7%。个体私营经济注册资本（金）达 257406 亿元，同比增长 33.4%。集体企业保持稳定发展，全省集体企业为 11420 户，同期增长 0.64%，组织企业参加第八届中国国际中小企业博览会暨中泰中小企业博览会、香港中小企业博览会、意大利第 75 届佛罗伦萨国际手工艺品展览会、贵州（香港）投资贸易活动周、中国（贵阳）酒博会、第十六届澳门国际贸易投资展览会、第十五届中国国际投资贸易洽谈会等活动，开阔眼界，开拓市场。

2012 年上半年，国务院各部门又密集出台了 42 项"民间投资 36 条"配套实施细则，进一步细化了准入范围，并明确保障措施，对充分激发民营投资动力和活力具有重要意义。2012 年，贵州省民营经济主体、注册资本量实现了大跨越、大发展，到 2012 年底民营经济主体突破 100 万户。2012~2014 年，贵州省民营经济实现了加速发展，仅用两年多时间，就实现了从 100 万户到 150 万户的大跨越。

2011 年以来，贵州省民营经济规模总量持续壮大、产业占比逐年提高、市场主体大幅增加、企业实力不断增强、发展质量不断提升，逐步成为全省经济发展中最活跃、最强劲的中坚力量。

2011~2016 年，贵州省民营经济增加值从 2103.98 亿元增加到 6097 亿元，增长了 189.78%，占全省 GDP 比重从 36.9% 上升到 52%，增加 15.1 个百分点；全省民营经济固定资产投资 2016 年达到 5395.5 亿元，增长 156.26%。2011 年以来，民营经济在全省一、二、三次产业中的占比逐年提高，到 2016 年已分别达到 56.8%、53.1%、49.3%。民营规模以上工业增加值占全省的比重从 2011 年的 39.8% 提高到 2016 年的 57.1%。民营市场主体从 2012 年的 104.3 万户增加到 2016 年的 214 万户，年均增长 17.14%，2016 年民营企业占全省企业总数的 88.2%。民营经济市场主体注册资本总额逐年增大，从 2012 年底的 3791.69 亿元增加到 2016 年底的 24552 亿元，增长了 5.5 倍。2016 年，民营经济规模以上工业实现利润总额 328.4 亿元，比上年增长 13.8%，是 2012 年的 1.8 倍，占全省的 49%；民营经济对全省经济增长的贡献率达到 70.4%。"十二五"期间，贵州省民营企业累计贡献税收 3540 亿元，占全省税收总额的 46%。2016 年底，全省民营经济从业人员 627 万人，比上年增长 21%，民营经济在五大新兴产业中的比重超过 70%。

党的十八大以来，党中央、国务院出台了一系列扶持民营经济发展的改革举措，为民营企业的发展壮大注入了信心和活力，使得我国非公有制经济得到迅速发展。党的十八届三中全会用"两个都是"充分肯定了非公有制经济的作用和地位，为进一步促进非公有制经济的健康发展提供了新动力。习近平同志在党的十九大报告中，站在历史和时代的高度，鲜明提出新时代中国特色社会主义思想和基本方略，深刻回答了新时代坚持和发展中国特色社会主义的一系列重大理论和实践问题。报告中还就鼓励支持民营经济发展作出许多新的重大论述，为我国民营经济持续健康发展指明了方向，标志着我国民营经济将迎来新的历史机遇和进入一个新的发展阶段。

2017 年以来，贵州省民营系统认真贯彻落实党的十九大精神和习近平总书记在贵州省代表团重要讲话精神，按照贵州省委、省政府的决策部署，牢牢守住发展和生态两条底线，始终坚持"两个毫不动摇"，坚持供给侧结构性改革，深化非公有制经济发展改革，大力实施中小企业培育"星光"行动，扎实开展"民营企业服务年"活动，千方百计攻坚克难，深入推进民营经济发展工作，圆满完成各项目标任务，全省民营经济呈现持续健康发展的良好态势。一是规模总量持续壮大。2017 年，全省民营经济实现增加值 7201.68 亿元，比上年增长 13.2%，占全省 GDP 的 53.2%，对全省经济增长贡献率为 69.2%，拉动全省 GDP 增长 7.1 个百分点。二是民间投资平稳增长。2017 年，全省民间固定资产投资 5381.8 亿元，比上年增长 8.7%，占全省固定资产投资的 35.2%，民间固定资产投资呈现平稳发展态势。三是市场主体不断扩大。2017 年，全省市场主体总量 249.56 万户，注册资本总量 5.74 万亿元。其中，民营经济市场主体 243 万户，比上年增长 13.55%，占全省市场主体的 97.37%。四是质量效益稳步提升。从工业增长情况看，2017 年，全省民营经济规模以上工业实现增加值 2298.8 亿元，比上年增长 10.3%，占全省工业的比重为 53.4%。其中，新兴产业（含计算机、通信和其他电子设备制造业）增长 113.5%。从质量效益看，全省民营经济规模以上工业产销率为 97.3%，实现主营业务收入 6698.5 亿元，比上年增长 19.5%，实现利润总额 337.8 亿元，比上年增长 31.5%。其中，新兴产业主营业务收入同比增长最高，增长了 122%。五是促进就业稳步增长。2017 年全省城镇新增就业 76.85 万人，已连续三年保持在 70 万人以上，民营经济从业人员已占到全省城镇从业人员的 80% 左右。六是中小企业稳步发展。全省规模以上中小工业企业约有 6400 户，约占全省规模以上工业总数的 98.3%，增加值约占全省规模以上工业的 73.4%。2017 年，全省各市（州）民营经济规模以上工业增加值除黔东南州同比下降 25.6% 外，其余市（州）均保持两位数增长，其中安顺市增长 19.9%。

2018 年，贵州省深入学习贯彻落实习近平总书记在民营企业座谈会上的讲话精神，始终坚持"两个毫不动摇"，大力支持民营经济健康持续稳定发展。认真贯彻实施新修订的《中华人民共和国中小企业促进法》，在中小企业中着重营造学法、懂法、用法的浓厚氛围，取得了良好的普法效果和社会反响。召开全省民营经济发展大会，要求进一步加强和改善党对民营经济工作的领导，推动贵州省民营经济不断发展壮大。出台《中共贵州省委、贵州省人民政府印发〈关于进一步促进民营经济发展的政策措施〉的通知》（黔党发〔2018〕29号）、《中共贵州省委、贵州省人民政府关于营造企业家健康成长环境弘扬优秀企业家精神更好发挥企业家作用的实施意见》（黔党发〔2018〕3号）、《贵州省人民政府关于进一步激发民间有效投资活力促进经济持续健康发展的实施意见》（黔府发〔2018〕5号）等促进民营经济发展政策，切实解决民营企业困难和问题，推动民营经济高质量发展。开通"服务民营企业省长直通车"，成立贵州省促进中小企业发展工作领导小组，召开民营企业座谈会，建立常态化沟通机制，为民营企业发展提供优质高效服务的政务环境。大力开展政策落实、金融服务、降本减负、扩大民间投资、营商环境整治、领导干部联系服务企业六大专项行动，着力构建"亲""清"新型政商关系，为全省民营企业营造良好发展环境。坚持非公有制经济改革，加强和改进非公有制企业党的建设，协调推进商事制度改革、行政审批制度改革，破除制约民营经济发展的各类壁垒，打造公平竞争环境。大力推进"星光黔行·匠心铸梦"活动，持续抓好中小企业"专精特新"培育，推动贵州省中小企业绿色发展、创新发展、转型发展。开展"6·27中小微企业日"系列活动，促进创业创新，中小微企业服务体系进一步完善，服务能力进一步提升。大力弘扬优秀企业家精神，加强民营企业家队伍建设和组织领导，切实保障企业家合法的人身和财产权益。深入开展民营企业"千企帮千村"扶贫活动，召开全省贵商大会。2018年贵州省民营经济增加值同比增长10.9%，占全省地区生产总值比重达到55%。

三、贵州省民营经济发展取得的主要成效

贵州作为西部内陆省份，在改革开放春风的吹拂下，非公有制经济得到了长足发展，全省民营经济发展势头强劲，转型加快、质量提升、效益显著，综合实力大幅提升。

（一）千方百计支持民营企业发展

1978~2018年，贵州省委、省政府高度重视民营经济发展工作，制订了民营经济三年倍增计划、《贵州省民营经济"十三五"发展规划》等，配合有关部门起草并出台了《关于进一步加快全省民营经济发展的意见》（黔党发〔2011〕10号）、《贵州省人民政府关于印发贵州省提高民营经济比重五年行动计划的通知》（黔府发〔2013〕22号）、《关于进一步促进民营经济加快发展的若干意见》（黔党发〔2016〕16号）、《关于进一步促进民营经济发展的政策措施》（黔党发〔2018〕29号）等一系列政策措施，为全省民营经济有序发展提供了坚强的制度保障。另外，委托第三方机构对各地区民营经济发展环境进行综合测评，并发布年度《贵州省民营经济发展环境指数调查报告》。政府服务效能明显提升，相关部门简政放权取得显著成效，清理行政许可事项工作顺利推进，政务流程不断优化。贵州省先后于2011年、2014年、2016年、2018年分别召开四次全省民营经济发展大会，每次民营经济发展大会都出台了相关文件来引导、支持民营经济发展。特别是第四次民营经济发展大会，印发实施了"1+6"政策文件，通过大力开展六大专项行动，尽心竭力为中小企业创造良好环境、千方百计为中小企业排忧解难。2018年，贵州省专门成立了省促进中小企业发展工作领导小组，旨在协调解决民营经济、中小企业发展中面临的困难和问题。

充分发挥非公有制经济改革专题组办公室作用，会同有关部门继续深化商事制度改革，全面推行"五证合一、一照一码"改革；完善市场主体快速退出机制，全面推行企业简易注销登记改革；扩大民间投资领域，推广政府和社会资本合作模式；继续开展行政审批事项清理工作；以实施专项服务、精准服务、贴身服务为抓手，结合"行业领跑者行动"和"千企改造工程"，着力破解制约民营企业发展的突出问题；开展以"星光黔行·匠心铸梦"为主题的民营企业服务提升活动；

通过整合政府部门服务资源，发挥平台网络载体优势，创新服务载体、完善服务功能、拓展服务形式、优化服务质量，共同为民营企业生存发展、创业创新、转型升级营造良好环境。组织企业参加中国国际中小企业博览会、香港中博会等多个展会，助推企业"走出去"。

（二）规模总量持续壮大

1978~2018 年，贵州省民营经济从无到有，从小到大，从弱到强。特别是近年来，贵州高度重视民营经济中小企业发展，不断在强化服务、重点帮扶、深化改革、优化环境等方面加大支持力度，推动全省民营经济规模总量不断扩大、结构调整不断深化、总体效益不断提高、发展活力不断增强，民营经济对全省经济社会发展起到了重要的支撑作用。在发展城镇集体经济和个体、私营经济方面采取有力措施，在以公有制为主体的前提下放手大力发展多种所有制经济成分。通过大力发展集体、个人、私营、合作经济及股份制经济，逐步提高了民营经济在所有制结构中的比重。

2017 年，贵州省民营经济实现增加值 7201.68 亿元，占全省地区生产总值的 53.2%。民营经济增加值在全省一、二、三次产业中的占比分别为 56.6%、53.8% 和 51.5%。2018 年，贵州省民营经济实现增加值 8121.4 亿元，比上年增长 10.9%；占全省 GDP 比重达到 54.9%，比上年提高 1.7 个百分点；对全省经济增长贡献率为 63.7%，拉动全省 GDP 增长 5.8 个百分点。贵州经济发展已进入动力转换期，在新市场新需求不断涌现的背景下，贵州全面完成预期经济增长目标。图 1 为 2007~2018 年贵州省民营经济增加值及占 GDP 比重变化状况。

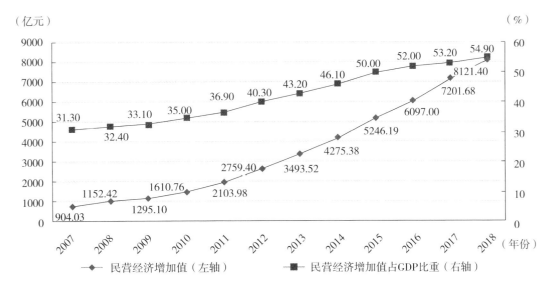

图1　2007~2018年贵州省民营经济增加值及占GDP比重变化状况

资料来源：历年统计年鉴、年鉴及报告综合。

（三）民间投资平稳增长

贵州省不断加大民间投资政策扶持力度，推动政策落地见效，增强民间投资信心。深入推进"放管服"改革，提高民间投资效率，省级审批、核准、备案项目占全省的比例已减少到 1.4% 左右，项目核准、备案手续办理时限缩减为 3 个工作日，投资项目前置审批事项精简为 2 项。全面建成投资项目在线审批监管平台和项目云平台，实现投资项目全过程在线审批监管，将所有审批核准备案项目纳入政务服务大厅统一受理，优化流程，限时办结，提高政务服务效能。一是着力营造公平竞争环境，拓展民间投资领域。实施公平竞争审查制度，全力推进社会信用体系建设，打出降低实体经济用电、物流、融资、税费、制度性交易"五大成本"的"组合拳"。2017年，为实体经济企业降低成本608亿元。向社会公开发布三大基础设施、大数据、大生态、大健康和"4+1"（数字经济、旅游经济、绿色经济、县域经济和传统产业转型升级）、黔中城市群等工程包，推出项目3080个、总投资3.51万亿元，积极培育民间投资新的增长点。二是大力推广PPP模式，激发民间投资活力。贵州省制定出台PPP三年行动计划，建立省级PPP项目库。近三年，共向社会公开推介了391个优质PPP项目，共有171个项目纳入国家推介范围，积极争取中央资金支持民间资本参与PPP项目。同时，在基础设施领域打造了10个PPP样板工程，安排预算内基本建设投资3150万元给予引导支持，规范有序推进政府和社会资本合作。三是在着力破解融资难题、加强民间投资保障上，不断发展壮大产业基金和创业投资基金。贵州省政府出资发起设立的产业投资基金达到61只，资金总规模4996.23亿元，创业投资引导基金参股创业投资企业44家、募资规模突破50亿元。同时，积极搭建政银企对接平台，狠抓项目推介，先后在PPP项目和新经济、黔中城市群等领域签约了一批民间资本。

2017年，贵州省民间固定资产投资5381.8亿元，比上年增长8.7%，占全省固定资产投资的35.2%。2017年全省民间固定资产投资（统计口径为总投资500万元及以上固定资产项目投资和房地产开发项目投资）5382亿元，比上年增长8.7%，比全省固定资产投资增速低11.4个百分点，占全省固定资产投资（统计口径为总投资500万元及以上固定资产项目投资和房地产开发项目投资）的比重为35.2%，民间固定资产投资呈现平稳发展态势。

2018年，贵州省民间固定资产投资（统计口径为总投资500万元及以上固定资产项目投资和房地产开发项目投资）比上年增长13.8%，为三年来最快增速，比上年同期高5.1个百分点，占全省固定资产投资（统计口径为总投资500万

元及以上固定资产项目投资和房地产开发项目投资）的比重为32.3%。其中，第一产业投资比上年增长25.1%，第二产业投资比上年增长17%，第三产业投资比上年增长12.1%。在大数据、大旅游、大健康、智能制造等新兴产业投资项目中，民间投资占比均达到70%以上。民间投资已成为贵州省发展壮大民营经济、加快产业转型升级、实施农村经济产业革命、推动高质量发展的重要力量。一是深入开展产业大招商行动和营商环境大整治行动。2018年，贵州省坚持民企与国企一视同仁，深入开展产业大招商行动和营商环境大整治行动，充分发挥政府投资和民间投资对稳投资优供给补短板惠民生的协同集成作用。先后出台进一步激发民间有效投资活力促进经济持续健康发展的实施意见、扩大民间投资专项行动方案等政策措施，扎实抓好扩大民间投资五大专项服务行动和民间投资政策落实情况"回头看"专项行动，建立促进民间投资健康发展工作联席会议制度和向民间资本推介项目长效机制，加大项目推进力度。二是深化"放管服"改革，充分激发民间投资活力。贵州省在国家重大建设项目库平台储备民间投资项目520个、总投资4140亿元，通过平台公开推介项目318个、总投资2790亿元。2018年向社会三次发布重大民间投资项目工程包、两次发布重点PPP项目工程包，共推出项目1166个、项目总投资1.46万亿元。三是规范有序推进政府和社会资本合作（PPP），扎实开展PPP项目联评联审，提高PPP项目评审效率。启动建设PPP项目信息监测服务平台，完善省级PPP项目库。截至2018年底，贵州省省级PPP项目库储备项目637个，拟引入社会资本6565.77亿元。据调查，已落地PPP项目205个，已到位资金1150.96亿元，其中社会资本到位资金735.62亿元。

（四）民营工业速度、质量稳步提升

贵州省工业增速保持高于西部地区、高于全国平均增速的赶超态势，持续位居全国前列。2017年，贵州省规模以上工业总产值达到13200亿元，工业企业主营业务收入达到12000亿元，工业企业户数达到5600户，实现了总产值、增加值、主

营业务收入、工业企业户数"四个翻番"。2017年，贵州省民营经济规模以上工业实现增加值2298.8亿元，比上年增长10.3%，比全省工业增速高0.8个百分点，占全省工业的比重为53.4%。2017年，全省民营经济规模以上工业产销率为97.3%，实现主营业务收入6698.5亿元，比上年增长19.5%，实现利润总额337.8亿元，比上年增长31.5%。2018年，全省规模以上民营工业实现增加值比上年增长6.4%，占全省规模以上工业增加值的比重为45%。

近年来，随着各地工业园区基础设施日渐完善、服务能力逐步提升，入驻各工业园区的绝大多数都是民营企业。一是生产增速稳步加快。2018年，全省规模以下工业累计增加值同比增速逐季攀升，增速较上年同期稳步增加，各季度同比增速分别为7.4%、8.3%、8.7%和9.1%，增速分别较2017年同期增加4.6个、5.7个、5.4个和5.6个百分点。二是新增企业显著增多。新增企业为全省工业注入新活力，成为拉动规模以下工业生产加快的主要力量。2018年末，全省规模以下工业抽样企业2554家，其中新增企业537家，较上年多增159家，增长42.1%。2018年，全省规模以下工业抽样企业主营业务收入为251.98亿元，其中新增企业主营业务收入为65.00亿元，占比25.8%，速度贡献率为72.3%。三是经济效益明显改善。2018年，全省规模以下工业经济效益得到明显改善，主要体现在：收入增速加快，主营业务收入比上年增长20.8%，增速较上年增加22.7个百分点；利润大幅增加，利润总额为33.30亿元，较上年增长19.8%，增速提高44.7个百分点；劳动生产率显著提高，平均劳动生产率为13.85万元/人，较上年增加0.45万元/人；资产规模壮大，2018年末，资产总计821.69亿元，比上年末增长20.0%。四是就业促进明显加强。2018年，贵州省规模以下工业企业从业人员平均人数呈逐季上升趋势，且各季度较上年同期均有所增加。全年从业人员平均人数为17.20万人，比上年增加4.73万人、增长37.9%。1978~2018年贵州省民营工业增加值状况见表1。

表1　1978~2018年贵州省民营工业增加值状况

单位：亿元

年份	全部工业增加值	民营全部工业增加值	规模以上工业总产值（民营企业）
1978	15.24	—	
1979	18.33	—	
1980	19.37	—	
1981	20.36	—	
1982	22.58	—	
1983	28.16	—	
1984	36.85	—	
1985	41.96	—	
1986	43.57	—	
1987	49.93	—	
1988	68.32	—	
1989	77.26	—	
1990	82.15	—	
1991	88.96	—	
1992	106.41	—	
1993	135.40	—	
1994	173.03	24.60	—
1995	208.75	27.86	—
1996	225.36	42.66	—
1997	251.10	49.22	—
1998	273.82	26.88	—
1999	294.42	31.87	—
2000	328.73	41.16	—
2001	360.73	47.60	—
2002	395.45	53.39	—
2003	473.38	90.14	—
2004	577.40	135.78	—
2005	707.35	164.98	232.63
2006	839.13	229.53	293.57
2007	978.86	287.97	388.90
2008	1195.30	418.36	536.98

续表

年份	全部工业增加值	民营全部工业增加值	规模以上工业总产值（民营企业）
2009	1252.67	455.97	555.24
2010	1516.87	579.44	839.58
2011	1846.96	728.81	—
2012	2237.13	1042.88	
2013	2707.29	1376.85	2092.04
2014	3165.32	1858.84	2511.40
2015	3342.99	2162.20	3233.04
2016	3715.64	—	3972.63
2017	4260.48		4157.32
2018	4378.91	—	—

资料来源：历年统计年鉴、年鉴及报告综合。

（五）民营市场主体、就业稳步发展

改革开放 40 年来，贵州省民营经济市场主体发展成效巨大，在贵州国民经济中的地位和作用越来越显著，民营经济市场主体开始活跃在我国经济的舞台，成为一种新生的经济力量。伴随着党和国家政策方针的变化，贵州民营经济市场主体也开始成长起来，个体工商户、私营企业等民营经济市场主体从无到有、从小到大、由弱变强，逐步恢复和发展。贵州省民营经济市场主体种类不断增多、市场竞争力不断增强、发展水平不断提高，经过 40 年的改革和发展，贵州省民营经济市场主体已形成了贵州特色的主体结构。1978 年，贵州省有个体户 0.9 万户，个体工商从业人员 1 万人；1984 年，全省个体工商户已发展到 29.6 万户，个体工商从业人员 21 万人。2017 年，贵州省有个体户 184.9 万户，个体工商从业人员 324 万人，分别是 1978 年的 204.4 倍、323 倍。2017 年，贵州省市场主体总量 249.56 万户，比 2016 年增长 13.38%，注册资本总量 5.74 万亿元，比 2016 年增长 18.75%。2017 年，贵州省规模以上中小工业企业约有 5564 户，资产总计 8782.8 亿元，增加值 2839 亿元，主营业务收入 7919.2 亿元，利润总额 384.8 亿元。2018 年，贵州省民营市场主体达到 260.96 万户，注册资本 3.79 万亿元，其中，民营企业 60.57 万家，个体工商户 195.8 万户，农民专业合作社 6.81 万户（见图 2 和图 3）。

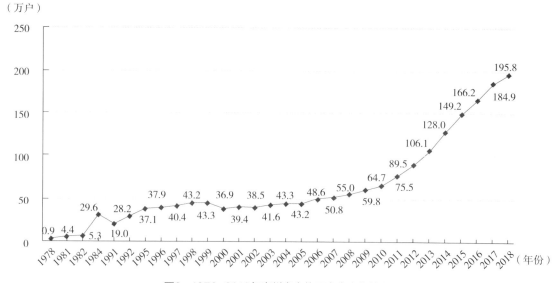

图2 1978~2018年贵州省个体工商户变化状况

资料来源：历年统计年鉴、年鉴及报告综合。

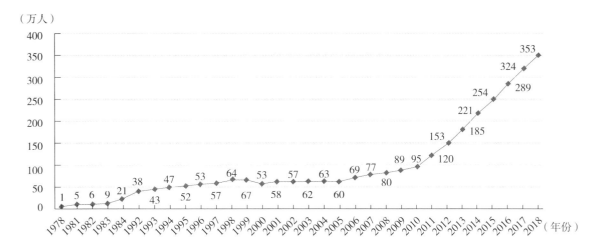

图3　1978~2018年贵州省个体工商户从业人员变化状况

资料来源：历年统计年鉴、年鉴及报告综合。

民营经济、中小企业在促进宏观经济稳定和就业稳定中起着重要作用。从民营经济占比不难看出，民营经济在经济下行压力较大的情况下仍旧保持了稳步增长，对全省经济有着重要支撑作用。民营经济是吸纳就业的主要渠道。近年来，民营企业的数量逐渐增多，规模越做越大，自主创业人数逐年增加，形成了巨大的劳动力需求市场，吸纳的就业人数逐年上升，在缓解贵州省就业压力、增加人民收入、稳定社会秩序等方面起到了越来越重要的作用。2018年，贵州省城镇新增就业达到77.71万人，民营经济从业人员占全省城镇从业人员的比重突破80%。大批的老百姓通过创办企业，或者是在中小企业工作，生活条件得到了改善①。

（六）营造良好的民营经济发展环境

环境似水，企业如鱼。贵州省对民营经济的发展既雪中送炭，又锦上添花，为民营企业纾难解困，营造良好的发展环境。

1.突出精准服务，加大融资支持

拓宽企业融资渠道，贵州省直有关部门与人行贵阳中心支行以及其他省级金融机构加强合作，加强对应收账款、税收信用贷款业务的引导

和规范；深入实施"黔微贷""贵工贷""贵园信贷通"等融资支持政策，缓解中小企业融资难问题；加大资金扶持力度，设立总规模300亿元的"贵州省工业及省属国有企业绿色发展基金"。

2.夯实载体基础，提升公共服务水平

健全公共服务体系，建立省、市、县三级联动的中小企业综合服务机构，在省内构建多层次、全覆盖的公共服务网络，贵州省9个市（州）和贵安新区均建有中小企业服务中心，县级也基本实现中小企业服务中心全覆盖。提升"1+10+6"中小企业公共服务平台网络服务能力，以省平台为枢纽，覆盖全省9个市（州）和贵安新区、6大行业，全部实现互联互通，可开展经济运行监测、政策宣传等9个方面的服务。

3.设立政企沟通平台，定向解决企业困难

开通"服务民营企业省长直通车"（以下简称"直通车"），畅通民营中小企业维权困难和问题反映渠道，搭建政企"连心桥"，精准帮助中小企业破解发展难题。"直通车"是贵州打造政府服务升级版的又一举措，优惠的政策、宽松的环境，是推动民营经济快速健康发展的有力杠杆，全力打造营商环境高地，是提振民企发展信心的关键。

---

① 张雷.贵州民营经济发展在改革调整中获得新的生长［EB/OL］.［2019-12-21］.http://gz.people.com.cn/nz/2019/1221/c194827-33651706.html.

四、贵州省民营经济发展存在的主要问题

1978~2018 年，贵州省民营经济发展面临的挑战还比较多，除了融资难、融资贵等长期存在的普遍性的问题外，民营经济发展还面临工业增速放缓、民间投资下滑、政策落地"最后一公里"问题仍然存在、民营企业现代制度没有完全建立、民营经济管理机构需要进一步建立健全等问题。

（一）民营经济发展思想观念不够解放

长期以来，我国民营企业作为非公有制经济一直受到"姓资姓社"的传统观念和计划经济体制的影响，所以有一些人仍将民营经济视为社会主义市场经济中"微不足道"的经济成分。贵州与沿海地区在非公有制经济发展数据上的差距，正是贵州与沿海地区经济发展总量差距的反映。实践证明，越是经济发展水平较先进的省份、地区，个体经济、私营经济（民营经济）的发展越快，其比重也越大。相反，越是经济发展水平落后的省份、地区，个体经济、私营经济的发展越缓慢，其比重也就越小，用这一定律来解释贵州与沿海发达地区之间的差距似乎正好合适。与沿海地区相比，贵州在思想解放程度上与沿海地区相比则存在着明显差距，在思想观念上还比较保守，在执法过程中还存在不少问题，贵州民营企业参与重要基础设施建设较少；在政策把握上，某些职能部门对民营企业的发展也不能与国有经济一视同仁，对民营企业的服务意识相对淡薄，"吃、拿、卡、要"和"三乱"现象存在。由于在观念上保守和滞后，严重束缚了贵州民营企业的正常发展。

（二）融资难、融资贵问题比较突出

资金问题始终是困扰贵州省民营经济发展的一个重要问题。贵州省民营企业的发展基本是靠自有资金滚动起来的，民营企业在其前期发展和成长过程中，具有起点低、投资规模小、产品技术含量少等特征，靠自身积累就能基本满足自身发展的需要。但当发展到一定程度后，现有的融资渠道和融资方式，使民营经济在规模的进一步扩张、产业结构升级和增加投资项目等方面面临巨大的融资问题。在间接融资方面，由于信用体系不健全，银行贷款受到限制，针对民营企业融资方面的体系没有有效建立或完善，融资难成了制约贵州省民营经济做强做大的一个重要因素。

银行信贷是民营企业融资的主要渠道，但贷款门槛高，程序复杂，民营企业"信用"影响贷款信誉，信贷支持少。融资成本大，贷款利率往往上浮执行，抵押物资产评估压级压价。企业普遍反映贷款"吃不到""吃不饱""吃不好"。主要表现在：融资渠道窄，银行信贷是中小企业融资的主要渠道，但门槛较高；融资成本大，手续烦琐且费用高；信用体系不健全，信用担保服务滞后。

（三）民营工业增速放缓，民间投资下滑

受经济下行压力加大的影响，近年来，贵州省民营工业增速放缓。2013~2016 年贵州省民营经济规模以上工业增加值（口径为 500 万元及以上）和 2017 年全省民营经济规模以上工业增加值（口径为 2000 万元及以上）增速分别为 29.9%、24.9%、12.3%、14.1% 和 10.3%，总体呈下降趋势。

2015~2017 年，贵州省民间投资增长率分别为 16.4%、11.9%、8.7%，民间投资对全省投资贡献率分别为 35.7%、25.31%、18.3%。从结构上看，贵州省民间投资主要集中在房地产业和制造业。2017 年，房地产业民间投资占全省民间投资的比重达 36.5%，制造业民间投资占全省民间投资的比重达 24.3%，房地产业和制造业民间投资合计占到全省民间投资的 60.8%，其余各类行业民间投资占比只有 39.2%，全省民间投资受房地产业民间投资影响很大。受民营房地产行业投资增速下滑的影响，贵州省民间投资占全省固定资产投资比重逐年下滑。2013~2017 年，贵州省民间投资（口径为 500 万元及以上）占全省固定资产投资的比重分别为 48.7%、47.2%、45.2%、41.7%、34.7%。

（四）政策落地"最后一公里"问题仍然存在

受传统观念、思维定式和部门利益、地方利益的影响，中央和贵州省支持民营经济发展的税收、用地、融资等方面的优惠政策在一些地方和部门没有得到很好落实。简政放权、下放审批权限之后，部分地方部门由于政策理解不到位、配套政策措施跟进不及时、人员变动频繁等原因，在执行上存在偏差，"玻璃门""弹簧门"现象依然存在。

（五）民营经济管理机构需要进一步建立健全

贵州省民营经济工作政策性强，涉及面广，按照2018年1月1日起施行的《中华人民共和国中小企业促进法》要求，要进一步建立健全各地负责中小企业促进工作综合管理的部门；按照刘鹤副总理主持召开的国务院促进中小企业发展工作领导小组第一会议要求，要加强对中小企业工作的组织领导，充实专门工作力量，强化中小企业工作队伍配备。

五、贵州省民营经济下一步发展建议

深入学习贯彻习近平总书记在民营企业座谈会上的重要讲话精神，落实贵州省委、省政府民营经济发展的决策部署，未来贵州省民营经济发展建议做好以下几个方面工作：

（一）释放制度红利，提高民营经济占国民经济的比重

通过培育专业市场、"制度红利""双增"示范县等措施，吸引民间资金回流实体经济。加强工业用地规划管理，出台政策减轻企业负担；引导上市公司返程投资，"筑巢引凤"回归创业。支持民营企业打造区域性总部经济，从而提升民营经济总量等，避免贵州民营企业产业的"空心化"，提高民营经济占国民经济的比重。

1. 将体制创新作为民营经济发展的基础性条件

政府创新服务民营经济的制度是企业可持续发展的灵魂，体制机制创新更是促进民营经济大发展核心竞争力的重要条件和保证。通过制度创新来协调各种经济主体的利益关系，如突破国企的"资本化"成长战略，及时将"资本化"转变为"民营化"，将那些仍处于竞争领域的国有大企业尽快改变成产权多元化甚至民营资本控制的企业实体，通过企业制度的优化来提升我国大企业的国际竞争力。

2. 通过改革增加部门间的协调度

加大民营经济局对第一产业和第三产业事务管理的权限，发挥信息技术的联通作用；大幅度减少政府对资源的直接配置，推动资源配置依据市场规则、市场价格、市场竞争实现效益最大化和效率最优化；大幅度减少政府对微观事务的管理和干预，形成企业自主经营、公平竞争，消费者自由选择、自主消费，商品和要素自由流动、平等交换的体制机制；大幅度减少政府对资源要素价格的干预，建立健全主要由市场决定价格的机制。

（二）营造良好环境，建立健康的政商关系

在深化供给侧结构性改革中，促进民营经济发展质量明显提升，具体做法有以下三点：

1. 营造良好政务环境

大力宣传守法、诚信、创业的典型，不断坚定全社会发展民营经济的信心，营造良好的政务环境。将企业家作为重要而宝贵的稀缺资源，营造重商、亲商、爱商、敬商的舆论环境。引导民营企业家走诚信发展、守法经营、依法办事的正道，不信奉潜规则、关系网；营造周到的服务环境，建立良好的政商关系。干部要经常深入企业讲政策、搞服务，共渡难关，建立起清新的、健康的政商关系，营造平等的市场环境。要以全面深化改革、推进简政放权为契机，大幅精简行政审批事项，进一步降低行业准入门槛，定期发布向社会资本开放的项目，着力破除"玻璃门""弹簧门""旋转门"等现象，确保民营企业像国有企业一样平等地参与市场竞争。

2. 着力减轻企业负担

优惠政策是为了鼓励企业轻装上阵，鼓励中小企业做大做强。贵州省减负办要牵头对减负工作落实情况开展一次督查，贵州省发改委作为降本减负专项行动牵头单位，要持续做好降低企业税收、行政事业性收费、企业物流运输成本、企业用电用气成本等工作。加大清理拖欠民营企业账款工作，高度重视"三角债"问题，纠正一些部门、大企业利用优势地位以大欺小、拖欠民营企业款项的行为，建立长效机制解决拖欠民营企业中小企业账款问题。按照"属地管理、分级负责、谁监管谁负责"的原则，督促指导各地、各相关部门组织开展清欠工作，开展问题督办和督导检查，确保各项任务落实，决不允许增加新的拖欠。

3. 创造公平竞争环境

使物质资本、人力资本能在国有经济与民营经济之间自由流动，比如2013年贵州省首次开展的民营经济组织专业技术职称评审工作就具有稳定民营经济组织人才队伍、促进民营经济发展的良好作用，有力地促进了人才到民营企业去工作。下一步应在养老保障、医疗保险以及工资待遇方面加大力度，缩小国有经济与民营经济之间的差别，进一步拓宽民办教育、民办医疗行业的职称评审工作，保证要素更通畅地流动。

（三）破除要素制约，提高民营企业发展质量

加强在企业融资、做大做强、创业创新、人才发展等方面的支持力度，提高企业发展质量。

1. 着力解决企业融资难、融资贵问题

中小企业融资难是世界性难题，也是贵州民营经济发展必须跨越的一道坎。要以创新手段做好金融服务专项行动，扎实做好"百名行长进民企"，认真了解民营企业融资诉求，制定细化方案，实行"一企一策"。要用活、用好贵州省工业及省属国有企业绿色发展基金，发挥好基金杠杆撬动作用，帮助民营中小企业减负。加大对民营企业融资中介担保服务，充分利用产投基金和风投基金的优势，解决融资难问题。在改善和

加强金融监管条件下发展民营中小银行和非银行金融机构，适度发展小额贷款公司、财务公司等新型金融机构。鼓励民营资本进入金融市场，支持民营企业以股权融资、项目融资、知识产权质押融资等方式筹集资金。建立民营经济信息资源共享机制，整合银行、税务、海关、工商、质监、保险等相关部门的信息资源，加快民营企业征信评价体系和守信受益、失信受惩机制建设。

2. 加大创业创新支持力度

贵州省决心打造一批国家、省级小型微型企业创业创新示范基地，充分发挥其支撑和服务作用。同时，加强创业创新孵化园区建设，各市（州）原则上打造3个以上孵化园区，特别打造一批创业创新孵化园区。深入推进"放管服"改革，进一步清理、取消、压减一批行政许可事项，做好"照后减证"，压缩企业开办时间，加强社会信用体系建设，完善相关行业监管机制，优化政务服务，创新创业生态。加大对"专精特新"中小企业支持力度，深化以科技创新为核心的全面创新，健全科技资源开放共享机制，完善科技成果转化的体制机制，推动创新创业与实体经济加速融合。建立健全民营企业专业技术职称评定和人才评价工作体系。引导民营企业按照现代企业制度要求，完善法人治理结构，改进家族式管理，加强财务、安全、节能、环保、用工等管理，加强质量诚信体系建设。

3. 着力提升民营企业人才素质

人员的素质直接决定着民营经济发展的水平，加强培训是提升人才素质的有效途径，应加强民营企业的党建工作、开展对民营企业家、民营企业从业人员、创业人员的培训。做好民营经济、中小企业发展就要以实际行动让企业家的"担心"变成放心和舒心。

（四）发展新兴产业，加速民营经济转型升级

以市场化为先导，以"专精特新"为原则扶持一批民营中小企业加快发展，尤其是要专门扶持一批具有地方特色和资源优势的资源深加工项目。

1.支持优势产业民营企业发展

稳定发展传统优势行业，培育潜力行业，为"十四五"打下良好基础。积极发展金融业，重点支持小型金融服务特色支行和专营机构建设，如村镇银行、小微企业金融服务中心、社区银行、科技银行等，加大金融对科技创新企业和小微企业的推动和支持力度。继续发挥民营经济在公共服务中的作用。发挥民营经济在职业教育、学前教育和高等教育中的作用，鼓励民办职业教育采用订单方式培养企业用得上、急需的技能型人才。同时，要发挥民营经济在医疗、卫生、保健等行业中的作用，不断为社会提供更到位的社会服务与供给。

2.支持中小企业做强做精

走"专精特新"之路，是中小企业成就"百年老店"的重要途径。做专才能做精、做精才能做强、做强才能做久，这是中小企业可持续发展之道，也是实现转型升级的重要途径。要鼓励、支持、引导广大中小企业走专业化、精细化、特色化、新颖化道路，使其产业结构明显优化，企业素质显著提升。要围绕"双千工程"，重点培育民营经济龙头企业、集团企业，大力培育发展一批大企业大集团，围绕中小企业培育"星光"行动，重点培育各行业民营企业"专精特新"排头兵，注重分级实施培育，在全省培育一批主营业务突出、竞争力强、成长性好、创新能力强的领军企业、骨干企业、成长企业。

3.鼓励民营企业参与基础设施建设

民营经济管理部门要联合政府其他相关部门出台相应的参与细则，明确政府与民营企业的责权利关系，坚守政府信用，让民营企业对参与PPP项目等建设有稳定的心理预期，鼓励民营企业参与基础设施建设项目。

4.持续推进民营工业企业转型升级

以十大千亿元级工业产业为契机，积极优化贵州省内民营工业的行业布局，对产能过剩的行业继续推行供给侧结构性改革，通过招商引资吸引实力较强的企业入驻，弥补全省工业生产链条上的空白和短板，着力扶持各细分领域内的重点民营工业企业，培育成为引领转型升级的骨干龙头企业。结合贵州产业发展特点，对特色食品、白酒、精制茶和医药制造等行业加大政策扶持，引导民营企业采用新技术、新工艺，加快产品升级换代，打造高知名度、高附加值、高品质的"贵州名片"。引导民营经济助推高科技行业发展，围绕大数据产业、生物医药、特色农产品、新材料、软件业、电子元器件和装备制造业等高科技产业，使其成为民营经济重点突破的领域。

5.以园区为载体促进民营经济转型发展

贵州省绝大多数白酒企业、医药企业、茶叶企业、食品企业、旅游商品企业是民营企业。以特色轻工产业为主要载体，强化重点民营特色园区建设，以产业链为纽带，促进关联企业向园区集聚，完善产业链协作配套体系。

6.以重点企业、重点项目为带动，形成产业集群

重点企业、重点项目成为贵州省民营经济的重要支柱，它们成为贵州省后发赶超的生力军。当前，既要加快重点企业重点项目的成长步伐，又要着手引导中小企业围绕大企业大项目关联集聚，提高产业集中度，形成大企业引领、中小企业协作共生的产业态势。

（五）提高自身素质，推进可持续发展

民营企业要按照法律法规的规定，建立规范的现代企业、合伙企业和个人独资企业。通过相互参股、技术入股、引进外资等方式进行产权制度改革，建立产权明晰、组织规范的现代企业制度。规范公司治理，改进内部组织结构和管理结构，逐步实现所有权和经营权分离。规范企业经营管理行为，完善各项规章制度，建立各项责任制度。加大企业产品研发投入，提高产品质量，鼓励技术创新，走"专精特新"的品牌之路。民营企业主要善于学习、勤于学习、终身学习，提升自身素质，成为富有创新精神和创业激情、社会责任感，心系国家，情牵人民，在转变发展方式中能够担当领军人物的企业家。支持企业加强企业文化建设，引导民营企业加强党组织建设，开展创先争优活动，构建和谐劳动关系，打造团结奋进的企业精神和文化氛围，通过自身素质和能力的提高实现企业的可持续发展。

分 报 告

② 贵阳市民营经济发展报告

1978~2018 年，贵阳市民营经济发展主要经历了初步发展、市场地位确定、长足发展三个阶段。民营经济已成为贵阳市经济增长的主要引擎、经济结构调整的主要抓手、创业就业的主要渠道、技术创新的主要载体。贵阳市制定政策和具体措施促进民营经济发展、完善民营经济领导小组作用、启动"三证合一"登记制度、鼓励民企做大做强、改善融资环境、政府购买社会中介服务、鼓励民企进入工业园区发展、加强民营经济统计工作、破解民营经济发展"七难"问题、提升民营企业创新能力、完善服务环境。但贵阳市民营经济还存在总量依然偏小、结构有待进一步优化、生产经营成本增加、融资难问题依然突出、政策落实不到位等问题。在下一步发展中，重点解决准入难、融资难、政策落地难、审批难、盈利难、用工难、创业难这"民企七难"问题。

1978~2018 年，贵阳市民营经济从无到有，经历了从简单的个体餐饮、街道小作坊等到如今涉及各类产业完备的经济体系，民营经济已成为贵阳市经济增长的主要引擎、经济结构调整的主要抓手、解决城乡就业的主要渠道、地方税收的贡献主力、创业的主要力量和技术创新的主要载体。大力发展民营经济，进一步完善"非公经济发展改革专题组"工作机制，发挥"贵阳市推进民营经济发展工作领导小组"作用，创新服务民营中小企业，促进民营经济发展迈向新的台阶。

一、改革开放 40 年贵阳市民营经济发展历程

1978~2018 年，贵阳市民营经济发展大致经历了以下三个阶段：

（一）初步发展：1978~1996年

改革开放后，国家开始鼓励和支持民营经济发展，民营经济作为公有制经济的必要补充开始登上经济舞台，得到了初步发展，但还未完全脱离计划经济管控，呈现出体量小、数量少、基础薄弱、结构单一等特点。这一阶段，贵阳市民营经济中，工业一般涉及制造业低端配套、简单资源性产品生产（如当时以磨料磨具生产为代表的部分民营企业）、来料加工等；第三产业一般以饮食、旅店、小商品经营等为主，民营经济发展环境基础差，没有针对民营经济的统计和专门的扶持措施。民营经济发展起伏动荡较大，市场主体地位较低。

（二）市场地位确立：1996~2006年

这一阶段，贵阳市民营经济市场主体地位得到确立，民营经济进入快速发展时期，呈现发展势头足、成长速度快、覆盖行业广的特点，实现了快速、多元、全面、稳定发展。初步建立了扶持民营经济发展的措施，这一时

期，出现了一些成规模的中小型民企，政府相关职能部门也开始对较大民企关注、扶持，从2003年开始，建立了民营经济（含三次产业）的统计制度（各区、县、市按季度统计）。截至2006年，贵阳市民营经济增加值为253亿元，比1996年的37亿元翻了近7倍，民营经济占全市GDP比重从21.7%增加到42%。形成以非公有制经济为主、多种经济成分并存的混合经济类型，民营经济正式成为国民经济发展的重要组成部分。

（三）民营经济取得长足发展：2006年至今

2006年后，贵阳市民营经济受国际国内宏观经济环境影响，加上自身体量大、产业覆盖面广、技术层次低等特点，民营经济的发展遭遇了严重困难和挑战，开始放慢发展脚步，进行产业升级调整。2013年，贵阳市民营经济占全市GDP比重首次突破50%，并占到全省民营经济总量的1/3，位居全省第一。

2018年贵阳市完成民营经济增加值2080亿元，占比达54.76%，民营经济取得长足发展，呈现出占比扩大、环境优化、贡献突出三个特点。

1. 占比扩大

2018年，贵阳市完成民营经济增加值2080亿元，占比达54.76%；完成民间投资1857亿元，占全社会固定资产投资的48%以上；民营企业数量19.67万户，是全市企业总量（21.89万户）的89.86%。民营经济由原来主要集中于劳动密集型、科技含量低的加工配套产业和吃、住、行等简单服务业，向高新技术产业、现代制造业及现代服务业迅猛发展，涌现了朗玛科技、满帮科技、航宇科技、雅光电子等一大批贵阳民营企业产业升级代表。据初步统计，在贵阳市大数据、大健康产业中，民营企业已占95%以上，民营企业产业转型升级步伐逐步加快。

2. 环境优化

2012年，贵阳市政府设立金融办，优化了融资性担保机构为民企提供融资服务的环境。贵阳市工信委每年为贵阳市融资性担保机构申报国家

和省中小企业发展资金支持，2013～2015年共获得国家和省中小企业发展资金专项支持融资平台金额总计约9000万元。贯彻"三个15万"扶持政策，完善贵阳市大众创业环境。到"十二五"末期，贵阳市共有各类市场主体38.5万户，其中个体工商户登记数230000户；私营企业登记数预计达到116000户；民间注册资本近3800亿元，占全省的30%以上。

3. 贡献突出

民营经济为解决城乡就业、提升地方税收做出了重要贡献。2018年，贵阳市民营经济国税、地税占比分别为52%和52%；"十二五"期间，贵阳市民营经济新增就业80万人以上，比2010年增长了116%，民营经济新增就业占全市新增就业的85%。

二、贵阳市民营经济发展取得的主要成效

1978年以来，贵阳市民营经济从无到有，从简单的个体餐饮、街道小作坊、家电及汽车修理等发展到如今的种植业、酒店、电子商务、物流、IT业及食品、药品、装备制造、化工等涉及一、二、三产的各类产业。自1996年开始对贵阳市民营经济进行统计以来，在经历了近20年的发展后，于2013年民营经济占全市GDP比重首次突破50%，并占到全省民营经济总量的1/3，居全省第一位。贵阳市民营经济发展主要围绕完善民营经济发展环境，提高民营经济占比，努力完成"贵州省民营经济三年倍增目标"。截至2018年，贵阳市民营经济增加值达到2080亿元，占贵阳市GDP（3798.45亿元）比重达54.76%；完成民间投资1857亿元，增速2.5%；民营经济新增就业15.4万人；登记注册民营市场主体约46.87万户，其中民营企业19.67万户；民营经济税收占比55%；民营工业实现增加值391.6亿元，占全市规模以上工业增加值的50%，同比增长12.7%，高于国有控股企业5.8个百分点。2011～2018年，贵阳市民间投资、民间注册资本、新增就业比大幅度增长（见表1）。

表1　2011~2018年贵阳市民营经济各项主要发展目标完成情况

年份	民营经济增加值（亿元）	民营经济占全市 GDP 比重（%）	民间注册资本（亿元）	新增就业人数（人）	民间投资（亿元）
2011	613	44	804	56000	802
2012	818	48	1146	92333	1130
2013	1043	50	1550	200000	1674
2014	1280	51	2800	230000	1882
2015	1370	52.5	3400	150000	1817
2016	1681	53.2	4800	150000	1767
2017	1926	54.4	13405	151000	2048
2018	2080	54.7	14406	154000	2364

自 2014 年民营经济总量首次超过国有经济总量后，2018 年贵阳市民营经济增加值占比已达 54.7% 以上，成为贵阳市社会经济发展不可或缺的重要力量。

（一）民营经济已成为贵阳市经济增长的主要引擎

贵阳市 40 年民营经济发展历程，也是贵州省民营经济发展史的缩影。40 年来，贵阳民营经济从无到有、从小到大、从弱到强，不断发展壮大。既有风靡全球的"老干妈"，又有填补贵州轿车制造空白的吉利新能源汽车公司，也有乘大数据东风迅速崛起的"独角兽"满帮集团。统计数据显示，2018 年贵阳完成民营经济增加值 2080 亿元，增长 7.99%。民营经济占 GDP 比重从 2011 年的 44% 扩大到 2018 年的 54.76%（全省平均占比 53%）；民间投资预计完成 1800 亿元以上，占全社会固定资产投资的 46%，民营市场主体（含个体工商户）累计达 46.78 万户。2018 年，贵阳市民营经济上缴地税 122.5 亿元，贡献了全市 53.6% 以上的税收；民营经济全年上缴国税 239.5 亿元，贡献了全市 53.8% 以上的税收；民营经济总量占贵阳 GDP 比重达到 54.8%，超过"半壁江山"；民营经济实现税收收入 431.06 亿元，占全市税收总收入的 56.21%。

（二）民营经济已成为贵阳市经济结构调整的主要抓手

贵阳市已进入以高水平开放推动高质量发展的新阶段，为民营经济提供了大有可为的广阔舞台。由原来主要集中于劳动密集型、科技含量低的加工配套产业和吃、住、行等简单服务业，向高新技术产业、现代制造业及现代服务业迅猛发展，涌现了大数据和大健康产业的朗玛科技、满帮集团、勤邦生物等一大批民营经济升级版代表企业。一大批在改革开放中勇立潮头、大胆创新的民营企业家，是贵阳发展的宝贵财富。民营经济过去、现在、将来都是贵阳高质量发展不可替代的重要力量，也是民营经济结构调整的主要抓手。

（三）民营经济已成为贵阳市创业就业的主要渠道

民营经济为贵阳市经济社会发展作出了突出贡献，成为了经济增长的"主力军"、科技创新的"主动力"、就业创业的"主渠道"，是支撑贵阳发展的重要力量。市场主体数量明显增长。截至 2018 年，贵阳市共有各类民营市场主体 46.87 万户，占全部市场主体（49.43 万户）的 94.82%，其中民营企业 19.67 万户，个体工商户 27.20 万户。2015 年以来，贵阳市个体工商户月平均增长

4000 户，私营企业月平均增长 1500 户。2018 年，贵阳市民营经济新增就业约 15.40 万人，比上年增长 3%，占全市新增就业的 72%。

（四）民营经济已成为贵阳市技术创新的主要载体

2018 年，贵阳市申请专利 19074 件，专利授权 9113 件，其中 80% 以上为民营企业所有。截至 2018 年，贵阳市共有 100 户省级企业技术中心，其中民营经济企业 61 户；共有 13 户国家级企业技术中心，其中民营经济企业 3 户。2018 年，世纪恒通科技股份有限公司（民营企业）获得国家级企业技术中心认定。

三、贵阳市民营经济发展的主要做法

（一）制定政策和具体措施促进民营经济发展

2014 年出台《中共贵阳市委贵阳市人民政府关于全力推进民营经济发展的若干意见》，2016 年出台《贵阳市进一步鼓励民营经济发展措施》，建立督办督查制度落实，对当年重点发展民营企业实行领导挂牌服务，及时帮助企业协调解决生产经营过程中的困难和问题。

（二）完善民营经济领导小组作用

由贵阳市主要领导挂职组长，设立民营经济领导小组办公室，负责协调解决服务民企发展问题，不定期召开民营经济发展表彰、座谈会；定期举行民营经济相关部门联席会议，及时掌握民营经济发展动态，解决发展难题。实行各区、县（市）民营经济季度例会制度，动态掌握各行业、各区域民营经济发展状况，及时为民企提供高效快捷的服务。

（三）全面启动"三证合一"登记制度

实施工商营业执照、组织机构代码和税务登记证"三证合一"登记制度改革，工商注册登记推进全程电子化，正在实施以电子营业执照为支撑的网上申请、受理、审核、发照和公示的便民工程。

（四）鼓励民营企业做大做强

对首次纳入规模以上工业（2000 万元口径）的民营企业，市级给予每户 10 万元一次性奖励；对首次上限的民营商贸流通企业，市级给予每户 3 万~5 万元一次性奖励。

（五）改善融资环境

积极争取国家及省级中小企业发展资金，安排市级专项资金，扶持贵阳市融资性担保机构和小额贷款公司，改善贵阳市中小微民营企业的融资环境。

（六）政府购买社会中介服务

贵阳市中小企业服务中心为贵阳市中小企业和非公有制经济提供法律、融资、就业培训、技术服务等，为小、微型企业免费提供部分中介服务，最高每户 8000 元。

（七）鼓励民营企业进入工业园区发展

鼓励民营企业进入各个工业园区发展，集约使用园区水、电、煤、气等资源，共享园区内融资、人才等优惠政策。"十二五"末期，贵阳市民营企业工业企业占园区企业户数的比例约 75%，各工业园区民营经济产值占整个园区产值的 75% 以上。

（八）加强民营经济统计工作

完善民营经济一、二、三产统计制度，探索重点民营企业经济指标按月统计分析。从 2004 年开始，按季度统计贵阳市所属各区、县（市）民营经济增加值数据；按月统计贵阳市所属各区、县（市）民间投资完成数。从 2013 年开始按季度统计民营市场主体数、民营经济新增就业数及民间注册资本数。除每季度的全市民营经济统计外，按月对贵阳市各区、县（市）产值（销售）前十名（含一、二、三产）的民营企业进行统计监测，实时掌握企业生产、经营过程中出现的困难和问题。重点跟踪贵阳市投资较大的民间投资项目，及时了解项目实施过程中的问题，协调各部门解决，保障项目顺利建设，加快项目投达产进程。

（九）破解民营经济发展"七难"问题

着力破解民营经济发展"七难"（准入难、融资难、政策落地难、审批难、盈利难、用工难、创业难）。从 2016 年 4 月开始，开展民营经济"大走访、大服务"活动，建立民企问题"台账"，做好问题分类统计，跟踪掌握企业生产经营情况，收集梳理和协调解决民营企业发展存在的困难和问题，形成"现场了解—现场解决—问题记录—横向协调—向上反馈—限时回复"的工作制度。

（十）提升民营企业创新能力

帮助民营企业提升技术创新能力，组织民营企业申报认定省级以上企业技术中心工作。帮助民营企业开展品牌建设质量管理水平提升方面的工作，组织其申报评选，推动企业产品升级和品牌提升。持续开展贵阳市每年一度的优秀新产品和优秀技改项目评选工作。

（十一）完善服务环境

加强公共服务，通过市中小企业服务大厅，按照"政府支持中介、中介服务企业"的思路，通过集团式采购降低服务成本，让更多的民营企业享受便利的社会化服务；加大公共就业服务，建立完善"人力资源信息港"和人力资源分市场，根据企业用工需求，举办招聘会，协助企业招聘员工；加强培训服务，组织贵阳市民营中小企业参加投资融资、民族民间工艺传承创新、创业知识及创业、中小企业管理人员及职业经理人等"星光培训"活动。

四、贵阳市民营经济发展存在的主要问题

（一）民营经济总量依然偏小

截至 2017 年，贵阳市民营经济增加值完成 1920 亿元，与周边主要城市相比依然偏小（2017 年，昆明、南宁等市民营经济增加值均已超过 2400 亿元），全市规模以上（2000 万元口径）非公有制工业企业共 675 户，占全部规模以上非公有制工业企业的 72%，规模以上民营工业户数偏少。

（二）结构有待进一步优化

传统初加工产业和商品批发零售及餐饮等行业规模较大，生产经营粗放，装备水平低，过度依赖资源能源消耗，主要依靠"低成本、低价格、低利润"参与市场竞争，难以适应转变发展方式和调整优化经济结构的现实要求。

（三）生产经营成本增加

水、电、气等生产要素及土地征用、商铺租赁、物流运输及技术研发等成本上升过快。人力成本在经营成本中的占比加大，2017 年贵阳市中小民营企业人力成本同比增长 20% 以上。

（四）融资难问题依然突出

贵阳市民营经济总体规模偏小、注册资金低、财务管理不规范、信誉度不高、企业融资渠道窄、流动资金短缺，缺乏融资的基本条件。同时，银行贷款门槛较高、环节较多、时间较长，造成民营经济融资难、融资贵。

（五）政策落实不到位

国家、贵州省及贵阳市鼓励民营经济发展的相关政策存在民企知晓盲区，存在操作难问题，存在有政策无资金落实等情况，鼓励准入政策难以真正落实，"玻璃门""弹簧门""旋转门"等现象依然存在。

五、贵阳市民营经济发展对策建议

贵阳市上下按照贵阳市委十届五次全会作出的决策部署，坚持高标准要求、实施高水平开放、推动高质量发展，紧紧围绕"一品一业、百业富贵"发展愿景，积极融入"一带一路"建设、长江经济带发展、粤港澳大湾区建设等国家战略，以市场引领、贸易先行、以贸促工、工贸并进为路径，以中高端消费和中高端制造为引擎，着力把贵阳建设成为西部地区有影响力的国际化都

市、中高端消费品贸易之城和制造之城。在这样的背景下，全市民营经济大有可为也必定大有作为，让更多的贵阳制造特别是贵阳"智造"享誉全国、走向世界。

着力协调，加大力度解决民营中小企业普遍存在的准入难、融资难、政策落地难、审批难、盈利难、用工难、创业难"民企七难"问题，作为推动民营经济发展的主要手段，为民营企业提供精准、及时、高效的服务。加强全面深化改革工作，进一步完善"非公经济发展改革专题组"工作机制，继续发挥"贵阳市推进民营经济发展工作领导小组"作用，创新服务民营中小企业，综合协调处理"民企七难"问题。

（一）解决准入难问题

加大力度支持民营资本投向教育、科技、卫生、文化、养老等社会事业，以及保障性住房建设领域；向民营企业开放城镇供水、供气、供热、公共交通、污水垃圾处理等市政公用事业和基础设施投资领域。

（二）解决政策落地难问题

加快落实贵州省第三次民营经济发展大会精神和《中共贵州省委 贵州省人民政府关于进一步促进民营经济发展的若干意见》，督促市直相关部门拟定具体落实措施，将《关于全力推进民营经济发展的若干意见》（筑党发〔2014〕26号）和《进一步鼓励民营经济发展措施》等扶持民营企业发展的政策落到实处，完善建立民营企业问题困难台账，及时处理或上报。

（三）解决融资难问题

充分认识民营经济在贵阳市发展大局中的巨大贡献和重要地位，进一步增强发展壮大民营经济的思想自觉和行动自觉，全力支持帮助民营企业翻越"市场的冰山""融资的高山""转型的火山"这"三座大山"，切实降低税费、用地、用电、用气、用工、物流等成本，努力打造公平竞争的市场环境、优质高效的政务环境、公正有序的法治环境、尊商重企的社会环境，以及竞争力更强的要素市

场、一流的营商环境和"亲""清"新型政商关系，让民营经济创新源泉充分涌流，让民营经济创造活力充分迸发，推动贵阳民营经济规模、质量迈上新台阶。对拟上市或者拟挂牌企业开办培训会，协助企业到多层次资本市场挂牌融资。建立贵阳市新三板企业投资基金，帮助拟挂牌和已挂牌企业解决融资问题；鼓励和支持中小企业通过发行私募债、中小企业集合票据等债务融资工具筹集资金。

（四）解决审批难问题

（1）清理审批项目。下放审批权限，简化审批程序，明确办理时限，做好对民营企业投资项目的"贴身服务"和"精准服务"。

（2）由相关部门及时接受并反馈民营企业对于"审批难"事项的投诉。由贵阳市督办督查局加强"审批难"问题的督查力度。

（五）解决用工难问题

开展"公共就业人才服务专项活动"。依托"就业援助月活动""春风行动""民营企业招聘周活动""高校毕业生就业服务月""高校毕业生就业服务周"等系列活动，为民营企业、劳动者搭建信息对接、人岗对接平台。

（六）解决盈利难问题

（1）协助企业获得政府支持。帮助企业争取国家、省、市各级各类项目资金支持，加大对民营企业各项减负力度，支持民营企业通过电商平台、会展平台等开拓市场，运用大数据等手段解决民营企业市场信息不对称难题，鼓励民企实施"互联网＋"工程。

（2）鼓励民营企业"走出去"。通过组织企业参加数博会、广州中国国际中小企业博览会、香港中小企业博览会、APEC中小企业技术交流暨展览会等会展，帮助民企拓展市场。

（七）解决创业难问题

（1）开展公共就业服务专项行动。实施"创业引领计划""百万青年创业就业行动"和"高校

毕业生就业促进计划"，切实加强孵化园、创业基地等基础设施建设，全面落实创业资金、创业补贴、就业补贴等一系列创业扶持政策，加大对高校毕业生、失业人员、农村劳动力等群体的创业扶持力度。

（2）为旅游商品产业发展做好服务。拟定贵阳市旅游商品发展措施，鼓励企业创新旅游商品生产销售模式，积极支持贵阳市重点旅游商品企业发展。继续做好"中国（贵州）国际民族民间文化旅游产品博览会"贵阳赛区选拔赛等相关工作，力争再次取得好成绩。

（3）构建贵阳市"两创示范"工作体系。在市小微企业创业创新基地城市示范工作领导小组领导下，加强工作统筹协调，建立完善贵阳市"两创示范"工作机制，全面推动政策制定、绩效考核、统计监测、资金管理、宣传组织等各方面工作。

（4）完善落实工业园区优惠政策。在"十三五"期间将贵阳市民营工业企业全部纳入园区进行管理服务，共享园区各项资源。

（5）加快中小企业服务平台建设。通过中小企业服务平台，为全市中小企业提供创新创业、融资服务、政策扶持、人才培养、展示推广、在线交易、咨询辅导等支持，实现线上线下中小企业全方位、全周期服务管理，借助互联网、移动互联网有效打通线上线下，实现O2O无缝衔接服务。

六、贵阳市民营经济发展未来展望

认真贯彻落实习近平总书记关于民营经济发展的重要论述，全面落实党中央、国务院和贵州省委、省政府的各项决策部署，凝聚共识、抢抓机遇，推出"真金白银"政策措施，传递出贵阳市委、市政府毫不动摇加快推动全市民营经济实现高质量发展的坚定决心，进一步激发广大民营企业家的创新创业活力，在推进高标准要求、高水平开放、高质量发展新征程上不断建功立业。力争在2020年，贵阳市民营经济占全市GDP总量比重达60%以上；产业结构进一步优化，培育以大健康、大数据产业为主，兼顾传统产业中的装备制造、磷煤化工、铝及铝加工等众多民营工业企业，民营工业增加值达800亿元以上。扶持一大批10亿级工业民企做大做强，培育3户以上百亿级超大型民营企业，鼓励民企技术创新、管理创新、营销创新，鼓励民营企业参与国际市场竞争，大力发展以观光旅游、物流配送、电子商务、酒店餐饮等为主的"三产"民企，使贵阳市"三产"民企成为新增就业的主要渠道。

民营经济发展空间巨大，民营企业前景光明灿烂。贵阳市将共同拥抱民营经济发展的春天，同心同德、并肩拼搏，共创更加美好的未来。

③ 遵义市民营经济发展报告

1978~2018 年，遵义市民营经济发展成效显著，民营经济推动国民经济总量快速增长、促进多元化产业同步稳固发展、提升市场经济活跃度、提高区域整体发展质量、增加社会财政贡献率、承载城镇就业渠道、加速市政经济服务环境优化。遵义市民营经济也存在宏观环境变化大融资困难、企业体量过大政策落地难、外来经济冲击大行业竞争加剧、增长方式尚未转变结构升级有待加强、高级生产要素相对匮乏公共体系亟待健全等问题。未来遵义市民营经济发展将继续深化"简""优""限"工作，积极开展好"民营企业服务年"等活动，形成具有区域竞争优势的产业集群，实施企业高质化道路，不断拓宽融资渠道，发展自主创新平台、培育名品名牌，实施引贤育才工程，建立"亲""清"的新型政商关系，使未来全市民营经济规模经济快速稳定发展，综合竞争优势显著提高，企业实现现代科学管理，实现"走出去"投资经营。

自 1978 年党的十一届三中全会提出实行对内改革、对外开放的政策以来，遵义市抢抓机遇，在不同的历史时期主动适应新常态，始终把民营经济与改革开放、经济发展紧密联系，实现了遵义市经济发展中路突破、开放带动、产业振兴的重要发展目标。民营经济成为遵义市国民经济的重要组成部分、和谐社会的重要建设力量、产业转型的重要动力源泉、市场竞争的重要参与主体、科技创新的重要驱动因素、吸纳规模就业的强力支撑、承担社会责任的中坚力量。

一、改革开放 40 年遵义市民营经济发展历程

改革开放 40 年来，遵义市始终坚持"以发展为中心"，不断加强经济建设，经历了 1978~1992 年经济发展起步新时期、1992~1997 年发展成型期、1997~2008 年经济发展提速期、2008 年至今的变革与跨越期。民营经济起步于个体经济，成长于私营经济，最终成就今天整个国民经济的发展，民营经济从国民经济的补充转变为重要的中坚力量。

1978 年以来，遵义民营经济发展大致经历了以下四个阶段：

（一）第一阶段——经济发展起步新时期：1978~1992年

1978 年党的十一届三中全会开启了改革开放历史性时期，1982 年党的十二大提出，鼓励和支持劳动者个体经济作为公有制经济的必要补充。

这一阶段，遵义亦迎来个体经营户发展不被限制的新时期。虽还未完全脱离计划经济时期，但保护个体经济已经写入《宪法》，遵义初步形成了计划经济下所有制结构上以公有制包括全民所有制和集体所有制经济为主体，个体经济、私营经济和外资经营为补充的多种经营成分长期共同

存在的新局面，私营经济得到了初步发展。该阶段民营经济呈现体量小、数量少、基础薄弱的特点，发展模式上仍处于徘徊阶段，经济主体在这一阶段主要以批发零售业为主，结构单一，受限制严重，发展规划尚不明确，市场主体地位低下，发展动荡起伏大。

（二）第二阶段——发展成型期：1992~1997年

1992年，在党的十四大报告提出公有制为主体，民营经济等多种经济成分长期共同发展的战略发展思路后，民营经济市场主体地位得到确立，邓小平南方谈话，为民营经济发展进一步扫清障碍，我国民营经济进入快速发展时期。

这一时期，遵义国民经济从计划经济走向市场经济，民营经济进入战略发展阶段。在该阶段，遵义民营经济呈现发展势头足、成长速度快、覆盖行业广的特点。截至1997年，遵义民营经济实现经济产值31.79亿元，较1992年翻了近一番，粮食、油料、畜产品及部分工业品总产值增长了21.86倍。在民营经济市场主体的推动下，遵义原有的短缺经济逐步转化为饱和经济，形成以非公有制经济为主、多种经济成分并存的混合经济类型，民营经济正式成为遵义国民经济发展的重要组成部分。

（三）第三阶段——经济发展提速期：1997~2008年

1997年，中共十五大指出，"公有制为主体，民营经济是我国社会事业重要组成部分"。遵义撤地建市后制定"三化一强、三新一强"发展战略，进行国有体制改革，传统高耗能、高污染产业被勒令改革或是关闭，民营经济的市场主体地位得到进一步巩固，民营经济进入高速发展时期。

该阶段的民营经济，体量不断增大，在发展上呈现集群效应显著、规模效应明显、投资来源广泛、产业结构多元、股份经营推进等特点。在这一阶段，遵义对大力发展和引导民营经济提出了鼓励性政策，民营经济平等参与市场经济竞争制度确立，民营经济进入快速发展的黄金时期。到2008年，遵义市私营企业达到15471户，个体

工商户112477户，从业人员达到43万余人，民营经济总量达到259.23亿元，占全市国民经济总量的39.5%，工业增加值完成46.2亿元，占全部工业的比重为42.2%，实现利税37.2亿元，占全市国地税总额的37%。

这一阶段，民营经济成为创造经济总量、贸易总量和新增就业的主要载体，民营经济的快速、多元、全面、稳定发展，将遵义市场竞争关系推向全面化。

（四）第四阶段——变革与跨越期：2008年至今

2008年，国际金融危机严重冲击了我国经济的发展，国际国内宏观经济环境发生了重大变化，民营经济的发展遭遇了严重困难和挑战。

这一阶段，民营经济因为体量大、产业覆盖面广、技术层次整体不高，所受影响最大，但也因为影响巨大，在经历了2008~2009年多项指标明显大幅度降低的情况下，民营企业迎来全面变革发展的新时期。在这一阶段，民营经济展现了其灵活多变的特点，不再绝对依赖于国家的大规模投资、区域优惠政策，开始自发参与地区产业发展，主要表现为：自愿互利合作性关系凸显、技术进步与产业升级成为发展刚需、新型企业组织与扩展形式得到快速推广、新的劳资关系形成、品牌等柔性竞争资源急速扩充等特点。民营经济的快速转变和健康发展为整个国民经济发展和社会和谐稳定做出了重要贡献，成为区域发展变革的主要驱动力。

二、遵义市民营经济发展取得的主要成效

1978年以来，实践表明，民营经济的发展在促进我国经济社会的发展方面发挥着越来越大的作用，从无到有、从小到大、从简到精，始终与改革开放的进程紧密相连，既是改革开放与经济社会进步的重要成果，也是推进改革开放与经济社会进步的重要动力。

（一）推动国民经济总量快速增长

1978~2018 年，遵义市民营经济的经济增长一直处于高位，成为助推国民经济总量快速增长的排头兵。其主要体现在两个方面：一是经济总量快速增长，2008~2018 年，遵义市民营经济增速分别为 21.63%、18.46%、28.77%、31.64%、25.24%、17.57%、24.75%、16.63%、11.30%、14.10%、10.13%，增速远高于国民经济增速。二是民营经济在国民经济中的比重不断上升，到 2018 年，民营经济占国民经济总量的比重达 55.10%，较 1978 年的 0.29% 实现了战略性超越。有效推动了国民经济总量的快速增长。

2018 年，遵义市民营经济增加值完成 1653.13 亿元，市场主体（含仁怀市）总量为 49.64 万户，资本总量为 6311.72 亿元，分别同比增长 11%、18.61%。企业 775012 户，同比增长 15.92%，其中民营中小企业 101317 户；新增注册资本 8581.32 亿元，同比增长 18.82%（见表 1、图 1）。

表1　1978~2018年遵义市民营经济总量提升状况

年份	国民经济总量（亿元）	民营经济总量（亿元）	民营经济总量占国民经济总量比重（%）	民营经济投资（亿元）	民营经济投资占社会投资总额比重（%）
1978	112.40	3.26	0.29	0.42	3.56
1992	100.30	12.04	12.00	9.81	10.63
1997	111.10	25.53	22.97	46.77	27.62
2008	655.73	258.82	39.47	112.51	38.61
2009	777.64	306.61	39.35	153.35	40.76
2010	908.76	394.86	43.45	247.43	44.83
2011	1121.46	519.79	46.35	483.07	59.37
2012	1361.93	651.00	47.80	581.42	44.50
2013	1584.64	765.41	48.30	429.92	51.80
2014	1874.36	954.84	50.94	421.02	40.10
2015	2168.34	1113.66	51.50	637.25	37.60
2016	2403.94	1164.93	51.56	665.77	32.20
2017	2748.59	1501.01	54.61	921.62	36.52
2018	3000.23	1653.13	55.10	438.77	21.80

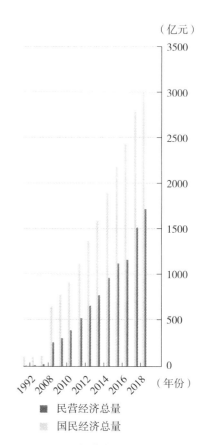

（亿元）

图1　1992~2018年遵义市民营经济发展增速比

- ■ 民营经济总量
- □ 国民经济总量

（二）促进多元化产业同步稳固发展

民营经济由于其灵活多变的特点，在三次产业中的占比随着市场经济体制的变化不断加重，根据市场导向转而促进产业结构优化，形成百花齐放的发展态势。截至 2018 年，遵义市民营经济在二产、三产中的占比逐年增加，三次产业结构从 1978 年的 42.86∶9.22∶22.21 调整为 29.13∶49.99∶51.37。民营经济在装备制造、白酒、特色食品、生物医药、能源化工、战略性新兴产业中占据绝对战略优势，批发零售业、住宿餐饮业、居民服务业分别占个体民营经济产业的 62.50%、15.24%、9.94%，民营经济中的批发零售业、租赁和商务服务业、制造业分别占私营企业的 31.57%、13.05%、12.48%。由此可见，民营经济在全市各类行业中都占据着重要的战略地位，对遵义市进行多元化产业发展起到积极促进作用（见表 2）。

表2 1978~2018年遵义市民营经济在三次产业中的经济总量

单位：亿元

年份	第一产业总产值	民营经济在第一产业中的产值	第二产业总产值	民营经济在第二产业中的产值	第三产业产值	民营经济在第三产业中的产值
1978	3.89	0.09	3.39	0.09	1.71	0.005
1992	23.14	2.21	25.21	4.03	19.05	4.00
1997	41.38	7.03	53.51	11.23	58.89	12.36
2008	117.44	27.90	313.13	107.46	225.15	124.73
2009	121.59	29.18	121.59	124.31	258.02	152.51
2010	140.23	33.37	367.82	165.52	400.70	195.95
2011	151.26	37.05	493.02	237.77	476.88	244.97
2012	181.24	51.43	181.24	305.47	556.46	294.10
2013	207.88	58.41	744.14	371.47	744.14	335.52
2014	267.47	75.16	267.47	483.78	746.20	395.90
2015	349.27	98.14	970.75	565.77	848.32	449.75
2016	370.48	107.96	1063.00	621.53	970.46	510.02
2017	402.34	126.98	1241.05	740.66	1105.20	644.55
2018	411.36	120.00	1374.16	684.00	1214.71	624.00

（三）提升市场经济活跃度

市场主体是市场经济活跃的重要发展源，其市场主体的增加及产业分布直接影响市场经济的活跃性。截至2018年，遵义市市场主体已经达到496375户，注册资本6745.59亿元。其中私营企业达到77671户，个体工商户387047户，农民专业合作社8011户，民营经济市场主体占全市市场主体的97.82%，位列贵州省第二，注册资本总额5687.13亿元。遵义市规模以上工业企业1074家，民营经济为主体企业达920家，占比达到85.66%（见表3）。

同时，在市场经济影响下，民营经济在各行业中的投资力度不断调整，导致各行业在不同时期发展情况不一，应有效、及时地调整市场发展方向，保持和提升市场经济活跃度。

表3 2008~2018年遵义市民营经济固定资产投资完成情况

单位：亿元

年份	农、林、牧、渔业	采矿业	制造业	电力、燃气及水的生产和供应业	交通运输、仓储和邮政业	信息传输、计算机服务和软件业	批发和零售业	住宿和餐饮业	水利、环境和公共设施管理业	居民服务和其他服务业	教育业	卫生、社会保障和社会福利	文化、体育和娱乐业	公共管理和社会组织
2008	1.87	22.36	43.62	7.98	3.94	0.70	2.31	1.14	2.52	0.51	0.84	0.03	0.31	1.01
2009	2.27	28.05	52.46	9.41	4.34	0.80	2.31	1.52	3.83	0.63	0.89	0.05	0.24	1.39

续表

年份	农、林、牧、渔业	采矿业	制造业	电力、燃气及水的生产和供应业	交通运输、仓储和邮政业	信息传输、计算机服务和软件业	批发和零售业	住宿和餐饮业	水利、环境和公共设施管理业	居民服务和其他服务业	教育业	卫生、社会保障和社会福利	文化、体育和娱乐业	公共管理和社会组织
2010	2.58	35.05	78.96	8.91	3.53	0.90	2.31	1.00	7.63	0.86	0.74	0.45	1.25	2.66
2011	18.21	47.38	95.52	34.82	43.32	11.56	5.84	10.29	28.30	2.99	2.34	1.60	2.34	8.66
2012	21.26	88.64	218.25	14.41	3.26	6.92	16.58	21.64	27.14	7.42	2.62	1.97	3.33	1.53
2013	18.06	48.15	188.23	14.49	6.53	2.89	12.23	33.27	50.13	5.21	2.61	2.55	3.70	1.58
2014	15.73	52.17	137.43	10.48	19.87	9.78	19.27	41.79	51.08	4.38	9.41	6.18	3.28	4.06
2015	26.45	66.42	182.64	15.37	38.24	1.68	20.48	58.23	67.00	2.28	6.44	5.92	4.70	0.31
2016	30.96	18.90	174.97	30.37	71.02	1.93	55.62	47.22	106.99	3.68	14.75	22.43	10.15	0.12
2017	41.35	12.36	201.35	31.23	80.42	1.64	56.31	51.36	197.50	4.63	13.21	31.61	11.77	0.23
2018	30.32	11.45	108.46	20.52	55.90	4.08	26.37	17.21	86.95	12.6	4.07	17.73	18.23	0.19

（四）提高区域整体发展质量

民营经济成为产业转型的重要动力来源主要体现在规模工业民营经济主体的快速综合发展上。一方面，民营经济在推动装备制造、物流、电子信息、金融等垄断行业开放中发挥了重要作用。另一方面，民营经济在产业创新中不断提升。以规模以上工业企业发展为例，截至2018年，全市规模以上民营经济企业总量达到920家，工业总产值890.02亿元，工业销售产值达到873.44亿元，资产总计1026.31亿元，创造利税88.19亿元（见表4）。2008~2018年，遵义市累计获批国家级、省级企业技术中心56个，其中省级52个，国家级4个，以民营经济主体为主的创新平台占比达到66.18%。

表4　1978~2018年遵义市民营经济发展总量

年份	规模以上民营经济工业企业（户）	规模以上民营经济工业总产值（亿元）	规模以上民营经济工业销售产值（亿元）	规模以上民营经济资产总计（亿元）	规模以上民营经济主营业务收入（亿元）	规模以上民营经济利税（亿元）
1978	13	0.09	0.06	0.03	0.06	0.01
1992	116	3.02	2.71	1.32	2.71	0.34
1997	201	13.92	9.56	4.12	9.56	1.27
2008	335	259.23	198.26	57.85	198.26	37.20
2009	389	249.13	217.43	81.17	217.43	19.37
2010	440	359.73	318.62	126.81	318.62	53.62
2011	384	509.86	458.39	132.81	458.39	64.28

续表

年份	规模以上民营经济工业企业（户）	规模以上民营经济工业总产值（亿元）	规模以上民营经济工业销售产值（亿元）	规模以上民营经济资产总计（亿元）	规模以上民营经济主营业务收入（亿元）	规模以上民营经济利税（亿元）
2012	407	479.06	451.06	157.86	451.06	76.85
2013	488	489.34	577.61	489.34	577.61	90.97
2014	641	892.51	842.07	720.72	825.52	124.02
2015	793	1150.76	1103.72	910.69	1064.71	136.3
2016	923	1456.09	1414.14	922.95	1374.92	234.91
2017	974	1746.45	1696.41	1007.16	1675.32	293.68
2018	920	890.02	873.44	1026.31	861.77	88.19

（五）增加社会财政贡献率

如今，民营经济直接和间接创造的税收占比越来越大，已经成为财政重要贡献力量之一。截至2018年，遵义市民营经济的批发零售业、租赁和商务服务业、制造业，分别占私营企业的31.57%、13.05%、12.48%；民营经济税收收入约137.58亿元，同比增长15.7%，占全部税收收入的68.21%，较2017年提高4个百分点，高于全部经济税收收入增速8.34个百分点（见表5）。民营经济整体规模不断扩大，经营领域不断拓宽，发展效益不断提高，成为地方税收收入的重要支柱和拉动国民经济发展的主力军。

表5 1978~2018年遵义市民营经济财税贡献

年份	全市财政总收入（亿元）	一般公共预算税收收入（亿元）	民营经济税收收入（亿元）
1978	0.93	0.28	0.01
1992	8.94	2.47	0.39
1997	18.00	5.46	1.29
2008	102.67	31.23	10.93
2009	115.02	37.33	13.81
2010	141.3	45.88	18.81
2011	202.21	79.56	33.42
2012	288.33	110.17	49.58

续表

年份	全市财政总收入（亿元）	一般公共预算税收收入（亿元）	民营经济税收收入（亿元）
2013	356.56	135.64	71.88
2014	412.66	163.79	91.72
2015	432.24	177.61	99.64
2016	480.11	187.5	118.13
2017	586.31	168.04	118.91
2018	718.08	201.71	137.58

（六）承载城镇就业渠道

民营经济成为遵义市承载城镇就业的重要渠道。2018年，遵义市从业人员总数达到389.40万人，民营企业和个体工商户行业分布仍是二、三产业占主导地位，民营经济就业人数就达到325.80万人，占比高达89.14%，成为促进遵义市城镇就业的主导力量，为有效吸纳优秀人才、解决就业做出了卓越贡献（见表6）。

表6 1978~2018年遵义市民营经济就业人数

年份	全市城镇就业人数（万人）	民营经济就业人数（万人）
1978	211.62	17.47

续表

年份	全市城镇就业人数（万人）	民营经济就业人数（万人）
1992	311.91	75.31
1997	374.35	321.94
2008	335.99	314.34
2009	329.39	307.44
2010	314.17	290.64
2011	317.64	287.30
2012	324.77	289.65
2013	331.12	295.52
2014	339.36	301.66
2015	345.76	308.43
2016	353.89	316.36
2017	375.89	338.32
2018	365.50	325.80

（七）加速市政经济服务环境优化

民营经济包括个体经济、私营经济、外资经济、合作经济、国有及集体经济中的承包租赁以及委托给私人或合伙经营的经济，体量庞大，民营经济的发展转而加速市场经济服务环境的不断完善与优化。

截至 2018 年，为支持辅助民营经济发展，遵义市培育认定高新技术企业 155 家，重点打造重点中小企业服务中心 14 家，省重点实验室9 个，其中民营经济 6 个；省工程技术中心 12个，其中民营经济 9 个；推进中小企业服务中心进园区、进社区，形成全方位、多层次、广覆盖的服务网络，并按照"1 个省级平台 +9 个市州级平台 +6 个专业平台"的模式，建设 15 个中小企业技术创新服务平台，加强民营企业与高等院校、科研机构的合作，引导创新资源向民营企业聚集。

三、遵义市民营经济发展面临的主要困难与问题

（一）宏观环境变化大，融资困难

针对前一阶段投资增长过快的态势，国家、贵州省、遵义市逐步开始调整土地、银行信贷、出口退税等方面的政策，土地、资金等瓶颈制约加大，这在一定程度上使正在加快发展步伐、寻求新的增长突破的民营经济受到了一定影响。宏观政策面的调整无可避免地对民营经济起到了"减速"的作用。在今后的发展中，民营企业仍将受到宏观政策调整的直接影响。虽然通过"贵园信贷通"企业户数超过 100 户，但其资金缺口超过 100 亿元，导致40% 以上项目实施严重滞后，甚至是停滞。

（二）企业体量过大，政策落地难

改革开放至今，国家、贵州省、遵义市共计颁布相关促进民营经济发展政策 30 余项，2018 年，贵州省相继出台《中共贵州省委、贵州省人民政府印发〈关于进一步促进民营经济发展的政策措施〉的通知》（黔党发〔2018〕29 号）、《中共贵州省委、贵州省人民政府关于营造企业家健康成长环境弘扬优秀企业家精神更好发挥企业家作用的实施意见》（黔党发〔2018〕3 号）、《贵州省人民政府关于进一步激发民间有效投资活力促进经济持续健康发展的实施意见》（黔府发〔2018〕5号）等政策促进民营经济发展，遵义市民营企业服务年活动办公室印发《民营经济政策汇编》、遵义市中小企业服务中心印发《大众创业万众创新政策法规文件汇编》。虽通过星光培训、开会、下企业等多种方式将政策送到企业，从一、二、三产筛选出具有代表性的 28 户企业作为省级帮扶对象，明确市级领导进行对口挂帮，但整体政策在办理过程中依旧存在很大缺口，尤其是小微企业在用地、用水、用电、融资、市场开拓、人才引进方面的政策无法落实到位。

（三）外来经济冲击大，行业竞争加剧

遵义市近年来招商引资工作取得显著成绩，

但民营经济先发优势不再明显。与外资经济相比，民营经济缺乏政策优惠；与国有经济相比，民营经济不具有政府主导优势。经过多年的改革，国有经济基本退出一般竞争性行业，主要集中在效益比较好的垄断性行业，包括电信、金融业、教育、科研、卫生、公共管理等领域。另外，以晴光电集团、朗盛科技、巴斯巴科技发展有限公司、大地和电气有限公司等企业为代表的外来资本对民营经济发展形成冲击。本地民营经济缺乏政策优惠，而外资的经济实力、技术水平和经营管理水平均远超民营经济，外商在遵义市投资增幅加快，所占份额上升。在肯定外资对遵义市经济发展起促进作用的同时，外资的进入也使民营经济的发展面临更为激烈的竞争和挑战。

（四）增长方式尚未转变，结构升级有待加强

遵义市民营经济主要以传统产业为主，煤电铝、煤电钢、煤电化三个一体化及烟、酒、茶、特色食品、制药、竹业六张名片等特色优势产业发展劳动密集较大，劳动密集型轻工业占有重要地位与重大份额。这与民营经济粗放的增长方式仍未有效转变、传统产业升级缓慢、高新技术产业发展滞后、难以形成新的经济增长点密切相关。按照国家的高技术产业统计分类目录，现有高技术民营企业是高技术产业分工中的"配角"，依附其他产业的发展而发展。从整体上看，民营经济产业分工处于国际国内产业分工的下游，集聚度不高，竞争力不强，至今还没有形成一个有竞争优势的产业群体，其竞争优势依然局限在成本和价格上。

（五）高级生产要素相对匮乏，公共体系亟待健全

高级生产要素的匮乏日益成为制约民营经济发展的重要因素。当前遵义市专业技术人才多集中于机关、学校、医院、部分国有工业企业等，类似于航天十院的专业化研究平台主要在国有工业体系中发挥重要作用。在遵义市现有的58个科技创新平台中，民营经济中的研发平台主体虽占比达到67.2%，但民营经济的市场主体体量巨大，现有的科研技术、优秀人才、创新平台难以满足民营经济的发展需求。虽然遵义市通过政府出台政策、鼓励机关干部到企业挂职等方式促进民营经济发展，并鼓励高校与科研院所创建产学研合作平台，但依托类似的创新模式对提升区域创新水平的作用已显不足，后备力量尚需强化、健全。

四、遵义市民营经济发展下一步工作重点

民营经济是遵义市经济发展中的重要增长点，面对民营经济发展中出现的问题及未来发展需求，未来工作重点将从以下方面开展：

（一）着力推进简政放权，继续深化"简""优""限"工作

在之前工作的基础上，行政许可审批项目、非行政许可审批项目进行重整减少，联合工商、质监等部门提供行政审批网络数据便捷通道，对材料不具备、不符合法定形式的，及时沟通，办理承诺时限再压缩，放宽民间投资市场准入。

（二）强化政策落地落实，积极开展好"民营企业服务年"等活动

积极发挥中小企业服务中心作用，充分利用市县服务中心资源平台，对帮扶企业进行对口服务，通过开展技术培训、融资推介、能力提升、政策咨询、项目申报等形式，破解政策落地"最后一公里"。

（三）实施产业升级优化工程，形成具有区域竞争优势的产业集群

支持民营经济较集中的煤电铝、煤电钢、煤电化三个一体化及烟、酒、茶、特色食品、制药、竹业六张名片等特色优势传统产业进行结构优化调整，鼓励重点企业、项目进园区、进标准厂房，重点建设民营经济示范园区。引导民间资本向"5个100工程"集聚，促进民间资本投资战略性新兴产业、旅游、文化等服务业，推动民

营中小企业围绕大企业、大集团协作配套，提高产业集中度，形成具有区域竞争优势的产业集群。

（四）引导民间资本，走企业高质化道路

引导民间资本，充分利用好"3个15万"政策，提高自身科研、人才培育实力，在加大科技创新活动投入的同时，加大其带动性与创新性，走具有遵义特色和产业优势的专、精、特、新发展道路。

（五）推动"引银入遵"战略，拓宽融资渠道

积极执行《关于解决当前中小企业融资难融资贵问题的专题报告》及《依托"贵园信贷通"融资模式提升中小企业融资能力的实施意见》，积极搭建"黔微贷""贵园信贷通""银政通"等金融机构与企业交流合作平台。按照"两管理、两综合"要求，进一步加强开业前的管理，为银行业金融机构在遵义各个地区建设营业网点创造良好条件，有效满足了民营经济体对信贷资金的多样化需求。

（六）积极发展自主创新平台、培育名品名牌

持续发挥火焰山电器股份有限公司、泰永长征技术股份有限公司、联盛药业有限公司等企业省级以上技术研究中心行业先锋作用，通过在财政、发改、经信、科技等渠道搭建具有行业创新性、引领性的自主创新平台，扩大创新平台的行业覆盖领域，引导和鼓励民营经济打造富有特色和个性的企业品牌文化，充分利用互联网推广企业品牌形象，以网络品牌的塑造来打造企业品牌。积极申报"贵州省名牌产品"和"中国驰名商标"，形成新产业、新产品、新业态、新技术、新模式、新品牌不断涌现的民营经济发展新态势。

（七）优化发展环境，实施引贤育才工程

立足现有的市、县两级民营经济综合服务机构，共建全省中小企业公共服务平台网络，在优化民营经济发展环境的同时，形成政府领导牵头，人力资源和社会保障部门统筹协调，相关部门密切配合的工作机制，重点引进具有市场开拓、现代管理、创新能力的高端人才，为民营经济的发展提供人才保障。

（八）建立"亲""清"的新型政商关系

营造在民营企业遇到困难和问题时"积极作为、靠前服务"，民营企业家对政府关怀和社会支持给予充分理解和积极回应的氛围，助推政商关系和谐发展，经济社会稳步向前。

五、遵义市民营经济未来发展展望

（一）规模经济快速稳定发展展望

遵义市民营经济由于规模化发展，铸就了如今撑起国民经济半壁江山的地位，规模经济已经成为民营企业发展壮大的显著标志。在未来，遵义市将持续推进"三化"同步、建设"三宜"现代化特色城市，以"两个率先""同步小康"为目标，培育壮大市场主体，激活民间投资，推动民营经济形成多层次的民营企业规模格局，通过资本运营、兼并收购、战略联盟等方式组建产业集团、企业集团，促使民营经济增加值实现较大突破，加速促进民营经济规模化发展。

（二）综合竞争优势显著提高展望

进入21世纪以来，遵义市民营企业通过承接东部地区等发达地区的产业转移，积极参与产业分工合作，逐渐在全国价值链中占据了一席之地。但从发展来看，遵义市尚无年主营业务收入达40亿元以上的民营工业企业。在未来，遵义市将进一步按照遵义市委"五个梳理"要求，进一步解放思想，冲破传统观念障碍，突破利益固化藩篱，推进体制创新，更好地发挥市场机制作用，鼓励民营经济主体集群集约发展，围绕大企业、大集团专业化、协作化配套，走具有遵义特色和产业优势的专、精、特、新发展道路，

帮助民营经济提升发展的内生动力，提高综合竞争力。

（三）企业实现现代科学管理展望

公司治理是民营企业发展取得成功并持续健康发展的关键因素。遵义市将通过行政手段引导众多民营企业建立规范的组织框架、科学的决策机制、完善的人才结构，建立以"所有权和经营权分离"为特征的现代公司治理制度，清理有碍公平有序竞争的无效规定，加快要素市场改革，明确民营企业在国企改革中的作用；优化"授权经营体制"，构建"亲""清"新型政商关系，让民营企业的公司治理实现质的改变，整体呈现健康、良好、可持续的发展状态。

（四）实现"走出去"投资经营展望

2018 年，遵义市社会消费品零售总额完成 811.69 亿元，同比增长 12.2%；完成进出口仅为 11.5 亿美元，80% 以上的产品、服务仅在区域内或贵州省内进行自主消化，这大大制约了遵义市民营经济的发展，实施"走出去"发展战略势在必行。未来遵义市将着力打造西部内陆开放新高地，实施"黔货出山"发展战略，着力培育外贸主体，开拓国际市场，开放平台建设指导和服务，深入融入"一带一路"建设，全力推进市场体系建设中实现提档升级，为遵义市民营经济"走出去"搭建完善的储蓄资源、平台与力量。

六、遵义市民营经济发展大事记

1978 年，在党的十一大和五届全国人大一次会议精神下，遵义地委进一步解除了"两个凡是"的思想禁锢，一大批个体经营者在这一年起步，私营企业发展开始得到政策的支持。

1986 年，遵义地委确定了"三让利、三不搞"政策，打破了经济发展的地域限制，活跃了城乡市场，一大批以农产品为主的个体经营户迅速崛起。

1988 年，遵义地委提出"拆掉城墙、发挥优势、紧靠重庆、挤进沿海"的发展经济战略，遵义地区劳动力、原料、半成品、成品通过私营企业、个体工商户大量挤进沿海经济，通过挂钩循环，增加了自我发展能力。同年，遵义地委实行"稳征、减购、压销"政策，从农民转变为个体经营者的数量激增，民营经济主体覆盖的领域从开始的农产品到工业类产品，体量快速增长。

1992 年，遵义地委提出"中路突破，两翼展开"战略，确立民营企业产业发展战略。同年，在产业发展的带动下，遵义成立国家级经济开发区，民营经济发展得到了更为广大的空间与平台，为下一步工业发展、民营经济壮大打下了基础。

1997 年，遵义市委提出了巩固农业经济基础地位、发挥城市经济主导地位、确立民营经济主体地位的战略思想，民营经济的市场及其发展地位得以明确，确立了遵义市五年内乃至 2010 年后的经济发展目标。

1998 年，遵义市政府发布《关于加快遵义市民营科技企业发展若干意见》，民营经济发展获得更多政策支持；发布《遵义市科学技术进步奖励办法》，民营经济正式成为促进遵义市国民经济发展、结构调整、创新发展的重要推动力。

2001 年，遵义市政府召开第八次全体会议，通过了《关于遵义市国民经济和社会发展第十个五年计划纲要的报告》，将民营经济发展纳入国民经济发展计划纲要。同年，贵州省建设经济强县工作会议在遵义县召开，参与单位中 60% 以上为民营企业，会议加大对经济建设过程中民营经济的鼓励政策。

2003 年，遵义市政府发布《遵义市招商引资"代办制"实施暂行办法》《遵义市科学技术奖励办法》《关于固定资产投资项目审批制度改革的实施意见》《遵义市人民政府关于加速工业化进程工作目标考评办法》《遵义市工业六大基地建设规划实施意见》，民营经济发展行政环境日趋完善。

2003 年 5 月，根据遵义市人大提出的加快遵义市非公有制经济发展的要求，到对口单位学习取经，结合实际制定了《关于进一步加快非公有制经济发展的若干意见》，为遵义市民营经济发展提供了借鉴经验。

同年，遵义市公安局出台《遵义市公安机关服务非公有制经济，创造良好投资环境二十条规定》，遵义市工商局建立了企业信用评价体系，为非公有制经济发展创造了良好的投资环境。

2004年，遵义市在全省率先建立市政府服务中心，投资环境进一步完善，吸引了大量外来投资者，本土民营经济发展开始遭受冲击。

2008年，民营经济工业增加值占全部工业比重达42.2%，成为推动发展的主导力量。同年，瑞安水泥、玉隆铝业、苗王药业、老干妈风味食品等民营企业成为了全市劳动力转移的主载体，民营经济承接社会责任逐渐加大。

2009年，贵州省委、省政府发布《关于大力推进个体私营等非公有制经济又好又快发展的意见》（黔党发〔2009〕12号），个体私营等非公有制经济办理门槛降低。

同年，贵州省旅游工作会、"中国·贵州（务川）仡佬族文化旅游节"的顺利召开，大力促进了旅游业的全面发展，加速了个体经营户体力量的快速增长，以旅游商品为主营业务的民营企业、个体工商户快速发展。

同年，中央投资第一、第二、第三批次734个项目全部开工建设。国家共安排遵义市第四批次新增中央投资项目812个，项目总投资40.66亿元。大规模国有投资的落地，使民营经济产业逐步形成集聚，向产业园区与产业集聚区发展。

2010年，遵义市经济工作会议召开，会议指出，从2010年到"十二五"期间，重点工作要通过引导民营经济发展，调整结构转变经济发展方式，全力推进"三新一强""四大区域"发展战略，推动区域同质化合作，差异化竞争。

2011年，贵州省委、省政府发布《关于进一步加快民营经济发展的意见》（黔党发〔2011〕10号），贵州省公安厅发布《关于进一步加快民营经济发展意见》（黔公发〔2011〕9号），为贵州省民营经济发展带来了重大机遇，提供了广阔空间。

同年，遵义市深入贯彻加快民营经济发展政策，大力实施"工业强市"战略，为民营经济发展创造了商机，不断做大民营经济总量，促进了民营经济结构调整。

2011年，遵义市通过削减市级非行政许可、减少市级行政许可项目等方式，进一步降低民营经济主体发展门槛。

同年，"2011中国·遵义非公经济发展论坛"在桐梓县召开，以此次活动为契机，遵义民营经济发展环境得到不断优化。

2012年，贵州省发布《省人民政府关于大力扶持微型企业发展的意见》（黔府发〔2012〕7号），遵义市发布《遵义市人民政府关于大力扶持微型企业发展的实施意见》（遵府发〔2012〕26号），推动全市微型企业快速发展。

同年，遵义市在实施"三化同步"、打造"三宜"现代化特色城市的过程中，将民营经济纳入重点支持发展工作，禁止在项目审批过程中擅自提高准入门槛。

2012年，遵义市为了支持民营经济发展，专门制定了《考核奖励办法》《金融工作联席会议制度》等，搭建了"政银企"合作平台，加大对非公有制经济的信贷力度。

同年，民营经济制企业和公有制单位专业技术人员职称工作纳入同一申报体系，实行统一的评审标准和管理制度；积极构建科技和创新服务体系，各县（区、市）加快建立了中小企业服务中心。

同年，为加快完善市场体系和信用建设，遵义市建成了市场主体诚信信息网络平台和中心数据库，开通了"遵义市市场主体诚信信息网"，为遵义市民营经济发展提供全面的宣传与管理数据库，逐步开始民营经济的信息化管理、监督平台的推广应用。

2013年，《贵州省人民政府办公厅发布关于进一步做好扶持微型企业发展工作的通知》（黔府办发〔2013〕4号），《遵义市人民政府办公室关于进一步做好扶持微型企业发展工作的通知》（遵府办发〔2013〕42号）相继下发，鼓励、帮助遵义市微型企业与相关工业园区、产业园区内大、中型企业建立合作关系，营造全民创业氛围。

同年，遵义市继续深化"简""优""限"工作，进一步提升服务效率，进一步加大中小企业公共服务平台建设。

2013年，遵义市科技局、市工能委等单位在各县（区、市）设立了中小企业、白酒检验检测、竹木加工检测、茶叶加工检测等公共技术服务平台，作用明显，1200余户"小老板"和2800余名民营经济人士受益。

同年，遵义市各县（区、市）纪委相继建立了"纪委委员联系重点民营企业"相关工作制度，帮助解决民营经济发展过程中的实际问题。

2014年，《贵州省人民政府关于支持工业企业加快发展若干政策措施的通知》（黔府发〔2014〕16号）、《遵义市人民政府关于印发遵义市提高民营经济比重五年行动计划的通知》（遵府发〔2014〕17号）等十余项文件的下发，奠定了民营经济在市场主体中的绝对地位。

同年，按照遵义市委"五个梳理"要求，正式展开加大民营经济比重的三年计划。遵义市以实施"七大工程"为抓手，助推民营经济实现"五大突破"，减轻民营企业创业及经营负担。实施"双增"示范提升工程，全面推进全市民营企业市场开拓工程，积极引导帮扶民营市场主创建自主商标，知识产权维权申报。

2015年，根据《贵州省人民政府关于进一步支持工业企业加快发展若干政策措施的通知》（黔府发〔2015〕12号）、《遵义市人民政府公告》（2015年第1号、第2号）等文件，加大力度促进民营经济发展。

同年，遵义市贯彻权利平等、机会平等、规则平等的"三平等"原则，实行统一的市场准入制度。支持民营资本以独资、合作、联营、参股、特许经营等方式，参与城镇供水、供气、供热、公共交通、污水垃圾处理等市政公用事业和基础设施投资。

同年，遵义市委、市政府紧紧扎实推进民营经济"三年倍增计划""五年行动计划"，加大对民营经济的发展推动。

2016年，遵义市人民政府办公室印发《遵义市PPP投资引导基金设立方案》（遵府办发〔2016〕22号），进一步发挥民营经济体的主体建设作用，全面参与遵义市基础设施和公共服务领域投融资机制创新。

同年，遵义市政务中心印发《遵义市政务服务中心、遵义市投资促进局关于印发〈招商引资重点项目代办服务工作联动制度〉的通知》（市府政务中心发〔2016〕11号），进一步规范民营经济项目审批。

同年，正式印发《〈遵义市国家税务局遵义市地方税务局合作联席会议制度〉的通知》（遵市国税发〔2016〕21号）、《遵义市国家税务局遵义市地方税务局关于印发〈遵义市国家税务局遵义市地方税务局合作工作方案〉的通知》（遵市国税发〔2016〕20号）等，进一步规范民营企业及市场私营主体现代化管理。

2017年，贵州省民营经济中小企业工作座谈会在贵阳召开，进一步明确民营经济发展的战略地位，为民营企业发展提供更加良好的发展环境。

2018年，召开贵州省民营经济发展大会，要求进一步加强和改善党对民营经济工作的领导，推动贵州省民营经济不断发展壮大。

同年，遵义市召集重点民营企业召开企业座谈会，强调破解难题、强化保障、推动民营经济高质量发展。遵义市抓好"服务民营企业省长直通车"的落实，召开民营企业座谈会，建立"直通车"办理机制，件件有回复，为民营企业发展提供优质高效的服务环境。遵义市开展主题为"生态黔辣、香辣天下"中国—贵州—遵义第三届国际辣椒博览会，推动遵义辣椒产业链持续发展。

4　六盘水市民营经济发展报告

　　1978~2018 年，六盘水市民营经济发展取得显著成效，已成为稳增长、调结构、促改革、惠民生、防风险的重要支撑。六盘水市民营经济总量日益增强、税收贡献逐年增大、民间投资力度加大、市场主体快速增长、就业渠道作用凸显、营业收入不断增加、企业效益增长明显、创新能力不断提升、县域经济竞相发展。未来六盘水市民营经济有望实现千亿突破发展，在纺织产业、农产品加工产业、新型能源化工产业、旅游装备制造产业、物流产业、物联网产业、大健康医药产业上实现突破。

　　党的十一届三中全会以来，民营经济在六盘水的经济结构中所占的比重逐步增大，发挥着越来越重要的作用，民营经济已成为六盘水市经济增长和经济结构调整主要力量。下一步，六盘水将大力发展民营经济，进一步完善促进民营经济发展的工作机制，发挥民营经济的重要作用。

一、改革开放 40 年六盘水市民营经济发展历程

　　40 年风雨兼程，40 年砥砺奋进，民营经济发展始终是六盘水市改革开放大潮中奔腾在最前列的浪花。1978~2018 年，六盘水市民营企业从一些"小打小闹"的工厂作坊、乡镇企业成了如今的行业龙头、行业标兵。六盘水市的民营经济，经历了一个从无到有、由小到大、由弱变强的发展历程。

（一）以乡镇企业带动民营经济发展时期（1978~2000 年）

　　六盘水市的非公有制经济主要是以乡镇企业带动民营经济发展。党的十一届三中全会后，中央要求"社队企业要有一个大发展"，国务院还在 1979 年、1981 年相继颁发了《关于发展社队企业若干问题的规定》，让一些有一技之长的农民从土地中解脱出来，兴办社队企业和从事工副业。这一时期，主要统计口径以乡镇企业为主。1997 年施行的《乡镇企业法》把乡镇企业界定为农民投资为主，农民就业为主，办在农村为主的企业。后期，乡镇企业已经打破投资主体和地域的限制，实现多元化投资和城乡一体化发展，乡镇企业涵盖所有非公有制经济，涉及的领域和行业很广泛，是国家经济实力的重要组成部分。

　　1980 年，六盘水市有社队企业 788 个，从业人员 17618 人，完成社队企业总产值 4088 万元。到 1985 年，六盘水市乡镇企业进入了一个新的发展时期，一批煤炭采选业、黑色金属矿采选业、铅锌采冶业、食品业、金属制品业、交通运输业、商业、建筑业、饮食服务业等企业逐渐崛起。1991~1995 年，为实现乡镇企业的突破性发展，促进全市经济社会的全面进步，六盘水市更新观念、立足资源，全民发动、真抓实干，以努力办好"一把手经济"的工作思路，组织乡镇

企业运作，建立鼓励和保护机制，狠抓"支柱"产业，加快乡镇企业煤矿的整顿和骨干矿井建设，建设了一批开采、冶炼、洗选企业和建材业。到了1998年，全市涌现了一批重点县、乡镇和企业。其中，盘县乡镇企业营业收入实现20亿元，有16个乡镇营业收入超亿元，有20个村营业收入超3000万元，有10个企业营业收入超1000万元。

六盘水市的乡镇企业和民营经济，经历了从无到有、从小到大、从弱到强、与时俱进的发展历程，乡镇企业的异军突起，使全市农村经济结构发生了根本变化，乡镇企业在农村经济中的地位明显上升，在全市经济社会的发展中起着举足轻重的作用。1999年，民营经济走上多元化发展道路，为实施"可持续发展战略"，六盘水市开展"取缔、关停小土焦"和"关井压产"工作，农村煤炭工业企业减少，产量下降。随着此项工作的持续开展，一些煤矿企业和冶金企业在"阵痛"中实现了转型升级。众多传统产业加大了对技术升级改造和技术创新的力度，走新型工业化和发展循环经济产业的路子，不断优化产业结构，一批上规模、质量高、产能好的非公有制企业应运而生，实现了传统产业向经济效益好、产业层次高的转变。到2000年末，六盘水市乡镇企业持续增长，速度与效益基本同步，全市乡镇企业主体数量已达6.37万个，全年乡镇企业总产值达76.46亿元，比上年增长23.86%，实现营业收入89.29亿元。

（二）高度重视非公有制经济发展时期（2000~2010年）

进入21世纪，六盘水市委、市政府非常重视非公有制经济的发展，将非公有制经济与公有制经济同步纳入统计。2000年出台了《关于进一步加快非公有制经济发展意见》，2009年出台了《中共六盘水市委、六盘水市人民政府关于加快非公有制经济发展的意见》等支持非公有制经济发展。连续召开多次非公有制经济表彰大会，着力营造非公有制经济发展氛围。2004年，在全省率先成立非公有制经济发展局，明确了全市非公有制经济行政主管部门；2005年，聘请农业部

编制了《贵州省六盘水市乡镇企业（非公有制经济）发展总体规划》及相关配套的农产品加工、旅游餐饮住宿产业、医药产业等相关专项规划，极大地推动了非公有制经济的发展。2010年，六盘水市共有非公有制经济市场主体81892户，其中，企业533户，个体工商户76555个，从业人员398094人，完成增加值187.3亿元，上交税金45.6亿元，固定资产投资73.7亿元，农民人均从非公有制经济获得的工资性收入1839元。

（三）大力支持民营经济发展时期（2010年至今）

2010年，由于机构改革，六盘水市乡镇企业局（六盘水市非公有制经济发展局）与六盘水市经济贸易委员会撤并为六盘水市经济和信息化委员会，下设市中小企业科（民营经济发展科），负责综合协调民营经济发展工作。同时，建立全市推动民营经济中小企业发展工作联席会议制度，领导小组下设六盘水市经济和信息化委员会，统筹推进民营经济发展工作。至此乡镇企业正式退出报表体系，概念也不再沿用。这一期间出台了《关于加快六盘水市民营经济发展的意见》（六盘水党办发〔2014〕84号）、《六盘水市人民政府办公室关于印发六盘水市加快民营经济发展实施意见的通知》（六盘水府办发〔2015〕7号）等一系列政策措施支持民营经济发展，民营经济发展也从此期间纳入统计体系，民营经济发展氛围得到加强，地位作用日益明显。

近年来，六盘水市始终把民营经济作为经济结构的一个重要组成部分来考虑谋划，把做强做大民营经济作为加快六盘水市经济发展的一项重要工作来落实抓牢，通过一系列政策措施的施行，六盘水市民营经济发展正呈现强劲、多元、快速、健康的发展势头，从业人员不断增加，工业增加值在地区生产总值中的占比不断增长，已成为六盘水市实现转型发展、跨越发展中一支不容忽视的重要力量。2017年，六盘水市民营经济完成增加值838.8亿元，占GDP比重达57.4%；市场主体150491户、上交税金120.7亿元、从业人员680262人。2018年完成民营经济增加值965亿元，

占 GDP 比重达 59%。

二、六盘水市民营经济发展取得的主要成效

改革开放 40 年来，六盘水市民营经济呈现经济总量日益增强、税收贡献逐年增大、市场主体快速增长、就业渠道作用凸显、产业结构不断优化等特点，已成为稳增长、调结构、促改革、惠民生、防风险的重要支撑。

（一）经济总量日益增强

在六盘水市经济发展的长河中，民营企业成为一支充满活力和动力的生力军，为地方经济社会发展作出了应有贡献。

2011 年，六盘水市民营经济完成增加值 247.99 亿元，占全市 GDP 比重为 40.43%，固定资产投资 99.19 亿元，期末从业人员 40.47 万。2015 年，六盘水市民营经济完成增加值 660.87 亿元，占全市 GDP 比重达到 55.02%；规模以上民营工业企业达到 303 个，新增小微企业 2.7 万户，带动就业 12559 人，民营经济发展取得长足进步，已成为带动六盘水市经济转型发展、推动社会各项事业发展的重要力量。到 2017 年底，六盘水市民营经济增加值完成 838.80 亿元，是 1995 年 80.03 亿元的 9.48 倍，年均增长 11.27%。2018 年，全市民营经济增加值完成 901.60 亿元，占全市 GDP 的 59.1%，高于全省 4 个百分点（见图 1）。

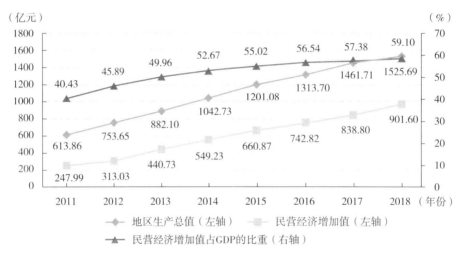

图1　2011~2018年六盘水市民营经济增加值变化情况

资料来源：历年《六盘水市统计年鉴》及相关报告综合。

（二）税收贡献逐年增大

六盘水市通过强化顶层设计、优化服务质量、提高服务效率、推进创业创新、强化金融等有效措施，使民营经济从"一煤独大"发展到特色农业、酒业、药业、纤维新材料、水业、混凝土、科技、电子等优势行业"百花齐放"的局面，全市民营经济呈现稳中有进、稳中向好的态势。民营经济贡献了 50% 以上的税收，已成为创业就业的主要领域、技术创新的重要主体、国家税收的重要来源，为六盘水市社会主义市场经济发展发挥了重要作用。截至 2018 年底，六盘水市民营经济上交税金 122.16 亿元，是 1995 年 9.28 亿元的 12.16 倍。

（三）民间投资力度加大

六盘水市狠抓扩大投资和促进消费，以项目争资金，以建设扩投资，扩大民间投资规模，培育新的消费热点。截至 2018 年底，全市民营投资完成 897.70 亿元，是 1995 年 88.06 亿元的 9.19 倍。

（四）市场主体快速增长

六盘水市不断激发市场活力助推消费增长，积极适应群众消费升级需要扩大有效需求，认真落实促进消费增长的政策措施，引导和鼓励市场主体做强、做优，激发市场活力，促进消费平稳较快增长。截至2017年底，全市市场主体15.05万户，是1995年5.90万户的1.55倍，年均增长0.42万户。截至2018年12月底，六盘水市拥有市场主体总量17.82万户，注册资本3366.96亿元。其中，私营企业3.96万户，注册资本1513.47万亿元；个体工商户12.99万户，注册资本73.28亿元；农民专业合作社0.42万户，注册资本136.16亿元。

（五）就业渠道作用凸显

经过40年的发展，民营经济日趋发展为六盘水市市场经济的主体力量，在发展中不仅缓解了全社会从业人口增长缓慢的压力，还为地方经济发展注入活力，为六盘水市科技创新、吸纳就业、创造财富作出了重要贡献。截至2018年底，全市民营经济从业人员77.13万人，是1995年18.14万人的3.25倍，年均增长2.56万人。

（六）营业收入及效益不断增加

改革不停步，开放不止步。民营经济、民营企业的发展壮大正是六盘水加速发展的有力证明。如今，民营经济已渗入到六盘水市经济生活的各个层面、各个角落的民营企业，继续满帆前行，纵横商海。截至2018年底，全市民营企业营业收入2056.09亿元，是1995年295.85亿元的5.95倍，年均增长76.53亿元；全市民营企业利润278.04亿元，是1995年23.43亿元10.87倍，年均增长11.07亿元。

（七）创新能力不断提升

近年来，六盘水市民营企业创新能力得到提升，建立了2个省级工程技术研究中心，5个市级重点实验室，3个市级工程技术研究中心，4个市级创新团队，2个省级科技创新人才团队；9户

省知识产权优势企业培育工程企业，16户省知识产权试点企业，12户省中小企业知识产权战略推进工程企业，6户市级知识产权优势企业，22户市级知识产权试点示范企业；3个市级科技企业孵化器。

（八）县域经济竞相发展

2018年，六枝特区完成民营经济增加值120.65亿元，占全市民营经济增加值的13.38%；盘州市完成民营经济增加值335.35亿元，占全市民营经济增加值的37.19%；水城县完成民营经济增加值180.35亿元，占全市民营经济增加值的20.00%；钟山区完成民营经济增加值265.34亿元，占全市民营经济增加值的29.43%。

三、六盘水市民营经济未来发展展望

（一）民营经济实现千亿突破

到2020年，六盘水市民营经济增加值突破千亿元大关，力争实现1000亿元，民营经济增加值占全市GDP比重达60%以上。

（二）在纺织产业上实现突破

依托六盘水市火电厂的水、蒸汽、电等资源优势，把印染产业作为六盘水市纺织产业的中心，围绕纺纱、织布、染整、服装加工等发展环节，走差别化、多种纤维混纺的特色纺织之路，努力成为西南纺织基地，打造中国西南"纺织之都"链条上的关键环节。加快发耳产业园区30万吨/年印染项目落地分期建设、盘北经济开发区伟亿纺织20万锭纺纱项目建设，促进纺织业实现突破。

（三）在农产品加工产业上实现突破

走"高专精特新"路线，以刺梨、猕猴桃为重点，兼顾茶叶、火腿、中药材、小黄姜等特色农产品加工，推进产品精深加工技术创新和产品培育，加快农产品加工产业板块发展。在2020

年前，建成与现有 100 万亩种植面积相配套的加工产能，空间布局上以红果经济开发区为主，以六枝经济开发区、水城开发区为辅，依托红果经济开发区天刺力项目，着力开发刺梨果汁、饮料、果脯、口服液、含片、SOD 面膜、药品等产品，推动刺梨产业"种植—研发—加工—有机肥生产"的纵向一体化发展。加快建设线上线下分销渠道，提升市场占有率。

（四）新型能源化工产业上实现突破

重点依托水城经济开发区合众锰业高纯硫酸锰项目及六盘水市软锰矿含钴、镍的优势，围绕新能源动力电池，发展正极材料、负极材料、隔膜、电解液等电池材料产业，引进电池应用企业入驻六盘水市，推动新能源电动汽车部件（含整车生产）技术研发，培育发展一批具有持续创新能力的电池企业和新能源电动汽车部件（整车生产）企业。积极支持鑫晟煤化工项目转型升级，推动全市民营煤矿企业围绕煤层气及新型煤化工产业，推动煤层气抽采及加工利用，形成"煤层气—聚丙烯—BOPP 薄膜—包装材料"煤层气化工产业链，促进现有煤化工产能利用和升级转型。

（五）在旅游装备制造产业上实现突破

借助贵州打造"索道之都"和六盘水市打造"南国冰雪城"旅游品牌的发展机遇，在钟山经济开发区布局以索道装备、房车、滑雪装备制造为主、其他旅游装备制造为辅的旅游装备制造产业。依托奥地利多贝玛亚公贵州工厂项目，加快项目建设进度，尽快形成年产 15~30 条索道产能。推动民营中小企业积极参与合作，形成产业链，培养六盘水市中小企业进行索道零部件配套生产，促进六盘水市中小企业在旅游装备上有所发展，促进索道装备产业集群发展。

（六）在物流产业实现突破

以建设区域物流中心为目标，合理规划布局物流项目，加快构建全市现代物流业"一核两带"发展格局；大力发展公路、铁路、航空运输、公铁联运、快递物流、冷链物流等多种物流形态，

构建便捷高效的现代物流体系。围绕前端物流信息平台建设实现物流信息对称，引进优强龙头企业带动物流产业发展。将引进优强企业与本土企业发展壮大相结合，本土企业开发运用高水平、多功能的物流信息平台，搭建货物与运力、企业与物流园区对接的桥梁，实现物流信息对称，供需有效对接，降低物流车辆空驶率。

（七）在物联网产业实现突破

围绕物联网智能终端生产制造、基础平台建设和物联网在各行各业中的推广应用，积极发展壮大物联网产业。以安防产业链为重点，支持旺炎科技、高通科技、启虹智能保险柜等民营企业的发展。重点引进 PCB 线路板制造、芯片、传感器、电子元器件生产等优强企业入驻红果经济开发区，补齐安防产业链。支持金指纹公司发展指纹识别、静脉识别、人脸识别、虹膜识别等生物识别技术，促进安防产品升级换代。围绕前端技术核心、中间设计和终端生产三大环节，大力支持六盘水市现有的手机整装、平板电脑、安防产品、智能家居电子终端、晶圆体生产、集成电路封装等电子信息产品生产制造企业加快发展。

（八）在大健康医药产业实现突破

围绕大健康产业，依托六盘水市生态环境、气候条件、生物资源、能源原材料和产业基础等优势，做大做强中药（民族药）、加快发展化学药、培育发展生物制药、突破医疗器械及衍生产业，积极构建六盘水市特色鲜明的健康医药产业体系，全力打造"凉都＋"生物制药及保健品等大健康生物制造品牌。重点发展生物医药、生物保健和生物制造业，大力发展中药材及民族药材、中成药及民族药品，加快发展生物技术药物、新型疫苗、诊断试剂和化学药物。以红豆集团为龙头，大力发展以红豆杉制药为主的新医药产业。支持民族特色药品开发。以葵花药业集团（贵州）宏奇有限公司、盘县三特药业为主，建设道地中成药等产业。引进战略合作伙伴，建成魔芋、刺梨、苦荞、天麻、椿芽、石斛等大健康保健产业。到 2020 年，建设中药材基地 50 万亩，培育 10 亿

元大健康医药企业 1 个以上，5 亿元大健康医药企业 2 个以上，1 亿元大健康医药企业 5 个以上，1000 万元大健康医药企业 30 家以上，实现大健康医药产业总产值 200 亿元左右。

四、六盘水市民营经济发展大事记

1978 年 12 月，成立六盘水市社队企业管理局。

1983 年 12 月，将六盘水市社队企业管理管理局改为六盘水市社队企业总公司。

1984 年 5 月，六盘水市社队企业总公司改名为六盘水市乡镇企业总公司；9 月，六盘水市乡镇企业总公司改名为六盘水市乡镇企业管理局；12 月，六盘水市人民政府印发《关于印发六盘水市乡镇企业的暂行规定》。

1985 年 1 月，六盘水市盘县特区加工专业户杨洪吉举办贵州省第一次由农民个人主办的有省各新闻单位参加的记者招待会。

1988 年 4 月，六盘水市人民政府出台《关于大力发展乡镇企业的决定》。

1991 年 1 月，成立六盘水市乡镇企业领导小组；4 月，六盘水政府下发《关于表彰乡镇企业先进单位的决定》；同月召开全市乡镇企业工作会议，出台《关于加快乡镇企业发展的规定》。

1992 年 12 月，六盘水市乡镇企业总公司成立，下设乡镇企业供销公司、乡镇企业开发公司、乡镇企业技术推广中心。

1993 年 2 月，六盘水市人民政府印发《关于印发六盘水市乡镇企业发展基金的筹措使用管理办法》；7 月，下发《关于进一步加快乡镇企业的决定》《关于鼓励个体私营经济发展的规定》，制定《六盘水市企业 1993~2000 年发展规划提要》；9 月，六盘水市乡镇企业局、市体改委组织人员对六枝特区硅酸盐砖厂进行股份合作首次试点，经过 3 个月的操作，完成改制任务；11 月，市人民政府下发《关于做好乡镇企业股份合作制企业试点工作的通知》；12 月，六盘水市乡镇企业机关经营部更名为六盘水市乡镇企业拓展公司，全市 99 个乡镇都建立了乡镇企业管理站，编制 250 人。

1994 年 6 月，在全市范围内开展乡镇企业"创贵州名牌产品活动"和"质量兴厂活动"；8 月，六盘水市委召开全市乡镇企业工作电话会。

1995 年 10 月，六盘水市委常委会议纪要提出要把乡镇企业办成"一把手"经济；六盘水市委、市政府下发《关于促进乡镇企业大发展大提高的若干意见》。12 月，下发《关于成立六盘水市乡镇企业合作基金办公室的通知》，该办为自收自支的科级事业单位，定编 5 人。

1996 年 4 月，六盘水市乡镇企业规划设计所和六盘水市乡镇企业信息中心成立；12 月，六盘水市、水城县双水乡镇工业小区被列为"全国乡镇企业东西合作示范市"和"全国乡镇企业东西合作示范小区"。

1998 年，六盘水市乡镇企业局组织召开全市经贸洽谈、成果展会，有 46 个企业 66 种产品参展。

1999 年，市县乡三级乡镇企业主管部门大力推进乡镇企业产权制度改革，采取改制、兼并、拍卖、转让等形式，完成 21 个企业改制任务。

2000 年，出台《关于进一步加快非公有制经济发展意见》。

2003 年 1 月，六盘水市委、市政府召开全市非公有制工作暨表彰大会，表彰 32 个非公有制先进企业、10 个先进个体工商户和 12 家支持非公有制经济发展先进单位；4 月，成立六盘水市乡镇企业工会联合会。

2004 年 8 月，挂牌成立六盘水市非公有制经济发展局，与乡镇企业局两块牌子一套人马。

2005 年 4 月，六盘水市委、市政府召开 2014 年度非公有制经济表彰大会，会上获特等奖的 5 家企业各奖励豪华奥迪 A6 轿车一辆，获一、二、三等奖的企业 35 家，获先进单位称号的企业 10 家，获先进个体称号的企业 10 家，12 家获支持非公有制经济发展先进单位称号，资金总额 376 万元。5 月，聘请农业部编制完成了《贵州省六盘水市乡镇企业（非公有制经济）发展总体规划》及相关配套的农产品加工、旅游餐饮住宿产业、医药产业等相关专项规划。

2006 年，召开全市非公有制经济表彰大会，会议对在 2005 年度为经济社会发展作出突出贡献的盘县红果镇仲恒煤矿业主范仲云等 15 名优秀民营企业家、盘县淤泥乡湾田煤矿等 52 个非公有制经济先进企业、六枝特区大用镇毛坡大蒜协会等 20 个种养殖先进示范单位及盘县松河华平煤业有限公司等 15 个支持社会公益事业先进单位进行了表彰。

2007 年 4 月，六盘水市委、市政府表彰 80 余名全市优秀民营企业家、非公有制先进企业代表、支持社会公益事业的非公有制经济界代表，奖金总额为 311 万元，175 万元用于组织非公有制经济人士出市、出省、出国考察，学习先进的管理理念和管理经验。

2009 年 7 月，六盘水市中小企业培训中心在首钢水钢职教中心挂牌成立。9 月，时任省政协副主席左定超率贵州省政协到六盘水考察非公有制经济发展情况。出台《中共六盘水市委、六盘水市人民政府关于加快非公有制经济发展的意见》。

2010 年，六盘水市启动新一轮机构改革，原六盘水市乡镇企业局与原六盘水市经济贸易委员会合并组建成六盘水市经济和信息化委员会，乡镇企业数据统计也随之调整成为全市中小企业（民营经济）发展情况统计，乡镇企业正式退出报表体系，概念也不再沿用。建立市非公有制经济领导小组及促进非公有制经济发展联席会议制度。组织 20 余家企业参加第十五届亚太经合组织中小企业博览会、第十四届中国东西部合作与投资贸易洽谈会、2010 "多彩贵州" 旅游商品两赛一会，提供招商引资项目 20 多个，参展产品 30 多种、加强融资服务，申办小额贷款试点公司 3 家，注册资金 8000 万元，有 2 家公司已正常开展小额信贷业务。

2011 年 4 月，贵州乡镇企业信用担保中心六盘水营业部成立；召开表彰会，对六枝特区天香茶叶公司陈朝雍等 10 名年度创业明星、贵州六枝特区宏奇制药有限公司等 10 户明星企业、六枝特

区工商局等 10 家促进民营经济发展先进单位进行表彰奖励，奖励资金 500 万元。10 月，举办全国民营企业助推贵州发展大会、六盘水分会及 "中国凉都、创业热土" 六盘水主题活动，完成签约项目 80 个，总投资 1150.02 亿元，超额完成 1000 亿元的招商目标任务。

2012 年，出台了《六盘水市贯彻落实大力扶持微型企业发展意见的实施意见》。

2013 年 10 月，贵州省政府督查室民营经济督导组在六盘水市调研；六盘水市政府专题会议研究调度工业经济、民营经济运行情况。

2014 年 5 月，六盘水市政府第 42 次市长办公会议在六盘水会议中心二会议室召开，研究加快六盘水市民营经济发展的意见等问题。同月出台了《关于加快六盘水市民营经济发展的意见》。

2015 年 2 月，出台了《六盘水市人民政府办公室关于印发六盘水市加快民营经济发展实施意见的通知》。4 月，建立六盘水市推动民营经济中小企业发展联席会议制度。

2016 年 8 月，召开了全市民营经济发展座谈会。9 月，六盘水市经济和信息化委、市发展和改革委、市工商局印发了《六盘水市小微企业 "125" 培育工程实施方案》的通知，着力做好市场主体培育工作。

2017 年，由于人事变动，调整和充实了推动民营经济中小企业发展联席会议制度，成员单位由原来的 14 家调到 38 家。

2018 年 9 月 10 日，出台了《中共六盘水市委办公室、六盘水市人民政府办公室印发〈关于推动构建清亲新型政商关系的实施意见〉的通知》（六盘水党办字〔2018〕44 号），对促进非公有制经济健康发展和非公有制经济人士健康成长，激发非公有制经济活力和创造力，营造良好营商环境具有积极意义。

5 安顺市民营经济发展报告

1978~2018 年，安顺市民营经济在全市国民经济中的地位越来越重要，历届市委、市政府都把发展民营经济作为全市经济社会发展的重要抓手，切实做到放开领域、放宽条件、放手发展，形成了多种经济成分共生繁荣的可喜局面，有力地推进了全市民营经济平稳较快增长。安顺市大胆先行先试打造改革试验区，加大政策支持营造发展氛围，深化制度改革提高服务效率。安顺市民营经济的发展实践证明：坚持解放思想是经济持续快速增长的强大保障；改革开放是前无古人的崭新事业，需要鼓励大胆探索、敢闯敢干；尊重人民的首创精神，紧紧依靠人民推动改革开放，依靠人民创造历史伟业；党的领导是我国改革开放取得巨大成功的政治前提。

1978~2018 年，随着社会主义市场经济体制的逐步建立完善，以及一系列鼓励和支持非公经济发展政策措施的实施，民营经济在安顺市国民经济中的地位越来越重要。安顺历届市委、市政府都把发展民营经济作为全市经济社会发展的重要抓手，始终紧扣主基调、主战略和总要求，围绕同步建成全面小康社会的总目标，坚持"工业强市"的发展战略，按照"非禁即允"原则和非公经济"三十六条"要求，切实做到放开领域、放宽条件、放手发展，形成了多种经济成分共生繁荣的可喜局面，有力地推进了全市民营经济平稳

较快增长。

一、改革开放 40 年安顺市民营经济发展历程

（一）市场经济萌芽，多种经济成分共生繁荣阶段（1978~1992 年）

改革开放初期，安顺市工业以国有、个体、私营及集体所有制经济的迅速发展为主要特征。20 世纪 80 年代中后期，小水电、水泥、铁合金、煤炭、有色等产业得到较好发展。规模稍大的企业有水泥厂、酒厂、波波糖厂等国有、集体企业，个体企业基本是作坊式的手工业企业。1986 年底，全市个体工商户达到 4678 户。这一年，南华村民自发投资建设安顺市小商品批发市场。安顺市小商品批发市场几乎与浙江义乌小商品批发市场同时出现，曾经是贵州省最热闹与繁华的批发市场，经历过安顺经济繁荣的时期。1988 年，安顺市被确立为多种经济成分共生繁荣改革试验区。改革试验区建立后，安顺建立了全国第一个白酒集团安酒集团，成立了贵州第一个县级信托投资公司，并在贵州最早放开个体、私营经济发展领域。

（二）国有企业市场化转型阶段（1992~2002 年）

在邓小平同志南方谈话和党的十四大提出建设社会主义市场经济的大背景下，安顺市依托能源、资源条件及交通区位等优势，加大招商引资

力度，将资源优势转化为经济优势。一部分国有企业通过改制走向市场经济。1996年，贵州百灵改制后，不到5年时间，由濒临破产的药厂华丽转身实现盈利。1999年，贵州牛来香公司企业改制后，经济效益大幅提高，改制前的年销售收入均在1000万元左右，改制后每年以超过30%的递增速度快速发展。2002年末，安顺市实现国内生产总值725239万元，完成工业总产值272906万元，同比增长17.82%。

（三）民营经济蓬勃发展阶段（2002~2010年）

2002年以来，随着全市工业经济发展的基础条件进一步改善，安顺市在既有产业、企业的基础上，围绕深化对水能、煤炭的开发利用，建立了一批新企业，壮大了工业总量。规模以上工业产业已逐步形成以无机化工、精细化工为主的化工产业，以水力发电、煤炭采掘加工为主的能源产业，以优质粮油加工、白酒、特色食品、旅游商品生产为主的轻工产业及以建材、冶金、矿产品采掘加工为主的原材料产业。大部分工业产业、行业都形成了龙头企业，呈集聚发展的态势。以产权制度改革为主要内容的国有企业改革深入推进，特别是2004年10月安顺市国有企业改革工作全面启动，改革工作力度进一步加大，全市列入改革目标考核任务的国有企业共193户，到2010年累计完成企业改制179户，国有企业改制面达到95.2%，完成安顺市委、市政府确定的目标。国有企业全面改制为民营经济发展创造了有利的成长条件。对贵州虹山轴承总公司、安顺利达纺织品公司进行了产权制度改革，组建了民营的安顺天虹轴承公司、安顺五洲纺织公司，对安顺市水泥厂、安酒集团实施了政策性破产，引进民营企业进行兼并重组等。招商引资方面引进了超宇水泥、台泥水泥等一批实力雄厚的民营企业、私营企业。2010年末，全市实现生产总值232.92亿元；同比增长12.1%；全年工业增加值76.39亿元，比上年增长13.2%；规模以上工业增长13.6%，公有制工业增长4.5%，非公有制工业增长16.5%。

（四）民营经济提质增效阶段（2010年至今）

2010年，贵州省开始实施工业强省战略，大力开展民营企业"百千万"工程帮扶、"双服务"及"民营企业服务年"等活动，安顺市民营经济保持快速发展，在经济总量中的占比不断提高，贡献率越来越大。2010年6月，贵州百灵以"中国苗药第一股"的美誉在深圳证券交易所成功上市。2013年7月，贵州安顺油脂（集团）股份有限公司正式成立，公司通过整合安顺市19家中小型油脂企业，并联合安顺市两家国有公司，成为了贵州省第一家混合型股份制油脂企业。华兴玻璃、三力制药、汇景纸业、顺利达纺织、鑫龙薏仁米等一批民营企业快速成长。

二、安顺市民营经济发展取得的主要成效

在安顺市委、市政府的正确领导下，全市民营经济呈现良好态势，民营经济成为全市推动改革开放、促进经济发展、扩大社会就业、保障和改善民生的重要力量，民营经济在全市经济社会发展中的地位也日益凸显。1978年以来，民营经济已成为安顺市工业经济发展的重要支撑。截至2018年底，全市企业数为33661户，其中民营企业30005户，占全部企业总数的89.14%；2000万元以上规模工业企业381家，其中民营企业有341户，占全部2000万元以上规模企业总数的89.50%；民营经济对全市财政收入的贡献超过50%；GDP、固定资产投资占比均超过60%；技术创新和新产品占比超过70%；吸纳城镇就业占比超过80%，对新增就业贡献的占比超过90%。

（一）民营经济发展速度不断加快

改革开放以来，安顺市非公有制经济实现了从无到有、从小到大、从弱到强的跨越发展。1978年，原安顺地区（含开阳县、息烽县、修文县、清镇市，约占安顺地区GDP总量的一半）

GDP 总量仅为 6.58 亿元；2018 年安顺市 GDP 总量达到 900 亿元，是 1978 年的 274 倍。1989 年，安顺市非公有制经济工业总产值仅仅为 1.4 亿元（含修文县、开阳县、息烽县、清镇县），2018 年，安顺市民营经济增加值为 585 亿元，是 1989 年的 418 倍（按现价作比）。1989 年安顺市民营经济增加值占 GDP 比重为 5.2%；2018 年民营经济增加值占 GDP 比重已达到 65%，民营经济占比居贵州省首位。

（二）民间投资增长势头强劲

2012~2015 年，安顺市民间投资出现了超高速增长。2012 年实现民间投资 181 亿元，同比增长 50.83%。2013 年实现民间投资 270 亿元，同比增长 49.17%，超额完成贵州省"三年倍增计划"任务。2014 年实现民间投资 339.54 亿元，同比增长 25.75%。2015 年实现民间投资 428.15 亿元，同比增长 26.10%。2016 年、2017 年仍然保持了 14% 以上的高增速。2016 年实现民间投资 490 亿元，同比增长 14.45%。2017 年实现民间投资 567.52 亿元，同比增长 15.82%。2017 年民间投资为 2012 年的 2.14 倍，近年来保持年均两位数增长。2018 年实现民间投资 605 亿元，同比增长 6.60%。

（三）民营企业数量和规模扩张加快

1989 年，安顺市民营企业仅 52 户，个体户有 20928 户。近 5 年来，市场主体数连续保持两位数的增长，新设立市场主体数屡创历史新高。2015 年民营企业和个体户 108363 户，占市场主体的 96.17%。2016 年民营企业和个体户 124199 户，占市场主体的 95.68%。2017 年民营企业和个体户 141434 户，占市场主体的 95.15%。2016 年全市新设立市场主体 24040 户，2017 年全市新设立市场主体 39180 户，比 2016 年增加了 15140 户，同比增长了 62.98%。2018 年，全市共有各类市场主体 144326 户，注册资本 3005.50 亿元，同比分别增长 0.7% 和 28.65%。

三、安顺市民营经济发展的主要做法

（一）大胆先行先试，打造改革试验区

20 世纪 90 年代，安顺经济技术开发区敢为人先，在全省率先出让国有土地使用权，划出 5 平方公里的土地借体招商、借船出海，以租赁、托管、兼并、合作等形式为国有企业改革注入新的活力，培育了贵州省第一个集国有、集体、个体三种经济成分为一体的"混血儿"企业。以土地置换的方式解决资金不足困难，建成纵横交错的道路交通网络。大力筑巢引凤，在营造环境、完善服务设施的基础上进行房地产开发。创建发展基金，大力支持中小企业发展。

（二）加大政策支持，营造发展氛围

1978 年来，在一系列政策措施的推动下，安顺市民营经济发展取得很大成效。2005 年，国务院印发《关于鼓励支持和引导个体私营等非公有制经济发展的若干意见》（国发〔2005〕3 号），这是国家层面第一个专门支持非公有制经济发展的文件，文件共 36 条，以下简称"非公 36 条"。2009 年 8 月，安顺市委、市政府下发《关于大力推进非公有制经济又好又快发展的实施意见》（安市发〔2009〕13 号），文件共 38 条，以下简称安顺"非公 38 条"，支持非公有制经济加快发展。2010 年以来，中央、贵州省相继出台关于支持民营经济发展的政策，如《国务院关于鼓励和引导民间投资健康发展的若干意见》（国发〔2010〕13 号）、《中共贵州省委 贵州省人民政府关于进一步加快全省民营经济发展的意见》（黔党发〔2011〕10 号）。安顺市委、市政府迅速响应，出台相关实施意见和任务分工方案，并制定了《安顺市扶持微型企业发展实施办法》（安府发〔2011〕14 号）等一系列政策，大力实施"民营经济三年倍增计划"和"民营经济五年行动计划"。逐步消除影响民营经济发展的体制机制障碍，营造公平竞争、法治保障的发展环境，不断激发民营经济发展的内生动力。

（三）深化制度改革，提高服务效率

1. 商事制度改革，尽心服务企业

党的十八届二中全会提出"改革工商登记制度"，开启了商事制度改革的序幕。安顺市工商局针对开办企业准入难、门槛高、环节多、效率低、期限长等突出问题，以商事登记制度改革为切入点，不断深化，逐步拓展，商事制度的总体框架基本确立，适应国际商事制度普遍趋势的制度体系逐步形成，为全市民营企业发展提供方便快捷的注册渠道。

2. 坚持政策引导，因企施策，有序推进

引导和鼓励全市民营企业建立现代企业制度，完善各项服务体系。一是促进民营企业产权明晰。引导企业通过清产核资、界定产权、清理债权债务，对商标商誉、专利技术、知识产权等无形资产进行评估。二是促进民营企业产权多元化。引导企业进行资本的多元化、社会化改造，实现企业产权结构的多元化、企业投资主体的多元化，进行股份制运作、公司化经营等。三是引导企业内部产权结构合理化。通过企业内部产权的合理再分配，增加职业经理人及技术骨干、员工的持股比重，增加企业家员工培训批次，加强企业家素质提升，提高企业管理人员素质等。四是引导企业实施技术改造。提升品牌质量，促进转型升级，坚持提质增效，提升企业的核心竞争力，确保企业向有市场、有资源、有效益的方向发展。

3. 推动"专精特新"工程，培育新型中小企业

遴选一批领军企业、骨干企业、成长企业进行重点培育，促进企业走专业化、精细化、特色化、新颖化发展之路，培育一批主营业务突出、竞争力强、成长性好的"专精特新"中小企业。一是促进技术改造。加强技术改造专业化服务指导，加快推动中小企业应用新技术、新工艺、新装备、新材料。支持中小企业加快淘汰落后工艺技术，应用国内外先进节能、节水、节材和安全生产的工艺技术。鼓励中小企业加大研发投入，加强技术改造，引进先进适用技术、工艺和设备，改造传统工艺，优化生产流程。二是培育名牌企业。全面推进中小企业品牌建设，以增品种、提品质、创品牌为主攻方向，提高品牌核心竞争力。开展中小企业品牌培育试点、示范工作，培育一批名牌产业和知名企业。三是加强市场开拓。支持中小企业参加境内外展览展销活动，加大产品和品牌宣传推介。对参加中国国际中小企业博览会、APEC中小企业技术交流暨展览会、香港国际中小企业博览会、石博会、酒博会、食博会、药交会等境内外知名的展览会、博览会的企业给予补助。鼓励中小企业创新销售模式，利用阿里巴巴、京东等大型电商平台开拓市场，推动"黔货出山"。四是建设人才队伍。加强中小企业人才队伍建设，提升中小企业人才队伍素质，强化中小企业人才培训、培养和引进。充分利用国家中小企业银河培训工程、中小企业经营管理领军人才培训及贵州省中小企业星光培训工程等平台，对企业经营者、主要管理人员组织专门培训，帮助他们开阔思路、拓展视野、更新理念，培养战略思维和持续创新能力。

四、安顺市民营经济发展的启示与思考

1978年，安顺市非公有制经济经历了沧桑曲折的发展过程。民营经济已成为安顺市国民经济中的重要组成部分、税收的主要来源、就业的重要渠道、脱贫攻坚的重要力量，为安顺市经济社会繁荣发展作出了巨大贡献。非公有制经济从不被提及，到逐渐萌芽，再到后来被视为公有制的补充，再到被重视，发展到今天成为社会主义市场经济的重要组成部分。党和政府的重视、不断完善社会主义法治保障和市场经济体制为非公有制经济的发展提供了保障，为非公经济人士提供了公平的创业环境。"放管服"改革进一步摆脱了原有的框框套套的束缚，促进非公有制经济迸发新活力。砥砺奋进的40年，谱写了安顺经济发展的新篇章。纵观安顺市不平凡的40年发展历程，可以得到以下启示和思考：

（一）解放思想是经济持续快速增长的强大保障

思想是行动的先导，没有思想的解放，就没改革的突破。40年来，安顺人民坚持解放思想、实事求是，解放思想和改革开放相互激荡，观念创新和实践探索相互促进，充分显示了思想引领的强大力量。解放思想必须立足实际，求真务实、科学地研究新情况、新问题，灵活地解决新矛盾、新挑战。安顺出现的全国第一家白酒企业集团，由国有企业成功转制的宏盛化工，百灵集团由濒临倒闭的国有企业发展为今天的苗药第一股，证明思想的解放为企业和经济的发展拓展了无限空间。

（二）改革开放是前无古人的崭新事业，需要鼓励大胆探索、敢闯敢干

改革开放胆子要大一些，看准了的就大胆地试，大胆地闯。没有一点闯的精神，没有一点"冒"的精神，就干不出新的事业。胆子要大，就是坚定不移地执行改革开放的总方针总政策，敢于试验，敢冒风险，敢于啃硬骨头，敢于涉险滩。既要勇于冲破思想观念的障碍，又要勇于突破利益固化的藩篱。在改革开放初期，安顺大胆引进了金星啤酒、红星发展，后来又引进了台泥水泥、宏盛化工、汇景纸业、翰瑞电子等企业。中国（安顺）石材城、兴伟石博园、亿丰国际、黄幺物流园、兴东大健康产业园、西秀智能终端产业园的蓬勃发展，敢闯敢试的做法吸引了许许多多的民营企业、外资汇聚安顺，为安顺经济社会加快发展注入新的动力。

（三）尊重人民的首创精神，紧紧依靠人民推动改革开放，依靠人民创造历史伟业

人民群众始终是改革开放的弄潮儿，是改革开放的实践者、推动者、参与者。我国改革开放在认识和实践上的每一次突破、每一个新生事物的出现、每一次经验的积累，无不来自亿万普通劳动者的实践和智慧，是人民群众释放了改革开放的最大动能。安顺小商品批发市场、安酒集团、华荣集团曾经的繁荣，兴伟集团、百灵集团的长盛不衰，是突破公有制、由计划经济向市场经济的成功探索，都是民间智慧创造的辉煌业绩。1978年以来，我们党提出的各项重大任务，没有一项不是依靠广大人民的艰苦努力来完成的。只有坚持以人民为中心的发展思想深入推进改革，才能从人民群众普遍关注、反映强烈、反复出现的问题背后查找体制机制弊端，找准改革的重点和突破口，才能形成广泛共识，人民才会支持改革，踊跃投身改革。

（四）党的领导是我国改革开放取得巨大成功的政治前提

办好中国的事情，关键在党。中国特色社会主义制度的最大优势是中国共产党领导。改革开放是党在新的时代条件下带领人民进行的新的伟大革命，是我国社会主义制度的自我完善和发展。在贵州省委的关心下，安顺成为贵州省第一个改革试验区。《国务院关于鼓励和引导民间投资健康发展的若干意见》（国发〔2010〕13号）、《中共贵州省委 贵州省人民政府关于进一步加快全省民营经济发展的意见》（黔党发〔2011〕10号）、"非公经济36条"、安顺"非公经济38条"的出台，为安顺经济繁荣发展提供了制度保障。各级党委、政府的重视，制度机制的保障，是安顺经济快速发展的关键。

⑥ 毕节市民营经济发展报告

1978~2018 年，民营经济在毕节市稳定增长、增加就业、推动创新、改善民生等方面发挥着越来越重要的作用，已成为毕节市经济发展的重要力量。民营经济成为国民经济的重要支撑，民营市场主体迅猛增长，资本实力显著增强，民营经济成为推动产业结构优化转型升级的新生力量，以及缓解城乡就业压力的重要渠道，民营经济发展环境得到进一步优化。未来，毕节市将牢牢坚持"两个毫不动摇"和"三个没有变"的基本方针，深入贯彻落实党的十九大精神、习近平总书记对毕节试验区工作重要指示、全国统一战线参与毕节试验区建设 30 周年座谈会及贵州省委、省政府助推毕节试验区发展大会精神，切实把加快民营经济发展摆在更加突出的重要位置，持续优化民营企业发展环境，增强民营企业竞争力，努力营造"大众创业、万众创新"的良好环境，不断提升民营经济占比，推动全市民营经济持续快速健康发展。

民营经济是社会主义市场经济的重要组成部分，也是稳定就业和推进技术创新的重要主体、国家税收的重要来源、经济持续健康发展的重要力量、企业家成长的重要平台。1978~2018 年，毕节市民营经济作为改革开放后成长起来的新生事物，经历了从无到有、从小到大、从弱到强、与时俱进的发展历程。随着国家、省、市促进民营经济发展的政策体系不断完善，民营经济在稳定增长、增加就业、推动创新、改善民生等方面发挥着越来越重要的作用，如今已成为毕节市经济发展的重要力量。

一、改革开放 40 年毕节市民营经济发展历程

1978~2018 年，毕节市民营经济从小到大、由弱变强，大致经历了五个发展阶段。

（一）鼓励发展阶段（1978~1988 年）

40 年前毕节仍处于自然半自然经济状态，商品经济不发达，民营经济几乎为零。1978 年党的十一届三中全会后，毕节试验区按照国家"放宽政策，放进工作，搞活经济"的指示，制定了支持放宽政策的具体措施，取消了"七不准"等限制，个体经济得以逐步恢复和发展。截至 20 世纪 70 年代末，全区核准登记个体工商户为 1887 户，从业人员 1931 人，自有资金 26 万元。1981 年，国务院颁布了《关于城镇非公农业个体经济若干政策性规定》，有力促进了个体私营经济发展。截至 1987 年，毕节注册登记个体工商户 43928 户，从业人员 74717 人。

（二）曲折徘徊阶段（1988~1992 年）

1988 年，时任贵州省委书记胡锦涛亲自倡导毕节建设"人口控制、扶贫开发、生态建设"试验区，毕节试验区按照"大胆试验、积极探索"

的要求，积极探索制定促进试验区个体私营经济发展的有关规定，引导发展。但在 1989 年至 1992 年初，全国开始治理经济环境、整顿经济秩序，认为个体经济冲击了公有制，对个体工商业非议较多，认识上出现偏差，加之市场疲软，致使个体工商业出现了大幅下滑、回落。截至 1992 年底，个体工商户下降到 32295 户。

（三）持续发展阶段（1992~2002年）

1992 年邓小平南方谈话提出的"三个有利于"以及党的十四大胜利召开，进一步解放了思想。1993 年 12 月，毕节地委、行署印发《关于大力发展个体私营经济的意见》，强调要"坚持以公有制为主体，多种经济成分共同发展的方针"，提出"放心、放胆、放手"发展非公有制经济，重新激发了个体私营经济的发展活力。随后，党的十五大把"公有制为主体、多种所有制经济共同发展"确立为我国社会主义初级阶段的一项基本经济制度，第一次明确提出"非公有制经济是社会主义市场经济的重要组成部分"，出台了《股份有限公司规范意见》等一系列改革举措。毕节试验区通过实施《公司法》《合作企业法》等法律法规促进其健康发展，为民营经济的蓬勃发展注入了巨大活力。截至 2002 年底，毕节新增个体工商户 3552 人，从业人员 5810 人，注册资本 248755 万元。

（四）稳步发展阶段（2002~2010年）

2002 年 10 月，党的十六大胜利召开，标志着我国进入全面建设小康社会的新阶段。随着经济的不断发展，民营经济发展不仅成为加快山区脱贫致富步伐的有效途径，而且成为加快试验区经济发展的生力军。2008 年，中共毕节地委、行署印发《加快全区非公有制经济的发展意见》，相关部门也相继出台了发展地方经济的 51 条意见，采取了进一步放宽民营经济市场准入条件、鼓励民营经济参与国有企业改制改组改造等措施，有力促进了全区民营经济发展。截至 2010 年底，毕节民营经济生产总值达到 237 亿元，占全区生产总值的 39.7%；民营经济提供财政收入 37 亿元，占全区财政收入的 29%；注册登记的

民营企业 4747 户，是 2005 年的 2.26 倍，年均增长 17.7%；个体工商户 7.58 万户，是 2005 年的 1.62 倍，年均增长 10.1%；注册资本达 200 亿元，是 2005 年的 3.59 倍，年均增长 29.1%；民营企业从业人员近 40 万人。产业涵盖采矿、制造、服务业、传统种养殖业等多个领域，经济类型涉及个体私营、股份制、港澳台投资等多种类型，民营企业发展速度不断加快、队伍不断壮大、实力不断增强、结构不断优化、产业不断提升，逐步成为推动经济社会发展和解决就业的重要力量。

（五）快速健康发展阶段（2010年至今）

2010 年 5 月，国务院出台了《关于鼓励和引导民间投资健康发展的若干意见》（国发〔2010〕13 号），制定了发展非公经济的新"36 条"，进一步拓宽了民间资本投资领域。为全面贯彻落实《中共贵州省委、省人民政府关于进一步加快全省民营经济发展的意见》（黔党发〔2011〕10 号）精神及国家相关文件规定，推动民营经济成为全区经济发展的重要增长点和生力军，2011 年 6 月 9 日，中共毕节地委、毕节地区行署印发《关于进一步加快全区民营经济发展的实施意见》（毕地党发〔2011〕22 号），制定了 3 个《毕节试验区激发社会活力推进民营经济跨越发展改革试验实施方案》子方案。同年 6 月 15 日，毕节地区召开了第一次民营经济发展大会暨表彰大会，对加快民营经济发展进行动员、部署，全力助推毕节地区民营经济在新起点新阶段实现新跨越。同年 7 月，印发《毕节市民营经济三年倍增计划》，制定了民营经济三年倍增计划的总体目标，率先在全国实施整体推进民营经济的"三年倍增计划"。2011 年，国务院批准撤销毕节地区设立毕节市。

2013 年 4 月，为进一步加强对全市中小企业、民营经济服务管理，助推中小企业、民营经济快速健康发展，成立了毕节市民营经济发展局（中小企业局），明确了对全市中小企业、民营经济管理服务的职能职责，增强了对中小企业、民营经济发展工作的统筹协调，强化了各项优惠政策

措施的具体落实。同年 7 月，召开全市半年经济工作暨第二次民营经济发展大会，对毕节市"民营经济三年倍增计划"完成情况进行总结，对全力推动民营经济大发展进行安排部署。截至 2013 年底，毕节市民营经济增加值达到 510 亿元，比 2010 年增长 1.15 倍，占 GDP 比重达 46%，较 2010 年增加 6.3 个百分点；民间投资达到 658 亿元，比 2010 年增长近 2.25 倍；民营经济注册资本达到 450 亿元，比 2010 年增长 2.1 倍；新增就业 6 万人，比 2010 年增长 3 倍以上，"三年倍增计划"效应凸显。

2014 年 6 月，为进一步提高民营经济在全市经济发展中的比重，充分发挥民营经济的支撑作用，毕节市政府印发了《毕节市提高民营经济比重五年行动计划》（毕府办通〔2014〕63 号），明确了 2013~2017 年毕节市民营经济的发展目标、重点任务。2015 年 5 月，毕节市印发了《毕节市民营企业服务年活动工作方案》，以着力破解当前民营经济发展面临的"七难"问题（准入难、融资难、政策落地难、审批难、盈利难、用工难、创业难）为主要任务，以提高服务水平、优化服务环境为重点，以实施专题服务为载体，结合工业"百千万"工程、"双服务"行动，在全市范围内开展"民营企业服务年"活动，努力营造"大众创业、万众创新、全民奋进"的浓厚氛围，力争实现民营经济发展总量、市场主体数量和发展质量新跨越。

随着毕节市民营经济"三年倍增计划""五年行动计划"的全面实施，民营经济总量规模迅速扩大、比重提升，民营经济发展环境不断优化，民间投资活跃，民营经济市场主体迅猛增长，资本实力显著增强，毕节市民营经济呈现持续快速稳定健康的发展态势。截至 2018 年底，毕节市民营经济增加值完成 1135 亿元以上，占 GDP 比重达 59.1%；实现税收 121.5 亿元，占全市税收收入的 55.39%；全市民营经济市场主体达 37.05 万户以上，年均增长 10.1%，占全社会市场主体总量的 98.6%；新增就业达 10.6 万人以上，90% 以上的就业岗位来自民营企业，有效缓解了社会就业压力。

二、毕节市民营经济发展取得的主要成效

党的十一届三中全会以来，经过 40 年的改革开放，毕节市民营经济从无到有，取得了长足进步。尤其是 2011 年，召开全市加快民营经济发展大会以来，毕节市民营经济综合实力迅速迈上新台阶，为全市后发赶超作出积极贡献，成为了活跃经济、增加就业、稳定社会的主力军，成为全市经济中最活跃、最强劲的中坚力量。

（一）民营经济成为国民经济的重要支撑

近年来，民营经济对提高毕节市经济综合竞争力和综合实力发挥着越来越重要的作用，在毕节市经济结构中所占比重越来越大。截至 2018 年底，全市实现民营经济增加值 1135 亿元，占地区生产总值的 59.1%；实现税收 121.5 亿元，占全市税收收入的 55.39%；民营经济对全市经济增长贡献率超过 60%。

（二）民营经济市场主体迅猛增长，资本实力显著增强

近年来，毕节市不断优化民营经济发展环境，鼓励支持全民创业，激活民营经济发展活力，创业热情不断高涨。截至 2018 年底，全市民营经济市场主体达 37.05 万户以上，年均增长 10.1%，占全社会市场主体总量的 98.6%。

（三）民营经济成为推动产业结构优化转型升级的新生力量

民营企业的投资领域和经营范围已由过去的传统商业、饮食服务业等扩展到高新技术产业、商贸物流业、现代服务业等各个领域，不仅为民营企业自身开辟了更大的发展空间，也推动了产业结构的调整和优化。民营企业已成为制药、食品加工、矿产品加工、房地产、商贸物流等产业的主体。截至 2018 年底，全市民间投资达 1417.68 亿元。

千方百计实施以技术创新、新兴发展路径提

升、扶持政策调整，着力破解困扰民营企业发展遇到的难题，推动民营经济转型升级，增强核心竞争力。一是改进"老技术"。加快推进民营企业供给侧结构性改革，深入实施"千企改造"工程，通过大数据、云计算、人工智能等新兴信息技术，创新推动技术成果向民营企业有效转化，加快新旧动能转换。例如七星关区明钧玻璃厂通过淘汰落后生产工艺，采用全自动数控拉边技术、玻璃四维搬运机器人等先进工艺和设备，建成日产 1000 吨的优质浮法玻璃基片生产线，2018 年实现产值 9.5 亿元。二是改造"老路径"。采取政策引导、利益机制倒逼等措施，扭转依靠资源输出、原材料粗放加工等老的发展路径，淘汰转化效益低、高污染、高能耗等老旧产业，促进产业转型升级。紧盯战略性新兴业态，鼓励民营企业围绕装备制造、电子信息、清洁能源、新型能源化工、新型建材等重点领域，培育发展了一批"大旅游""大健康""大数据"等生态利用型、低碳清洁型新兴产业。例如毕节市金海湖新区通过引进贵州贵航新能源科技、贵州丕丕丕电子科技等公司发展锂电池项目 23 个，日产各类锂电池 120 万只以上，2018 年实现产值 18 亿元，发放工人工资 3000 余万元。三是改变"老政策"。在与中央、省有关政策规定保持一致的前提下，积极清理不适应民营经济发展的地方性老政策、老规定。同时，相继出台《关于进一步加快全市民营经济发展的实施意见》《毕节市人民政府关于大力扶持微型企业发展实施意见》《毕节市提高民营经济比重五年行动计划》《关于进一步促进毕节市民营经济发展的政策措施》等文件，为全市民营经济发展提供了政策支持。

在全省率先开展政府企业"双承诺双兑现"活动，建立"一企一策"帮扶机制，着力破解服务企业中一些看似无关紧要却容易造成不良影响的"小问题""小风险"，坚决防止"茶杯里的风波"，全面构建"亲""清"政商关系，推行"扫码评价"，实行企业评价政务服务机制倒逼破障碍、优服务，助推营商环境改善。据统计，毕节市联企干部共深入企业联系服务 4994 次，代办审批事项 2718 件，为企业发展提出合理化建议

3912 条，帮助企业协调解决实际困难和问题 1.86 万个。

（四）民营经济是缓解城乡就业压力的重要渠道

民营经济数量众多，就业容量较大，对创造就业机会起着独特作用。截至 2018 年底，毕节市民营经济新增就业达 10.06 万人以上，90% 以上的就业岗位来自民营中小企业，有效缓解了社会就业压力。

以创建微型企业"两园一街一村"示范基地为重点，深入实施中小企业"星光行动"及"微企助农、创业增收"工程。全市建成 12 个微型企业示范园，在每个县（区）打造了一条微型企业示范街、一个微型企业特色村。2018 年，全市扶持微型企业 1744 户，投资总额 11.53 亿元，带动创业 848 人，带动就业 9154 人。同时，在农村广泛宣传"3 个 15 万元"微型企业扶持政策，引导创业农户发展特色高效农业、乡村旅游、农家乐、餐饮住宿、农副产品加工等微型企业，指导微型企业申请"3 个 15 万元"创业扶持政策，大力发展农村实体经济。

（五）民营经济发展环境得到进一步优化

近年来，毕节市委、市政府高度重视和大力支持民营经济发展，一以贯之、持之以恒地为民营经济营造良好的发展环境。相继出台了《关于进一步加快全市民营经济发展的实施意见》《毕节市民营经济三年倍增计划》《毕节市人民政府关于大力扶持微型企业发展实施意见》《毕节试验区激发社会活力推进民营经济跨越发展改革试验实施方案》《毕节市提高民营经济比重五年行动计划》等政策和措施，2015 年开展了"民营企业服务年"活动，毕节市民营经济发展的法制环境、政策环境、市场环境、产业配套环境等得到明显改善。

着力破解在行政审批、注册登记条件、融资贷款等方面的困难和限制，降低民营经济市场主体准入门槛，促进民营经济井喷式增长。一是破解"审批难"。坚持民营资本"非禁即入"原则，

建立"一窗受理、集中审批"模式，简化审批程序，实行动态调整权责清单，审批事项从583项减少至256项。明确将股份有限公司登记权限委托下放给各县（区）市场监督管理局。凡需要冠"贵州"行政区划名称的企业名称核准权，市、县（区）均可受理，并进行核准登记等，推动行政审批便利化。二是破解"注册难"。在深入推行注册资本金制度，先照后证，电子营业执照，企业简易退出，"多证合一、一照一码"，县域通办制等商事制度改革的基础上，进一步简化注册前置条件限制，与全省同步实施"三十四证合一"改革。同时，启动企业登记无纸全程电子化改革试点，颁发了全省第一张市级电子营业执照。2018年，毕节市新注册市场主体9.024万户，原毕节市工商局被国家市场监管总局授予"商事制度改革信息化建设表现突出单位"称号。三是破解"融资难"。建立政银企常态化对接机制，积极组织金融机构与民营企业开展融资专场对接活动，建立民营企业"白名单"，创新融资担保方式，在推广房屋产权、土地使用权抵押，存单质押等担保方式的同时，积极探索林权抵押、承包经营权抵押、小微企业互保联保、动产浮动抵押等新型担保方式。2018年末，全市民营和小微企业贷款余额397.74亿元，较年初增加149.12亿元，同比增长59.99%。

三、毕节市民营经济未来发展展望

（一）提高站位、凝聚共识，全力推动民营经济发展新跨越

党的十八大以来，习近平总书记多次就民营经济发展发表重要讲话、作出重要指示，特别是2018年在民营企业座谈会上的重要讲话，为推动新时代民营经济发展提供了强大思想武器和根本遵循。要提高站位、凝聚共识，深刻把握习近平总书记重要论述的精神实质，深刻把握民营经济的重要作用和差距短板，深刻把握民营经济发展的有利条件和重大机遇，进一步增强政治自觉、把牢正确方向，坚定信心决心、主动担当作为，

全力推动毕节市民营经济大发展、大提升。

我们要牢牢坚持"两个毫不动摇"和"三个没有变"的基本方针，推动民营经济在实现全面建成小康社会和"两个一百年"奋斗目标的历史征程中发挥重要作用，深入贯彻落实党的十九大精神、习近平总书记对毕节试验区工作重要指示、全国统一战线参与毕节试验区建设30周年座谈会及贵州省委、省政府助推毕节试验区发展大会精神，切实把加快民营经济发展摆在更加突出的重要位置，持续优化民营企业发展环境，增强民营企业竞争力，努力营造"大众创业、万众创新"的良好环境，不断提升民营经济占比，推动全市民营经济持续快速健康发展。力争到"十三五"末，全市民营经济增加值达到1418亿元以上，增速达10%左右，占GDP比重达到60.5%以上。

（二）聚焦问题、精准施策，着力破解民营经济发展瓶颈

抓好政策的细化完善、贯彻执行、宣传解读，出台大力促进全市民营经济发展的政策措施，全力破解政策落实瓶颈，让企业获得感高起来。加大企业融资支持力度，拓宽民营企业融资渠道，完善金融考核激励机制，积极发挥财政资金作用，全力破解企业融资瓶颈，让金融之水活起来。降低新上项目投资成本，降低企业经营税负成本，降低生产要素成本，全力破解降本减负瓶颈，把企业负担降下来。营造公平竞争的市场环境，依法保护企业家人身和财产安全，切实提高政务服务效率，让民营企业家平等创业、安心创业、便捷创业，全力破解营商环境瓶颈，不断为民营经济营造更好的发展环境，让涉企服务优起来。广大民营企业家应牢记习近平总书记的嘱托，把握时代大势，坚定发展信心，聚焦实业、做精主业，努力在毕节这片土地上打造一流企业、创造辉煌业绩。

（三）抢抓机遇、乘势而上，加快推动民营经济高质量发展

突出增量培育，全力以赴抓好招商引资，想方设法盘活存量，坚持不懈抓好实体经济，做大

民营经济"总盘子"。突出提质增效,大力实施创新驱动战略,深入开展"千企改造"工程,支持民营企业发展新兴产业,推动民营企业转型升级。突出共赢发展,鼓励引导民营企业助力脱贫攻坚。要始终强化党建统领,压紧压实工作责任,构建"亲""清"政商关系,大力营造重商氛围,凝聚推动全市民营经济高质量发展的强大合力。

要坚定不移地贯彻中央和贵州省的决策部署,扩大信贷规模,支持企业扩大直接融资,发挥财政资金撬动作用,千方百计支持民营企业解决融资难题;降低用地、用能、物流、税费成本,千方百计帮助民营企业降本减负;优化政务环境、市场环境,保障合法权益,千方百计优化民营企业发展环境;深入推进"千企改造",大力实施"星光行动",鼓励企业自主创新,千方百计助推民营企业转型升级;大力实施"千企引进",注重招大引强,全力打造"营商高地",千方百计引进优强民营企业,奋力推动毕节市民营经济不断发展壮大。

四、毕节市民营经济发展大事记

（1）1993年12月,中共毕节地委、行署印发《关于大力发展个体私营经济的意见》,强调要"坚持以公有制为主体,多种经济成分共同发展的方针"。

（2）2008年,中共毕节地委、行署印发《加快全区非公有制经济的发展意见》,采取了进一步放宽民营经济市场准入条件、鼓励民营经济参与国有企业改制改组改造等措施,有力促进全区非公有制经济的健康发展。

（3）2011年6月9日,中共毕节地委、毕节地区行署印发《关于进一步加快全区民营经济发展的实施意见》（毕地党发〔2011〕22号）,制定

了《毕节试验区激发社会活力推进民营经济跨越发展改革试验实施方案》,对加快民营经济发展进行动员、部署。

（4）2011年6月15日,毕节地区召开了第一次民营经济发展大会暨表彰大会,对加快民营经济发展进行动员、部署,全力推动毕节地区民营经济在新起点新阶段实现新跨越。

（5）2011年7月,毕节市委、市政府印发《毕节市民营经济三年倍增计划》,制定了毕节市民营经济三年倍增计划的总体目标。

（6）2012年2月26日,毕节市政府印发《关于大力扶持微型企业发展的实施意见》（毕府发〔2012〕11号）,明确从2012年起,全市孵化一批稳定成长前景的微型企业。

（7）2013年4月,为进一步加强对全市中小企业、民营经济的服务管理,助推中小企业、民营经济快速健康发展,成立了毕节市民营经济发展局（中小企业局）,明确了对全市中小企业、民营经济管理服务的职能职责,增强了对中小企业、民营经济发展工作的统筹协调,强化了各项优惠政策措施的具体落实。

（8）2013年7月23日,毕节市召开半年经济工作暨第二次民营经济发展大会,对毕节市"民营经济三年倍增计划"完成情况进行总结,对全力推动民营经济大发展进行安排部署。

（9）2013年11月5日至6日,2013中国（贵州）非公经济发展论坛在毕节市召开,来自全国30个省（自治区、直辖市）的30个代表团336人、贵州省、毕节市党政领导及民营企业家142人参加论坛。

（10）2014年6月,毕节市政府印发了《毕节市提高民营经济比重五年行动计划》（毕府办通〔2014〕63号）,明确了2013~2017年毕节市民营经济的发展目标、重点任务。

7 铜仁市民营经济发展报告

铜仁市是贵州省非公有制经济发展较活跃地区，非公有制经济的发展可追至汉唐时期，近代以来，铜仁市民营经济远高出全省平均水平。改革开放后，铜仁市非公有制经济中个体商业迅速发展，其行业结构有商业、手工业、运输业、饮食业、修配业和其他服务业等。1978~2018年，铜仁市民营企业发展取得了显著成效，非公有制经济市场主体不断扩大，民营经济发展成为促进铜仁经济快速发展的生力军，民营企业经营领域不断拓宽。未来铜仁市将大力发展民营经济，大为拓展产业空间，构建特色产业体系，培育壮大市场主体，促进两化深度融合，不断推动工业绿色发展。

自古以来，铜仁市就是贵州省非公有制经济发展较活跃地区。非公有制经济的发展可追至汉唐时期，近代以来，铜仁市民营经济远高出全省平均水平。改革开放后，铜仁市非公有制经济迅速发展，其行业结构有商业、手工业、运输业、饮食业、修配业和其他服务业等。1981年，铜仁个体工商户自有资金89.8万元，营业额891万元。1997年，铜仁拥有个体工商户3.53万户，从业人员1.53万人，注册资金1.92亿元，实现总产值9785万元，销售总额和营业收入达6.42亿元，比1981年增长72倍。2011年，铜仁个体工商户发展到6.32万户，比1981年增长1.8倍；注册资

本34.5亿元，比1981年增长17.9倍。2018年，全市各类市场主体总量持续增大、结构继续优化，占全省民营经济比重和全市GDP比重稳步提升，已形成可持续发展的良好局面①。

铜仁在汉代已有私营性质的个体炼汞业，元代开始出现个体纺织业。进入明清时期，铜仁境内的油桐加工业、制漆业、采冶业、铁器业、纺织业、造纸业、陶瓷业、箫笛制造业相继发展，所有各类产业都是私营的自产自销的民间手工业作坊或矿场。这一时期，私营个体经济得到较快发展，产生了一批较大的私营企业。

清代末期至中华人民共和国成立前，铜仁境内的私营经济从个体转向集团化。中华人民共和国成立后，进行了土地改革，广大农民获得土地，实现"耕者有其田"，均成为土地的个体经营者。在城镇，人民政府对私营工商业实行扶持和保护的政策，以稳定市场，恢复发展经济。从1953年开始，铜仁逐步对私营工商业者进行社会主义改造，私营经济在国民经济中的比重越来越小。尤其是社会主义三大改造（农业、手工业和资本主义工商业的社会主义改造）后，全面推行计划经济体制，从此私营经济随着国家政策和计划经济变化时兴时衰，非公有制企业数量和从业人员也时增时减。在这期间，农村农民从农业生产合作化，到生产资料人民公社化，除少量土地留用（时称"自留地"）外，基本结束经营个体化。

截至1978年，铜仁没有私营企业，只有91户个体工商户。1978年底，中共十一届三中全会

召开后，国营、集体企业先后开展体制改革，由计划经济体制向市场经济体制转变，各种私营企业、个体经营户快速发展，形成非公有制经济成长壮大的局面[①]。

一、改革开放 40 年铜仁市民营经济主要发展历程

（一）起步阶段（1978~1990年）

1979 年，在中共十一届三中全会精神的鼓舞下，私营个体经济开始发展。1979 年，铜仁地区有城镇个体经营合作小组、个体工商户 359 户，比十一届三中全会前增长 2.95 倍，从业人员 465 人，比十一届三中全会前增长 4.11 倍，私营个体注册资金 36.89 万元。

1980 年，铜仁地区经工商行政管理机关登记发证的个体工商户 1614 户，从业人员 1895 人，其中知识青年 378 人，闲散人员 1480 人，退休人员 37 人。1981 年，铜仁地区个体工业、手工业 138 户，从业人员 143 人，自有资金 2.7 万元，营业额 14 万元。当时，农村推行家庭联产承包经营责任制，一律实行分户经营。

1983 年 1 月，铜仁地区召开个体、小集体工商业户代表座谈会。铜仁地区个体经营者为之鼓舞，个体经济迅速遍及城乡各个行业。

1984 年 7 月，铜仁地区召开第一次个体劳动者代表大会，地县两级个体劳动者协会相继成立。个体经济逐步成为社会经济的重要组成部分。

1984 年底，铜仁地区非公有制经济主体共计 1.9 万户，从业人员 2.16 万人，其中私营工业、手工业 1091 户，从业人员 1696 人，个体工商户 1.79 万户，从业人员 1.99 万人；非公有制经济共计自有资金 179 万元，营业额 561 万元。

1988 年，铜仁地区非公有制经济主体高达 4.19 万户，从业人员 6.04 万人，其中私营工业、手工业 5509 户，从业人员 9712 人，个体工商户 3.64 万户，从业人员 5.06 万人；非公有制经济共计自有资金 3728 万元，营业额 1.6 亿元[②]。

（二）成长阶段（1991~2001年）

1991 年，铜仁地区城镇民营合作工业 8 个，城镇私营个体手工业 919 户，农村村办工业企业 75 个，合营工业企业 92 个，个体工商户 4405 户，总计 5499 个（户），比治理整顿前减少 3.64 万个（户）。全年非公有制企业、工商户完成产值 6979 万元。

从 20 世纪 90 年代的统计资料来看，铜仁境内非公有制经济行业大部分集中在第三产业，然而增加值的优势却明显反映在第一产业。在全区 32.35 万户私营、个体工商户中，第一产业经济主体 272 户，占 0.77%，户均增加值 4485 元；第二产业经济主体 3905 户，占 11%，户均增加值 3150 元；第三产业经济主体 31.93 万户，占 88.16%，户均增加值 315 元。

1998 年 4 月，铜仁地委、行署出台《关于加快发展非公有制经济的决定》。5 月，出台《关于扩大招商引资的若干规定》和《招商引资优惠政策的实施办法》。1998 年，全区拥有非公有制经济主体 3.77 万户，从业人员 4.94 万人，注册资金 3.79 亿元，纳税高达 5529.5 万元，在上年基础上增长 25.31%，户均 1466 元，非公有制企业纳税占全区财政收入的 18.19%。其中，铜仁市、万山特区和玉屏自治县的非公有制经济税收占地方财政收入的 30% 以上[③]。

（三）发展阶段（2002~2010年）

2002 年 10 月，铜仁地委、行署出台《关于进一步搞好招商引资的若干规定（试行）》。

2004 年，全区共有个体工商户 33628 户，从业人员 48802 人，注册资金 63602 万元；有私营企业 1461 户，投资者人数 3981 人，用工人数 14262 人，注册资金 144346 万元，已纳税 27798.8 万元。在此期间，个体工商户稳步发展，私营企业加速发展，逐渐成为铜仁地区地方工业经济的支柱。2004 年，铜仁地区个体工商户增加了 2481 户，同比增长 7.38%。从业人员增加 3999 人，同比增长 8.92%；注册资金增加 3048 万元，同比增长 5%。

---

① 参见：《铜仁地区通志·卷三经济（下）》。

②③ 参见：《铜仁地区通志·卷三经济（下）》《铜仁工业志》。

全区现有规模以上非公有制工业企业 72 户，同比增长 21%，占全部规模以上工业企业总数 160 户的 45%，完成产值 23.95 亿元，占全部规模工业产值 42.27 亿元的 56.7%，实现工业增加值 7.6 亿元，比上年同期增长 157.6%。

2005 年 7 月，铜仁地委、行署出台《关于招商引资优惠政策的若干规定（试行）》，从政策和措施上细化发展全区非公有制经济的具体办法，鼓励和推动地区非公有制经济的迅速发展。到 2005 年底，全区非公有制经济领域中登记注册的经济实体共 3.88 万户，注册资金 28.04 亿元，当年向国家纳税 3.49 亿元，其中国内投资企业 1.95 亿元，外资企业 59 万元，私营企业 3232 万元，个体 7398 万元。纳税总收入占国税和地税的 38.5%，占全区税收总收入 5.8 亿元的 60.2%，占同期地方财政收入的 48.6%[①]。

（四）稳增阶段（2011~2018年）

2011 年，铜仁市共登记注册民营经济 72076 户，注册资本（金）175.9 亿元，分别比上年增长 28.5% 和 126%。从规模以上工业企业生产情况看，非公有制工业企业完成产值 120.72 亿元，占比达到 55.8%，分别比上年增长 48% 和 6.8%。通过积极拓宽服务领域，协助中小企业融资 48 笔，融资金额 1355 万元，全年累计申报各类项目 54 个，争取上级各项扶持资金 12063.76 万元。

2012 年，铜仁市民营经济实体户数发展到 83185 户，其中个体工商户发展到 75507 户，私营企业 7678 户。民营经济注册资本（金）为 164 亿元，从业人员 13.76 万人；累计实现销售收入 312 亿元，实现增加值 194 亿元，税收超 31 亿元；民营经济占全市 GDP 的 45% 以上；民间投资完成 236 亿元，民营经济当年新增就业 2.2 万人。

2013 年，铜仁市民营经济实体户数发展到 12.16 万户（其中私营企业 1.37 万户，个体工商户 10.79 万户）；新增就业 7 万余人，民营经济注册资本（金）达 303.3 亿元，同比净增 88.3 亿元，增加值达 292 亿元；全年实现销售收入 638 亿元，实现税收 63 亿多元，同比增长 39%；民间投资

完成 356 亿元，超目标任务 56 亿元；民营经济占全市 GDP 的比重达 53%，比 2012 年提高了 3 个百分点。

2014 年，铜仁市民营经济增加值完成 379.18 亿元，同比增长 29.86%；市场主体发展到 15.7 万户，同比增长 29.11%，其中企业户数为 1.8235 万户，微型企业 5200 户，个体工商户为 13.8765 万户；注册资本（金）485.53 亿元，同比增长 60.08%；民间投资 572.93 亿元，同比增长 60.94%；新增就业 8.67 万人，同比增长 23.86%。民营经济占 GDP 比例在 56% 左右，同比提高 3 个百分点，民营经济实现销售总额或营业收入约为 1267 亿元，当年实现税收 58.15 亿元，实现利润 186.8 亿元。

2015 年，铜仁市各类市场主体 178260 户，注册资本（金）880 亿元，民营经济增加值完成 512.5 亿元，同比增长 35.16%；民间投资完成 680 亿元，同比增长 18.69%；新增就业 10.1 万人，同比增长 16.49%；民营经济占 GDP 比重为 59%，高于全省 9 个百分点；规模以上民营企业 440 户，占全市规模以上工业企业的 86%，实现工业增加值占比 64.6%。

2016 年，铜仁市民营经济增加值完成 603 亿元，同比增长 17.66%；市场主体达 23.8 万户，比上年同期增加 3.2 万户；注册资本（金）达 1111 亿元，比上年同期增加 231 亿元；民间投资 767 亿元，同比增长 12.79%；新增就业 11 万人，同比增长 8.91%；民营经济占 GDP 比重达 61%，民营经济对全省经济增长的贡献率达到 70.4%，从业人员超过 640 万人，占比高出全省近 9 个百分点。

2017 年，铜仁市民营经济增加值完成 676 亿元，同比增长 12.11%；全市各类市场主体 24.6 万户，比上年同期增加 2.29 万户；注册资本 1371 亿元，比上年同期增加 260 亿元；民间投资完成 955 亿元，同比增长 24.51%；新增就业 12.3 万人，同比增长 11.82%；民营经济增加值占全市 GDP 的比重达 63%[②]。

2018 年，铜仁市民营经济增加值完成 720 亿元，同比增长 6.51%；全市各类市场主体 25.73 万户，比

---

① 参见：《铜仁地区通志·卷三经济（下）》《铜仁工业志》。

② 铜仁市工业和信息化委员会历年工作总结，相关数据为调度数。

上年同期增加 1 万户；注册资本 1900 亿元，比上年同期增加 532 亿元；民间投资完成 1006 亿元，同比增长 5.34%；新增就业 12.4 万人，同比增长 0.81%；民营经济增加值占全市 GDP 的比重达 65%[①]。

二、铜仁市民营经济发展取得的主要成效

（一）非公有制经济市场主体不断扩大

2018 年，铜仁市由改革开放初期没有非公有制企业，发展到现在拥有私营企业 4.14 万户，个体工商户从 1978 年的 91 户发展到 17.98 万户，是 1978 年的 1975 倍，年均增长 20.89%，从业人员从 1978 年的 465 人发展到 403431 万人，以每年 39.23% 的速度增长，非公有制经济已成为助推铜仁市经济快速发展的主力军。

（二）民营经济促进了铜仁经济快速发展

2018 年，铜仁市共有非公有制企业 4.14 万户，注册资本（金）1932.31 亿元，分别是 2007 年的近 12 倍和 588 倍；个体工商户 17.98 万户，资金数额 201.72 亿元，分别是 2007 年的 4.45 倍和 27.8 倍。2018 年 1~12 月，非公有制经济上缴税金 59.87 亿元，占全市税收收入的 54.88%；民营经济增加值完成 720 亿元，同比增长 6.5%；全市各类市场主体 25.73 万户，比上年同期增加 1 万户；注册资本（金）1900 亿元，比上年同期增加 532 亿元；民间投资完成 1006 亿元；新增就业 12.4 万人；民营经济增加值占全市 GDP 的比重达 65%，有力促进了铜仁市经济快速发展。

（三）民营企业经营领域不断拓宽

经过多年的稳步发展，铜仁市非公有制经济由改革开放初期单纯涉及传统皮革制业、白酒生产、印刷业等领域，发展到现在涉及大数据，高科技产品，农特产品深加工，旅游文化产业，锰、汞产业，交通运输，商贸流通，建筑建材等经营领域，产业结构进一步优化升级。

初步形成了电子信息产业、装备制造业、水产业、特色食品、石材产业、旅游商品加工、房地产开发、传统工业等多业并举，部分产业已成为全市乃至全省非公有制经济发展的支柱产业。例如贵州武陵锰业、松桃三和锰业、农夫山泉、好彩头、贵州中伟正源新材料、贵茶集团、贵州巨鼎实业等企业，已成为全市非公有制经济发展的龙头。

三、铜仁市民营经济未来发展展望

（一）产业空间大为拓展

铜仁市按照"一区一走廊"的总体布局，以产业园区为载体，突出比较优势，明确功能定位，打造黔东工业聚集区、乌江经济走廊两大工业板块，实现产业的协调发展。

1. 黔东工业聚集区

以铜仁高新区、大龙开发区和碧江、万山、松桃、玉屏工业园区等为依托，重点围绕锰、汞、钡等铜仁特色优势矿产资源和优势产业，整合内部资源，按照循环经济发展模式，从产业链、产品链、技术链、市场链入手，延伸资源加工上下游产业，以先进生产技术和清洁生产工艺提升资源加工业发展，大力开展特色优势金属新材料重大关键技术攻关和新产品开发，以及与锰、汞、钡等衍生材料关键共性技术研究，加快传统产业转型升级。

2. 乌江经济走廊

以乌江航道为引领，走特色化、差异化的路子，综合立体开发乌江流域资源，充分释放经济发展活力，打造西部石材开发加工贸易基地、绿色食品生产基地和乌江流域港口物流基地。

（二）构建特色产业体系

立足资源优势和产业基础，重点构建新材料产业、装备制造产业、新型建材产业、节能环保产业、大健康医药产业、特色轻工产业、生产性服务业、大数据产业八大特色产业体系，培育壮

---

① 铜仁市工业和信息化委员会历年工作总结，相关数据为调度数。

大新的经济增长点。力争用三到五年的时间，将新材料产业、能源环保产业、特色轻工产业培育为铜仁市的支柱产业。

（三）培育壮大市场主体

按照"个改企、小升规、规改股、股上市"的目标和路径，千方百计扶持做大企业，通过培育小微企业、扶持重点企业、推动科技孵化、强化招商引企，推动全市工业发展实现"大企业顶天立地""中小企业铺天盖地"。

（四）促进"两化"深度融合

深入实施大数据战略行动，加快推进工业智能化，大力推进制造业设计、生产、管理、服务等过程智能化，开展智能工厂和数字化车间试点，重点推动装备制造、特色食品、民族医药等领域应用人机智能交互、智能物流管理等技术和装备，推进重点能耗行业节能在线监测水平。推动互联网与工业融合创新，加快工业云服务平台建设，建立中小企业云服务中心，打造"创客中国"服务平台。推动工业大数据应用，在研发设计、生产制造、经营管理、市场营销、售后服务等环节的应用，研发大数据分析应用平台，选择典型企业、重点行业、重点地区开展大数据应用试点。

（五）推动工业绿色发展

坚持"控制增量、调整存量、上大压小、淘汰落后"和"工程减排、结构减排、管理减排"的总体工作思路，深入推进工业节能降耗、促进工业清洁生产、污染防治和大力发展循环经济，突出抓好重点地区、重点行业、重点企业的节能节水减排工作。

四、铜仁市民营经济发展大事记

（1）1980年，铜仁汞矿生产的汞及朱砂荣获国家冶金部优质产品奖。

（2）1981年，思南造船厂设计的50吨级钢质货轮被交通部科技大会表彰，并被列为国家定型产品。

（3）1990年，松桃县锰矿投资12万元在全国范围内率先使用竖炉焙烧锰声测管统一，被国家科委纳入全国星火计划，该生产工艺成为全国独一无二的连续焙烧磷酸锰的先进技术，年产焙烧锰矿7200吨。

（4）1999年，石阡县苦丁茶厂开发的苦丁茶项目获全国食品工业协会授予的"全国食品工业科技进步优秀项目奖"。

（5）2001年12月，贵州玉屏金鹏铁合金厂落户玉屏，是最早在铜仁投资办厂的民营企业之一。企业总投资7500万元，生产规模为12000KVA电热炉一台，年产硅锰合金26000吨左右，年创税金1000万元。

（6）2002年，铜仁地区大龙、谢桥、灯塔三大工业园区规划进入实质性建设阶段。

（7）2004年11月，温家宝同志视察铜仁石阡武陵山植物保健茶厂以及和记绿色食品开发有限公司，并签名留念。

（8）2011年7月25~27日，贵州省委调研组到铜仁地区调研产业园区建设情况。铜仁地区规划建设工业园区共有12个，规划总面积247.86平方千米，规划建设用地132.52平方千米。

（9）2013年8月4日，贵州省经济和信息化委员会出台《关于支持铜仁市黔东工业聚集区发展的实施意见》。

（10）2016年11月19日，首届贵州（铜仁）国际天然饮用水博览会在铜仁民族风情园隆重开幕。

（11）2018年9月13日，以"多彩贵州水铜仁话未来"为主题的2018梵净山国际天然饮用水博览会开幕式暨"多彩贵州水"品牌推广启动仪式在铜仁举行。

8 黔南布依族苗族自治州民营经济发展报告

党的十一届三中全会以来，黔南布依族苗族自治州（以下简称"黔南州"）。黔南州主动把民营经济与改革开放、经济发展紧密联系，不断加强领导，强化服务，优化环境，大力发展民营经济。民营经济发展速度加快，规模逐年壮大，领域日益拓展，实力逐步增强，已成为安置就业、财政增收、产业优化、完善市场体制的重要支撑，成为黔南州国民经济的重要组成部分。黔南州坚持为民营经济发展提供支持，大力推动民营经济招商引资，认真为民营经济提供各种服务，着力破解企业融资难问题，为民营经济发展拓展渠道，不断优化民营经济发展环境。未来仍将解放思想、转变观念，充分认识发展民营经济重要意义，制定措施、优化环境，为民营经济发展提供保障，强化信息、融资、人才、技术、培训等服务体系建设，建立健全信用体系，努力拓宽民营企业融资渠道，引导民营经济变革，提高民营经济发展质量。

自1978年党的十一届三中全会提出实行对内改革、对外开放的政策以来，黔南州始终把民营经济与改革开放、经济发展紧密联系，黔南州各级党委和政府不断加强领导，强化服务，优化环境，大力发展民营经济。民营经济发展速度加快，规模逐年壮大，领域日益拓展，实力逐步增强，已成为安置就业、财政增收、产业优化、完善市场体制的重要支撑，成为黔南州国民经济的重要组成部分。

一、改革开放40年黔南州民营经济主要发展历程

（一）发展速度加快，规模实力增强

改革开放以来，民营经济从无到有、由小到大、由弱到强，企业规模不断壮大，经济实力日益增强，经济效益不断提升，得到了长足发展，已成为拉动黔南州经济增长的强劲动力。改革开放初期，黔南州民营经济主要以一些"五小加工"企业为主，产业结构单一、管理方式落后、劳动强度大、生产率低下。1978年全州个体工商户仅有658户，从业人员803人，注册资金只有21.5万元。到2000年底，全州个体工商户已经达到36587户，从业人员55295人，注册资金4亿元；私营企业达1443户，从业人员26552人，注册资金17.82亿元；民营经济实现增加值23.27亿元，占全州GDP的23%；纳税2.77亿元，占全州财政总收入10.37亿元的26.71%。到2005年底，全州登记注册的民营经济户数达4.6万多户（个体工商户44829户，私营企业1892户），从业人员超过10万人（个体工商户68175人，私营企业35682人），注册资金突破30亿元（个体工商户5.36亿元，私营企业25.33亿元）；民营经济实现增加值39.81亿元，占全州GDP的23.7%；纳税10.37亿元，占全州财政总收入22.64亿元的

45.80%。

到 2018 年底，全州民营经济市场主体累计完成 24.27 万户，其中私营企业 4.67 万户，个体工商户 19.2 万户，农民专业合作社 6935 户；注册资本累计达 2622.54 亿元[①]，其中私营企业 2302.3 亿元，个体工商户 147.26 亿元，农民专业合作社 171.97 亿元。实现民营经济增加值 812 亿元，占 GDP 比重为 61.84%，全社会民间投资总额达到 598.35 亿元，占全社会总投资的 45%；新增就业人员达到 5.35 万人。2018 年，全州国家级、省级企业技术中心 10 户；专利申请受理量 3123 件，完成 2017 年目标 953 件的 327%，专利授权量 1000 件，完成 2017 年目标 513 件的 195%。2018 年民营经济税收贡献 106.2643 亿元，占比 61.7%。

（二）领域逐渐拓展，结构进一步改善

民营经济发展较快，领域逐渐拓展，结构进一步改善，作用越来越明显，特别是民营规模工业在工业经济中的主导地位已经非常突出，工业企业由国有、集体企业为主转变为以私营企业为主。"十一五"以来，民营经济的产业分布发生了很大改变，一批食品、机械、医药企业陆续进入黔南州。民营经济已经形成了食品、磷化工、冶金、电力、建材、医药、机械制造、包装等多门类产业体系，其中房地产、冶金、磷化工、食品、电力、建材已成为支柱产业。如贵州神奇制药有限公司、贵州信邦制药有限公司、贵州永红食品有限公司。随着老干妈等大型企业逐步在黔南建厂生产，黔南州民营经济发展体系向好发展。

（三）工业聚集区成为民营经济发展的重要载体

按照黔南州委、州政府经济园区产业布局项目规划，全州分为农业产业化经济园区、工业经济园区和第三产业经济园区三类。经过建设，这些园区已经取得了很好的效果，特别是工业经济园区已初具规模，效益逐步显现，吸引了大批个私业户向园区、市场和小城镇集中，形成了良好的集聚效应。全州现共有工业园区 14 个，已开发面积 9825 公顷，入驻企业 2043 户，累计建成标准厂房 487.39 万平方米，累计建成集中式污水处理设施 20 座，日处理能力达 7.6 万吨，新增建成道路 71.1 公里，供水管网 49.1 公里，排水管网 57.8 公里；5 个园区核心区基本达到了"八通一平"，4 个园区核心区基本达到了"七通一平"，5 个园区核心区基本达到了"五通一平"。为民营经济发展提供了良好的载体，全州 90% 以上的规模企业均进入园区。

（四）民营经济对经济社会发展的影响越来越大

民营经济发展不仅增加了社会供给，方便了群众，繁荣了市场，更重要的是促进了市场竞争，强化了市场调节作用，促进了市场发育和多元经济的形成，提高了经济运行质量和效益。民营经济是自主经营、自负盈亏的独立商品生产者和经营者，产权比较明晰，在市场竞争中以管理效率、实干精神求得了生存和发展，这种竞争因素对国有、集体企业转变经营观念和经营机制起到了示范和推动作用。已有众多国有小企业被民营企业收购、兼并，逐步形成了多种经济成分共存，并由此而构成国有经济同非公有制经济之间相互促进、相互竞争、相互补充、共同发展的格局。民营经济的发展加快和促进了整个黔南州经济持续稳定的增长，增加了政府财政收入。同时，民营企业的发展为农村剩余劳动力和社会各业人员重新择业提供了广阔的天地，吸纳了一大批人员就业。在城镇，民营企业不仅解决了一批待业青年和社会闲散人员就业问题，而且为国有企业改革中的下岗职工提供了再就业机会，成为实施"再就业工程"的重要渠道。

二、黔南州民营经济发展取得的主要成效

（一）坚持为民营经济发展提供支持

一是按照《中小企业促进法》的要求，积极落实促进中小企业发展的专项资金，并列入州、

---

① 因小数点两位保留时采用四舍五入原则，故累计金额与分项相加略有差异。

县（市）两级财政预算。加强发挥政府性资金撬动引导作用，为进一步提升全州中小企业创新能力，做强做优，增强经济实力和拓宽就业渠道奠定了良好的发展基础。二是加大对重点项目扶持力度，积极争取贵州省中小企业局专项资金的支持与扶持。每年从企业申报的项目中，筛选出科技含量高、市场前景广阔、经济效益好、符合黔南州产业发展规划的项目进行扶持。2011年至今，为全州282户中小企业向上争取到位专项扶持资金8918万元。2018年，有218户企业入选贵州省"专精特新"培育计划，占全省计划总数的14.3%；4个工业项目进入省级融合标杆项目培育系列，完成了50个融合示范项目和52户融合企业的培育。

（二）大力推动民营经济招商引资

以推动民营经济的嫁接改造和重组扩张为目标，大力开展招商引资活动，促进民营经济做大做强。2018年，全州招商引资项目816个，投资总额达1060.46亿元，其中，一产项目191个，投资总额111.36亿元，二产项目309个，投资总额330.31亿元，三产项目316个，投资总额618.8亿元。

（三）认真为民营经济提供各种服务

建立州县两级服务工业企业体制机制。在成立服务工业行动联席会议的基础上，2018年又成立了由州政府各分管领导担任组长的7个工作专班，建立起了协调解决企业共性问题的专班工作机制，并成立了黔南州促进工业发展领导小组，进一步增强了服务企业工作的能力。2018年，州级35个工作组采取州领导带队和部门直接服务的方式，全部深入州级企业和项目开展服务工作，参与服务的州级领导共计92人次，服务企业138家次，共计帮助州级企业解决问题119个。

（四）着力破解企业"融资难"问题

一是黔南州由州、县（市）共同出资设立了州级"贵园信贷通"融资平台，共筹措风险补偿金2700万元，与多家金融机构合作，开展针对重点民营企业的融资服务。2018年以来，着力解决融资难融资贵，不断加大"贵园信贷通"工作开展力度，组织召开"贵园信贷通"贷款评审会共18次，帮助64户企业获得贷款2.66亿元，较2017年增加32户，贷款额增加1.44亿元，直接为企业降低融资成本1000余万元，贷款余额接近3亿元。同时，为帮助企业缓解转贷难、转贷贵问题，建立了500万元转贷应急周转资金池，为5户企业成功转贷，转贷资金达1266万元，直接为有关企业节约转贷成本30万元以上。

二是印发《黔南州转贷应急周转资金管理办法（试行）》，成立5000万元规模的转贷周转资金池，专项用于出现流动资金暂时周转困难、金融机构保证足额续贷的中小微企业提供短期性周转。2018年，通过州级工业发展转贷资金池帮扶4家企业融资，使用金额1106万元。

三是开展企业人员培训。借助省级资金支持及中小企业服务中心工作职能，持续推进企业人员培训工作，黔南州在创业创新、企业管理、工艺技艺、企业融资、中小企业资信评级与管理、现代企业管理、中小企业创新创业创未来、基于"一带一路"倡议背景的中小企业发展机遇等的培训均能保持在年均15次以上。

（五）为民营经济发展拓展渠道

一是利用贵州省多彩贵州旅游商品"两赛一会"比赛，挖掘和培育了一批黔南州特有的旅游商品和民间艺人，重点扶持罗甸水晶石奇石、三都马尾绣、平塘牙舟陶等富有地方特色产业的发展，为全州旅游产品的商品化提供了帮助。

二是利用各种展销会积极支持企业参评参展。组织州内发展有潜力、产品有优势的民营经济参评参展。

三是积极为非公有制企业缓解融资难的问题。加强与银监会、商业银行的沟通，并通过政策引导发展信用担保、典当等社会化融资机构，积极参与中小企业的融资。运用好"贵园信贷通""贵工贷"等相关产品，帮助企业解决融资难题。

（六）不断优化民营经济发展环境

一是建立了州县（市）两级四家班子领导联系企业制度。在全州范围内实施"五个一工程"，即一个项目、一个团队、一个方案、一个领导、一抓到底。在全州338户规模以上工业企业中选择50户重点中小企业作为调度和服务的重点，为企业的生产经营和发展提供优质服务。

二是设立了行政审批服务中心，对企业实行并联审批制度，提供一站式服务，简化各种手续，提高办事效率。

三是加大对"三乱"现象的整治力度，严肃查处各种"吃、拿、卡、要"的行为，千方百计保护中小企业的合法权益。对诚信度高、生产效益好的重点企业实行牌挂保护。

四是切实降低工业电力成本。把电力直接交易、降低一般工商业电价、特色和新兴产业电价支持、电力专场交易四个方面作为重点，2018年全州电力市场化交易签约39户，交易成功电量46.41亿千瓦时，同比增长19.4%，12户企业列入省电价支持企业名单，收购周边省份电量5000万千瓦时，累计为用户节约成本1.1亿元。

三、黔南州民营经济发展存在的主要问题

（一）规划执行不到位

虽然省、州均已出台了民营经济发展的指导性规划，但民营经济发展在思想统一、职能转换和力量整合等方面着力不够，管理部门之间缺乏协调。虽然各级政府将发展民营经济的工作提上重要日程，但普遍缺乏具体的民营经济发展目标、规划和定位，且未能列入对县（市）政府的年度工作目标考核评价体系，缺乏为私营企业发展壮大的社会服务体系、对民营经济企业的统计和评价体系以及对民营经济创业风险的保护体系。

（二）民营经济融资困难

一是融资渠道狭窄。私营企业创业资金主要依靠个人积累，在吸收外来资金中，大部分靠民间借款，这种借贷关系缺乏法律保护，引起了相当数量的民事纠纷。二是银企对接效果不佳。由于大多数小规模的私营企业本身就缺乏资金，即使有了好的项目也难以筹集到规定比例的资金，而商业银行多考虑资金的安全，对民营经济贷款存在抵押担保难、跟踪监督难和债权维护难等问题，企业难以获得信贷服务。三是"两证"难办，抵押难成。私营企业担保主要以土地、房产作为抵押，但不少地方因为国家政策或者历史遗留问题等，办理土地证、房产证困难，使贷款受阻。

（三）发展环境有待进一步改善

民营经济虽然法律上已确立了作为社会主义市场经济的重要组成部分的地位，但实际中，在市场准入、税收、产品出口和公平竞争等方面仍不能与国有企业等同对待。一些部门缺乏配套措施，上级加快发展非公有制经济的意见、精神难以落到实处。部分地方的"一站式"服务机构还不能真正发挥方便企业的作用。同时，商品市场、要素市场、人才市场发育不充分，市场中介组织发展不足，人才、技术、信息、市场开拓、信用评级、融资担保等社会化服务体系不健全。

（四）自身发展素质有待进一步提高

黔南州私营企业整体规模较小，缺乏主业突出、发展后劲足、辐射带动作用强的大企业、大集团。企业档次较低，产业产品结构不尽合理，小型私营企业基本是"作坊式"的生产和经营，市场占有率低；以劳动密集型产品生产为主，科技含量不高，产品附加值低，缺乏市场竞争力。由于规模小、实力弱，相应的品牌企业、品牌产品难以产生。民营经济综合素质不高，对企业文化建设重视不够，从业人员受教育程度低，缺乏人才，管理体制落后，抗风险能力差；没有中长期规划，盲目投资，重复建设，缺乏核心竞争力；少数企业诚信度较差，制假、造劣、偷漏税现象时有发生。

四、黔南州民营经济未来发展展望

（一）解放思想，转变观念，充分认识发展民营经济的重要意义

应充分认识发展民营经济是关系全局性、战略性的问题，是增加社会经济总量、壮大区域经济、扩大社会就业面、增加财政税源的重要渠道。通过广泛的宣传，进一步解决思想认识问题，切实做到思想上解放、认识上到位、工作上落实，努力形成"政府鼓励创业、民众自主创业、社会支持创业"的浓厚氛围。

（二）制定措施，优化环境，为民营经济发展提供保障

通过进一步完善政策环境、优化政务服务、不断优化舆论环境，对民营企业及时给予扶持、引导，为民营经济发展提供保障。一是进一步完善政策环境。强化政策保障体系的建立，破除体制限制、地区分割、行业壁垒和人为障碍。以《民营经济发展规划》为引领，高质量推进民营企业提质发展。探索建立民营经济发展目标责任制，将其纳入各级各部门的绩效考核范围；运用好促进民营经济发展联席会议制度，明确成员单位职责任务和工作机制。二是不断优化政务环境。着力构建"清""亲"新型政商关系，加大政府服务力度，提高办事效率。三是优化舆论环境。充分发挥舆论导向作用，充分利用报刊、电视、广播等新闻媒体，大力宣传党和政府在发展民营经济方面的方针政策，宣传民营经济在市场经济中的地位、作用以及促进经济和社会各项事业发展中所做的贡献，大力宣传和树立民营经济方面的先进典型。

（三）强化信息、融资、人才、技术、培训等服务体系建设

根据民营经济发展需要，优化配置现有社会服务资源，利用各类社团组织、行业协会、行业商会和中介机构，建设集创业辅导、融资担保、信息服务、技术支持、市场开拓、人才培育等功能于一体的服务体系。一是运用好中小企业网这一平台。通过中小企业网服务平台，解决非公有制经济企业信息闭塞难题，为民营企业提供市场供求、政策法律咨询、人才培训、技术支持等多方面信息服务。二是建立科技人才培训服务体系。重点抓好民营中小企业创业者、经营者、中高层管理人员、关键技术、研发人员的培训工作，提高非公有制中小企业的管理水平。三是建立民营企业招商引资服务体系。积极创造条件、牵线搭桥，组织民营企业大力加强与省内外大专院校、科研单位和有实力的企业开展多种形式的经济技术合作，广泛引进技术、管理、资金和人才。四是建立民营经济统计服务体系。协调统计部门尽快建立和完善民营经济统计的指标体系，为政府提供科学决策依据。同时，积极建设能及时准确反映民营经济发展情况的中小企业数据库。五是重视各类专业市场建设。通过兴建专业市场、民营经济试验区、民营经济开发区、民营企业群聚区等多种形式，探索对民营经济进行集中管理、集约发展的路子。在试验区、开发区内重点开展民营企业股份制试点、民营企业与外资企业嫁接试点、民营企业人才市场试点、民营企业社会保障制度试点等。

（四）建立健全信用体系，努力拓宽民营企业融资渠道

加强社会信用体系建设。建立民营企业信用档案，从重点企业入手，做好民营企业的资本信用、经营信用、质量信用、服务信用、融资贷款信用、完税信用、社会信用和法人行为信用等信用等级评估工作，逐步建立起完备的企业信用制度。每年确定一批信用等级良好的企业，对信用度较低的企业通过媒体进行公开曝光，逐步营造"守信获益、失信失利"的良好氛围。用好政府性支持民营企业发展专项资金，引导和鼓励民营企业做大做强。积极鼓励有能力的民营企业上市融资。强抓上市融资绿色通道契机，加大民间资本的筹集力度，鼓励引导企业上市融资。通过各种形式，为发展壮大民营经济提供强有力的资金支持。

（五）引导民营经济变革，提高民营经济发展质量

运用股份制和兼并等形式，鼓励相关民营企业联合，组建企业集团，从单一主体的产权结构向多元化产权结构过渡。采取多种形式为民营企业主提高文化层次和经营水平提供帮助，以不断提高其文化层次和经营管理水平，改变民营企业家族式的经营管理模式，建立现代企业制度，引进先进的理念和管理方法，建立与现代市场经济要求相适应的高效管理体制。加强民营企业员工的财务、税务、法规、劳动人事、工商管理等知识的培训。鼓励企业积极参加国内外举办的企业管理、营销管理、决策管理等方面的培训和演讲，以及举办的各种经贸洽谈、商品交易展销会等，有计划地安排企业培训、学习和交流。积极培育优势骨干企业。采取有效措施重点扶持优秀骨干企业，有关部门在资金、用地、人才、技术等方面要予以倾斜，在项目开发建设、企业发展筹划等方面加强协调服务。鼓励民营企业创名牌产品。民营企业经权威机构认定获全国驰名商标、省级著名商标的，给予适当奖励。在企业创名牌过程中，各级政府要给予协调和扶持。实行积极的财政支持。对民营企业开发科技含量高、市场前景好，能够迅速做大的产业化项目予以扶持。同时，在民营企业贷款贴息、企业技改贴息上予以重点支持。

⑨ 黔东南苗族侗族自治州民营经济发展报告

党的十一届三中全会以来，黔东南苗族侗族自治州（以下简称"黔东南州"）民营经济已成为全州经济增长、社会进步、人民生活改善的重要推动力量。民营经济增加值占国民收入的半壁江山，民营市场主体增多，民营经济对社会贡献日益增强，全州经济发展呈现出总体稳定、质量提升、后劲增强、民生改善的良好态势。未来，黔东南州民营经济将着力营造依法保护民营企业家合法权益的法治环境、促进民营企业家公平竞争诚信经营的市场环境、尊重和激励民营企业家干事创业的社会氛围，构建"亲""清"新型政商关系，促进非公有制经济健康发展。

中华人民共和国成立 70 周年之际，黔东南州民营经济也走过了自改革开放后 40 多年的发展历程。在党的十一届三中全会精神的鼓舞和改革开放大潮的推动下，全州个体和私营经济在经历了艰难曲折历程之后迎来了发展的"春天"，取得了"社会主义市场经济重要组成部分"的认证。1978~2018 年，黔东南州民营经济从无到有、由弱到强、由小到大、由低到高，已成为全州经济增长、社会进步、人民生活改善的重要推动力量，民营经济为黔东南州的经济社会发展做出了突出贡献。

一、改革开放 40 年黔东南州民营经济主要发展历程

（一）民营经济发展雏形阶段

中华人民共和国成立初期，黔东南州工业形态主要为手工业合作社。1956 年手工业合作化达到高潮，手工业生产合作社相继"升格"为厂。到 1958 年，组建发展木材、食品、造纸、化工、陶瓷、纺织、印刷等全民和集体所有制企业 1438 个。

1958~1962 年，因对经济规律缺乏科学认识，工业建设铺得过大，超过了当时国民经济承受能力，加上技术、设备落后，结果造成人力物力的巨大浪费。这期间共建"小土群"炼铁炉 2400 座、炼钢炉 2197 座，小钢铁厂、冶炼厂 37 个，大大小小的冶金、机械、煤炭等工业企业猛增至 5766 个。

1962 年以后，按照中央提出的"调整、巩固、充实、提高"八字方针，对工业企业进行一系列的调整和整顿，州内重工业生产趋于稳步发展。1965 年工业企业减至 318 个，职工减至 6609 人。经过"大跃进"的起落，各级党委和政府取得了办厂的经验，为发展工业奠定了基础。1975 年，州内煤炭、电力、冶金、化学、机械、电子、建材等重工业行业初具规模，重工业总产值达到 12569 万元（包括 083 基地各厂及省属企业），比 1965 年增长 5.6 倍。1976~1978 年，国家投资 1029 万元，兴建树脂、丝织、纺织器材、香料、

灯泡、吹膜、注塑、民族花边、窖酒、铅笔、图画纸、鞋楦、炉具等工业企业，填补了多项空白。

黔东南州经济基础差、生产力水平低、企业和技术落后、管理水平低、效益差，加上人口素质不高，人才、技术、资金匮乏，交通信息又不发达，黔东南州的个体私营经济发展滞后，1978年全州个体工商户仅有413户、从业人员547人、注册资金12万元。

（二）民营经济初步发展阶段

1978年党的十一届三中全会后，拉开了改革开放的帷幕，成为黔东南州经济建设的转折点。全州不断深化改革，加快经济体制转轨，形成了门类比较齐全、品种繁多，具有地方特色的工业体系，工业经济逐步进入了健康发展的轨道。1980~1987年，全州各重工业企业依靠科技进步，努力提高产品产量和质量，大力开发新产品，生产的平板玻璃、硅钙磷素肥、磁性材料、活性炭、稀土合金铸铁电炒锅等产品，填补了贵州省空白；高压线路绝缘子、碳素锰铁、硅铁、活塞、轴瓦、水轮机、金属卷帘门、刀具、标准紧固件、重晶石等，成为全州的拳头产品，畅销省内外，有的还出口创汇。20世纪80年代，工业经济在短期内快速跃升，工业占国民经济的比重也于1989年第一次突破20%的大关，打下了黔东南州工业经济发展的基础。20世纪90年代，工业经济在产业结构、产品结构调整中沉浮。有的在市场竞争中兴起，有的则被市场淘汰。一些支柱产业和纺织业也逐步衰落。黄平卷烟厂、贵州凯里纺织有限责任公司（原凯里纺织厂），榕江麻纺厂、锦屏、剑河、镇远织布厂、凯里床单厂，以及凯里化肥厂、凯里玻璃厂、凯里纸厂等，因政策和市场因素，也由初期的繁荣走向衰落。这一时期，电力工业、冶金工业初露头角，森林工业成为支柱产业。在黎平、锦屏、剑河等林业县，森林工业占据了工业的半壁河山，森林工业提供的税收占县财政收入的30%~50%。这一时期，随着企业改革的"国退非进"，非公有制工业、招商引资外来私营企业、乡镇企业异军突起，截至1996年底，全州个体工商户达53215户，从业人员68816人，

注册资金24225万元；私营企业发展至558户，从业人员9341人，注册资金9015万元，个体私营经济快速发展。1989~1999年，工业企业个数发展到2.23万户，工业增加值总量从4.06亿元增长至12.38亿元，增长了2.05倍，全州工业经济进一步壮大。

黔东南州委、州政府出台了一系列改革开放、促进发展的优惠政策，特别是促进非公有制经济发展的政策，使非公有制经济发展的软、硬环境得到了明显改善。以煤电结合、电冶结合、林纸结合、特色和绿色食品、中药材种植加工为主的特色经济得到了重点培育和发展，黔东南州工业生产持续、快速增长。2000年，黔东南州全部工业总产值完成35.35亿元，是1995年的2.5倍，年均增长速度达到20.1%。

（三）民营经济迅速发展壮大阶段

进入21世纪，黔东南州成立了凯里经济开发区，已建成14个工业园区，总规划面积达473.65平方公里。2010年，全州入园企业278户，成为拉动经济发展的"重要引擎"。黔东南州工业经济在寻求新的发展道路、新的发展模式中，加快了经济结构调整和技术升级，转变了经济增长方式，取得了新的突破。黔东南州采取了扩大招商引资获取投资和技术的办法，走出了一条发展能源工业、环保型工业、节能型工业、农产品加工业和民营经济的道路，促进了工业经济的良性发展。随着黔东南州的投资环境更加开放和完善，引进来的工业企业越来越多。2010年11月，黔东南州工业发展大会提出全面实施"工业强州"战略，伴随着大规模的招商引资，全州各县兴建工业园区，推动产业集群化发展，工业固定资产投资增速加快，特别是通过招商引资引进了许多州外、省外企业到黔东南投资经营，其中湖南籍、浙江籍、福建籍的客商居多，涉及各行各业，已经成为黔东南州经济建设中的一支重要力量。工业园区以加快基础设施建设为总前提，以项目建设为总抓手，以产业发展为总目标，以构建生态、循环、高效园区为总要求，园区建设得到长足发展、全面提升。加快实施大数据战略

行动，推进产业数字化和数字产业化，以工业化促进信息化，两化融合水平逐渐提高，2018年全州两化融合发展水平指数达到29.8，进入全省中游水平。

民营经济蓬勃发展。2011年全州实现民营生产总值195.17亿元。2017年全州实现民营生产总值494.3亿元，全州民营增加值占生产总值比重为50.9%，民营经济增加值是2011年的2.53倍。截至2017年底，黔东南州发展组建异地商会37个，行业协会125个，乡镇商会175个，街道商会17个，工商联会员达34689人，同时，非公有制经济的发展壮大对黔东南州的就业贡献达80%以上。民营经济贡献税收收入55.84亿元，占同期税收比重的52.2%，民营经济占GDP比重、税收占全国税收比重、民间投资占全社会固定资产投资比重都超过50%，成为地方税收的主要贡献者和经济社会发展的增长引擎。

"十二五"以来，黔东南州委、州政府坚持以科学发展观为统领，以结构调整为主线，以新型工业化为核心，以建设工业园区为平台，以重点项目为支撑，以完善服务为保障，工业发展跃上了一个新的台阶。"高标准、新水平、上台阶"，黔东南州委、州政府正采取各项措施，借助国家扩大内需的政策机遇，促进经济园区的管理、基础设施、环境、招商的提档升级，加大投入，督办开工，搞好服务，全力以赴保增长、促发展。

二、黔东南州民营经济发展取得的主要成效

黔东南州深入学习贯彻习近平总书记新时代中国特色社会主义思想，坚持以脱贫攻坚统揽经济社会发展全局，以深化供给侧结构性改革为主线，牢牢守住发展和生态两条底线，扎实推进大扶贫、大数据、大生态、大健康战略行动，主动适应新常态，积极应对新挑战，推动各项工作取得新突破，经济社会发展持续向好，中小（民营）企业得到了长足发展，全州经济发展呈现出总体稳定、质量提升、后劲增强、民生改善的良好态势。

（一）民营经济保持稳定发展

改革开放以来，黔东南州民营经济增加值及民营经济增加值与地区生产总值的占比逐年增大。

截至2018年底，全州实现民营经济增加值530.26亿元，同比增长8.6%，比同期地区生产总值增速高0.7个百分点。其中，第一产业实现增加值131.82亿元，同比增长7.6%；第二产业实现增加值155.19亿元，同比增长9.3%；第三产业实现增加值243.25亿元，同比增长9.5%。全州民营经济增加值占生产总值比重为51.2%，其中，第一、第二、第三产业民营经济总量占该产业增加值的比重分别为62.4%、67.0%、41.0%。表1为2006~2018年黔东南州民营经济发展状况。

表1　2006~2018年黔东南州民营经济发展状况

年份	地区生产总值（亿元）	民营经济增加值（亿元）	地区生产总值增长率（%）	民营经济增加值增长率（%）	民营经济增加值占地区生产总值比重（%）
2006	163.97	91.46	11.6	12.9	55.8
2007	199.03	113.25	13.5	14.1	56.9
2008	243.35	141.96	12.0	14.1	58.3
2009	269.73	158.96	12.2	13.9	58.9
2010	312.57	152.94	14.2	-4.4	48.9
2011	383.63	195.17	16.8	21.3	50.9
2012	477.75	286.27	16.5	18.5	59.9

续表

年份	地区生产总值（亿元）	民营经济增加值（亿元）	地区生产总值增长率（%）	民营经济增加值增长率（%）	民营经济增加值占地区生产总值比重（%）
2013	585.64	304.76	16.1	16.2	52.0
2014	701.71	370.85	14.4	16.1	52.8
2015	811.55	437.62	13.1	14.1	53.9
2016	939.05	511.03	13.3	13.5	54.4
2017	972.18	494.30	5.2	-1.8	50.8
2018	1036.62	530.26	7.9	8.6	51.2

（二）民营工业经济实现较快发展

以工业"百千万"活动和"民营企业服务年"活动等为契机，加强服务民营企业力度。建立州级领导"一帮一"挂牌服务，通过州领导联系、所在县市政府、州级部门定点帮扶、全社会参与的形式，形成发展民营经济的良好氛围，助推民营工业经济快速发展。2018年，全州民营规模以上工业企业生产稳定，民营规模以上工业企业销售产值增长9.4%；工业增加值增长11.1%，占2000万元以上工业增加值的60.4%。全州2000万以上民营工业企业256个，实现主营业务收入202.64亿元，同比增长15.2%；应交增值税7.69亿元，同比增长88.3%；利润总额为6.98亿元，同比增长12.1%。

（三）民营市场主体实现快速增长

市场准入门槛逐步降低，黔东南州民营经济市场主体同比增长迅速，民营市场主体从2011年的8.6万户增加到2017年的25.41万户，增长了1.95倍。截至2018年12月末，全州私营企业登记户数41827户，同比增长14.3%；投资者人数72045人，同比增长15.2%；雇工人数21.98万人，同比增长6.6%；注册资本1888.05亿元，同比下降3.0%。个体工商户登记户数233798户，同比增长11.6%；登记从业人数394889人，同比增长9.9%；注册资金156.65亿元，同比增长16.5%；农民专业合作社9391个，同比增长16.3%；出资总额1035998万元，同比增长16.0%；成员总数88641人。

（四）民营经济对社会贡献日益增强

改革开放以来，民营经济对社会贡献日益增强，提供了60%以上的税收以及80%以上的就业岗位。2018年，黔东南州民营经济实现税收70.31亿元，同比增长13.7%。其中，第一产业税收1374万元，同比增长41.2%；第二产业税收347268万元，同比增长30.8%；第三产业税收354506万元，同比增长0.7%。民营税收占总税收的68.7%，其中第一、第二、第三产业民营税收与该行业全部税收的占比分别为78.3%、76.9%、62.3%。

（五）着力缓解企业融资难融资贵问题

随着黔东南州经济水平的不断发展，市场在资源配置中的作用越来越明显。黔东南州企业在成长过程中，面临着企业成本负担重、融资难、融资贵等突出问题。针对这种情况，黔东南州采取积极措施，加强金融体系建设，强化政金企联动，加强金融产品创新，着力缓解企业融资难、融资贵问题。

一是积极争取资金。黔东南州抢抓国家、省政策机遇，把向上争取扶持民营企业发展资金摆在突出位置，采取扎实有效措施加以推进。为有效争取民营企业发展资金，黔东南州采取以下措施：吃透上级政策，把握资金投向，超前谋划项目；突出重点，精心组织，把好项目编报关，认真筛选和储备符合上级投资导向政策的重点项目和对财政贡献大的企业项目，提高项目申报质量；全力打好主动仗，定期向上级部门进行对接和汇报，从而提升项目资金争取成功率；推进专项资金绩效管理，积极做好项目资金跟踪问效和绩效评价，对项目资金拨付及运行情况进行全程监管，让每一笔项目资金都用在实处，发挥资金使用最大效益。

二是搭建服务平台。中国人民银行黔东南州支行联合黔东南州金融办印发了《黔东南州银行业金融机构"走千企促融资促发展"活动方案》，组织黔东南州各级金融机构广泛开展民营和小微企业"一走两促"专项活动，为黔东南州实体经济健康发展营造良好金融环境。

三是创新运作模式。在全州范围内持续深入推广扶贫再贷款"3+X 杠杆化"运作模式，引导地方法人金融机构运用再贷款资金发放的"三农"、小微企业贷款实行利率优惠。中国人民银行黔东南州支行在如期归还上级银行扶贫再贷款限额的情况下，获得中国人民银行贵阳中心支行下达黔东南州扶贫再贷款限额 9.2 亿元，使黔东南州扶贫再贷款总量持续扩大至 57.6 亿元，总额再创历史新高，继续位列贵州省首位。

四是释放政策红利。黔东南州地方法人金融机构累计获得 3 次央行存款准备金政策激励，将有效改善黔东南州地方法人金融机构流动性，增加对"三农"、民营和小微企业信贷投放力度，进一步提升服务实体经济的能力。

三、黔东南州民营经济未来发展展望

（一）切实提高民营经济主体地位

全面贯彻党的十九大精神，深入贯彻习近平总书记系列重要讲话精神和治国理政新理念新思想新战略，着力营造依法保护民营企业家合法权益的法治环境、促进民营企业家公平竞争诚信经营的市场环境、尊重和激励民营企业家干事创业

的社会氛围，引导民营企业家爱国敬业、遵纪守法、创业创新、服务社会，调动广大民营企业家积极性、主动性、创造性，发挥民营企业家作用，为促进经济持续健康发展和社会和谐稳定、实现全面建成小康社会奋斗目标和中华民族伟大复兴的中国梦作出更大贡献。

组织开展好非公有制经济人士理想信念教育实践活动和革命传统、国情党情、守法诚信教育，引导广大非公经济人士增强对中国特色社会主义的信念、对党和政府的信任、对企业发展的信心、对社会的信誉，准确把握新形势下商会的中国特色、时代特征、组织特性，积极培育和发展中国特色商会组织，更好地促进非公有制经济健康发展和非公有制经济健康成长。提高民营企业的社会地位，更多地宣传"敬商""安商""爱商"理念，对于创业成绩突出的民营企业家，根据政策给予奖励，提高其政治地位，在社会上形成发展民营经济的良好氛围。

（二）推进传统产业转型升级

坚持发展不动摇，认真贯彻落实国家、省、州相关政策，坚持发展是第一要务，民营经济的发展历程和重大的战略表明民营经济是社会主义市场经济的重要力量，发展社会主义市场经济必须发展民营经济，发展民营经济就是发展社会主义市场经济。

推进传统产业转型升级，大力发展战略性新兴产业，坚持新型工业化道路。从农业和文化旅游产业中挖掘工业潜力，推动传统产业生态化、特色产业规模化、新兴产业高端化。加快提升传统产业。全面完成纳入技改规划的高载能企业技改任务，帮助高载能企业"强筋健体"；将劳动密集型产业作为招商引资的重点，增加人民收入、推动减贫摘帽；抓好电力、运输设施建设，加快推进电力直供、自备电厂建设，加快货运站场改、扩建，实施产业工人培训计划，增强对传统产业的要素保障能力。培育战略性新兴产业。积极争取政策、外引内聚，加快发展以大数据、物联网为代表的电子信息产业，以电梯、汽车、机床为代表的高端装备制造业，以钨铝合金、钡盐、新

型陶瓷为代表的新材料产业，以风能、生物质能源、页岩气为代表的新能源产业，以尾气净化、垃圾及污水处理为代表的节能环保产业，以工厂化育苗、生物制药、精细化工、特色食品加工为代表的生物产业以及创意产业和工厂化建房产业。

（三）构建"亲""清"新型政商关系

深入贯彻落实习近平总书记在民营企业座谈会上的重要讲话精神，认真抓好助推民营经济发展的政策措施，加强领导凝聚合力、完善政策配套支撑、强化部门职责联动、提高要素保障水平、加强企业联系服务，形成全州上下狠抓民营经济发展和营商环境改善的浓厚氛围。

着力深化"放管服"改革优化营商环境，聚焦企业和群众的难点和堵点，加快补齐基础设施"硬件"短板和服务"软件"短板，采取务实措施推动营商环境大提升。要着力维护民营企业合法权益，支持民营企业公平竞争，坚决保护好民营企业和企业家的合法经营行为，让民营企业家放心投资、安心经营、专心创业。着力解决诚信环境突出问题，加强诚信政府建设，加强重诺守信监管，在全社会形成崇尚法治、依法经营的氛围。着力强化督查考核，加强对优化营商环境、推动民营经济健康发展的调度督查，确保民营企业家反映的问题得到及时解决、薄弱工作得到有效改善。突出思想政治引导、创新经济服务工作、强化守法诚信和社会责任，完善商会职能。健全法人治理体系，推动党的组织和工作全覆盖，健全财务管理和信息公开制度、激发活力，规范商会自身建设。加强和改进服务，落实相关部门的综合监管，完善扶持政策。注重发挥民营企业家主体示范带动作用，引导民营企业家自我学习、自我教育、自我提升，坚定不移地听党话、跟党走。

（四）抓好民间投资提升经济增量

认真贯彻落实国家、省和州各项决策部署，树立"抓项目就是抓发展、稳项目就是稳投资"的目标，以奋进的姿态、扎实的作风，抢抓国

家补短板强基础设施以及贵州省"六网"会战政策机遇，加强项目储备和申报，强力推进项目前期进度，全力推进项目落地开工建设，建立项目精准服务机制，落实项目各类要素保障措施，优化营商大提升，激活民间投资积极性，不断扩大有效投资，全力以赴保民生、保稳定、保增长。

一是抓重点产业推进。强化电力、冶金、建材等多个支撑性产业的项目调度，千方百计促进项目投产达产，稳步提升工业经济增量。着力推进新能源、高端装备制造、电子信息、新医药等高新技术产业项目的谋划和编制，加大招商引资和投资建设力度，合理引导项目投资方向，推进黔东南州产业结构调整升级。

二是抓重点项目建设。按照"在建项目抓竣工，新上项目抓进度，前期项目抓开工"的要求，加快在建项目进度，抓好签约项目的开工建设，抓好大项目的策划和储备。

（五）着力破解民营企业融资难题

着力破解民营企业融资难题，努力扩大信贷投放，积极争取资金支持，积极发展担保行业，力求取得突破。

一是提高中小企业自身素质，加强信用制度建设。为提高企业融资创造更为有利的融资条件。企业不仅要加强自身发展，还要强化企业的资金管理机制，特别要重视信用机制，良好的信用是赢得融资的必要条件，不仅会获得金融机构低门槛的贷款优惠，还能利用信用再担保机构，打造担保机构与金融机构之间的利益共同体。

二是加快商业银行的金融产品创新，开发适合中小企业的金融工具。开发贷款类的金融工具并制定优惠的贷款政策，可以针对中小企业的自身特点，开展信用评级、资金定价机制、中介机构担保等各方面的创新。

三是加大对中小企业的引导和扶持力度。中小企业需要政府的引导，从而为中小企业融资奠定一定的基础，重点支持中小企业技术创新、结构调整、节能减排的企业融资难的问题，进一步减轻中小企业社会负担。

四、黔东南州民营经济发展大事记

（1）1984 年 5 月，三穗县鸭绒厂通过香港都成洋行从西德引进自动化羽绒生产线一套，建成了黔东南州第一个以补偿贸易方式利用外资的项目。

（2）2000 年 7 月，经贵州省人民政府批准成立省级经济开发区凯里经济开发区。

（3）2011 年出台《黔东南州人民政府关于印发黔东南州民营经济三年倍增行动计划的通知》（黔东南府发〔2011〕70 号）。

（4）2013 年出台《黔东南州人民政府关于鼓励和引导民间投资健康发展的实施意见》（黔东南府发〔2012〕47 号）。

（5）2013 年出台《2013 年支持民营经济快速发展的十二项措施的通知》（黔东南党办通〔2013〕21 号）。

（6）2014 年出台《黔东南苗族侗族自治州促进非公有制经济发展条例》。

（7）2017 年出台《中共黔东南州委 黔东南州人民政府关于进一步促进民营经济加快发展的实施意见》（黔东南党发〔2017〕7 号）。

10 黔西南布依族苗族自治州民营经济发展报告

1978~2018 年，黔西南布依族苗族自治州（以下简称"黔西南州"）坚持以公有制为主体、多种所有制经济共同发展的基本经济制度，坚持毫不动摇地巩固和发展公有制经济，大胆实践，有力地促进了民营经济的快速健康发展，民营经济规模和质量均取得了质的飞跃，成为国民经济的重要支撑，市场主体不断壮大，已成为财政税收的重要来源，发展环境不断优化，发展活力进一步迸发。但同时也存在民营企业规模小、竞争力弱，服务体系建设有待完善，融资难、融资贵问题较突出，企业发展后劲仍显不足等问题。未来，黔西南州要切实解放思想，营造民营经济发展的良好氛围；优化服务，不断完善政策扶持体系；健全机构，确保服务民营经济职责到位；专精特新，推进特色优势产业发展。

1978 年 12 月，党的十一届三中全会召开，党和国家的工作重心转移到经济建设上来，实现了中华人民共和国成立以来的伟大历史转折，开启了改革开放历史新时期。1978~2018 年，在党中央、国务院的亲切关怀下，在贵州省委、省政府的坚强领导下，黔西南州委、州政府带领全州各族干群，牢牢把握"共同团结奋斗、共同繁荣发展"主题，认真贯彻落实党的民族政策，积极发展平等团结互助和谐的民族关系，团结拼搏，攻坚克难，开拓进取，抢抓机遇，真抓实干，全州经济社会长足发展，综合经济实力明显增强，基础设施建设明显改善，人民生活水平明显提高，各项事业明显进步。黔西南州民营企业、民营经济对经济社会的发展做出了突出贡献。纵观黔西南州发展历程，民营经济从无到有、从小到大，完成了从"微不足道"到"半壁江山"的飞跃，成为全州社会生产力发展的重要力量。

一、改革开放 40 年黔西南州民营经济发展历程

1978~2018 年，黔西南州坚持以公有制为主体、多种所有制经济共同发展的基本经济制度，坚持毫不动摇地巩固和发展公有制经济，毫不动摇地鼓励、支持、引导非公有制经济发展，充分尊重和发挥人民群众的首创精神积极探索，大胆实践，有力地促进了非公有制经济快速健康发展，其历程大致可划分为四个阶段。

（一）第一阶段：1978~1988年

黔西南州各级工作机关在改革开放中，根据中央确定的"国营、集体、个体一起上"的方针，充分发挥工商职能，采取"先上车后补票"、实行"一照多摊"和"一扶二帮"等办法，积极鼓励、支持和引导非公有制经济发展。规模上，1980~1988 年，黔西南州个体工商户从业户数从 1147 户、从业人员 1165 人增加到 14652 户、从业人员 16883 人，增长幅度超过 10 倍。1981~1988 年是黔西南州个体工商户发展的黄金时期，从业人数年年增加，发展最多最快的年份是 1983 年和 1984 年。1984 年个体工商户从业

人数达到 18423 人，比 1983 年的 12064 人增长了 52.7%，是增加人数最多的年份。结构上，以 1987 年为例，黔西南州民营和个体工商户 18746 户，主要分布在"八大行业"：工业 1787 户、建筑业 146 户、交通运输业 415 户、商业 12788 户、饮食业 1477 户、服务业 833 户、修理业 784 户、其他行业 516 户。经营方式上，合作经营迅速发展。有些行业需要较大的场地、较多的资金和人力，这些非一家一户能做到，要几户合作经营才行。1983 年全州合作经营企业有 17 户，至 1984 年已发展到 137 户。

（二）第二阶段：1989~2006 年

以建立社会主义市场经济体制为目标方向，全面推进经济体制改革和扩大开放，起步大规模调整经济结构。这一阶段是个体、私营经济快速发展时期。全州非公有制经济在全民经济中的比重逐步增加，成为全州社会经济发展的重要组成部分。发展私营经济做到"思想更加解放一点，发展步子更快一点，服务工作更具体一点，监督管理要加强一点"。1995 年，黔西南州起草了《黔西南州关于加快发展私营经济条例》报人大审议。1997 年，大力贯彻贵州省委、省政府《关于进一步加快个体、私营经济发展的决定》。1989 年全州个体户为 14144 户，从业人员 16526 人，注册资金 2477 万元，产值 1824 万元，营业额 7768 万元（商业零售额 6788 万元）。2006 年全州个体户增加到 35072 户，从业人员 40075 人，注册资金 33271 万元，非公有制企业 2033 户。

（三）第三阶段：2007~2012 年

深化改革完善社会主义市场经济体制，大力推进经济结构战略性调整和经济发展方式转变。继续鼓励、支持和引导个体私营和非公有制经济发展。出台《关于进一步鼓励支持和引导个体私营等非公有制经济及国有企业改制的若干意见》，解放思想，进一步放宽市场准入。2007 年，全州个体户增加到 38195 户，从业人员 46057 人，注册资金 41351.5 万元，非公有制企业 2365 户。2008 年，全州共有各类经济工商登记户 45236

户，其中规模以上中小工业企业占规模以上企业总数的 96%，规模以上工业企业完成工业增加值 66.43 亿元，中小企业和非公经济缴纳税金约 20 亿元，占全州财政收入的 55% 左右，从业人员 33 万人。2009 年，全州共有各类经济工商登记户 56160 户，注册资金 1242490 万元，中小企业和非公有制经济缴纳税金约 24 亿元，占全州财政收入的 55%，黔西南州中小企业、非公有制企业在食品、医药、旅游商品、化工、建材、煤炭、冶金、商贸流通、批发零售、住宿餐饮、房地产、旅游商品、居民服务及其他服务业等行业中，都占据重要地位，其中在煤炭、农副食品加工、化工、医药、冶金、非金属矿物制品等资源加工行业中具有比较优势。2010 年，全州共有个体户 59880 户，从业人员 61345 人。2011 年，全州期末实有企业总数 7699 户，注册资本 156.7 亿元，共有个体户 62670 户，从业人员 69692 人，资金数额 11.1 亿元。2012 年，全州共有企业总数 10459 户，注册资本 292 亿元，共有个体 68137 户，从业人员 89422 人，资金数额 20 亿元。2007 年至 2012 年 12 月底，企业数增长了 3.42 倍，年均增长 34.6%；个体户增长了 0.78 倍，年均增长 12.3%。

（四）第四阶段：2013 年至今

以党的十八大，十八届三中全会、四中全会精神，贵州省委十一届四次、五次全会精神为指导，深入推进产业结构调整和发展方式转变，以转型综改区建设为统领和以供给侧结构性改革为主线全面深化改革。黔西南州委、州政府提出"以作风转变促项目建设、以作风转变促环境建设"，加强组织领导，强化责任意识和服务意识，认真做好 10 个放宽政策的落实，出台"19 项支持措施"，服务市场主体发展。2013 年，全州实有企业总数 12042 户，注册资本 3129031.10 万元，共有个体户 78081 户，从业人员 108692 人，资金数额 223961.2 万元。2014 年，全州共有企业 14026 户，注册资本 4530217 万元；共有个体工商户 89568 户，注册资本 352403 万元。2015 年，全州共有市场主体 127304 户，注册资本

8876898.17 万元；私营企业 16696 户，注册资本 5874367.01 万元；个体工商户 105291 户，注册资本 500745.33 万元。2016 年，全州共有私营企业 19861 户，注册资本 10730370.83 万元；个体工商户 118888 户，注册资本 754700 万元。2017 年 12 月底，全州共有市场主体 176577 户。其中，企业 31543 户，注册资本 24828947.95 万元；

个体工商户 140966 户，从业人员 232122 人，注册资本 1010814.74 万元。2018 年 12 月底，全州共有市场主体 180318 户，注册资本 3169.67 亿元。其中，企业 39149 户，注册资本 2966.45 亿元；个体工商户 136353 户，注册资本 111.93 亿元。表 1 为 1980~2018 年黔西南州个体工商户及企业数据对比情况。[①]

表1　1980~2018年黔西南州个体工商户、企业数据对比情况

年份	个体工商户（户）	注册资本（万元）	从业人员（人）	企业（户）	注册资本（万元）
1980	1147	—	1165	—	—
1989	14144	2477	16526	104	—
2017	140966	1010814.74	232122	31543	24828947.95
2018	136353	31696700	364600	39149	29664500

资料来源：根据综合数据整理。

二、黔西南州民营经济发展取得的主要成效

1978~2018 年，黔西南州民营经济规模和质量均取得了质的飞跃。

（一）民营经济成为国民经济的重要支撑

1978~2018 年，黔西南州生产总值由 1978 年的 2.63 亿元增加到 2018 年的 1163.77 亿元，增长了 441 倍，年均增长 16.45%。经济总量由 1978 年的全省末位上升为第 6 位，公共财政收入由建州时的全省末位上升到第 6 位，在全国 30 个自治州中的排名由建州时的末位上升到第 6 位。在民营经济发展方面，改革开放初期的 1980 年，黔西南州仅有个体工商户 1147 户，几乎没有民营经济，2018 年个体工商户增加到 136353 户，增长了 117.88%。

2001 年，全州乡镇企业完成营业收入 49.8 亿元，完成工业产值 24.36 亿元，缴纳税金 1.67 亿元，从业人员达 16.85 万人，分别是 1982 年建州时的 260 倍、137 倍、560 倍、9 倍。2001 年，全州乡镇企业共完成工业总产值 18 亿元，占全州工业总产值的 38%；全州年销售收入 500 万元以上的非国有工业企业有 25 户。全州乡镇企业上交国家税费达 1 亿元，占全州财政收入的 20% 左右，为全州经济发展作出了贡献[②]。2006 年，全州乡镇企业完成乡镇企业营业收入 109.47 亿元，同比增长 19.41%；完成乡镇企业增加值 34.65 亿元，同比增长 18.56%；完成工业增加值 21.56 亿元，同比增长 18.22%；乡镇企业从业人员累计达 26.52 万人，同比增长 5.38%；乡镇企业累计支付劳动者报酬 13 亿元，同比增长 33.72%[③]。

"十一五"期间，全州民营经济由 2005 年的 31 亿元增加到 2010 年的 116 亿元，年均增长 30.2%，高于国民生产总值年均增速 4.6 个百分点，占全州国民生产总值的比重从 25.83% 上升到 35.8%。"十二五"期间，黔西南州民营经济得

① 贵州省市场监督管理局.贵州省市场主体发展分析报告（2018 年 12 月）[EB/OL].[2019-01-15].http://amr.guizhou.gov.cn/zwgk/xxgkml/jcxxgk/tjxx/201903/t20190327_2367637.html.

②③ 黔西南州史办公室.黔西南年鉴（2007）[M].北京：方志出版社，2007.

到快速发展，2011~2014 年，全州民营经济增加值增长了近 1 倍，民间投资也从 2011 年的 171.7 亿元增加到 2014 年的 430.2 亿元。

2017 年，黔西南州民营经济增加值完成 587 亿元，民营经济增加值占 GDP 比重达 55%。个体工商户从业户数从 1980 年的 1147 户、从业人员 1165 人增加到 2017 年的 140966 户、从业人员 232122 人，分别增长了 122 倍、198 倍。2018 年，全州民营经济增加值完成 675.99 亿元，同比增长 15.16%，民营经济增加值占 GDP 比重达 58%；全州税务系统累计完成税收收入 151.37 亿元，其中民营经济税收收入完成 80.58 亿元，占比 53.23%，为黔西南州经济健康发展作出了重要贡献，民营经济撑起了黔西南州经济的"半壁河山"。

（二）民营市场主体不断壮大

改革开放初期的 1980 年，个体工商户从业户数从 1980 年的 1147 户、从业人员 1165 人增加到 2018 年的 145632 户、从业人员 36.46 万人。2005 年底，全州注册个体工商户为 35072 户，从业人员 41932 人，注册资本为 30143.31 万元，总产值 18708.80 万元，营业收入 79453.70 万元；私营企业 1680 户，投资者人数为 4736 人，注册资本 213719 万元，总产值 51612 万元，营业收入 286205 万元。

2018 年底，全州市场主体总量 187701 户，与上年同期相比，增长 6.3%。其中，企业 699 户，同比增长 8.2%；个体工商户 145632 户，同比增长 3.3%；农民专业合作社 4816 户，同比增长 18.39%，外商投资企业 70 户。从市场主体构成来看，个体私营经济占多数，达到 183904 户，占市场主体总量的 97.9%。其中，私营企业 33456 户，占个体私营经济总量的 18.2%，个体工商户 145632 户，占个体私营经济总量的 79.2%，农民专业合作社 4816 户，占个体私营经济总量的 2.6%。个体私营经济占市场主体总量的 97.9%，从业人员 36.46 万人。这一过程是黔西南州民营经济从弱

小到渐强，再到发展势头强劲、效益提升的具体表现。[①]

随着市场主体的不断扩大，黔西南州对民营经济的认识也从最初有限制的允许，到成为社会主义商品经济的有益补充，再到社会主义市场经济的重要组成部分，民营经济的地位和作用越来越受到重视。

（三）民营经济已成为财政税收的重要来源

民营经济已经成为黔西南州财政税收的重要来源，在"十一五"期间，全州民营经济累计缴纳税金 93.88 亿元，年均增长 25.2%，占全州财政总收入的 50.57%，比"十五"时期提高 11 个百分点[②]。

2018 年，全州税务系统累计完成税收收入 151.37 亿元，其中民营经济税收收入完成 80.58 亿元，占比 53.23%，为黔西南州经济健康发展作出了重要贡献。黔西南州民营经济在稳定增长、促进创新、增加就业、改善民生等方面发挥着重要作用。认真落实税收优惠政策，切实减轻企业负担，持续优化营商环境，增进民营企业办税便利。积极开展精准帮扶，为民营企业排忧解难。

（四）发展环境不断优化

就经济而言，黔西南州同东部、沿海地区相比欠发达，更多体现在民营经济上，黔西南州经济实现跨越发展，需要民营经济来撬动。从合营企业发展到现在股份制公司，从个体作坊、家族式企业发展到以职业经理人制为代表的现代企业，股权交易中心、融资市场、资本市场从无到有，不断发展完善。在黔西南州委、州政府的坚强领导下，黔西南州各级各部门和民营企业撸起袖子加油干，迈开步子加快赶，民营经济发展势头强劲、转型升级加快、质量效益提升、综合实力增强，走出了一条后发赶超、跨越发展的路子，挑起了助力全州经济社会加快发展的重任，良好的发展环境和一系列暖心的服务措施为民营企业加快发

---

① 西南州市场监督管理局 . 黔西南州 2018 年 12 月市场主体发展情况 .［EB/OL］.［2019-01-10］.http：//www.qxn.gov.cn/zwgk/jdjc/scjgyfw/201901/t20190110_10867380.html.

② 贵州省工商联合会 . 贵州省民营经济发展报告（2010）［M］. 贵阳：贵州科技出版社，2011.

展打下了坚实基础。

1. 加强调度

2018 年，黔西南州建立了全州 100 户入库中小企业生产经营运行数据上报机制，将此项工作常态化、规范化、制度化，每月按时保质报送 100 户入库监测的中小企业生产经营运行数据。

2. 深入调研

开展"民营经济和中小企业发展专题调研"，并形成调研报告，解决民营经济发展中遇到的难题。

3. 加大培训

依托"2018 年贵州省星光培训工程"，积极开展人才培养培训工作，主要对易地扶贫搬迁户、建档立卡贫困户进行刺绣、烹饪、养殖、家政、银匠工艺、驾驶等技能培训，同时针对中小企业融资难、管理水平低等问题进行培训，全州全年共计培训 2205 人。

4. 加大交流合作

通过强化民营企业的对外交流合作，充分利用中小企业博览会、宁波服装节、水博会、民博会等展会，为企业搭建技术创新和贸易合作平台，切实推动黔西南州民营企业转型升级。

近年来的实践证明，民营企业发展环境好，政策支持到位，民营企业就如鱼得水、活力就强，拉动经济发展效果越明显。黔西南州不断加强政策引导，营造良好的民营经济发展环境，切实开展州领导联系服务重点企业工作，州、市（县）积极为企业协调解决发展中遇到的困难和问题，取得了显著成绩。黔西南州着力在市场准入、融资环境、优惠政策落地等方面不断改革，民营经济发展环境极大优化、极大改善。《2018 年贵州省民营经济发展环境指数调查报告》显示，黔西南州民营经济发展环境指数为 84.81，全省排名第三位，比 2017 年提升了六位。

（五）民营经济发展活力进一步迸发

改革开放以来，黔西南州民营经济发展活力得到进一步激发。

1. 成立黔西南州促进中小企业发展工作领导小组

2018 年，成立了黔西南州促进中小企业发展

工作领导小组，召开了各行业民营企业座谈会，制定出台大力支持民营经济发展壮大的 28 条措施，启动实施清理拖欠民营企业中小企业账款专项行动，建立州领导干部联系服务重点企业联席会议制度。全年获省级民营中小专项资金支持项目 35 个，获专项资金 2205 万元。实施中小企业星光工程"千人培训"，支持中小企业服务平台建设，全年共完成星光工程培训 1150 人。

2. 建立中小企业促进工作协调机制

成立黔西南州促进中小企业发展工作领导小组，推广"贵园信贷通"试点工作，全州已累计放贷 168 笔，放贷金额 43761 万元，切实解决企业融资难、融资贵问题。

三、黔西南州民营经济发展存在的主要问题

黔西南州民营经济发展还存在以下问题：

（一）民营企业规模小竞争力弱

黔西南州民营企业起步晚、起点低，成长和培育过程短，发展不成熟，民营企业的规模与其他市、州相比还存在一定差距。民营企业产业结构不合理，民营经济中初级产品比例大，原材料、粗加工、资源性产业占总量的比例大。新能源、新材料、互联网、环境保护、资源综合利用等具有发展潜力的新兴产业所占比重较低，民营经济发展空间狭窄，发展后劲不足。

黔西南州民营企业总体规模小，科技创新能力不足，科技产品较少，大部分企业产品多处于产业链的上游，高精尖优产品少，生产成本高，附加值低，加之受交通条件和基础薄弱等因素制约，全州民营企业市场占有率低，市场竞争能力弱。

（二）服务体系建设有待完善

黔西南州中小企业公共服务仍存在创新能力不强、服务方式单一、服务体系不健全等问题。民营企业在发展中创业扶持、市场开拓和企业策划等方面支持力度不足，企业用地审批，征地协

调、周边环境改善等问题突出。

（三）融资难、融资贵问题较突出

尽管各个部门做了大量工作，但由于黔西南州资本市场体系建设尚不够完善，很多资本市场融资金融产品在黔西南州的运行尚处于起步阶段，其筹资功能未能充分发挥，导致直接融资规模偏小，直接融资与间接融资不均衡，大量的资金集中在银行业金融机构，形成了高储蓄、高信贷状况。银行贷款门槛高、程序复杂，融资成本大的问题仍未得到有效、全面解决。

（四）民营企业发展后劲仍显不足

从企业自身发展后劲看，黔西南州民营企业还存在缺管理、缺人才、缺培训的现状。一是缺乏现代管理理念。一些民营企业经营理念较为落后，管理不太规范，多数民营企业采取家族式、粗线条式管理，资产不明晰，没有引进现代化管理方式与手段，现代管理理念比较缺乏。二是缺乏发展人才。在人才引进方面，全州民营企业普遍缺乏优秀的企业管理人才、技术人才和市场营销人才，现有人才综合素质有待进一步提升，知识结构有待进一步优化。三是缺乏专业培训。民营企业尤其是个体私营企业，从业人员多数没经过专业技能、市场营销、政策法规、企业管理等方面的系统培训，从业人员的素质有待进一步提升。

四、黔西南州民营经济未来发展展望

黔西南州要认真贯彻落实贵州省委、省政府"1+6"政策文件及黔西南州委、州政府大力支持民营经济发展壮大的28条措施，开展送政策进企业、进商会协会活动，帮助企业准确掌握政策、用好政策。认真办理"服务民营企业省长直通车"交办、转办事项，开展清理拖欠民营（中小）企业账款专项行动。深入实施中小企业培育"星光"行动和中小微企业"专精特新"成长工程，着力培育一批大型民营企业。

（一）解放思想，切实营造民营经济发展的良好氛围

1978~2018年的实践与经验证明，培育和发展壮大民营经济，首先要解放思想，更新观念，进一步提高对发展民营经济重要性的认识，形成从社会舆论到政府管理、体制机制改革、服务能力提升支撑的合力。从民营经济较为发达的地区看，正是因为在改革开放初期的大胆解放思想、放手发展民营私营经济的理念，才有了发达地区民营经济辉煌发展的今天。作为地处西南的黔西南州，更新观念、统一思想，继续打破阻碍民营经济发展的思想障碍至关重要。各级部门应与贵州省委、省政府保持高度一致，对全州民营经济的发展做到思想放开、机制放活、政策放宽。同时，应进一步加大宣传力度，采取多种有效形式，宣传发展民营经济的各项方针政策，使社会各界达成共识，在全州范围内营造良好的民营经济发展氛围。

（二）优化服务，不断完善政策扶持体系

在政策落地"最后一公里"上，黔西南州要积极优化服务，以抓铁有痕、踏石留印的精气神营造良好发展环境，帮助民营企业树立发展信心、树立社会信誉，着力构建良好的新型政商关系。通过良好的政策土壤和发展环境，掀开黔西南州民营经济发展新篇章，让全州民营经济在稳定增长、促进创新、增加就业、改善民生等方面发挥更加重要的作用。

1.将民营经济和国有经济发展同等对待

在用足、用活国家政策的基础上，充分结合贵州省民营企业的实际和需要，将发展民营经济同国企改革、经济结构调整、扩大就业及科教兴州等重大现实问题结合起来，制定出切实可行的民营经济发展政策和具体实施细则。继续完善相关地方性法规，在市场管理、用地融资、人才引进、证照办理、规费收取等方面对民营经济和民营业主与国有企业一视同仁，依法保护民营企业的合法权益。

2.建立健全政策落实督查机制

再好的政策，只有真正落实到位，才能发挥应有的作用。将民营经济政策的执行情况纳入全州重点工作绩效考核体系，强化民营经济发展目标和工作责任的检查考核。为确保黔西南州委、州政府制定出台的系列政策能够真正落实到位，要定期对各县市、开发区和州级有关部门进行督促检查，制定出切实管用的配套服务措施，结合实际、因地制宜、创造性地加以落实，高效便捷地为民营经济发展提供服务，使好政策蕴藏的巨大能效能够得到充分释放。

3.增强各级各部门服务透明度

采取有效措施，敦促各级行政服务中心对民营经济发展实行"一站式办理、一条龙服务"，对重大项目、重点企业，推行"代办制""保姆式"服务，使企业能够腾出更多的精力和时间来抓经营和扩大再生产。敦促各级各部门全面公开申办事项的前置条件、办理流程、审批环节，公开各类手续的收费标准、办理程序、时限、所需申报资料、进展情况和办理结果等，公开项目办理审批手续时的缴费情况、项目建设过程中的投入情况、项目建成后缴纳税费和解决地方劳动力就业情况等，使项目运行变得公开透明，努力营造公平公正的竞争环境。积极推行网上申办、网上受理、网上办结，特别是对涉及多个部门的投资项目，加快实行网上并联审批，按照"牵头受理、报送相关、并联审批、限时办结"原则，认真执行岗位责任制、首问责任制、一次性告知制、限时办结制、否定报备制、同岗替代制、服务承诺制和失职追究制等制度，不断优化审批流程，加快审批进度。

4.各级各部门规范行政行为

各级纪检监察机关，要加强对各级行政部门的行政行为和执法行为进行监督，杜绝违反规定向民营企业乱收费、乱罚款和乱摊派，随意进入企业检查，以及非法侵占、破坏、查封、扣压、冻结或没收企业资产等行为的发生。规范对民营企业、个体工商户的检查行为，禁止对企业进行多头检查、重复检查、交叉检查。

5.切实降低企业税收负担

贯彻落实国家、省、州关于民营企业税收优惠的系列措施，采取更大规模、实质性、普惠性的减税降费措施，扎实做好政策实施准备，力争执行好政策，把改革"礼包"和减税"红利"及时送到每位纳税人手上，为民营企业发展营造良好环境，以更大的力度、更优惠的政策、更优质的服务，助力民营企业发展。

（三）健全机构，确保服务民营经济职责到位

在已有体制的基础上，不断健全民营经济的管理职能，健全民营经济的管理机构。

1.成立领导小组，重点研究解决民营经济遇到的困难和问题

成立民营经济工作协调领导小组，领导小组下设办公室。开设民营经济州长直通车服务，亲自抓好民营经济重大问题。领导小组每个季度召开一次协调会，重点研究解决企业遇到的用地难、融资难、协调难、审批难等重大困难和问题，对重大项目或企业，采取一个项目或企业成立一个专门团队进行定点服务的方式帮助协调解决重大困难和问题，确保黔西南州委、州政府出台的政策措施和作出的决策部署能够真正落到实处。

2.成立服务中心，为民营经济发展提供高效便捷的综合服务

在州、县两级成立"民营企业服务中心"，为民营企业提供政策信息、人才培训、技术支持、技术创新、产品开发、检验检测、创业辅导等服务。建立民营企业信息共享平台，及时向民营企业发布国家产业政策、发展建设规划、市场准入标准、行业动态、财税支持等信息，引导民营企业加快经济发展方式转变和产业优化升级，推进结构调整和自主创新。协调解决投资者利益和劳动者权益的关系，参与调处劳动争议，协调劳动关系，促进社会和谐稳定。为民营企业开展维权服务，反映企业的意见、要求和建议；定期开展民营经济调研，为政府及有关部门提供民营经济运行情况报告和投资环境报告；积极与政府有关部门进行沟通，协助民营企业办理行政审批事项，帮助企业申报政府扶持民营经济发展资金项目等。

3. 成立投诉中心，畅通民营经济诉求渠道

在黔西南州政府门户网站、各级纪检监察机关设立民营经济投诉中心，明确责任领导和专职工作人员，负责受理民营企业、个体工商户的投诉。按照"投诉有门、办理有效、结果透明、督查到位"的要求，投诉中心坚持 24 小时受理民营企业投诉。在政府门户网站设立投诉栏目，由投诉中心安排专人负责及时受理网上投诉。对民营经济的投诉实行限时办结制度，及时处理企业的合理诉求，有效解决损害民营企业利益问题。

随着政府职能的加快转变，服务观念有了根本性突破，加强信息技术和大数据技术等促进政府民营经济管理方式和管理手段的创新和完善，让政府部门真正做到想企业之所想，谋企业之所谋，为民营经济发展提供一个宽松的发展环境。

（四）专精特新，推进特色优势产业发展

紧紧抓住新一轮科技革命历史机遇，按照"四个全面"战略布局要求，形成一批具有较强竞争力的公司和产业集群，使其在产业分工和价值链中的地位得到明显提升。把发展民营经济与构建全州特色优势产业体系有机结合起来，充分发挥民营企业机制灵活、市场反应敏捷等优势，积极引导民营企业重点投向符合国家产业政策，符合全省、全州产业发展导向，具有比较优势相对潜力较大的产业领域。

1. 发展特色工业

鼓励民营企业发展能源、农特产品、精细化工、新型建材、生物医药等优势原材料精深加工和配套加工，延长产业链，拓宽产业链，提升附加值，提高产业配套能力。引导民营企业改造提升传统产业，重点发展薏仁米、茶叶、油桐等农产品精深加工产业，依靠科技创新，加强营销管理，逐步做大规模、做大总量、做响品牌、提高效益。

2. 发展农业特色优势产业

按照乡村振兴有关规划，支持民营企业对专

项规划的粮食、蔬菜、茶叶、烤烟、药材、畜牧业等农业特色优势产业进行投资发展，不断提升规模化、基地化、品牌化、市场化建设水平，促进农民增收，统筹城乡发展。依托全州生物资源丰富、生态环境良好的优势，支持民营企业大力发展民族制药业，加快发展一批民营医药企业。

3. 发展特色旅游业

充分发挥全州旅游资源丰富优势，以承办"贵州旅游产业发展大会"等为契机，支持民营经济参与旅游资源开发，创办旅游企业，投资发展以民族文化为特色的旅游产业，开展旅游商品加工，推进旅游业市场化、社会化和产业化，构建全州旅游产业多元化发展新格局。积极引导民营经济大力发展物流、会展、商务、创意设计等现代服务业、生产性服务业和生活性服务业，不断提升服务业对整体经济的贡献率。鼓励黔西南州民营企业加强电商发展，促进黔西南州电商上行，有效推进"黔货出山"。

五、黔西南州民营经济发展大事记

（1）1981 年 7 月，国务院印发《关于城镇非农业个体经济若干政策性规定》（国发〔1981〕108 号），规定个体经营户一般是一人经营或家庭经营，必要时经过工商行政管理部门批准。

（2）1981 年 10 月，中共中央、国务院出台《关于广开门路，搞活经济，解放城镇就业问题的若干决定》（中发〔1981〕42 号）。

（3）1993 年 1 月，贵州省政府印发《关于加快个体私营经济发展的意见》（黔府发〔1993〕3号），放宽个体私营经济登记条件、经营范围、经营方式。

（4）1994 年 9 月，贵州省委、省政府作出《关于加快个体私营经济发展的若干决定》。

（5）1999 年 6 月，黔西南州召开非公有制经济表彰大会，表彰 80 个先进集体和个人。

（6）2000 年 8 月 15 日，黔西南州召开非公有制经济表彰大会，表彰 25 家企业，13 个单位和 43 名个人。

（7）2006 年，黔西南州委、州政府出台了《关

于鼓励支持和引导个体私营等非公有制经济发展的意见》。

（8）2007年，黔西南州成立黔西南州民营经济发展局（黔西南州中小企业管理局）。

（9）2009年，中共贵州省第十届委员会第五次全体会议通过《中共贵州省委　贵州省人民政府关于大力推进个体私营等非公有制经济又好又快发展的意见》（黔党发〔2009〕12号）。

（10）2011年是实施"十二五"规划的开局之年，黔西南州委开展"三个建设年"暨"四帮四促"，大力实施贵州省委、省政府《关于进一步加快民营经济发展的意见》。

（11）2012年，国务院出台《关于进一步促进贵州经济社会又好又快发展的若干意见》（国发〔2012〕2号）。

（12）2016年，黔西南州委、州政府印发《〈关于进一步促进民营经济加快发展的实施方案〉的通知》（州委〔2016〕101号）。

（13）2018年9月12日，为贯彻落实《贵州省人民政府关于进一步激发民间有效投资活力促进经济持续健康发展的实施意见》（黔府发〔2018〕5号）精神，结合黔西南州实际，黔西南州人民政府出台《关于印发〈黔西南州进一步激发民间有效投资活力促进经济持续健康发展的实施方案〉的通知》（州府发〔2018〕15号）。

11 贵安新区民营经济发展报告

贵安新区自设立以来，把民营经济作为开发建设中的重要力量，民营经济作为一支"生力军"，最大限度地释放民营经济新活力，在加快贵安新区开发建设中发挥着越来越重要的作用。民营经济总量比重稳步提升，民间固定资产投资增速平稳，重点企业发展态势良好，民营企业进出口快速增长，市场主体规模扩大。贵安新区设立以来，通过龙头引领、洼地吸引、科技助推，大力实施提高民营经济比重五年行动计划，创造性地实施"双源四驱动"模式，通过内源、外源结合，政策驱动、资本驱动、要素整合驱动、跨界融合驱动等推动民营经济比重不断提高。未来，贵安新区将进一步提高对民营经济重要性的认识，落实"非禁即入"政策，放开民间投资行业，创新民营经济进入方式，通畅民营经济融资渠道，降低融资成本，壮大民营经济规模，提高民营经济综合竞争力和可持续发展能力，使民营经济成为支撑贵安新区经济社会发展的主体力量。

作为我国第八个国家级新区，贵安新区自设立以来，承载着西部地区重要经济增长极和内陆开放型经济新高地等战略使命，大力推动"大众创业、万众创新"，把民营经济作为开发建设中的重要力量，最大限度地释放民营经济新活力，向中国西部民营经济发展新高地迈进。民营经济作为一支"生力军"，在加快贵安新区开发建设中发挥着越来越重要的作用。

一、贵安新区民营经济发展取得的主要成效

自 2013 年贵安新区设立以来，截至 2018 年底，直管区共有民营中小工业企业（含台资企业）60 家，其中规模以上工业企业 29 家，规模以下工业企业 21 家；各类经营性服务业共 2148 户，其中限额以上批零住餐业企业 29 户。

（一）民营经济总量比重稳步提升

贵安新区民营企业占市场主体 85% 以上，2018 年贵安新区民营经济实现增加值 64.8 亿元，同比增长 17.8%；占贵安新区 GDP 比重达到 60%，比上年提高 2.6 个百分点。

（二）民间固定资产投资增速平稳

2018 年，贵安新区民间固定资产投资（统计口径为总投资 5000 万元以上）207 亿元，同比增长 10.33%，占固定资产投资的 80.17%，民间固定资产投资呈现平稳增长态势。

（三）重点企业发展态势良好

1. 制造业实现快速发展

2018 年，直管区工业总产值累计完成 260 亿元，其中外资企业完成 170.3 亿元，占比 65.50%；民营企业完成 45.57 亿元，占比 32.43%；国有（控股）完成 2.97 亿元，占比 2.11%。其中，

贵州浪潮英信科技有限公司2018年完成规模以上工业总产值8.42亿元，生产服务器5.28万台，在职人员120人；晶泰科（贵州）光电科技有限公司，2018年完成规模以上工业总产值1.83亿元，在职人员85人；贵安新区亚玛顿光电材料有限公司，完成规模以上工业总产值3.1亿元，在职人员135人。

2.服务业企业不断发展壮大

2018年，直管区大数据服务业营业收入完成14.29亿元，其中白山云科技有限公司营业收入完成4.41亿元。

（四）民营企业进出口快速增长

贵安新区有民营进出口企业24家，2018年，进出口贸易总额完成26亿美元，同比增长13.2%，其中民营企业完成3.51亿美元，同比增长165.9%。

（五）市场主体规模扩大

2018年，直管区新增市场主体3357户、新增注册资本（金）636.8亿元，分别同比增长2.66%、14.87%；市场主体总数1.86万户，注册资本（金）4948.13亿元。

二、贵安新区民营经济发展的做法及经验

贵安新区设立以来，通过龙头引领、洼地吸引、科技助推，大力实施提高民营经济比重五年行动计划，创造性地实施"双源四驱动"模式，通过内源、外源结合，政策驱动、资本驱动、要素整合驱动、跨界融合驱动等，以"5个100工程"为载体，着力培育和壮大市场主体、激活民间投资、优化发展环境，推动民营经济比重不断提高。

（一）夯实发展基础

贵安新区通过激发内生动力和外生动力，不断夯实民营经济发展基础。

1.激发内生动力

贵安新区依托花溪大学城、清镇职教城、电子信息产业园、高端装备制造产业园、新医药大健康产业园等载体，为民间资本投资搭建发展平台，出台的《关于发展众创空间支持大众创业万众创新若干政策措施（试行）》《关于扶持花溪大学城清镇职教城大学生在贵安新区创新创业落户若干政策措施（试行）》《贵安新区贵安创客投资基金管理办法（试行）》等一系列扶持政策，为各资本投资主体提供良好的发展空间。花溪大学城、清镇职教城、产业园区建设初具规模，贵安创客联盟总部基地、大学生创业园、留学生创业园等创新创业平台投入运行，腾讯互联网城市研究院、微软IT学院、印度NIIT学院等相继落户，创新创业发展势头较好。

2.激发外部活力

贵安新区通过多渠道、全方位内引外联，在全球范围内引进优质项目资源。结合发展需要及产业定位，围绕新区主导发展的五大新兴产业，加强与苹果、思科公司、印度塔塔、EMC、西门子集团、联想、三星集团、埃森哲等世界500强企业对接，成功引进了华为、腾讯、富士康、上海联影医疗等项目，涉及高端装备制造、电子信息、新医药大健康、现代服务、教育、电力等领域。富士康第四代绿色产业园、西部青橙、西美电器等项目已建成投产。

（二）加强政策支持

贵安新区通过出台政策支持、抓好政策兑现、严格执行涉企收费目录、搞好银企对接，以深化财税体制改革为引领，多措并举，不断优化环境，有效促进民营经济健康发展。

1.做好政策制定

借助国家级新区政策优势，贵安新区制定了《民营经济创新发展试验区"十三五"发展规划》《民营经济创新发展试验区发展"十三五"行动计划》《电子信息产业园高端装备制造产业园入驻企业支持办法》等产业政策，《引进高层次人才实施办法》《关于鼓励入驻已建数据中心实施办法》等措施，为民间资本落地发展提供有力引导和支撑。按照简政放权的原则，成立行政审批局，积极出台系列政策保障民间资本投资渠道通畅。贵安新区财政局先后牵头草拟了《贵安新区春蕾行

动计划》《关于加大总部经济财政扶持的意见（试行）》，并按程序报党工委管委会审定后印发实施。其中，《贵安新区春蕾行动计划》重点对企业上市进行奖励扶持，2017年上半年向上市公司贵州金智网络科技有限公司兑现了奖励资金200万元，进一步激发了其他企业上市积极性；《关于加大总部经济财政扶持的意见（试行）》重点对总部企业落户新区享受财政扶持情况进行了具体明确。

2. 抓好政策兑现

贵安新区自设立以来，根据经发局申请，已累计向民营企业兑现了各项优惠政策奖励12.12亿元。根据市场监管局的申请，已累计向市场监管局拨付9200万元资金用于支持小微企业发展。

3. 严格执行涉企收费

在严格执行涉企收费目录方面，贵安新区高度重视清理规范涉企收费工作，严格执行国家和贵州省涉企收费系列文件精神，以及《贵州省行政事业性收费目录清单》《贵州省政府性基金目录清单》《贵州省涉企行政事业性收费目录清单》《贵州省涉煤政府性基金、行政事业性收费目录清单》等收费目录，及时转发系列通知文件，并将《贵州省行政事业性收费目录清单》等收费目录及时公布在贵安新区官网。积极开展涉企收费和全面自查，贵安新区各执收单位均未私自设立涉企收费目录之外的任何收费项目，没有擅自扩大收费范围，没有提高收费标准和越权自定收费标准。

4. 做好银企对接

在搞好银企对接方面，为有效解决民营企业融资难、融资贵的问题，切实降低企业成本，贵安新区积极组织召开银企对接会，及时为金融机构推荐金融产品和有融资需求的企业对接银行搭建沟通桥梁。贵安新区自设立以来，先后组织了10余场政银企沟通对接会，有效解决部分企业融资难题。

（三）强化资本驱动

贵安新区构建集社会资本、技术资本、创新资本和企业资本于一体的新资本体系，借助债权投资、股权投资、股债结合投资和专项基金投资等方式，促进民营经济发展。帮助园区入驻企业

开展专项资金申报工作；出台《贵州贵安新区管理委员会关于大力扶持微型企业发展的意见》《贵州贵安新区管理委员会大力扶持微型企业发展实施方案》等文件，与银行及保险公司建立融资合作关系，成立贵州银行贵安创客银行，引进基金投资公司，设立贵安创业投资基金；推进政府和社会资本合作模式，提高公共产品的供给质量和效率。

（四）加强要素整合

通过整合各类资源要素，增强区域内生动力。引进贵州美特机床工具公司为园区入驻企业提供设备及原材料融资租赁业务，并构建战略联盟；与中国风景园林行业民营企业领跑者合作建立文化旅游运营企业，形成内外联动、协同效应，助推贵安新区产业发展。

（五）加强跨界融合驱动

通过多维度、多领域的融合，突破单一的发展模式，培育复合型项目、复合型人才和复合型团队，创新一些跨界融合的大项目，扩大项目增值空间，找到跨界切入点，提升项目价值，释放规模效应和倍增效应。

三、贵安新区民营经济发展存在的困难和问题

（一）民营企业融资难、融资贵

银行信贷是民营企业融资主要渠道，但融资门槛高，程序复杂，民营企业"信用"影响贷款信誉，信贷支持少。融资成本高，由于银行贷款门槛高，导致企业只能通过社会渠道融资，每月融资成本为7%~12%，加重了企业负担。

（二）企业用电不稳定、用电贵

供电基本满足园区以及企业生产使用，但线路突发故障停电事故多供电不稳定，给入驻企业造成设备损坏、产品报废、出货延误等经济损失。园区没有执行贵州省统一工业电价，在落实国务院关于"确保一般工商业电价平均降低10%，降

价效果要组织第三方评估"的部署中，园区电价按照 0.9 元 / 度执行，比第三方评估的 0.63 元 / 度，高出 0.27 元 / 度。

（三）企业转型升级难

贵安新区"千企改造"没有匹配专项资金，企业改造意愿不强，"转型的火山"跨越难度大。一是民营企业自身经济支撑动力不足，担心投入成本高、负担重、风险大，"等"待政府推动。二是部分民营企业仍处于从经验管理向科学管理过渡的阶段，管理基础薄弱，内部控制不严，研发投入低，信息化水平不高，自主创新积极性程度不高，技术改造、升级周期长，不能有效实现提质增效。三是高科技人才匮乏，导致企业研发创新滞后，购买专利技术转型成本高。

（四）"放管服"有待提高

在企业注册审批、经营地址变更、小微企业招投标等工作中。需要相关部门出具"计生证明""小微企业证明"的现象依然存在，没有实现"最多跑一次"。中间管理环节管理不规范，中介服务存在乱收费现象，服务平台管理缺乏有效措施。

（五）产业配套仍不完善

由于贵安新区的环境敏感性，在贵安新区内部及周边没有可以为贵安新区工业配套使用的表面处理中心，入驻园区的企业需要将表面处理工艺进行区外处理，生产周期长、费用高，增加了入园企业的经营成本，影响了企业入驻园区的积极性，加大了贵安新区的招商引资难度。

四、贵安新区民营经济未来发展展望

未来，贵安新区将进一步提高对民营经济重要性的认识，落实"非禁即入"政策，放开民间投资行业，创新民营经济进入方式，通畅民营经济融资渠道，降低融资成本，壮大民营经济规模，提高民营经济综合竞争力和可持续发展能力，使民营经济成为支撑贵安新区经济社会发展的主体力量。

（一）实现总体发展目标

到 2025 年，综保区（电子园）工业总产值实现 1000 亿元以上，进出口贸易总额 150 亿美元以上；跨境电商交易额 20 亿元以上；服务贸易（外包）交易额 300 亿元以上；税收收入 50 亿元以上。贵安新区高端装备制造业累计完成固定资产投资 700 亿元；高端装备制造业年产值突破 1000 亿元，累计新增就业岗位约 100000 个。积极引进 4 家以上世界 500 强企业、5 家主机龙头企业。培育 2~3 家年产值超 100 亿元的企业，5~10 家年产值超 50 亿元的企业。贵安新区高端装备制造园区成为贵州省最具特色的装备制造业基地和技术研发应用基地。

（二）实现产业发展目标

到 2025 年，形成较为完整的大数据产业链和价值链，产业集聚效应明显。在数据中心方面，华为、腾讯等数据中心建设完成并投入使用，形成 250 万台服务器储存规模，建成国际有影响、国内第一流的南方数据中心示范基地。在智能终端方面，年产智能终端产品 2 亿只以上，产业规模达到 700 亿元以上，培育形成 5~10 家行业龙头企业，培育 1~2 家上市公司。在集成电路方面，贵芯、智能芯等公司研发生产产品市场份额不断提升，核心竞争力明显增强，力争二代、三代产品逐步推向市场。在高端显示方面，七星高端显示产业园建设完成并投入使用，晶泰科 TFT-LCD G4+G6 液晶基板工厂达到量产，产业规模达 300 亿元以上，启动投资建设 OLED、量子点、MICRLOED。在现代服务业方面，跨境电商、服务贸易（外包）、科技成果交易等相关服务平台搭建完成并投入使用，服务功能大幅提升，各大功能区建设完备，现代服务业集聚效应明显，产业规模达 200 亿元以上，直接或间接带动就业 5000 人以上。

高端重点打造电动汽车、航空航天、智能制造三条产业链，实施一批对产业发展有积极带动作用的重大项目，在汽车及零部件、航空航天、智能制造整机和关键零部件等主机配套和高精尖加工能力上取得突破。

专题报告

12 贵州省民营企业政策环境发展报告

改革开放 40 年来，贵州省民营企业为贵州经济社会发展做出了巨大贡献。贵州省民营企业的发展壮大得益于营商环境的不断优化、政策环境的不断改善。总体而言，贵州省民营企业政策环境经历了起步、快速发展、西部大开发、稳增四个阶段的变化发展过程。在当前支持民营经济发展的制度条件下，加强政策措施的协调性、细化、量化政策措施，制定相关配套举措，推动各项政策落地、落细、落实成为优化政策环境的重要努力方向。

在 1978 年召开的中共中央十一届三中全会精神指引下，我国改革开放政策和市场经济的实施，使中国的非公有制企业逐渐恢复、发展、壮大。1978~2018 年，贵州省民营企业政策环境不断完善，营商环境不断优化，以非公有制为主体的民营企业经营规模、经营范围不断扩大，逐渐成为贵州省财政收入的重要来源，民营企业成为扩大投资的重要主体。在创造社会财富的同时，民营企业的参与者自身也积累着财富，在国民经济中的地位得到了进一步的加强，对促进贵州经济发展做出了重要贡献。

一、贵州省民营企业为贵州经济社会发展做出了重要贡献

随着民营企业的不断发展壮大，为社会提供了大量的就业岗位，为维护社会稳定起到了重要的作用。近年来，贵州省民营经济取得了长足发展，涌现出一批知名企业，为全省经济社会发展做出了重要贡献。截至 2018 年，涉及行业广泛，规模较为庞大，投资上亿元、千万元的民营企业有数百家，年纳税额上亿元、千万元、数百万元的民营企业并不鲜见。民营企业已成为推进贵州省工业化、城镇化和农业现代化的重要力量，为贵州省支柱产业发展注入新的活力，成长为竞争性行业的主力军，造就了老干妈、益佰制药、百灵制药、信邦制药、神奇制药、百强集团、永红食品、长通集团、宏立城、朗玛信息、中天城投等一批本地成长起来的重点民营企业。民营企业规模不断扩大，发展后劲不断增强。贵州民营企业在曲折中高速前进，对贵州的社会主义建设做出了巨大贡献。

2018 年 11 月 9 日，贵州省委常委会召开会议，传达学习贯彻习近平总书记在民营企业座谈会上的重要讲话精神，研究部署贵州省贯彻落实工作。贵州省委书记、省人大常委会主任孙志刚主持会议并讲话。会议强调，习近平总书记在民营企业座谈会上的重要讲话，高瞻远瞩、内涵丰富、思想深邃，充分体现了党中央对民营经济发展的高度重视，充分表明了党中央毫不动摇鼓励、支持、引导民营企业发展壮大的坚定决心和鲜明

态度，对推动我国非公有制经济健康发展具有重大现实意义和深远历史意义。全省上下要认真学习领会习近平总书记重要讲话的丰富内涵和核心要义，充分认识民营经济的重要地位和作用，始终坚持"两个毫不动摇"，大力支持贵州省民营经济发展壮大。

2018年12月1日，贵州省委、省政府印发《关于进一步促进民营经济发展的政策措施》（黔党发〔2018〕29号），明确了降低民营企业经营成本、缓解民营企业融资难题、全面放开民间投资限制、推动民营企业转型升级、优化公平高效市场环境、加强民营企业队伍建设、保护民营企业合法权益、构建"亲""清"新型政商关系、提升服务保障民营经济发展能力九个方面的内容，全力支持全省民营企业做大、做强、做优，着力推动全省民营经济高质量健康发展。

贵州省各级各有关部门深入贯彻习近平总书记"抓好六个方面政策举措落实"的要求，认真落实国家各项减税降费政策，切实降低成本、减轻民营企业负担。着力解决民营企业融资难融资贵问题，拓宽民营企业融资渠道。营造民营企业公平参与竞争的市场环境，为民营企业发展创造充足市场空间。抓好民营企业招商引资，着力引进农业产业化、大数据与实体经济融合等方面的优强民营企业。完善政策执行方式，消除"中梗阻"，着力打通政策执行的"最后一公里"。鼓励、支持、引导民营企业助推脱贫攻坚，参与农村产业革命，提高自身发展质量，为贵州省打赢脱贫攻坚战和推动高质量发展做出更大贡献。各级党委政府加强对发展民营经济的领导，完善支持民营经济发展壮大的相关政策措施，大力弘扬企业家精神，保障企业家合法的人身和财产权益。

二、贵州省民营企业起步阶段政策环境（1978~1992年）

中共十一届三中全会以后，不断破除所有制问题上"左"的观念，在经济体制改革推动下，对所有制结构进行了调整。1979年起，贵州省对扶持个体经济发展采取了一些措施，包括从原材料供应和银行信贷方面给予支持，适当安排生产经营场地，制止乱摊费用等。1980年，贵州省政府印发《关于扩大企业自主权若干问题的具体规定》。1984年2月，贵州省委发出《批转省城市经济体制改革座谈会议纪要的通知》；4月，中共贵州省委、省政府制定《关于发展专业户、重点户若干政策问题的规定》，贵州省政府制定《关于放宽国营工业企业若干政策的规定》；7月，贵州省六届人大常委会举行第八次会议，会议审议批准《贵州省保护农村专业户合法权益的若干规定（试行）》。1985年8月，贵州省政府发布《关于进一步增强企业活力的若干规定（试行）》。1986年5月，贵州省政府发布《关于推动横向经济联合的若干规定》。1987年7月，贵州省人民政府作出《关于成立经济联合组织审批程序的暂行规定》。1988年12月，贵州省人民政府发布《贵州省企业新产品暂行管理办法》。1989年10月，贵州省经委批转《贵州省集体个体建材工业行业管理试行办法》。1990年7月，贵州省政府颁发《关于推进企业兼并的若干规定》。1991年1月，贵州省七届人大常委会第17次会议在贵阳举行，通过了《贵州省乡镇集体矿山企业和个体采矿管理办法》。1992年4月，贵州省委、省政府就贯彻落实邓小平南方谈话和中共中央政治局会议精神，发出《关于加快改革开放步伐加速经济发展若干问题的通知》。

1978~1988年，集体经济得到巩固和发展，个体经济以一种新的面貌和形式进入经济生活，并不断发展壮大。这个阶段全省非公有制经济发展的基本特征主要有：一是城镇劳动力迅速向非公有制经济转移。二是非公有制经济增速快于公有制经济。1988年，全省非公有制工业总产值比1978年增长2.7倍，年均增长13.8%。同期，公有制工业总产值增长1.7倍，年均增长10.40%，低于非公有制工业3.4个百分点。三是非公有制经济生产经营网点扩大。1988年，全省集体所有制工业企业发展到5528个，其中城镇集体工业企业761个，比1978年增长11倍。在社会商业、饮食、服务业机构中，非公有制经济也由1979年的2.77万个发展到1988年的22.08万个。其中，个体经济由

1979 年的 0.32 万个快速增至 1988 年的 19.99 万个。

1989~1992 年，因加强宏观调控，非公有制经济发展速度有所减慢。全省工业总产值中，非公有制工业总产值 1991 年比 1988 年增长 40.7%，年均增长 13.5%，低于 1979~1988 年年均增速0.3 个百分点；社会商品零售额中，非公有制经济1989~1991 年年均增长 5.6%，低于 1979~1988 年平均增速 11.7 个百分点。1989~1991 年，集体经济年均增长 3.5%，个体经济年均增长 6.6%，分别低于 1979~1988 年年均增速 5.2 个和 69.2 个百分点。1991 年，全省社会商品零售总额中，非公有制经济所占比重比 1988 年下降 2.6 个百分点。非公有制经济在经历各阶段发展后，规模和实力迈上了新台阶。

三、贵州省民营企业快速发展阶段政策环境（1992~2000 年）

1992 年 9 月，党的十四大提出中国经济体制改革的目标是建立社会主义市场经济体制。1993年 3 月，八届全国人大一次会议通过的《宪法修正案》提出"国家实行社会主义市场经济"。中国开始建立社会主义市场经济的基本框架，私营经济发展开始具备了有利的宏观经济环境。1993 年1 月，贵州省政府以黔府发〔1993〕3 号文件，批转贵州省工商行政管理局《关于加快个体私营经济发展的意见》（以下简称《意见》）。《意见》就坚持实行公有制为主体，个体、私营经济等多种经济成分长期共同发展，继续放心、放手、放胆地发展个体、私营经济，提出了 13 条意见。主要内容是：放宽个体工商户和私营企业经营的行业和品种，除国家禁止和限制的金融等 10 种行业和商品外，都允许生产、经营；允许经营批发业务，允许综合经营和长途贩运；可以开展多种形式的横向联合，与公有制企业实行联营，开展代理业务，租赁、兼并、购买公有制企业，同公有制经济实行股份制经营；支持其开展边境贸易，举办合资、合作企业，发展外向型经济，支持到国外经商办企业；党政机关、事业、企业单位的离退休人员，停薪留职人员，辞、退职人员及停工待业人员，复员退伍军人，大中专毕业生，可申请从事个体工商户或私营企业的经营；允许经所在单位同意的在职人员利用业余时间从事临时经营，允许企业在职专业技术人员到个体户、私营企业兼职，支持各类人员从事经济中介（即经纪人）活动和经济、技术、法律咨询活动；积极支持高校、科研、设计单位各类专业人员，从事技术开发和咨询服务业；要像支持国营、集体工商业一样，把个体工商户私营企业的经营场地，列入城乡建设规划，统一安排；对个体工商户、私营企业申请产品鉴定、技术等级与专业技术职务评定和聘用，要与其他企业一样一视同仁；各级人民银行要积极扶持个体工商户、私营企业的发展，增设信用社，允许个协建立基金会组织；坚决制止乱收费、乱摊派、乱罚款；按照国家有关法律、法规的要求，切实加强对个体工商户、私营企业的职业道德教育和监督管理，使个体私营经济健康发展。

贵州省政协在调查研究的基础上，提出关于加快全省个体、私营经济发展的建议案，经 1993年 8 月 21 日贵州省政协七届三次常委会议讨论通过。该建议案的主要内容：一是充分认识个体私营经济在贵州国民经济中的重要地位和作用，不要人为地抑制其发展。新闻媒介要积极宣传，消除人们对非公有制经济的疑虑和偏见。二是统筹规划，将非公有制经济纳入社会发展规划和年度计划。三是坚决制止乱收费、乱罚款、乱摊派，对各部门未经贵州省政府批准自行规定的收费项目和自行设置的检查站一律取消；贵州省政府批准的收费项目，应发布公告，并按规定标准和范围收取。四是应坚持依法征税，提高税收的透明度，避免随意性。五是进一步落实贵州省政府〔1993〕3、4 号文件精神，除贵州省政府〔1993〕3 号文件禁止和限制的 10 种行业和商品外，有关职能部门和业务主管部门不得以专营为由，限制非公有制经济经营者经营。支持有条件的个体工商户、私营企业开展边境贸易，举办合资、合作企业，支持到国外经商办企业。允许边远贫困地区采取"先放开、后规范"的方式鼓励发展。六是各专业银行应在服从国家宏观调控和保证重点建设资金需要的前提下，安排一定的资金，支持个体私营经济的发展。七是对个体、私营企业的经营场地应列入城镇建设规划。对个体、私营企业用地，城建和土管部门应按国家规定审批解决。八是建议贵州省政府赋予一个职能部门管理和协调处理个体、私营经济发展问题的权力。九是人大、政府应制定加强个体、私营经济管理和保护他们合法权益的法律、法规。十是要充分发挥工商联、个体劳动者协会、私营企业协会等组织的作用。

1994年，贵州省委、省政府出台文件，明确在行业政策允许的前提下，对个体私营经济的发展实行不限发展速度，不限发展规模等"五不限"政策，使发展个体私营经济的宽松政策具体化，并相继出台一系列政策措施，发展个体私营经济由部门行为，向政府行为转变。省、地（市、州）、县各级工商行政管理机关，积极贯彻国家和贵州省委、省政府的有关政策，积极鼓励和扶持个体私营经济的发展，努力为个体私营经济制定宽松的政策、营造宽松的社会舆论环境，各地积极拆"门坎"、解"绳索"、开"绿灯"，强化为个体私营经济服务，1994年贵州省个体私营经济发展迅速。中央和地方的宽松政策措施，鼓励了城乡经营者，农村生产力水平有了提高，许多联产承包责任户向集约化规模经营的方向发展，产生的富余劳动力，纷纷从事商品流通或商品生产（投资少、见效快、经营灵活的个体工商业正是他们的最佳选择）；国有企业改革，产生一大批富余人员，其中许多人走上了自谋出路的个体经营道路。大环境宽松有利，国家经济形势良好，各级地方政府普遍认识了发展个体经济对振兴地方经济的重要作用，工商行政管理部门和有关部门制定大力扶持的优惠政策，促进了个体经济的迅速发展。

1994年，《贵州省股份合作企业条例》（以下简称《条例》）于1994年11月29日经贵州省第八届人民代表大会常务委员会第十二次会议通过，并公布实施。以地方法规的形式来规范股份合作企业，这在全国省级地方立法中尚属首例。《条例》的立法宗旨是为了确立股份合作企业的法律地位，保护股东、债权人的合法权益，支持、

引导、鼓励股份合作企业的发展。《条例》的适用范围是贵州省行政区域内的股份合作企业和实行股份合作制改组的城乡集体企业、私营企业。国有小型企业也可参照《条例》进行股份合作制改组。《条例》共八章37条，对股份合作企业的设立、组织机构、分配、变更与终止等都作了明确规定。《条例》规定设立股份合作企业可采取新组建和原有企业改组两种形式。新组建股份合作企业，发起人应不少于三人，可以是自然人、法人、个体工商户、农村承包经营户、其他经济组织和社会组织以及乡镇人民政府。新建股份合作企业实行直接登记制。原有企业改组，要征得企业资产所有者同意，并进行财产清理和产权界定。《条例》将股份合作企业作为混合经济对待，不排除任何一种经济成分（包括国家）向企业投资并享有股权。因此，《条例》规定股份合作企业根据需要可设置国有股、集体共有股、法人股、个人股，也可设劳动力股。对于集体企业改组为股份合作企业，《条例》规定可将不超过40%的集体存量资产折股量化到职工个人，量化部分作为职工参与分红的依据，不能继承和转让。关于股份合作企业的组织机构，《条例》规定股份合作企业设立股东会为最高权力机构。并设立董事会和监事会或执行董事、监事。关于股份合作企业的分配，《条例》规定企业依法纳税后的利润，首先提取不低于10%的公积金，不低于5%的公益金，剩余部分依照按劳分配与按股分红相结合的原则进行分配。对《条例》的具体应用问题，规定由贵州省经济体制改革委员会负责解释。

1994年，全省各级工商行政管理机关根据贵州省委、省政府《关于加快个体私营经济发展的意见》的精神，解放思想、转变观念。结合本地实际制定了贯彻落实贵州省委、省政府关于加快发展个体私营经济指示的具体实施意见和措施。基本内容有以下几个方面：一是放宽个体工商户和私营企业经营的行业和品种。二是个体工商户和私营企业可以开展各种形式的横向经济技术联合，与公有制企业实行各种形式的联合经营；可以开展代购、代销、代加工、代储、代运等业务或租赁、兼并、购买公有制企业。三是党政机关、

事业、企业单位的离退休人员、停薪留职人员、辞退人员及停工待业人员、复员退伍军人、大中专毕业生，可持居民身份证或其他有关证明向工商行政管理机关申请从事个体工商户或私营企业的经营。四是个体工商户和非法人私营企业的注册资金，按申请数额核准，不需要其他证明。五是税务机关对没有建账的个体工商户征税，在核定营业额和负担率时，应征询工商行政管理部门及个体劳动者协会的意见。六是坚决制止乱收费、乱摊派、乱罚款行为。

1995 年，贵州省委、省政府于 1995 年 11 月 28 日下发《中共贵州省委、贵州省人民政府关于进一步加快城镇集体经济发展的决定》（省发〔1995〕26 号，以下简称《决定》）。《决定》要求各级党委、政府要进一步解放思想，更新观念，立足于全省经济社会发展的全局，充分认识发展城镇集体经济的重要性和必要性，把发展集体企业与搞好国有企业摆在同样重要的位置上，像重视国有经济那样重视集体经济发展，像关心支持国有经济那样关心支持集体经济的运营。凡是国家没有明令不许生产经营的业务，集体经济都可以生产经营；凡是有利于搞活集体经济的改革措施，都可以大胆尝试；凡是对国有企业、乡镇企业实行的优惠政策，都适用于城镇集体企业。使集体经济与各种所有制经济在社会主义市场经济中具有平等竞争的环境和相应的发展条件。特别是地、州、市、县城区，更加致力于加快发展集体经济，使集体经济成为全省名副其实的一大经济增长点。《决定》明确规定集体经济的改革要从实际出发，不搞"一刀切"，不框定模式，坚持正确引导，大胆实践，由点到面，先发展，后完善，在发展过程中不断完善，逐步走向规范化。要求各级有关银行都要把扶持集体经济发展放在重要位置上，逐步增大对集体企业信贷资金的投放。要求各级党委、政府要把发展城镇集体经济列入重要议事日程，认真搞好规划，切实加强领导。

1996 年，贵州省财政厅根据贵州省委、省政府《关于进一步加快个体、私营经济发展的决定》中提出建立各级个体、私营经济发展专项资金的要求，决定自 1997 年起连续 3 年每年安排 300 万

元，作为省级个体、私营经济发展专项资金，用以扶持个体、私营经济的发展。该资金由贵州省发展个体、私营经济领导小组办公室掌握使用。1997 年 5 月，中共贵州省委办公厅、省政府办公厅联合行文发出《关于成立贵州省发展个体、私营经济工作领导小组的通知》。该领导小组负责全省个体、私营经济的综合协调和指导服务，研究、分析和处理个体、私营经济工作中的重大问题。

1998 年 11 月 2 日，贵州省政府办公厅印发《关于进一步促进贵州省非公有制经济发展意见的通知》（黔府办发〔1998〕99 号，以下简称《通知》）。《通知》提出切实加强对非公有制经济的引导；建立重点非公有制企业联系制度；充分发挥社团组织的作用；继续加大对非公有制经济的扶持力度；支持非公有制企业参与国有企业改革、改组；全面停止对非公有制经济的行政干预；认真治理"三乱"，减轻非公有制企业负担；鼓励国有企业下岗分流人员创办、领办非公有制企业；放宽政策，简化手续，鼓励兴办非公有制企业；加强舆论宣传，推动思想解放 10 条意见。为贯彻国务院和贵州省政府关于治理向企业乱收费、乱罚款和各种摊派等问题的精神，贵州省经贸委同省监察厅、省财政厅、省物价局向全省近 300 户非公有制企业发放《企业收费登记卡》。明确规定任何单位、部门向企业收费必须出示收费依据、收费标准、收费委托、收费人证件，并在《企业收费登记卡》上登记签字，以备核查。对顶风违令继续搞"三乱"的，企业可以直接向贵州省经贸委、省监察厅、省财政厅、省物价局等部门举报。贵州省委、省政府办公厅发出《关于检查清理有关非公有经济的政策措施的通知》，要求有关经济管理、执法、监督部门和金融部门，对本部门（系统）仍在执行的有关非公有制经济的政策规定进行检查清理，提出自查意见，写出报告。凡是不符合十五大精神和贵州省委、省政府文件要求的，必须修改或废除。贵州省经贸委与省政策研究室在省直各单位自查的基础上，分两批召集 30 个部门、单位就如何进一步放宽政策、加快非公有制经济发展问题进行座谈，并对六盘水市、遵义市、黔南州、铜仁地区、贵阳市进行调查了解。

清理和调查的情况表明，有关部门、单位关于非公有制经济的政策措施总的来看是符合十五大精神和贵州省委、省政府文件要求的，但也存在一些不容忽视的问题。例如一些地方还存在禁止或限制非公有制经济进入和发展的政策规定；某些部门对非公有制经济仍在实行与国有经济不平等对待的某些规定和做法；非公有制经济各种"费"的负担过重，甚至费大于税；对贵州省委、省政府已出台的各项政策措施，抓落实不够；一些经济管理部门从贵州实际情况出发贯彻落实行业法规做得不够等，需要认真加以解决。

1999年3月，全国人大九届二次会议通过的《宪法修正案》明确规定："在法律规定范围内的个体经济、私营经济等非公有制经济，是社会主义市场经济的重要组成部分。"这一年，贵州省非公有制经济继续保持稳步发展势头，规模和实力又迈上了新台阶，在活跃经济、繁荣市场、解决劳动就业等方面起到积极作用，特别是作为全省经济发展的重要增长点，对经济增长的拉动作用更趋明显。到1999年底，全省共有规模以上非公有制工业企业702个，比上年增加172个。非公有制经济工业企业占全部规模以上工业企业单位数的比重为33.1%。其中，私营企业和其他企业106个。批发、零售、贸易、餐饮业网点中，非公有制经济已占绝对优势，所占比重在95%以上。随着非公有制经济单位数量的增加、规模的扩大，非公有制经济单位成了重要的就业、再就业渠道，为国有企业改革的顺利实施创造了良好条件。1999年末，在非公有制经济单位就业的职工达40余万人，占全部从业人数的20.29%。1999年，非公有制工业共创造总产值338.96亿元，占全部工业的43.3%。在财政收入中，非公有制经济提供的财政收入也逐步上升，并且已成为全省地方财政收入的重要增长点。1999年，非公有制经济共上缴税金30亿元。经营领域进一步拓宽，从单一的第三产业向第一、第二产业逐步延伸，由餐饮业、服务业等行业向工业、建筑业、交通运输业、大型养殖业、医药、资源开发等行业和领域发展。涌现了一批优势企业、树立了一些名牌产品。年营业收入超亿元的非公有制企业有贵州神奇公司、贵州贫困山区资源开发公司、贵州永吉印务有限公司等。2000年12月30日，贵州省召开首次全省中小企业工作会。会议明确了全省近期中小企业工作的指导思想。

1992~2000年为贵州省民营经济政策环境快速改善阶段。以1992年初邓小平同志南方谈话为契机，贵州省委、省政府提出了"放心、放胆、放手"发展非公有制经济的方针，相继出台了关于加快个体私营经济发展的政策意见和决定，提出对发展个体、私营经济实行"五不限"，即不限发展比例、不限发展速度、不限经营方式、不限经营规模、不限经营范围。政策出台后，贵州省民营经济发展明显加快，1997年私营企业户数达到1.22万户，是1992年的5.54倍，注册资本达61.93亿元。截至2000年12月底，全省私营企业累计已达19979户，从业人员256143人，注册资本（金）167.14亿元，与上年同期相比，分别增长13.4%、10.6%和50.71%。截至2000年12月底，全省注册的个体工商户有369182户，同比下降14.72%；从业人员533513人，同比下降19.94%；注册资金39.74亿元，同比增长0.93%；工业总产值21.41亿元，销售总额及营业收入145.56亿元，社会消费品零售额101.82亿元。

四、西部大开发实施阶段政策环境（2000~2010年）

2000~2010年是民营经济发展方针政策不断深化、民营企业发展环境日益宽松的十年。2001年，党中央指出，包括个体、私营企业等社会阶层也是中国特色社会主义事业的建设者，从对经济成分的认同，转变为对从事经济活动人士的认同。2002年中共十六大报告中关于个体、私营等非公有制经济重要作用的论述，关于基本经济制度中"两个毫不动摇"和"一个统一"的论述，关于调动和保护各方面的创业积极性以及营造鼓励人们干事业、支持人们干成事业的社会氛围的论述，使人们对民营经济的认识达到了一个全新的高度。2004年3月，全国人大十届二次会议通过《宪法修正案》，完善了保护合法私有财产的法律规范；《关于鼓励支持和引导个体私营等非公有制经济发展的若干意见》（国发〔2005〕3号）下发之后，促进民营经济发展的制度保障和体系框架基本形成，广大非公有制经济人士深受鼓舞。在中国民营经济快速持续增长的同时，贵州省的民营经济也得到了持续平稳的增长，民营经济呈现出发展态势良好、发展环境改善、财税支持力度加大、企业管理水平提高等特征。

为促进民营中小企业发展，2000年12月30日，贵州省召开了首次全省中小企业工作会议，明确了全省中小企业工作的指导思想。2001年11月15日，贵州省人民政府出台《关于鼓励和促进中小企业发展若干政策的意见》（黔府发〔2001〕40号），从结构调整、技术创新、财税扶持、拓宽融资渠道、建立信用担保体系、健全社会化服务体系、创造公平竞争的外部环境和加强组织领导等方面，提出了具体意见。2003年11月15日至17日，中共贵州省委员会九届四次全会在贵阳召开。会议审议通过《中共贵州省委关于贯彻落实〈中共中央关于完善社会主义市场经济体制若干问题的决定〉的意见》，并从10个方面部署了贵州深化社会主义市场经济体制改革工作。同年12月，贵州省政府建立全省推动中小企业发展工作联席会议制度。2004年，贵州省人大常委会审议通过了《贵州省外来投资者权益保障条例》，贵阳市出台了《贵阳市非公有制经济发展办法》，黔南州制定了《个体工商户、私营企业权益保护条例》，公安部门制定了"安商护商"的30条措施，全力为外来投资保驾护航。同年，贵州省中小企业局正式挂牌成立，负责对全省中小企业、非公有制经济改革与发展工作进行协调、指导和服务。2005年12月，贵州省司法厅出台了《贵州省法律服务工作者为非公有制经济提供法律服务的指导意见》，该意见规定了法律服务工作者的主体、服务对象、服务范围和形式以及为非公有制经济提供法律服务应当注意的事项等。2006年5月，《贵州省人民政府关于贯彻国务院鼓励支持和引导个体私营等非公有制经济发展的若干意见》（黔府发〔2006〕14号）出台，该意见在市场准入、财税支持、保障权益等方面提出了具

体政策意见。2008年，贵州省政府发布了《贵州省人民政府办公厅关于加快中小企业社会化服务体系建设的指导意见》（黔府办发〔2008〕131号），指明了全省中小企业社会化服务体系的建设目标、内容和方向。2009年7月23日至24日，中共贵州省委十届五次全体（扩大）会议在贵阳举行。会议审议通过《中共贵州省委、贵州省人民政府关于大力推进个体私营等非公有制经济又好又快发展的意见》（黔党发〔2010〕13号），强调要统一思想、提高认识、明确任务，统筹谋划、协调推进，以非公有制经济的大发展推动全省经济社会发展的大跨越。2010年1月8日，贵州省第十一届人民代表大会常务委员会第十二次会议通过了《贵州省中小企业促进条例》，自2010年3月1日起施行。这是贵州第一次以地方性法规形式支持中小企业、非公有制经济发展，也是继贵州省委十届五次全体（扩大）会议通过《中共贵州省委、贵州省人民政府关于大力推进个体私营等非公有制经济又好又快发展的意见》以来又一扶持中小企业、非公有制经济发展的重要里程碑。到2010年6月底，全省48个省直部门和单位、9个市（州、地）出台了贯彻落实《关于大力推进个体私营等非公有制经济又好又快发展的意见》的具体措施和意见。同年10月，贵州省政府办公厅发布了由贵州省经信委中小企业办公室起草的《贵州省融资性担保机构管理暂行办法》（黔府办发〔2010〕98号）；贵州省经信委与贵州省知识产权局共同下发了《贵州省中小企业知识产权战略推进工程实施方案》，贵州省中小企业知识产权战略推进工程启动实施。

五、贵州省民营企业稳增阶段政策环境（2011~2018年）

2011年3月，贵州省加快民营经济发展暨表彰大会召开，同时印发《中共贵州省委、贵州省人民政府关于大力推进个体私营等非公有制经济又好又快发展的意见》（黔党发〔2011〕10号），又称"贵州民营经济旧38条"。同时，宣布实施"民营经济三年倍增计划"，即到2013年底，全

省民营经济增加值达到 3200 亿元以上，民间投资达到 4000 亿元，民营经济注册资本达到 4000 亿元，新增就业 30 万人以上。2013 年 9 月，为提高民营经济在全省经济中的比重，充分发挥民营经济的支撑作用，贵州省政府下发了《贵州省提高民营经济比重五年行动计划》（黔府发〔2013〕22 号），提出到 2017 年，民营经济增加值突破 8250 亿元，力争达到 9000 亿元；民营经济市场主体突破 330 万户，力争达到 350 万户；民营经济注册资本突破 10000 亿元，力争达到 12000 亿元；全社会民间投资总额突破 10000 亿元，力争达到 11000 亿元；民营经济年新增就业突破 100 万人，力争达到 110 万人。

2014 年，为充分激活民间资本活力，引导民间资本投资方向与全省经济建设中心任务相契合，贵州省经信委正式公布《贵州省鼓励民间资本投资重点领域清单（2014 年）》。该清单共 21 个门类、131 个细目，所列重点领域是贵州省具备一定比较优势和部分迫切需要加快发展的产业领域，不具备强制性，没有覆盖所有产业领域，着力解决方向性问题，在符合相关法律、法规和政策的前提下实施。2016 年 7 月，印发《中共贵州省委、贵州省人民政府关于进一步促进民营经济加快发展的若干意见》（黔党发〔2016〕16 号），从加大金融支持力度、加大财税支持力度、降低企业成本等方面提出 38 条意见，成为促进民营经济发展的新"38 条"。意见提出，到 2020 年，全省民营经济增加值和民间投资均突破 10000 亿元，双双实现倍增，分别占全省地区生产总值和全省固定资产投资的比重达 60% 和 50% 以上，进一步提升民营经济发展规模、占比和质量，切

实为"十三五"时期全省经济持续快速稳定增长、决战脱贫攻坚、决胜同步小康提供强有力支撑。2017 年，国务院办公厅下发了《关于进一步激发民间有效投资活力促进经济持续健康发展的指导意见》（国办发〔2017〕79 号），目的在于继续推动民间投资增长，加大鼓励民间投资的政策落实力度，改善营商环境，开放一些垄断行业市场，深入解决融资难、融资贵等问题。

2018 年 11 月，习近平总书记在民营企业座谈会上的讲话中指出，虽然近年来出台的支持民营经济发展的政策措施很多，但不少落实不好、效果不彰。强调要完善政策执行方式，加强政策协调性，细化、量化政策措施，制定相关配套举措，推动各项政策落地、落细、落实，让民营企业从政策中增强获得感。

为进一步深入贯彻落实习近平总书记关于民营经济发展的重要讲话指示精神和党中央、国务院决策部署，坚持"两个毫不动摇"，全力支持贵州民营企业做大做强做优，推动全省民营经济高质量发展，2018 年 12 月 1 日，贵州省委、省政府印发了《关于进一步促进民营经济发展的政策措施》（以下简称《政策措施》的通知），《政策措施》明确了降低民营企业经营成本、缓解民营企业融资难题、全面放开民间投资限制、推动民营企业转型升级、优化公平高效市场环境、加强民营企业队伍建设、保护民营企业合法权益、构建"亲""清"新型政商关系、提升服务保障民营经济发展能力九个方面的内容，全力支持全省民营企业做大做强做优，着力推动全省民营经济高质量健康发展。

13 贵州省民营经济市场主体发展报告

1978~2018 年，贵州省民营经济市场主体发展成效巨大，在贵州国民经济中的地位和作用越来越显著。通过对贵州省民营经济市场主体的发展历程进行梳理，改革开放以来贵州省民营经济市场主体的发展历程大致划分为六个阶段，即恢复阶段、高速发展阶段、调整巩固阶段、跨越发展阶段、规范发展阶段和优化升级阶段。分析了自改革开放以来贵州民营经济市场主体发展的成效，指出了现阶段存在的问题。最后，针对贵州民营经济市场主体发展问题，提出了相应的四大方面的对策建议。

市场主体是一个地区经济发展的基础单元，而民营经济市场主体则是这一基础单元中的重要支撑，也是地区经济发展的重中之重。1978~2018 年，贵州省民营经济市场主体发展取得了长足的进展，已成为贵州经济中潜力巨大、发展最快、实力强劲的重要市场主体，在促进就业、优化产业结构、增加财政收入和资源配置等方面发挥着越来越重要的作用，深刻影响着贵州经济发展的质量和体量。目前，贵州民营经济市场主体的发展已走过了 40 年岁月，正面临着国内经济发展的转型升级和国际复杂多变的环境，出现了一些新形势、新业态以及新问题。因此，研究贵州省民营经济市场主体发展历程，总结发展规律，准确把握发展中存在的"瓶颈"，对进一步培育和壮大民营经济市场主体，促进贵州经济跨越式发展具有重大意义。

一、贵州省民营经济市场主体发展历程

党的十一届三中全会以后，党和国家的政策方针开始有序调整和完善，工作重心向经济建设转移，经济改革朝着社会主义市场经济方向逐步推进，以公有制为主体、多种经济成分共同发展成为重要共识。此后，民营经济市场主体开始活跃在我国经济舞台，成为一种新生的经济力量。随着党和国家政策方针的变化，贵州民营经济市场主体也开始逐步成长起来，个体工商户、私营企业等民营经济市场主体从无到有、从小到大、由弱变强逐步恢复和发展。贵州省民营经济市场主体发展的历程是主体种类不断增多、市场竞争力不断增强、发展水平不断提高的过程。经过 40 年的改革和发展，全省民营经济市场主体已形成了贵州特色的主体结构。截至 2018 年底，贵州省共有民营经济各类市场主体 260.96 万户，注册资本达 37906.85 亿元。其中，私营企业 60.57 万户，注册资本 35102.9 亿元；个体工商户 193.58 万户，注册资本 1473.04 亿元；农民专业合作社 6.8 万户，注册资本 1330.91 亿元。

综观贵州民营经济市场主体 1978~2018 年的发展历程，大体可以划分为六个阶段。

（一）恢复阶段（1978~1981年）

在这一阶段处于起步时期，贵州省民营经济市场主体开始突破禁区，形式较为单一，表现为个体工商户的发展形式，但政策上仍有限制，不允许个体户雇工，经营范围限制在修理、服务和手工业等少数几个行业。最初，以街头巷尾的摆流动摊点出现在大众面前，经营一些饮食和日用小百货等，主要是为解决回城知青和城镇待业青年就业问题，同时也是为了补充市场匮乏，调剂余缺。1980年，中央召开全国劳动就业工作会议，提出"在国家统一规划和指导下，实行劳动部门介绍就业、自愿组织起来就业和自谋职业相结合"和"国营、集体、个体三扇门一起开"的方针。该方针使贵州省个体工商户发展有了政策上的发展空间，此后增速有所加快，从业人员增多。1979年，贵州省个体工商户共计有7880户，从业人员为1.08万人；到1981年，贵州省个体工商户已达到43932户，从业人员4.62万人，分别增长了4.58倍和3.28倍。1979~1981年贵州省民营经济市场主体发展情况如图1所示。

发展给予了极大的鼓励和支持。1982年，贵州工商局明确提出"发展城镇非农业个体经济是当前的一项长期政策"；1983年，出台了《关于农村个体工商业的暂行规定》；1984年，制定了《发展个体工商户的十条措施》；1986年，规定"每名工商干部至少扶持发展一户个体工商户"，这些政策措施，使贵州省个体工商户进入了一个高速发展期。截至1987年底，贵州省个体工商户达到29.58万户，从业人员增长至39.34万人，与1981年相比，个体工商户数量共计增加了25.19万户，年均增速为37.43%，从业人员共计增加了34.72万人，年均增速为42.90%。1981~1987年贵州省民营经济市场主体发展情况如图2所示。

高速发展时期全省民营经济市场主体发展的一个重大标志是私营企业有了合法地位，成为继个体工商户后的又一民营经济市场主体。主要表现是各地乡镇企业异军突起，私营企业开始活跃在工业、建筑业、服务业等领域。截至1987年底，私营企业数量达到1778户，注册资本为5213万元，从业人员为3.05万人。

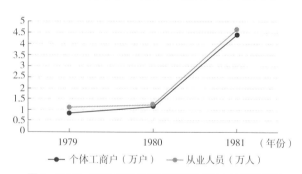

图1 1979~1981年贵州省民营经济市场主体发展情况

资料来源：根据贵州历年相关报纸杂志、《贵州改革开放30年》、《贵州六十年》（1949~2009）等数据绘制得出。

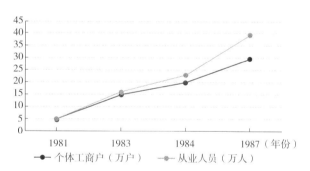

图2 1981~1987年贵州省民营经济市场主体发展情况

资料来源：根据贵州历年相关报纸杂志、《贵州改革开放30年》、《贵州六十年》（1949~2009）等数据绘制得出。

（二）高速发展阶段（1982~1987年）

在这一阶段，国家经济体制改革的重点开始由农村转向城镇，民营经济市场主体发展政策条件进一步放宽，除鼓励城镇居民发展个体经济，也允许并鼓励农村剩余劳动力从事个体工商经营，对个体工商户经营范围、标准等进一步拓宽。同时，贵州也在政策上和制度上对个体工商户的

（三）调整巩固阶段（1988~1991年）

这一阶段，受国际国内政治局势影响，民营经济市场主体受到了冲击，加之经过上一阶段的高速发展，在商业、餐饮服务业等一些领域中，开始出现了饱和状态，政府开始对各类市场主体进行治理整顿，全省民营经济市场主体发展实现了一次调整巩固的过程。在这一过程中，贵州个

体工商户数量出现下滑，与 1987 年相比，下降了 41551 户，从业人员减少近 5 万人；私营企业在 1989 年也出现了下滑，与 1988 年相比，下降了 194 户，但注册资本有所增加。经历一段时间的调整，1991 年，贵州省民营经济市场主体开始出现回升，个体工商户数量回升至 29.11 万户，基本与 1987 年持平，私营企业的数量和注册资金也开始恢复，回升至 1988 年的水平。

（四）跨越发展阶段（1992~2001年）

1992 年，邓小平同志发表南方谈话，提出"三个有利于"的判断标准之后，党的十四大提出了建立社会主义市场经济体制的目标，这些论断和政策目标解除了发展民营经济思想和观念束缚，民营经济市场主体发展空间也得到空前的释放。随着国家对民营经济政策变化，贵州出台了《关于加快个体私营经济发展的意见》，全省民营经济市场主体发

展进入一个跨越发展阶段。在这一阶段，民间投资积极性高涨，出现了一个显著的特点：私营企业发展迅速，数量、注册资本规模和从业人员数量增长较快。在数量上，由 1992 年的 2398 户壮大至 2001 年的 22248 户，增长了 8.28 倍；在注册资本上，由 1995 年的 21.09 亿元增加至 2001 年的 211.69 亿元，增长了 9.04 倍；在从业人员上，由 1992 年的 4.42 万人增加到 2001 年的 21.97 万人，增长了近 4 倍。相对地，个体工商户数量和从业人员受 1998 年亚洲金融危机的影响较大，发展趋势比较复杂，呈现先上升后下降的倒"U"型趋势，但下降幅度不大，总体量仍旧巨大。在注册资本上，个体工商户一直保持不断增加的趋势，由 1992 年的 9.24 亿元增加至 2001 年的 47.77 亿元，共计增加 38.53 亿元，年均增速达 20.03%。这一阶段，民营经济市场主体发展势头强劲，发展水平显著提升，竞争日趋激烈，超越了以往任何时期。1992~2001 年贵州省民营经济市场主体发展情况如表 1 所示。

表1　1992~2001年贵州省民营经济市场主体发展情况

年 份	私营企业 （户）	私营企业 注册资本 （亿元）	私营企业 从业人员 （万人）	个体工商户 （户）	个体工商户 注册资本 （亿元）	个体工商户 从业人员 （万人）
1992	2398	—	4.42	286700	9.24	38.29
1995	7731	21.09	10.52	370928	18.87	51.45
1998	15900	91.38	16.35	431600	36.22	63.64
1999	17619	110.90	23.16	432920	39.4	66.64
2001	22248	211.69	21.97	394124	47.77	57.92

资料来源：根据贵州历年相关报纸杂志、《贵州改革开放 30 年》、《贵州统计年鉴》等数据计算得出。

（五）规范发展阶段（2002~2012年）

2001 年 12 月，我国成功加入世界贸易组织，进一步融入世界经济并和国际接轨。随着国际形势的变化，贵州民营经济市场主体呈现出新的特征：市场主体朝着国际化方向发展，步入到健康可持续的发展轨道上来。私营企业经营管理方式走向现代化，现代企业制度成为发展主流。个体工商户和私营企业资本投入额度加大，产出率增

强，出现规模化增长，效益也明显提高。

在这一阶段中，贵州私营企业也逐步实行公司制，推进公司制改革。一大批企业通过改革，形成了有效制衡的公司法人治理结构和灵活高效的市场化经营机制。截至 2012 年底，贵州公司制私营企业数量由 2003 年的 2.8 万户发展到了 14.39 万户，首次突破 10 万户大关，年均增幅为 41.39%；注册资本由 2003 年的 300 亿元增长至 3532.51 亿元，额度庞大，增加了 3200 多亿元，年均增幅达

107.75%。对个体工商户也开始用先进的管理方式和技术经营，实力逐渐增强，截至 2012 年底，贵州省个体工商户数量增加到了 89.91 万户，注册资本突破了 100 亿元。2003~2012 年贵州省民营经济市场主体发展情况如图 3 所示。

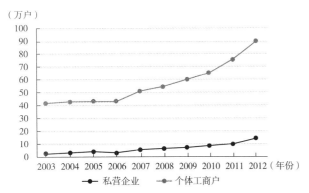

（万户）

图 3　2003~2012 年贵州省民营经济市场主体发展情况

资料来源：根据贵州历年相关报纸杂志、《贵州改革开放30 年》《贵州统计年鉴》等数据绘制得出。

（六）优化升级阶段（2013年至今）

党的十八大后，中国经济进入新常态，由高速增长阶段转向高质量发展阶段，经过改革开放多年发展，在取得巨大经济成就的同时也面临着诸多如结构性问题、生态问题等的深层次矛盾和问题。我国经济发展进入新常态，供给结构发生了改变，国家开始进行供给侧结构性改革，着力破除发展中的障碍。经济政策方针的调整，对贵州省民营经济市场主体发展产生一定的影响。贵州省民营经济市场主体经过前几个阶段的高速增长，积累了较强资本，夯实了发展基础，但高速增长的背后也存在发展质量、竞争力等问题，民营经济市场主体发展面临的问题也有待解决。

这一阶段，贵州民营经济市场主体虽保持着一定程度的快速增长，但就其增长速度看，私营企业、个体工商户等民营经济市场主体出现明显下降，不再更多地注重规模上的扩张，而是倾向质量的提升。全省私营企业数从 2013 年的 19.52 万户增加到 2018 年的 60.57 万户，其增速由 2013 年的 35.65% 下降到 2018 年的 13.05%；在注册资本上，私营企业注册资本在 2018 年增加至 3.5 万亿元以上，总额巨大，但其增速从 2015 年开始也出现了下降，由 2015 年的 68.10% 下降到 2018 年的 12.96%。个体工商户无论在数量上还是注册资本上，增速都出现了缓慢下降。在数量增速上，由 2014 年的 20.95% 下降到 2018 年的 5.57%；在注册资本增速上，由 2014 年的 39.04% 下降到 2018 年的 13.90%。随着私营企业和个体工商户的变化，出现了新的民营经济市场主体——农民专业合作社，农民专业合作社从一出现就表现出良好发展势头，成为民营经济市场主体中的一个新亮点。国家对农业农村问题更加重视，农民专业合作社迅速增长，由 2013 年的 1.83 万户猛增至 2018 年的 6.80 万户，年均增速高达 35% 以上；注册资本由 2013 年的 252.87 亿元增长至 2018 年的 1330.91 亿元，年均增速近 40%。2013~2018 年贵州省民营经济市场主体发展情况如表 2 所示，2014~2018 年贵州省民营经济市场主体增长速度情况如图 4 所示。

表2　2013~2018年贵州省民营经济市场主体发展情况

年份	私营企业（万户）	私营企业注册资本（亿元）	个体工商户（万户）	个体工商户注册资本（亿元）	农民专业合作社（万户）	农民专业合作社注册资本（亿元）
2013	19.52	5093.15	105.83	472.95	1.83	252.87
2014	26.25	8151.05	128.00	657.6	2.41	381.57
2015	33.76	13702.16	149.19	904.91	3.14	523.18
2016	43.34	22550.94	166.56	1117.46	4.74	883.39
2017	53.58	31075.83	183.37	1293.3	6.02	1199.76
2018	60.57	35102.90	193.58	1473.04	6.80	1330.91

资料来源：根据贵州省工商行政管理局 2013~2018 年市场主体报告整理得出。

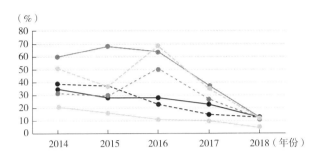

- ■— 私营企业数量增速　　　—●— 私营企业注册资本增速
- 个体工商户数量增速　　　—◆— 个体工商户注册资本增速
- 农民专业合作社数量增速　　农民专业合作社注册资本增速

图4　2014~2018年贵州省民营经济市场主体增长速度情况

资料来源：根据贵州省工商行政管理局2013~2018年市场主体报告绘制得出。

二、贵州省民营经济市场主体发展成效

经过40年的发展，贵州省民营经济市场主体的基础得到夯实，实力明显增强，在贵州省经济发展中占有举足轻重的地位，贡献度和影响力大大超过其他市场主体，取得了显著的发展成效。

（一）规模不断扩大，实力显著增强

1978年以来，贵州民营经济市场主体发展呈现高速增长态势，在规模和实力上皆取得了突破性进展。在个体工商户发展方面，1981年，贵州个体工商户总量、注册资本分别为43932户、1139万元，到2018年，则分别增加至193.58万户、1473.04亿元，分别增长了约43倍、13390倍。在私营企业方面，私营企业总量、注册资本分别由1987年的1778户、5213万元增加至2018年的60.57万户、35102.9亿元，分别增长了约335倍、67505倍。在农民专业合作社方面，2013年，贵州农民专业合作社为1.83万户，2018年增加至6.8万户，增长了2.72倍；注册资本由2013年的252.87亿元增加至2018年的1330.91亿元，增长了4.26倍。

从户均水平来看，贵州民营经济市场主体经过近40年发展，也提升至较高水平。1979年贵州个体工商户户均注册资本为0.03亿元/万户，

到2018年个体工商户户均注册资本提升至7.61亿元/万户，增加了302.69倍。1987年，贵州私营企业户均注册资本2.93亿元/万户，2018年达到579.54亿元/万户，增加了199.61倍。2013年，贵州农民专业合作社户均注册资本为138.54亿元/万户，到2018年增长至195.72亿元/万户，增加了0.42倍。改革开放以来，贵州民营经济市场主体户均水平发生了巨大改变，市场主体规模也有大幅提升。

1979年和2018年贵州省民营经济个体工商户发展对比分析、1987~2018年贵州省民营经济私营企业发展对比分析、2013~2018年贵州省民营经济农民专业合作社发展对比分析分别如表3、表4、表5所示。

表3　1979年和2018年贵州省民营经济个体工商户发展对比分析

年份	个体工商户(万户)	注册资本（亿元）	户均注册资本（亿元/万户）
1979	4.39	0.11	0.03
2018	193.58	1473.04	7.61
增加倍数	43.10	13390.27	302.69

资料来源：根据贵州省工商行政管理局1979年和2018年市场主体报告等数据计算得出。

表4　1987年和2018年贵州省民营经济私营企业发展对比分析

年份	私营企业（万户）	注册资本（亿元）	户均注册资本（亿元/万户）
1987	0.18	0.52	2.89
2018	60.57	35102.9	579.54
增加倍数	335.50	67504.58	199.61

资料来源：根据贵州省工商行政管理局1987年和2018年市场主体报告等数据计算得出。

表5　2013年和2018年贵州省民营经济农民专业合作社发展对比分析

年份	农民专业合作社（万户）	注册资本（亿元）	户均注册资本（亿元/万户）
2013	1.83	252.87	138.18
2018	6.8	1330.91	195.72
增加倍数	2.72	4.26	0.42

资料来源：根据贵州省工商行政管理局2013年和2018年市场主体报告等数据计算得出。

（二）经济地位不断提高，拉动作用较为显著

改革开放后，贵州民营经济市场主体表现出良好的发展势头，经过40年的发展，在贵州省经济发展中的地位不断提高，对经济增长的拉动作用越来越明显。1988年，贵州个体工商户25.43万户，从业人员为34.60万人，总产值约为5亿元，从业人员占贵州全省从业人员的比重仅为2.3%，产值占贵州省总产值的1.4%。当时贵州民营经济主体在经济当中的地位还比较低，对经济拉动作用还不是很明显。近年来，贵州民营经济市场主体地位越来越突出。在市场主体数量方面，2013年以来，贵州民营经济市场主体占全省市场主体比重一直保持在97%以上，占有绝对优势；在注册资本上，2013年贵州民营经济市场主体注册资本占全省比重已突破50%，占全省市场主体注册资本的"半壁江山"，且一直保持着上升趋势，截至2018年，占全省比重已达54.95%，注册资本高达3.8万亿元；在民营经济增加值方面，贵州民营经济增加值占全省比重由2013年的43.20%上升至2017年的53.20%，增长了10个百分点，并于2015年占全省比重首次突破50%，对经济拉动作用十分显著。2013~2018年贵州省民营经济市场主体地位情况如表6所示。

表6　2013~2018年贵州省民营经济市场主体地位情况

年份	民营经济市场主体数量（万户）	占全省比重（%）	民营经济市场主体注册资本（亿元）	占全省比重（%）	民营经济增加值（亿元）	占全省比重（%）
2013	127.17	96.71	5818.97	50.20	3458	43.20
2014	156.67	97.20	9190.22	56.19	4275	46.10
2015	186.09	97.44	15130.25	58.40	5246	50.00
2016	214.64	97.51	24551.79	51.67	6097	52.00
2017	242.97	97.36	33568.89	58.49	7202	53.20
2018	260.96	97.31	37906.85	54.95	—	—

资料来源：根据贵州省工商行政管理局2013~2018年市场主体报告、贵州省2013~2018年民营经济运行动态分析报告等数据综合整理得出。

（三）社会贡献率逐年提升，就业吸纳能力不断增强

经过40年的发展，贵州民营经济市场主体在就业、税收、城镇化等方面的贡献率越来越大，发挥着不可替代的作用。在就业上，民营经济市场主体增多，为城乡劳动者提供了越来越多的就业岗位，已成为大众就业的第一渠道。改革开放之初，贵州省民营经济市场主体数量较少，提供的就业岗位相当有限，吸纳就业能力较低，就业人数占全省比重不到1%。到2016年，贵州省民营经济市场主体数量大幅增加，民营企业从业人员达338.2万人，占全省企业单位从业人员的76%，吸纳了全省大部分就业人数。在创造税收上，民营经济市场主体发展，为贵州省提供了巨大的财税收入，成为其主要财税来源之一。1988年，

民营经济市场主体上交税额仅占全省财政收入的5.6%，比重较低。2011~2015年，贵州省民营企业累计上缴税额3540亿元，占全省财政收入的38%。在城镇化上，随着民营经济市场主体在城镇集聚，越来越多的人在城镇就业，并促使就业人员向市民身份转变，推动着贵州城镇化进程加快。1996年，贵州全省城镇就业人数为28.85万人，其中私营企业就业人数为2.36万人、个体工商户就业人数为26.49万人，城镇民营经济市场主体就业人数占全省城镇就业人数的10.57%，户籍城镇化率为14.5%。截至2016年底，贵州全省城镇就业人数为193.85万人，其中私营企业就业人数为80.55万人、个体工商户就业人数为113.30万人，城镇民营经济市场主体就业人数占全省城镇就业人数的44.17%，户籍城镇化率为32.56%。与1996年相比，2016年民营经济市场主体就业人数占比提高了33.6个百分点，户籍城镇化率提高了18.06个百分点。

（四）科技性市场主体发展空间扩大，创新活力日益显现

贵州科技性市场主体发展始于1984年，以民营科技企业的形式出现，当年市场主体数量仅为3家。1992年，邓小平南方谈话之后，民营科技企业进入了一个快速发展时期，增长到136家，1995年发展到846家，进入21世纪，民营科技企业已突破1000家，呈现良好的发展势头。截至2011年底，民营科技机构数量共计219家，从业人员3.7万人。2016年，贵州对民营科技企业支持力度进一步加大，由贵州省科技厅与贵州省工商联近日共同出台《关于推动科技创新促进贵州省民营经济大发展的实施方案》，联手为民营经济繁荣发展加油助力，在科研机构和众创空间建设、产学研合作和培养引进创新人才等方面给予很大扶持，形成民营科技企业成长型梯队，科技性市场主体发展空间得到扩大。民营企业经过多年发展，对创新的重视也日益加强，创新活力凸显，一些新兴民营企业成为贵州省技术进步、产品创新的主要战场和科研院所技术成果转化的重要基地。截至2016年，贵州省专利申请受理量和专利授权量分别达到23590件和9409件，比2015年分别增长了9.53%和6.14%，占全省申请受理量和专利授权量比重分别高达93.19%和90.25%。

（五）产业结构持续优化，协调性大幅提升

经过40年的发展，民营经济市场主体在各个产业之间分布趋向合理性，产业结构持续优化，各产业之间的民营市场主体相互协调度增强。从个体工商户来看，改革开放之初，市场主体主要分布在第三产业中的商业、餐饮、交通运输等行业，比重均高达80%以上，第二产业和第一产业均占有较少比重。到2016年，个体工商户在三次产业中的分布有了变化，第一产业和第二产业的比重有所上升，第三产业比重趋向下降，从事农林牧渔业、采掘业、制造业、建筑业的户数增多，行业结构呈现多样化的趋势。1992~2015年，民营企业户数在第一、第二、第三产业的分布结构由9.2∶29.1∶61.7转变为19.12∶26.88∶54.00，民营企业户数在第二、第三产业的分布降低，在第一产业的分布增多上升；从业人数在第一、第二、第三产业的分布结构由15.1∶47.4∶37.5转变为11.89∶47.44∶40.67，这说明民营企业从业人数由第一产业向第二、第三产业转移；注册资本在第一、第二、第三产业的分布结构由10.4∶26.7∶62.9转变为2.01∶31.27∶66.71，这说明民营企业资本在第二、第三产业的投资幅度加大。总体来看，民营经济市场主体各个方面的产业结构大致呈现"三、二、一"的状况，协调性进一步加强。

（六）进入领域广泛，特色优势产业突出

改革开放之初，民营经济市场主体能够进入的领域很有限，门槛设置较多，仅限于商业、交通物流、餐饮等行业。随着经济的发展和国家对民营经济的重视，民营经济市场主体在各个领域都有所培育和壮大，涉及的行业广泛，在煤炭、电力、白酒、化工、有色冶金、装备制造、建材、新兴、医药、食品等领域，增长速度较快，形成

了一定规模。涌现出老干妈、其亚铝业、力帆骏马、益佰制药、紫金矿业、朗玛信息、百灵制药等一批具有相当规模和竞争实力的民营企业，老干妈、国台酒业、益佰制药、神奇制药、贵州百灵等品牌知名度越来越高。在特色产业方面，民营经济市场主体发展优势明显，聚集了涉及白酒产业、大数据信息产业、大健康产业、文化旅游业和现代旅游观光农业等众多特色产业的民营经济市场主体，集聚效益明显，形成了贵州特有的产业优势。

（七）市场主体人口分布密度加强，聚集效应明显

民营经济市场主体人口分布密度是指该类别市场主体人口占有状况的指标，主要反映民营经济市场主体在一定人口规模中分布的稠密程度，如图 5 所示。

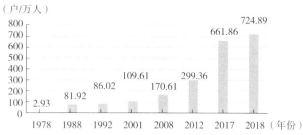

（户/万人）

图5 1978~2018 年贵州省民营经济市场主体人口分布密度趋势

资料来源：根据贵州省历年报纸杂志、《贵州统计年鉴》、工商行政管理局历年市场主体报告数据绘制得出。

从图 5 可以看出，民营经济市场主体人口分布密度自 1978 年以来一直处于不断增长的趋势，由最开始的 2.93 户/万人提升至 2018 年的 724.89 户/万人，增长了约 246 倍，年均增长率为 14.77%。贵州省民营经济市场主体人口分布密度逐年上升，表明民营经济市场主体增长集聚程度加强，集聚效应明显，能够减少不必要的外在成本。

三、贵州民营经济市场主体发展存在的主要问题

贵州省民营经济市场主体发展取得了显著成效，但发展中也存在一些问题和矛盾。

（一）市场主体区域发展不平衡

贵州民营经济市场主体总体水平发展较好，但区域间发展差距较大，发展不平衡性显现。一是私营企业户数和注册资本在全省中分布不均衡，呈现出一家独大的局面。截至 2017 年底，私营企业户数和注册资本在贵州的分布中，占比最大的市（州）为省会城市贵阳，其中户数占比达 35.63%，注册资本占比为 40.68%，占比最小的市（州）为黔西南州和安顺，其中户数占比最小的是黔西南州，为 5.49%，注册资本占比最小的是安顺，为 4.11%。私营企业户数和注册资本最小最大市（州）之间的差距分别达到约 30 个百分点和 36 个百分点。二是个体工商户户数和注册资本在全省中分布不均衡，占比相对最小的市（州）为六盘水和安顺，占比最大的市（州）为遵义。三是民营经济规模以上工业在全省发展不平衡，规模实力最大的市（州）为遵义市，2017 年全年规模以上工业增加值达到 453.6 亿元，占比达 19.87%，规模实力最弱的市（州）为黔东南州，2017 年全年规模以上工业增加值达到 53.8 亿元，占比仅为 2.36%，两市（州）增加值相差近 400 亿元，占比相差约 17 个百分点（见图 6、图 7、图 8）。

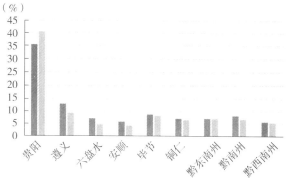

（%）

■ 私营企业户数占全省比重　■ 私营企业注册资本占全省比重

图6 2017 年贵州省民营经济私营企业市（州）分布情况

资料来源：根据贵州省工商行政管理局 2017 年市场主体报告数据绘制得出。

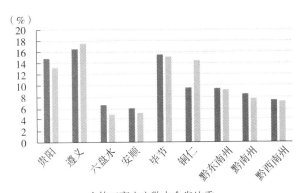

图7 2017年贵州省民营经济个体工商户市（州）分布情况

资料来源：根据贵州省工商行政管理局2017年市场主体报告数据绘制得出。

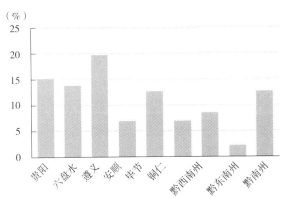

图8 2017年贵州省民营经济规模以上工业增加值市（州）分布情况

资料来源：根据贵州省2017年民营经济运行动态分析报告数据绘制得出。

（二）民营经济市场主体整体实力有待提升

经过多年发展，贵州民营经济市场主体总量上有了大幅提升，但整体竞争力上欠佳，实力有待提升。主要表现在以下几个方面：一是民营企业呈现"小、散、弱"的特点，总体数量大，但单个企业规模小。2018年，贵州民营经济市场主体占全省总量达97%，但注册资本占全省比重仅为54.95%，每万人拥有私营企业数168.25户，远低于全国平均水平。二是产业集群发展不足，

集聚优势不能充分发挥出来。多数民营工业企业以原材料初加工为主，产品大都处于产业链的中低端，产业层次低、链条短，产业链拓展不开，不具有产业引领性，各个企业之间联系互动性不强，横向协作配套产业不完善，没有形成明显的产业集群，整体呈现产业碎片化状态，很难适应竞争日趋激烈的市场需要。三是企业转型发展能力弱。在管理上，不少民营企业仍存在经营决策低下、管理落后的现象，如部分民营企业采用家族式管理，没有很好地运用现代科学的企业管理方式和经营手段。在技术创新上，多数民营企业高端技术人才缺乏，自主创新能力弱，产品单一且科技含量不高，市场开发能力和抗风险能力不强。这在一定程度上限制了企业转型升级。四是企业家精神缺乏，进取意识不强。多数企业家受"小富即安、小成即满"思想影响较深，商业进取精神不强，缺乏做大做强的投资胆量和发展气魄。

（三）市场准入限制多，政策落实有偏差

近年来，贵州省出台了一系列促进民营经济市场主体培育和发展的政策，着力优化民营经济发展环境，激发民营经济活力和创造力，规定法无禁止即可为，虽取得较好的效果，但与预期目标仍旧有一定的差距。一方面，市场准入限制多。一些领域和行业政策虽无公开限制进入，但进入门槛较高，设置条件过多，存在"卷帘门""玻璃门""旋转门"现象。例如，多数市场主体由于行业资质低、接单能力弱，达不到招投标条件和要求，被挡在门外。另一方面，政策落实不到位。近年来，国家、省、市、县各级先后出台了一系列促进民营经济发展的政策措施，但执行效果不理想。一是优惠政策宣传力度不够，民营企业知晓率偏低；二是部分政策缺乏细化的操作细则和配套措施，贯彻落实困难；三是部分政策优惠申请程序复杂，要求多，周期长，办理成本高，民营企业享受到的实惠不高。

（四）融资难、融资贵仍较突出

贵州省民营经济市场主体发展中仍然受到融资问题的制约，融资难、融资贵是发展中的一大瓶颈。个体工商户和私营企业等市场主体发展所需资金主要靠自筹，商业银行等金融机构出于自身利润和风险的考虑，对民营经济市场主体慎贷、少贷或者不贷，提供的贷款资金十分有限，金融机构贷款流向民营经济的渠道仍然不畅。这种现象使得部分市场前景好的民营经济市场主体不能尽快发展壮大，延缓了其发展进程。

（五）社会服务体系有待完善

民营经济市场主体在培育和发展中特别需要创业辅导、经营指导、技术或人才支持、员工培训等服务。近年来，贵州省积极开展"民营企业服务年"活动，壮大民营企业市场主体，虽取得了一系列成效，但民营经济市场主体在发展中仍旧存在各种各样的问题，社会服务体系建设还有所滞后，如部分市场主体深感创业难、经营难，在成长中缺乏相应指导和服务。贵州处于我国内陆，民营经济市场主体发展起步较晚，致使为民营经济市场主体服务的功能不完善，相关服务体系不健全，服务机构较少，服务产品种类不多。

四、贵州省民营经济市场主体发展建议

（一）分类指导，因地制宜发展民营经济市场主体

贵州各市（州）在区位条件、资源禀赋和发展水平等方面都有所差异，民营经济市场主体，区域之间发展水平存在不均衡性。为降低区域之间的不均衡性，缩小区域之间的差距，贵州发展民营经济市场主体应注意以下两点：一是坚持全省各类市场主体布局"一盘棋"，合理布局各类市场主体，分类指导，防止各地区市场主体发展出现同质竞争，避免发展水平高的地区对发展水平差的地区进行资源要素上的"虹吸"，防止"虹吸效应"的出现；二是在培育和引进民营经济市场主体时，要切忌盲目发展，各市（州）要立足本地资源禀赋和区位条件，做到精准培育，精准引进，使各类民营经济市场主体能够充分利用本地资源，发挥本地优势，进而使其在本地落地生根，健康长久发展。

（二）增加产业集聚，提升民营经济市场主体实力

民营经济市场主体的发展，最重要的是提高产业集聚性，加强各市场主体之间的联系，避免各类市场主体在产业链上处于分割孤立状态。因此，需要从以下两个方面努力：一是要明确各区域内的主导产业，提高产业链招商和产业链培育的意识，不断延伸产业链，增强主导产业的引领性和带动性；二是提高产业配套能力，加快培育横向协作配套产业，鼓励该产业中的民营市场主体发展，形成产业集群，充分发挥主导产业的服务能力。

为提升民营经济市场主体实力，需鼓励其做大做强，提高市场主体的规模和发展水平。一是要加快企业改革步伐，提高企业的经营管理水平，采用现代公司治理模式，摒弃家族式经营管理手段；二是着力提升民营企业家素质，增强企业家的开拓创新、拼搏进取精神，重视企业家队伍培养，定期开展企业家培训；三是积极引进高端技术人才，增加企业发展的人才支撑；四是不失时机地对企业进行升级改造，增强企业发展后劲。

（三）营造公平的竞争环境，降低市场准入门槛

一是深入推进"放管服"改革，营造低成本、低准入和公平有序的民营经济市场主体发展环境。加大简政放权力度，构建权力运行的监督机制，做到"法无授权不可为"；全面落实市场主体发展的"负面清单"制度，增加市场主体发展的空间，扩大市场主体准入领域，打破各种各样的"卷帘门""玻璃门""旋转门"，降低市场准入门槛，为民营企业发展创造充足的市场空间，做到"法无禁止即可为"。二是提高政府公共服务能力，

简化投资审批程序,大力推进联动审批、并联审批、网上审批,提高商务服务水平和政务服务水平。三是逐步实现国有经济、民营经济发展权利平等、机会平等、规则平等,实行统一的市场准入制度,支持和鼓励民间资本进入更广领域。

(四)提高金融服务水平,着力解决融资问题

一是优化融资环境,完善民营经济市场主体融资政策体系,建立全省统一的金融服务平台,定期开展民营企业与金融机构的投融资对接、洽谈活动,深化市场主体与金融机构间的合作。二是推动全省金融机构创新适合民营经济市场主体需求的融资工具和产品,开展贷款审批、发放方式创新,加大融资支持力度,充分发挥"融资再担保""贵园信贷通""黔微贷"的作用。三是强化融资服务,建立民营经济市场主体转贷应急资金管理平台,为部分市场前景好、生产经营规范但短期内资金周转困难的市场主体提供转贷,帮助办理续贷或展期,促进其发展壮大。四是推进民营经济市场主体信用体系建设。鼓励采用"互联网+"技术,建立民营企业信用信息共享机制,便于金融机构对民营企业进行评级及授信,为中小企业融资提供便利,顺畅融资过程。

(五)完善社会服务体系,营造良好社会环境

一是强化政府在发展民营经济市场主体中的引导推动力,进一步促进"大众创业、万众创新",将推动民营经济市场主体增量发展作为首要的、基础性工作之一,支持大学生创业就业、农民工返乡创业和科研人员创业创新,激发民营经济市场主体发展活力。二是发挥社会共促作用,通过宣传民营经济市场主体发展的政策,举办支持民营经济市场主体发展的活动,厚植民营经济发展文化,营造人人支持民营经济发展的社会氛围。三是加强社会服务机构建设。大力支持培育一批市场信息、管理咨询、创业辅导、会计审计、检验检测、人才培训、法律咨询、融资担保等社会服务机构,进一步丰富服务内容,完善服务功能,为各类市场主体发展提供信息服务、经营指导、维权服务和管理服务等。

参考文献

[1] 张绍新.加快推动贵州民营经济向高质量发展[N].贵州日报,2018-08-14(012).

[2] 王一鸣,孙学工,刘宏伟,刘翔宇,张岸元,李世刚.贵州民营经济发展调研[J].宏观经济管理,2015(6):47-49.

[3] 张力红.河北省市场主体20年发展分析与对策[J].经济与管理,2009,23(11):59-63.

[4] 曾春花.贵州民营经济发展滞后的原因与对策[J].贵州农业科学,2014,42(6):223-226.

[5] 刘月,曾政南.贵州省民营经济发展状况及其出路浅析[J].商,2012(5):180-181.

[6] 吴刚,刘晓惠,冉淑青.西部地区市场主体成长力评价及路径优化研究——基于工商登记注册信息数据的分析[J].西北工业大学学报(社会科学版),2018(1):98-104.

[7] 刘素梅.呼和浩特市改革开放30年民营经济发展研究[J].内蒙古科技与经济,2009(3):3-6.

[8] 四川省工商局经济信息中心."十八大"以来四川省市场主体发展分析[N].中国工商报,2018-04-14(004).

[9] 粟良美,韩武钢.贵州省民营经济发展形势分析报告[C]//中国民营经济发展报告No.2(2004).北京:中华全国工商业联合会研究室,2005.

[10] 李育.中国市场主体发展与宏观经济运行[J].市场周刊(理论研究),2014(11):68-70.

14 贵州省民营企业融资发展报告

贵州省民营企业融资难、融资贵影响着民营企业的快速发展。本文分析了贵州省民营企业发展现状和融资现状，剖析民营企业融资存在民营企业融资环境不健康、民营企业自身素质亟待提高、政府部门融资服务工作与意识有待提升等主要问题，然后，提出贵州省民营企业融资改善民营企业融资环境、民营企业自我革新、转变政府职能等对策建议。

1978~2018 年，贵州省的民营经济快速发展，成为国民经济的重要组成部分，为全省经济发展及社会进步做出了巨大贡献。改革开放以来，全省民营企业发展迅速，出现了如贵州宏立城集团、贵州信邦制药股份有限公司、贵阳南明老干妈风味食品有限责任公司、贵州益佰制药股份有限公司等中大型民营企业，在为全省创造就业和贡献税收的同时，也成为全省经济发展的重要支撑，成为了贵州名片，让世界见证贵州品牌的崛起。民营经济在取得显著成就的同时，也面临融资难、融资贵等问题，融资问题成为制约全省民营企业高质量发展的关键因素。

一、贵州省民营企业发展不断壮大

（一）市（州）民营企业为县域经济发展提供了强大支撑

县域经济作为民营企业的优秀载体，民营企业的发展为县域经济的发展壮大提供了强大的动力。截至 2018 年 12 月底，全省共有私营企业 60.57 万户，同比增长 13.05%，注册资本 3.51 万亿元，同比增长 12.96%。贵州省民营企业数量排名前三的地区是贵阳市、遵义市、毕节市，分别为 196790 户、90952 户和 59300 户（见表1）。按可比口径计算，贵阳市、遵义市、毕节市民营企业生产总值合计占贵州省的比例为 57.8%，充分体现了贵州省"金三角"的战略意义（见图1）。民营企业发展对各市（州）经济起到强大的推动作用。

表1　贵州省民营企业市（州）分布情况

地区	民营企业户数（户）	注册资本（亿元）	户数占贵州省比重（%）	注册资本占贵州省比重（%）
贵阳市	196790	14160.63	32.49	40.34
遵义市	90952	3547.94	15.02	10.11
六盘水市	39637	1513.47	6.54	4.31
安顺市	34279	1425.93	5.66	4.06
毕节市	59300	2913.21	9.79	8.30
铜仁市	41418	1944.57	6.84	5.54

续表

地区	民营企业户数（户）	注册资本（亿元）	户数占贵州省比重（%）	注册资本占贵州省比重（%）
黔东南州	43561	1983.86	7.19	5.65
黔南州	51362	2473.25	8.48	7.05
黔西南州	34962	1671.77	5.77	4.76
贵安新区	13440	3468.26	2.22	9.88
合计	605701	35102.89	100	100

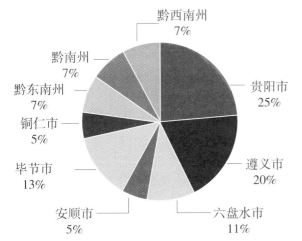

图 1　贵州 9 个市（州）民营企业生产总值占全省生产总值的比例

从贵州省各市（州）发展状况可以看出，除了贵阳、遵义两市以外，贵州省其他各州市民营企业发展规模与经济体量区间都较小，民营企业整体发展相对滞后。从民营企业户数可以看出，贵州省各市（州）两极分化严重，贵阳市民营企业商户总数占到全省的近 33%，黔西南州民营企业商户数量不足全省的 6%。

贵州省拥有一批能够带头引领的龙头企业，诸如贵州通源集团、贵州信邦制药股份有限公司等。2018 年，贵州通源集团营业收入超过 219 亿元，信邦制药市值达到 68 亿元。但贵州省缺少关联集聚、产业链完整、品牌影响力大的民营企业，这需要在龙头企业引领下，促使本地民营企业逐步发展起来，使其成为贵州省经济增长的新动能。

（二）民营企业促进了地方特色产业的发展

贵州省民营企业主要集中在特色食品业、制药业、流通服务业以及商贸餐饮业。改革开放以来，贵州省民营企业通过几十年的发展取得了不小的成就，对经济增长也起到越来越重要的作用。

2016 年，贵州省民营企业规模以上工业实现主营业务收入 6878.3 亿元，同比增长 17.6%，实现利润总额 328.4 亿元，同比增长 13.8%。2017 年，贵州省民间固定资产投资呈现平稳发展态势。从分行业投资情况看，民营工业投资 1741.1 亿元，比上年增长 4.3%；民营房地产业投资 2026.2 亿元，比上年增长 0.3%；批发和零售业投资 203.7 亿元，比上年增长 24.5%；住宿和餐饮业投资 162.1 亿元，比上年增长 31.7%；交通运输、仓储和邮政业投资 122.8 亿元，比上年增长 21.3%；其他服务业投资 814.5 亿元，比上年增长 27%。

2018 年，贵州省大力开展政策落实、金融服务、降本减负、扩大民间投资、营商环境整治、领导干部联系服务企业六大专项行动，着力构建"亲""清"新型政商关系，为全省民营企业营造良好发展环境。截至 2018 年 12 月底，全省市场主体总量 268.17 万户，同比增长 7.46%，注册资本 6.60 万亿元，同比增长 14.90%。其中，企业 67.78 万户，同比增长 12.64%，注册资本 6.32 万亿元，同比增长 15.01%；个体工商户 193.58 万户，同比增长 5.57%，资金数额 1473.04 亿元，同比增长 13.90%；农民专业合作社 6.81 万户，同比增长 13.05%，出资总额 1330.91 亿元，同比增长 10.93%。从市场主体户数构成来看，个体私营经济占多数，达到 260.96 万户，占市场主体总量的 97.31%。其中，私营企业占个体私营经济总量的 23.21%，个体工商户占 74.18%，农民专业合作社占 2.61%。

"2018 贵州民营企业 100 强"实现营业总收入 1411.91 亿元，较上年下降 16.53 亿元，占贵州省民营经济主营收入的 21.07%；入围门槛为 1.3 亿元，较上年下降 0.76 亿元。"2018 贵州民营企业 100 强"榜单中有 19 户营业收入 20 亿元以上企业，比上年增加 2 户。贵州通源集团以营业收入 219 亿元名列榜首。

民营大企业在稳步发展的同时不仅扭转了利润下降趋势，而且实现了较大增幅，净利润和纳税总额双双超过百亿元。"2018 贵州民营企业 100 强"实现利润 111.24 亿元，较上年增加 12.71 亿元，增长率达 12.90%，占贵州省民营经济规模以上企业利润的 32.93%；纳税总额 102.42 亿元，较上年增加 18.72 亿元，增长率高达 22.37%。实现净利润过 1 亿元的有 33 户，贵州宏立城集团以利润 11.76 亿元、纳税 6.99 亿元位居第一。年度纳税超过 1 亿元的企业有 28 家，比上年增加 3 家。

民营企业积极履行社会责任，努力扩大就业。统计数据显示，2018 年，民营 100 强企业全年新增加就业人员 19965 人，总就业人员总数达到 140424 人，比上年增加 9301 人。为改善民生，缓解社会就业压力发挥了重要作用。

（三）贵州民营企业与全国比较还存在差距

以中华全国工商业联合会主办的中国民营企业 500 强排行榜为分析依据，其调研对象为年营业收入在 3 亿元人民币以上的民营企业，能上榜意味着该民营企业在生产、销售、规模等各方面都是民营企业中的佼佼者，是对企业强大的肯定。与 2017 年相比，2018 年的民营企业 500 强榜单发生了较大变化，有 104 家企业进入榜单。此外，民营企业 500 强入围门槛继续增长，达到 156.84 亿元，民营企业制造业 500 强的入围门槛为 74.65 亿元，民营企业服务业 100 强入围门槛为 215.10 亿元。在地区分布上，东部地区仍是主体，中西部地区发展迅速。东部地区入围企业 372 家，东北地区 40 家，中部地区 52 家，西部地区 36 家（见图 2）。

在西部地区共 36 家企业上榜，四川、新疆和重庆三个省（市、区）都有上榜的民营企业，且大多集中在重庆，共有 14 家，四川 8 家，新疆 3 家，而贵州却没有一家民营企业上榜，说明贵州民营经济与其他地区相比则差距还很大，贵州省民营企业实力还需提升与发展。

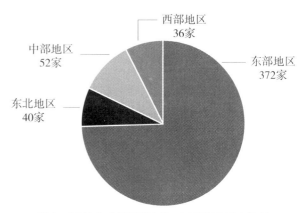

图 2　2018 年全国民营企业 500 强地区分布情况

二、贵州省民营企业融资现状得到很大改善

贵州省民营企业正处于规模扩张时期。在我国对民营经济大力扶持的背景下，民营企业的融资现状得到很大改善。在政府与银行的共同努力下，民营企业融资规模都得到一定提升，融资渠道得到拓展，融资成本逐步降低。

（一）融资规模与范围不断扩大

随着民营企业在我国经济地位的提升，企业规模的扩大带动了融资规模的增加。中国银行贵州省分行、中国邮政储蓄银行贵州省分行签订战略合作协议；贵州省中小企业局与贵州股权金融资产交易中心合作，积极推进企业上市融资，巡回在 9 个市（州）对 500 多家企业 1000 多人进行了融资培训，为缓解中小企业融资难、融资贵问题创造条件，并大力推进发展多层次资本市场。2018 年末贵州省 A 股上市公司 29 家，全国中小企业股份转让系统（新三板）挂牌公司 54 家，上市公司总股本 274.85 亿股，总市值 9378.53 亿元。全年企业通过资本市场累计募集资金 307.66 亿元，其中股票融资 72.99 亿元，债券融资 234.67 亿元。全年证券交易金额 19048.92 亿元，比上年下降 4.9%。积极协调解决辖区拟上市企业在上市过程中遇到的困难，支持和鼓励符合条件的民营企业到沪深交易所上市或新三板挂牌，拓宽民营企业融资渠道、扩大直接融资规模。2017 年以来，辖区 6 家民营上市企业实现首发融资 29.62 亿元，13 家新三板市场增发股份募集资金 7.78 亿元，4 家公司发行公司债券募集资金，共募集资金 31 亿元。由于政府和国家的大力支持，在未来两年贵州省民营企业融资规模将会更加壮大。

（二）融资渠道不断拓宽

贵州省政府针对融资渠道窄、融资成本高等问题，积极拓宽融资渠道，解决融资难、融资贵问题，资本市场融资渠道也不断拓展。

一是上市企业融资实现新突破。2018 年以来，6 家民营上市企业实现首发融资 29.62 亿元，13 家新三板市场增发股份募集资金 7.78 亿元，4 家公司发行公司债券募集资金，共募集资金 31 亿元。截至 2018 年末，全省共有 A 股上市企业 29 家，H 股上市企业 3 家，新三板挂牌企业 54 家，区域性股权市场挂牌企业 1554 家。

二是跨境融资及接收境外直接投资实现双增长。人民银行贵阳中心支行最新统计数据显示，2018 年全省企业实现跨境融资 27 亿美元，有力支持了实体经济的发展。用"远水"解"近渴"的贵州企业还有不少，2018 年贵州省企业利用境外资金达 35 亿美元，跨境融资及接收境外直接投资实现双增长，其中跨境融资总额达 27 亿美元，同比增长 80%；外商直接投资实际流入 8.02 亿美元，同比大幅增长 109.4%。境外资金流入对贵州省实体经济发展起到重要推动作用，降低辖内企业融资成本。随着跨境融资业务逐步发展，辖内企业利用境外市场低成本资金逐步增长，2018 年全省企业实现跨境融资中 1 年内短期借款平均利率约为 4.3%，一年以上中长期贷款平均利率约为 4.6%，相较同期借款成本分别可节约约 108 万美元和 83 万美元。企业通过跨境融资、境外股东投资等方式，借助国际市场实现资本项下资金融通，有效拓宽资金来源渠道，有力支持重点产业发展。2018 年贵州省企业共利用境外资金中 28.2 亿美元流入贵州省重点产业，包括高速公路建设、大数据企业发展、旅游基础设施建设等，占利用境外资金总额的 80.6%。

（三）融资成本逐渐降低

贵州省民营企业融资成本一直居高不下，近两年贵州省政府运用企业贷款贴息、利率优惠、完善管理制度、加大监管、货币政策工具等综合措施，切实解决融资贵问题。2017 年，政府支持民营企业项目 357 个，安排资金 27589 万元，带动项目总投资 128.1 亿元。2018 年上半年，支持民营企业项目 231 个，安排资金 18591 万元，带动项目总投资 107.5 亿元。通过运用各类货币政策工具，努力引导融资成本下行。2018 年以来，中国人民银行 4 次下调部分地方法人金融机构存款准备金率，累计新增可用资金 208 亿元，贵州省民营企业的融资成本逐渐降低。

（四）金融产品创新力度增强

金融机构在创新金融产品、金融服务、资金投入方式上发展迅速，为民营企业融资提供新的产品选择。2018 年，贵州省金融机构支持实体经济发展创新金融产品评选工作，评选出贵州省农村信用社联合社的一县一业"深扶贷"大数据金融项目等 42 个获奖产品。政府推进实施"黔农 e 贷""助农富·再创业""飞马贷"等融资政策，帮助民营企业获得低成本贷款支持。贵州省实施的"黔农 e 贷""助农富·再创业""飞马贷"等融资政策，均规定纳入融资政策产品的中小微企业贷款，银行利率在基准利率基础上，上浮均不超过 30%，为小微民营企业提供更稳定的融资方式。

（五）融资担保机构逐步完善

贵州省政府近两年积极发展小微企业贷款保证保险，为银行和借款人搭建融资桥梁，在借款人不能还贷时，由保险公司按保险合同向银行支付赔款。2018 年以来，保险公司已帮助 103 家民营企业增信，获得贷款 1916 万元，支付赔款 245 万元。同时，积极推进试点扶贫小额信贷保险，在普定试点"政府＋保险＋银行"的信贷风险分担机制，"特惠保"项目共为建档立卡贫困户提供了 5.62 亿元贷款风险保障。在政府和银行的共同努力下，搭建平台助力"险资入黔"，2018年贵州省新增保险资金投资67.17亿元，累计达465.6亿元。通过"保险资产管理信息交互系统"搭建贵州旗舰店，打造保险资金入项目沟通平台。

三、贵州省民营企业融资存在的问题

（一）民营企业融资环境不健康

1.融资渠道远不能满足企业发展需要

间接融资市场急需发展，在资本缺少投资途径的同时，企业严重缺乏发展资金。贵州省民营企业发展资金来源主要依靠内源融资、银行借款。但银行对民营企业的授信远远不能满足民营企业发展的需要，对民营企业来说银行的授信如同杯水车薪。

2.金融机构对民营企业的贷款门槛高、手续烦琐

商业银行等金融机构在贷款偏好上更倾向于大型企业和国有企业，银行在给民营企业贷款时一般有较高的抵押要求，在没有抵押的情况下商业银行不愿意通过信用贷款的方式放贷给民营企业。即使政府相关部门多次出台政策鼓励商业银行提高对民营企业的贷款比例，商业银行出于规避风险的考虑，对民营企业的贷款十分谨慎，抱着能不贷就不贷、能少贷就少贷心态的商业银行数量众多。商业银行的这种做法和观念普遍存在，国家对民营企业相关金融优惠政策无法有效落实。

3.直接融资市场发展落后

贵州省直接融资市场相对于其他省份起步晚、发展缓慢，直接融资注入民营企业的方式和渠道没有得到有效发展。具体表现为：一是证券机构的数量严重不足；二是证券机构本身质量和水平不高；三是通过股权融资的民营企业数量太少。导致贵州省资本市场落后的原因主要有以下几点：一是直接融资市场严重不规范；二是股权融资对企业各方面的要求普遍偏高；三是贵州省辅导上市的机构较少，工商业较落后。

4.融资成本太高

国家已出台一系列政策、法律降低融资成本，央行从2015年11月开始对民营企业实施针对性的降息措施，各省（自治区、直辖市）也积极响应。然而，出于民营企业资信程度等原因，使得其融资成本仍居高不下。民营企业规模小，一次性融资量相对不大，较难从金融机构取得超过两年的长期贷款，只得通过多次申请短期贷款缓解各个时期的资金问题。金融机构对民营企业的放贷往往较谨慎，相关手续苛刻复杂，给民营企业融资带来了不便，增加了其融资成本，退而求其次的民营企业向非正规渠道融资成为必然，而非正规渠道融资的利率往往比银行等金融机构高很多。

（二）民营企业自身素质亟待提高

1.民营企业发展参差不齐导致融资不易

贵州民营经济的整体规模在近几年得到了有效的提高，但全省民营企业发展整体质量参差不齐、产业结构严重失衡、科技创新动力不足，对资源的依赖性较大，民营企业主要集中在低附加值、低技术含量领域。民营企业在创新严重不足的情况下固定资产规模较低、可抵押资产较少、资信程度严重不足。为了保证资金安全，商业银行等金融机构对民营企业贷款十分慎重，民营企业很难拿到商业银行贷款，融资难问题迟迟无法解决。

2.民营企业家经营管理素质不高导致融资困难

总体看贵州民营企业取得了有效发展，但这种发展方式比较粗犷，民营企业发展出现严重的良莠不齐现象。最为突出的表现是民营企业家现代企业经营管理素质整体水平不高。一些民营企业家为了追逐企业市场份额和利润，不惜违反法律法规和突破道德底线，从事违法经营活动。这些行为极大地影响了商业银行等金融机构对民营企业的信任，同时也极大地提升了民营企业的经营风险。出于规避风险的考虑，金融机构对这些民营企业的融资会变得十分谨慎，通过减少对民营企业的贷款降低商业银行自身的资金风险。

3.民营企业对银行贷款的依赖程度较高

贵州省融资环境有待完善，直接融资市场发展的滞后性和不健康性并存。很长一段时间里，直接融资几乎就意味着高利贷。近几年，有关部门对民间高利贷的整治，经济下行压力巨大，民营企业更不敢轻易民间信贷，在其他融资渠道不畅通的情况下，民营企业仍然严重存在无钱可借的现象，通过银行借钱是民营企业最大的依赖。

（三）政府部门融资服务工作与意识有待提升

1.对民营企业的认识不到位

由于长期受传统观念影响，部分政府部门对民营经济作用性的认识还是比较模糊和模棱两可，没有正确认识到民营企业对经济活力的贡献和民营企业在脱贫攻坚上的重要作用。认识上的缺失导致了在民营企业融资工作上的不作为，进而间接导致了民营企业融资难。

2.政府部门的融资服务工作有待提升

政府相关部门对国营经济和民营经济差别对待较为严重。当国有企业有融资需求时，政府部门直接或间接地给予一定帮助。而当民营企业有融资需求时，政府部门不但不帮助他们解决实际问题，甚至有极个别部门存在"吃、拿、卡、要"现象，具体表现为在政治地位、社会地位和经济地位上区别对待民营经济和国有经济，甚至设置无形门槛。政府部门在工作过程中没有起到应尽的职责和义务。

3.在落实相关政策时不完全到位

由于对中央和贵州省委政策误读，严重影响了相关部门对国家和省级政策的实施。企业申报资金无法到位，存在拖欠现象；民营企业家子女就地入学等方面的问题，政府相关部门没有给予大力支持和帮助；民营企业从业人员社会保障方面优惠政策没有得到很好的落实；一些地方领导不熟悉民营企业融资相关工作，上一届领导制定的政策在领导变动后得不到很好落实。

四、贵州省民营企业融资对策建议

（一）改善民营企业融资环境

1.出台贷款政策，加大民营企业贷款力度

出台相应的定向贷款条例，通过条例的形式加强商业银行对民营企业的贷款支持力度。相关部门充当第三方为民营企业和银行的合作创造良好的沟通环境。全面提高银行对民营企业的扶持力度。通过大数据平台为企业和银行创造良好的互通机制，要求银行减少中间费用，对好处费等违法行为给予严厉打击，在银行这个重要的环节上给民营企业大力支持。

2.规范融资市场，营造投资生态

不断规范和发展直接融资市场，建立健全直接融资的监管体系和相关市场，为资本在贵州省投资营造良好的投资氛围和投资环境。设立专门的金融中介公司扶持和帮助民营企业面向"新三板""科创板"等直接融资市场进行融资。

3.创新金融产品和服务、改善资金投入方式

贵州省居民手里有一定数量的可贷资金，要为这些资金创造良好的投资渠道，通过制度的方式保护居民投资资金的安全，通过"互联网＋金融"的方式引导民间个人资金投资民营企业，让居民分享民营企业快速发展的经济成果。这种方案在全面降低民营企业融资成本的同时，还可以为普通居民提供良好的投资途径，让手里的余钱增值，同时实现企业财富和居民财富的增值。

（二）民营企业自我革新

1.全面提高民营企业从业人员的素质

为了企业的健康发展，民营企业家应不断提高自身素质。企业家应自己带头学习，提高民营企业从业人员的素质。甚至可以通过改革企业制度，引进管理人员，建立现代化的企业管理制度，企业创始人退居二线，享受企业的发展和经营的成果，却不直接参与企业的经营和管理。这对金融中介授信给企业、改善企业的融资环境、扩大企业经营规模具有极大的促进作用。

2. 建立完善支持小微企业的激励机制

建立考核激励政策，完善金融配套政策，把钱借给优质企业，同时用市场的力量淘汰低劣企业。民营企业应该积极提高自身的科技创新能力，降低对资源依赖性产业的投入，提高研发投入。建立健全现代财务报表制度，增加财务报表的透明性和真实性。全面提高民营企业的质量水平，而不是安于现状、止步不前。同时，积极肃清不求上进、不谋求变化的企业，在提高民营企业自身信用水平的基础上，要求商业银行等金融机构对民营企业融资提供必要的帮助，从而全面解决贵州省民营企业长期存在的融资难题。

3. 通过各种方式降低民营企业对大型银行的依赖

一是学习东部地区放宽民间资本设立银行的条件，让民间资本进入银行业，对大型银行形成有效的竞争压力；二是发动贵州省民间资本成立小额信贷公司；三是建立健全民营企业之间闲余资金的利用渠道。同时，民营企业之间可以对有发展潜力的企业提供担保，提高信用贷款的额度。

（三）转变政府职能

1. 全面改善政府部门对民营经济的认识

相关部门应该定期组织相关部门的领导学习和认知民营经济对社会的贡献。从政府部门内部开始，全方位地转变对民营经济的态度。只有思想意识发生了变化，才会对改善民营企业融资问题起根本性的作用，避免改善工作流于形式。改变政府部门对民营的态度，有利于从根本上改善贵州省民营企业融资问题。

2. 把政府工作的重心从监管转移到服务上

积极引导项目资金的定向流动，利用政府的特殊优势促进资金流向民营企业。推动中小企业进行技术改造、转型升级，吸引民间资本，促进银行对民营企业的贷款。长期以来，政府对民营企业都存在重监管、重审批、轻服务的问题。政府相关部门应把服务意识贯彻落实到平时的工作中，积极为改善民营企业的融资问题做出努力。政府部门甚至可以出面直接对接企业和银行，促进银行对民营企业的贷款。建立"点对点、人对人"的服务制度，从制度上杜绝懒政现象，为民营企业融资营造良好的融资环境，同时保护来贵州投资企业的合法权益。

3. 定期查实政策落实情况，督促整改落实

对拒不落实相关政策的机构，予以严厉的处罚，为民营经济快速发展提供良好的融资环境。对中小企业融资问题建立回头看、回头查的机制，对每一个政策落实情况都要定期检查、记录在案。在要求各部门落实好自查的基础上，监督部门定期做好抽查，对自查不力的机构依照相关规定严肃追究责任和处罚。

参考文献

［1］曹珂．金融发展、融资约束与中国企业出口参与［J］．中国经济问题，2018（3）：23–35.

［2］王一鸣，孙学工，刘宏伟等．贵州民营经济发展调研［J］．宏观经济管理，2015（6）：47–49.

［3］于蔚，汪淼军，金祥荣．政治关联和融资约束：信息效应与资源效应［J］．经济研究，2012，47（9）：125–139.

［4］侯龙．中小企业融资难的症结及解决途径［J］．中国金融，2008（3）：79.

［5］张鹏，施美程．金融市场化、所有制差异与融资渠道——基于世界银行中国企业投资环境调查的实证分析［J］．经济学家，2016（11）：54–62.

［6］H. Svaleryd, J. Vlachos. Financial Markets, the Pattern of Industrial Specialization and Comparative Advantage: Evidence from OECD Countries［J］.European Economic Review, 2005（49）: 113–144.

15 贵州省民营企业人才发展报告

改革开放以来，贵州省民营企业人才发展经历了起步期、调整期、发展期、转型期四个阶段，贵州省民营企业人才的发展数量与素质都持续提升。同时，贵州省民营企业存在人才总量不足、人才结构失衡、创新后劲不足、思想意识落后等问题。基于以上分析，本文从提升人才队伍素质、企业家队伍培养、吸纳创新人才、提供人才服务方面提出了推进贵州民营企业人才发展的对策建议。

1978~2018 年，贵州省民营经济逐步实现从全省经济"必要有益的补充"向"重要组成部分"跨越，民营经济已成为贵州省市场流通、民间投资、消费拉动、财源增加、就业稳定的重要力量。然而，在国际化和市场化竞争日益激烈的今天，贵州省民营企业仍然要面对最激烈的人才竞争。如何吸引、留住、用好人才是许多黔企、黔商亟待解决的重要问题。留住优秀人才，转变人才观念，对贵州省民营企业高质量发展具有重要作用。

一、贵州省民营企业人才发展阶段

改革开放以来，贵州省民营企业人才发展大致经历了四个阶段。

（一）起步期：1978~1989年

1978 年 12 月 18 日，中共十一届三中全会召开，决定实行改革开放的政策。在农村实行家庭联产承包责任制，在城市实行准许闲散劳动力从事修理、服务等个体手工劳动的政策。在十一届三中全会精神指引下，贵州的民营企业突破禁区，逐渐发展壮大。

（二）调整期：1989~2001年

1989~1991 年，民营经济发展在国民经济清理整顿中受阻，出现了三年的缓滞，大批在民营企业打工的农民工返乡。

1992 年，邓小平发表南方谈话后，民营经济冲破瓶颈，开始爆发式增长。1992 年 9 月，党的第十四次全国代表大会提出中国经济体制改革的目标是建立社会主义市场经济体制。1993 年 3 月，八届全国人大一次会议通过宪法修正案，提出"国家实行社会主义市场经济"，中国开始建立社会主义市场经济的基本框架，私营经济的发展开始具备了有利的宏观经济环境。

以 1992 年初邓小平同志南方谈话为契机，贵州省委、省政府提出了"放心、放胆、放手"发展非公有制经济的方针，相继出台了关于加快个体私营经济发展的"意见"和"决定"，提出对发展个体、私营经济实行"五不限"：不限发展比例、不限发展速度、不限经营方式、不限经营规模、不限经营范围。贵州省民营经济发展明显加快，1997 年私营企业达到 1.22 万户，是 1992 年的 5.54 倍，注册资本达 61.93 亿元。

1993 年 1 月 28 日，贵州省人民政府下发《关于加快个体私营经济发展的意见》，支持到国外经商办企业；党政机关、事业、企业单位的离退休人员、停薪留职人员、辞退职人员及停工待业人员、复员退伍军人，大中专毕业生，可申请从事个体工商户或私营企业的经营；允许经所在单位同意的在职人员利用业余时间从事临时经营，允许企业在职专职技术人员到个体户、私营企业兼职，支持各类人员从事经济中介（即经纪人）活动和经济、技术、法律咨询活动；支持高校、科研、设计单位各类专业人员，从事技术开发和咨询等服务业。

贵州省民营企业人才有了较快发展。1995 年，贵州非公有制经济单位数为 6647 个，占全省各种经济类型单位数的 11.82%。由于企业组织结构的调整和产权制度的改革，一部分企业实行了兼并、合并、联合等，虽然单位个数比上年减少 1045 个，但从业人数却较上年增加 2617 人，达 37.8 万人，占全省全部从业人员数的 16.06%，其中职工为 36.76 万人，占全省职工总数的 16.22%。

但贵州省民营人才的发展与全国相比差距较大。1998 年，贵州省城镇非公有制经济从业人员占城镇从业人员的比重为 39.6%，而全国已接近 50%。贵州省城乡私营、个体以及乡镇企业从业人员占全部从业人员的比重为 8.6%，而全国为 22.9%。贵州省乡村私营和个体经济从业人员占乡村从业人员的比重为 1.9%，而全国为 8.3%。

2000 年，贵州省私营企业 19979 户，雇工 256143 人，注册资金达 167 亿元。

（三）发展期：2002~2010年

2002 年 6 月 29 日，第一部关于中小企业和非公有制经济的法律《中华人民共和国中小企业促进法》出台。同年 11 月，中共十六大提出两个"毫不动摇"方针：必须毫不动摇地发展公有制经济；必须毫不动摇地鼓励、支持和引导非公有制经济发展。

2002 年底，贵州私营企业达到 23990 户，从业人员 258412 人，注册资金 2531531 万元。2002

年 4 月至 8 月对贵州省 30306 户中小企业进行的专项调查显示：在 30306 户中小企业中，就业人员有 1240711 人。其中，私营企业从业人员 194712 人，占 15.69%。

一批优秀的非公有制企业家和经营管理人才不断涌现，适应市场经济的能力不断增强，经营管理水平不断提高。非公有制龙头企业迅速崛起，形成了神奇集团、益佰制药、老干妈、星力百货、大昌隆、市西路小商品市场、遵义苟家井市场、三桥综合批发市场等一批主业突出、有一定规模和竞争力的非公有制企业。2004 年，贵州省销售收入在 5 亿元以上的非公有制企业有龙里县龙腾铁合金有限责任公司、贵阳南明老干妈风味食品有限责任公司、贵州益佰制药股份有限公司、贵州省安顺双牌铝业有限公司、贵州神奇药业股份有限公司龙里分厂等 6 家。

2006 年，中小企业、非公有制经济的快速发展，形成了巨大劳动力需求，吸纳了绝大部分劳动力的增量和存量转移，缓解了就业压力。例如，老干妈公司解决了 2000 余人的就业问题，贵州省红华便利公司聘用了 200 多名下岗职工，贵州永红食品公司共吸纳农村富余劳动力 1000 余人，解决下岗职工再就业 200 余人。据不完全统计，2006 年，贵州省仅非公有制企业从业人员就达 100 多万人，提供了全省 80% 左右的新增就业岗位。

2007 年，非公有制经济提供了 80% 左右的新增就业岗位。国有企业下岗人员、农民工、高校毕业生和复转军人相当大一部分在中小企业、非公有制企业实现了就业与再就业。

2010 年，贵州省民营企业发展到 77773 户，涉及行业广泛，规模较为庞大，投资上亿元、千万元的有数百家，年纳税额上亿元、千万元、数百万元的也不鲜见。造就了老干妈、益佰制药、百灵制药、信邦制药、神奇制药、百强集团、永红食品、长通集团、宏立城、朗玛信息、中天城投等一批本地成长起来的重点民营企业。规模不断扩大，发展后劲增强。民营企业成为增加就业、再就业的主渠道。

（四）转型期：2011年至今

2010年5月7日，《国务院关于鼓励和引导民间投资健康发展的若干意见》（又称"新36条"）发布。2012年4月19日，《国务院关于进一步支持小型微型企业健康发展的意见》发布。2010年，贵州省第十一届人大常委会第十二次会议通过《贵州省中小企业促进条例》。

贵州省于2011年、2014年、2016年、2018年召开了四次民营经济发展大会。2011年，出台《关于进一步加快全省民营经济发展的意见》，提出了8个方面38条鼓励支持民营经济发展的政策措施。同年5月，贵州省政府进一步出台《关于印发贵州省民营经济倍增计划的通知》。2016年，出台贵州省委、省政府《关于进一步促进民营经济加快发展的若干意见》，提出金融支持、财税支持、降低企业成本、强化市场主体培育、促进企业转型升级、优化发展环境和强化组织保障7个方面共38条促进民营经济发展的措施。2018年，出台《关于进一步促进民营经济发展的政策措施》，提出降低民营企业经营成本、缓解民营企业融资难题、全面放开民间投资限制等9个方面的举措。12月1日，开通"服务民营企业省长直通车"，为优化营商环境、搭建政府与企业的沟通渠道发挥重要作用。

贵州省民营企业逐步由粗放分散发展向集约集聚发展转变、从家庭作坊式管理向现代企业管理转变，由低要素成本向高要素成本转变，正处于从量的积累向质的提高转变的过渡阶段，肩负着做大总量和提升质量的双重任务。

二、贵州省民营企业人才发展概况

（一）人才数量不断增长

2018年，贵州省城镇新增就业达到77.71万人，民营经济从业人员占全省城镇从业人员的比重达80%，民营经济成为新增就业的主渠道。如表1所示，2018年，贵州省城乡私营企业就业人员数374.56万人，比2013年的161.65万人增长131.71%。

表1　贵州省城乡私营企业就业人员数

单位：人

年份	2013	2014	2015	2016	2017	2018
城乡私营企业就业人员数	1616547	2078228	2612056	2955707	3452125	3745630

资料来源：《贵州统计年鉴》（2013年～2018年）。

（二）人才素质持续提升

1.加强人才培训

通过国家中小企业银河培训工程、工信部"领军人才"培训和贵州省"中小企业星光培训工程"，贵州省以应届大中专毕业生、返乡农民工、退伍军人、中小微企业人员等为重点对象，提供精准化、定制化、专业化人才培训服务。支持职业技工院校与民营企业开展校企合作，建立实训基地，共建重点专业，为企业增智育才。2013~2016年共举办237期培训班，培训4.8万人（次）；2016年举办培训班58期，安排资金1097万元，累计参加培训人员12300人（次）；2017年举办培训班103期，培训人数25495余人（次）；2018年安排培训资金2000余万元。

2.开展职称评定

2013年，贵州省开始在全省组织开展民营经济组织专项职称评审。历届"两赛一会"获奖大师可直接申报专业技术职称，并安排专人进行"一对一"的申报辅导。2018年，贵州省民营经济组织专业技术职务任职资格高级评审委员会共评审出取得民营经济组织工程、经济、会计、农业系列相应专业技术职务任职资格人员共计60余人。

3. 建设双创基地

贵州省大力促进大众创业、万众创新，加强"双创"示范基地建设。2018年，贵州省省级以上科技企业孵化器、大学科技园和众创空间等双创孵化平台达到113家，高新技术企业达1173家，大数据企业9500多家，上云企业突破1万家，有效发明专利拥有量突破1万件，研发投入强度增幅居全国第二位，科技进步贡献率达到48.6%。"双创"基地建设促进了创新创业资源的集聚，还为创业人员提供培训、咨询及辅导等服务。

三、贵州省民营企业人才发展存在的问题与困难

（一）人才总量不足

贵州省位于西部欠发达地区，民营企业多数规模不大、实力不强，在管理制度、发展前景、员工待遇、稳定性方面都要逊色于国有企业，缺乏对人才的吸引力。高端人才难引进，普通人才留不住，专业技术人才欠缺。民营企业劳动力素质偏低，缺乏就业技能。此外，贵州省近年人口红利减弱，外出务工人口较多。部分民营用工企业待遇偏低，一批劳动密集型企业招工难。民营企业存在引才难、留才难、用工难的问题。

（二）人才结构失衡

1. 人才类型

贵州省民营企业适应现代经济发展需求的高层人才匮乏，并缺乏各类专业性技术人才。一是现代企业经营管理人才紧缺，市场营销、国际贸易、企业管理、财务管理、人力资源管理、生产管理等方面人才缺口较大；二是技术创新型人才匮乏，产业领军人才、高层次技术专家和高技能人才严重不足；三是专业技术、技工人才紧缺，中小企业大量的一线技工，很大部分来自农村，文化层次较低，知识型、技能型并具有较强学习能力的技工很少，难以适应技术水平较高的工作。

2. 行业结构

从表2可以看出，2018年，贵州省私营企业和个体就业人员数按行业分的比重，占比最大的是批发和零售业，达到37.72%，与上海和全国相比差距不大；住宿和餐饮业，居民服务、修理和其他服务业就业比重分别是11.13%、7.01%，与上海市1.93%、1.73%相比较高；而租赁和商务服务业的就业比重与上海和全国相比较低，只有6.50%，而上海达到了21.52%；制造业就业的比重与全国相比较低。批发和零售业，住宿和餐饮业，居民服务、修理和其他服务业是传统服务业，以个体户较多。从贵州的民营企业就业结构与上海及全国比较来看，贵州民营企业人才在传统行业差距不大，而在制造业及高端服务业差距较大、占比较小。

表2　2018年贵州省分行业私营企业和个体就业人员数

地区	贵州（万人）	比重（%）	上海（万人）	比重（%）	全国（万人）	比重（%）
合计	727.5	—	1470.8	—	37413.0	—
制造业	54.2	7.45	125.6	8.54	5775.8	15.44
建筑业	27.5	3.78	98.4	6.69	1765.4	4.72
批发和零售业	274.4	37.72	485.1	32.98	14495.2	38.74
交通运输、仓储和邮政业	18.9	2.60	45.2	3.07	963.7	2.58
住宿和餐饮业	81.0	11.13	28.4	1.93	2945.1	7.87

续表

地区	贵州（万人）	比重（%）	上海（万人）	比重（%）	全国（万人）	比重（%）
租赁和商务服务业	47.3	6.50	316.5	21.52	3038.4	8.12
居民服务、修理和其他服务业	51.0	7.01	25.5	1.73	2200.2	5.88

资料来源：《中国统计年鉴》（2019）。

（三）创新能力不足

贵州省民营企业由于技术基础薄弱、装备能力、财力不足，承受风险的能力弱，难以开展创新，员工的创新积极性不高，也吸引不了高层创新人才。从业人员大多数文化程度不高，农村村民、城镇下岗人员较多，高素质的技术、经营管理人才缺乏。家族企业多，用工都是连带关系，人员素质偏低。贵州省民营企业的创新意愿不强，创业同质化严重，创新要素缺乏，创业创新后劲不足。

（四）思想意识落后

贵州较落后与闭塞，思想观念落后，民营企业缺少未雨绸缪的竞争感和紧迫感，人才储备意识不强。多数民营企业家受"小富即安、小成即满"思想影响，进取精神不强，缺乏做大做强的胆量和气魄。在转型升级的新形势下，贵州省民营企业转型意识滞后，面临"不想转、不会转、怎么转"的困惑。家族企业较多，对人才的需求主要靠家族内部解决，专业人才较少，缺乏求新、求转的主动性和积极性；家族式管理权力高度集中，管理上以企业创办人的意见与好恶为主，管理缺乏规范性。

四、贵州省民营企业人才发展对策建议

（一）加大民营企业人才培养及评价力度，提升人才队伍素质

充分利用国家中小企业银河培训、工信部领军人才培训、浙江大学管理学院中小企业成长班及贵州省中小企业星光培训等人才培训平台，强化民营企业人才培训，加强民营企业人才队伍建设，提升民营企业人才队伍素质。推动民营企业的高层次人才继续教育以及技能人才的培养，开阔思路、拓展视野、更新理念，培养战略思维和创新能力。利用互联网手段，组织开展各类专业知识和专业技能培训。探索订单培养等新型校企合作人才培养模式。建立完善规范改制培育目标企业库。实施"全员素质提升工程"，大力推进民营经济组织技能人才队伍建设。

对企业经营者、主要管理人员组织专门培训，开展促进民营企业建立现代企业制度相关培训，围绕企业法人治理结构、企业资本运作、企业股本结构设计等内容，区分不同班次，开展针对建立现代企业制度试点企业的培训。借助企业经营管理人才素质提升工程，以工信部领军人才培训平台为依托，围绕五大新兴产业、"五张名片"、特色食品、民族民间工艺品等为重点的特色产业，统筹推进中小企业经营管理人才队伍建设，开展中小企业经营管理领军人才选拔培训。围绕农业产业化和大扶贫战略培训，根据民营经济各类产业需求，为民营企业提供量身定制培训，打造精准化、定制化、专业化人才培训服务。加强培训基地建设，与职业学校和大学等共同开展培训，提升办学水平。编制民族民间工艺品的统一教材，普及民族民间工艺品的基础知识，为民族民间工艺的创业就业人员提供普及读物。开展民营企业职业技能培训。加强与技工学校或职业技术院校联系，开展"订单式"培训，培养企业所需技能人才。

完善民营企业人才评价激励制度。加大民营企业高层次人才选拔力度，开展高层次人才认

定工作；完善民营企业专业技术人员职称评审制度，开展专业技术人才职称评定工作；完善民营企业技能人才评价制度，开展民营企业职业技能鉴定工作。以服务基层为重点，推行技能认定制度、职业资格证书制度和就业准入制度。加快民营企业尤其是规模民营企业专家型人才的培养和选拔。对在所属专业技术领域有发明、创造，相应技术达到全省领先水平并取得一定经济效益或社会效益，具有较大培养前途和发展潜能，在贵州省同行中有较大影响的优秀年轻人才给予重点培养和职称评定。

（二）推进现代企业高层人才体系建立，重视企业家队伍培养

大力激发和保护企业家精神，宣传民营企业各类人才典型事迹，对经营业绩好、管理能力强、社会贡献大、诚信守法的民营企业及企业家精神进行宣传，增强社会对民营企业的认同感。营造尊重劳动、尊重知识、尊重人才、尊重创新的良好环境。建立全省民营企业家信息库，加强跟踪考察和扶持培养。定期组织重点行业企业家走出去，拓宽视野，学习经验。建立个性化培训机制，开展"菜单式"培训。

将民营企业的各类优秀人才纳入党委、政府人才表彰奖励体系，在政府特殊津贴享受、学术技术带头人评选、青年拔尖人才培养、职级认定、职称评定等方面同等对待。对在产业发展方面具有重大贡献的企业家、在科技创新上做出重大贡献的个人或团队、在技能提升方面具有突出贡献的高技能人才或人才服务机构给予资金奖励。对符合主导产业方向的企业主要负责人和高级管理人员给予奖励。对被评选为省部级以上技能大师或技能大师工作室，给予资金奖励。以民营企业家培养为重点，开展企业经营管理人才能力素质培训。鼓励企业建设技能人才培训基地，对新认定的培训基地的建设费用和培训费用给予资金支持。以后备人才培养为重点，建立民营企业高级经营管理后备人才培养制度。通过多种方式，让青年企业家了解国家产业发展方向及政府重点扶持的领域；重点培养企业经营管理后备人才的现代企业管理能力和打造企业文化的能力；为企业高级经营管理后备人才搭建相互学习、交流的平台，促进他们共同成长。

（三）加大人才引进力度，吸纳创新人才

搭建各类专业人才向民营企业流动、集聚的公共服务平台。搭建人才交流平台，加强人才引进，不定期组织专场人才交流和引进活动。组织开展多形式的民营企业人才对接活动。加大定向培养、人才引进工作力度。支持省外科技人才带技术、带项目、带资金前来创业。结合实际支持科研人员、高校毕业生、返乡农民工等群体创业。组织开展招聘高校毕业生活动，鼓励高校毕业生到民营企业就业和自主创业。强化人才引进办法落实，坚持民营企业在职称评审等方面与国有企业享受同等待遇。

鼓励中高级技术及高级管理人员到民营企业服务，提升民营企业技术能力和管理水平。推动专家服务民营企业，探索在民营企业建立特聘研究员制度。推动民营企业高技能人才的引进，帮助民营企业引进省外专家，建立鼓励高校毕业生到民营企业就业的机制。设立人才专项资金，吸纳优秀人才，面向海内外引进和培育重点产业领域的创新创业人才、主导产业的领军人才，以及紧缺专业技术人才和高技能人才。

加强企业技术研发机构建设，为吸引专业技术人才搭建载体。鼓励和支持不同规模的民营高新技术企业分别建立技术研发中心，并选择一批符合产业发展方向的企业研发中心实行重点培育，招收和吸引高端研究人员到研发中心工作。鼓励和支持民营企业与国内外高校、科研单位共建研发机构，搭建产学研互动结合的良好平台。鼓励和引导大的民营企业在域外、境外和海外高端人才智力密集或产业结构同类技术领先的地区（城市）设立研发机构"借脑发展"。通过构筑科技人才创业创新平台，提升贵州省民营企业承载创新人才的能力。

（四）构建人才发展服务机制，加强人才服务平台建设

引导民营企业对人才培养与开发给予更多的重视与投入，企业的竞争不仅是质量、服务的竞争，更是人才的竞争。建立求才爱才、用才留才的观念，增强人才储备意识。使民营企业建立科学系统的人才资源开发、管理制度，公平合理的薪酬激励机制，完善福利保障，建立以人为本的企业文化。

成立人才服务专业机构，为各领域人才到贵州发展提供专业化、市场化、全方位代办服务。为企业创业人才提供全方位培训服务，打造企业家再创业基地。建立企业家实训基地，邀请国内外一流的成功企业家和著名专家，为区内创业者提供免费辅导和培训。与国际一流的房地产公司和物业服务公司合作，建设具有国际生活水准的领军人才高端社区，对符合主导产业方向和领军人才标准的国内外高端人才，实行免费入住。开通医疗教育"绿色通道"，为高端人才的医疗和子女入学提供便利条件，提供优质医疗资源、教育服务。加大公共就业服务，协助企业解决"用工难"。

参考文献

［1］贵州省统计局.贵州统计年鉴（2019）［M］.北京：中国统计出版社，2019.

［2］王叔宜，张怀宇，鲍贝贝.贵州省级"双创"示范基地达到48个［N］.贵州日报，2019-07-11（02）.

［3］张潇淼.贵州民营企业转型面临的问题及对策［J］.现代经济信息，2014（15）：492.

［4］国家统计局.中国统计年鉴（2019）［M］.北京：中国统计出版社，2019.

［5］陈英葵，张琴.贵州民营企业现状及发展战略路径研究［J］.贵阳学院学报（社会科学版），2010，5（1）：43-49.

［6］陆发云.制约贵州民营企业发展的内在因素分析［J］.贵州民族学院学报（哲学社会科学版），2004（2）：61-63.

附 录

附录1 1978~2018年贵州省民营经济发展大事记

1978 年

5月22日,贵州省革委会通知决定,贵州省工交办公室改建为贵州省经济委员会。

12月18日至22日,中国共产党第十一届中央委员会第三次全体会议在北京举行。党的十一届三中全会作出将全党工作重心向社会主义现代化建设转移的决定,明确提出"一定范围的劳动者个体经济是必要补充""决不允许把它们当作资本主义经济来批判和取缔"等论断,并通过返还被查抄的存款、被扣减的薪金、被占用的私房等措施落实党对民族资产阶级的政策,由此开启了民营经济的萌芽和起步。

12月24日,《贵州日报》在头版头条全文刊出了1978年12月22日通过的《中国共产党十一届中央委员会第三次全体会议公报》。

1979 年

6月15日至7月2日,全国政协五届二次会议召开。邓小平在开幕词中为民主党派"脱帽加冕",认为我国各民主党派"现在它们都已经成为各自所联系的一部分社会主义劳动者和一部分拥护社会主义的爱国者的政治联盟"。

10月1日,叶剑英在国庆讲话中明确城乡劳动者的个体经济"是社会主义公有制经济的附属和补充"。

10月11日至22日,中华全国工商业联合会第四届会员代表大会在北京召开,工商联工作开始全面恢复和重建。胡子昂代表大会作了《坚定不移跟党走,尽心竭力为四化》的工作报告,会议通过修改的《中华全国工商业联合会章程》,对工商联的性质和任务作了重新解释和界定。大会的召开对于打消原工商业者的顾虑,调动他们的积极性,为社会主义现代化建设作出贡献具有重要的历史意义。

贵州省认真贯彻落实党中央会议精神,对扶持个体经济发展采取了一些措施,包括从原材料供应和银行信贷方面给予支持、适当安排生产经营场地、制止乱摊费用等。

1980 年

3月11日,贵州省人民政府下发《关于开展扩大商业企业经营管理自主权试点工作的通知》。

8月2日至7日,全国劳动就业工作会议召开。会议提出"鼓励和扶持个体经济适当发展"的政策。

8月8日,贵州省人民政府下发《关于扩大企业自主权若干问题的具体规定的通知》。

8月17日,中共中央转发全国劳动就业工作会议通过的《进一步做好城镇劳动就业工作》的文件,明确"鼓励和扶植个体经济的发展",允许和提倡各种经济成分之间开展竞争。

9月2日,国务院批转国家经委《关于扩大企业自主权试点工作情况和今后意见的报告》,批准从1981年起,扩大企业自主权的工作,使企业在人、财、物、产、供、销等方面,拥有更大的自主权。

1981 年

6月27日至29日，中国共产党十一届五中全会在北京召开，会议通过《中国共产党中央关于建国以来党的若干历史问题的决定》，第一次作出了"我们的社会主义制度还是处于初级阶段"的判断，并鲜明地指出"一定范围的个体经济是公有制经济的必要补充"。这是我们党在正式文件中关于个体经济地位的首次明确提法。

7月7日，国务院发出《关于城镇非农业个体经济若干政策性规定》，规定个体经济是国营经济和集体经济的必要补充。从事个体经营的公民，是自食其力的独立劳动者。各地政府和各有关部门，应当认真扶持城镇非农业个体经济的发展，在资金、货源、场地、税收、市场管理等方面给予支持。

10月17日，中共中央、国务院在《关于广开门路，搞活经济，解决城镇就业问题的若干决定》中指出，"必须着重开辟在集体经济和个体经济中的就业渠道……一定范围的劳动者个体经济是社会主义公有制经济的必要补充……在社会主义公有制经济占优势的根本前提下，实行多种经济形式和多种经营方式长期并存，是我党的一项战略决策"。

11月1日，国务院批转发布国家经委、国务院体制改革办公室、国家计委、财政部、劳动总局、人民银行、全国总工会召开的京、津、沪、辽、鲁五省市经济责任制座谈会上讨论制定的《关于实行工业生产经济责任制若干问题的意见》，指出经济责任制是在国家计划指导下以提高经济效益为目的，责、权、利紧密结合的生产经营管理制度，要求进一步扩大企业经营管理自主权，保证企业生产、经营所必需的条件，使企业逐步成为相对独立的经济实体。

1982 年

9月1日，党的十二大报告《全面开创社会主义现代化建设的新局面》中明确私营经济"是公有制经济必要的和有益的补充"。

12月4日，第五届全国人民代表大会第五次会议通过并公布施行的《宪法》第十一条指出："在法律规定范围内的城乡劳动者个体经济，是社会主义公有制经济的补充。国家保护个体经济的合法的权力和利益。国家通过行政管理，指导、帮助和监督个体经济。"至此，个体经济的地位得到法律认可。

贵州省工商局召开全省市、州、地工商局局长会议，明确提出"发展城镇非农业个体经济是当前的一项长期政策"。

1983 年

3月，中央发出《关于发展城镇零售商业、服务业的指示》，指出应把积极发展集体和个体零售商业、服务业作为今后发展商业、服务的基本指导思想。

4月，国务院下发《关于城镇劳动者合作经营的若干规定》和《〈关于城镇非农业个体经济若干政策性规定〉的补充规定》，允许个体工商户购买机动车船，搞客货运输，允许长途贩运和批量销售；个体户可以在银行开立账户等。

8月30日，胡耀邦、万里、习仲勋等党和国家领导人，在中南海会见了300多名全国发展集体经济和个体经济安置城镇青年就业先进代表，并在怀仁堂举行座谈。胡耀邦在座谈会上发表了"怎样划分光彩和不光彩"的著名讲话，指出"凡是辛勤劳动，为国家为人民做了贡献的劳动者，都是光彩的"。

《贵州省国民经济和社会发展第六个五年计划（草案）》明确指出："鼓励从事个体劳动，要发展适合个体经营的手工业、修理业、饮食服务业和商业。"

贵州省工商局下发了《关于农村个体工商业的暂行规定》。

1984 年

1月1日至8日，胡耀邦等中央领导来贵州视察工作，并召集四川、云南、广西、重庆的领导到贵阳汇报工作，促成了"三省四方"经济协调会议。

2月8日至16日，贵州省政府党组召开有厅（局）党组书记或党员厅局长参加的党组扩大会议，着重联系贵州经济工作的实际，检查贵州省政府党组执行党的路线、方针、政策中存在的问题，清除"左"的影响。

2月8日，贵州省委发出《批转省城市经济体制改革座谈会议纪要的通知》。

4月14日，中共贵州省委、贵州省人民政府制定《关于发展专业户、重点户若干政策问题的规定》，并于15日公布于《贵州日报》。

4月17日，贵州盘县特区加工专业户杨洪吉前往广州参加春季交易会。他是贵州省第一个参加广州交易会的专业户。

4月29日，贵州省政府制定《关于放宽国营工业企业若干政策的规定》，并于5月3日公布于《贵州日报》。

6月，贵州省政府召开全省乡镇企业工作会议，提出了"松绑、放权、指导、服务"的方针，要求各地区、各部门彻底肃清"左"的影响，自觉地"铲门坎、拆关卡、开绿灯"，积极开创乡镇企业工作的新局面。

7月，贵州省委、省政府发出《关于大力发展乡镇企业若干问题的决定》，提出国家、集体、个人和大、中、小一起上，并放宽了税收、物价、流通、运输等方面的政策，涌现了一大批户办、联户办企业，很快形成了乡办、村办、组办、户办、联户办"五个轮子一齐转"的格局。

7月6日至11日，贵州省六届人大常委会举行第八次会议，会议审议批准了《贵州省保护农村专业户合法权益的若干规定（试行）》。

10月20日，中国共产党十二届三中全会通过《中共中央关于经济体制改革的决定》，明确指出"社会主义经济是公有制基础上的有计划的商品经济，商品经济的充分发展是社会经济发展的不可逾越的阶段，是实现我国经济现代化的必要条件，只有充分发展商品经济，才能把经济真正搞活"。这是对传统计划经济理论的一次重大突破，为我国全面改革经济体制奠定了理论基础。

11月26日至12月4日，贵州省委召开常委扩大会议，传达贯彻《中共中央关于经济体制改革的决定》。

12月，贵州东伟办公设备公司成立，以经营复印机及其消耗材料和开展维修保养业务为主业。

1984年，基层供销合作社组织开始把变"官办"为"民办"作为改革的核心。

1984年，贵阳圣泉彩印厂以3台旧印刷机成立。

1984年底，贵州省乡镇企业发展到20.38万个，从业人员增加到75.44万人，全年总产值12.40亿元。为了促进个体商业的发展，贵州省工商局提出了《发展个体工商户的十条措施》，不仅简化了申请办理营业执照的手续，而且还为他们提供经营场地，到1984年底，全省个体商业人员已增加到近16万人，城乡集贸市场已发展到2245个，集市贸易成交额117亿元，占全省社会商品零售额的24.4%。

1984年，贵州的城市和农村首次出现了民营科技企业各1户，城市出现的民营科技企业属于高新技术型企业。

1985 年

6月25日至30日，贵州省委、省政府召开城市经济体制改革座谈会。

8月2日，贵州省政府发布《关于进一步增强企业活力的若干规定（试行）》。

1986 年

1月，贵州省工商行政管理局作出了支持发展个体工商户的规定，要求各地每一名工商行政管理干部至少要扶持发展一户个体工商户。

5月3日，贵州省政府发布《关于推动横向经济联合的若干规定》。

1987 年

7月3日，贵州省政府作出《关于成立经济

联合组织审批程序的暂行规定》。

10月25日，党的十三大报告再次明确私营经济"是公有制经济必要的和有益的补充"。这是十一届三中全会以来党的代表大会首次正式承认并允许私营经济发展，是我国私营经济发展的一个重要转折点。

11月30日，全国著名企业家、河北省石家庄造纸厂厂长马胜利与贵阳市政府签订自1988年起、为期3年的承包贵阳造纸厂合同。

1988 年

4月，贵州省政府批准安顺市建立"深化改革，促进多种经济成分共生繁荣"试验区，可以充分利用省里给予的配套政策，以发展集体经济作为突破口，促进了多种经济成分的共同繁荣。

4月12日，第七届全国人民代表大会第一次会议通过并公布施行的《宪法修正案》规定："国家允许私营经济在法律规定的范围内存在和发展。私营经济是社会主义公有制经济的补充。国家保护私营经济的合法的权利和利益，对私营经济实行引导、监督和管理。"这是我国宪法首次赋予私营经济在社会主义经济制度中的合法地位。

5月14日，全省首家大型企业招标承包的开阳磷矿，选拔出中标人。

6月15日，国务院颁布《中华人民共和国私营企业暂行条例》《中华人民共和国私营企业所得税暂行条例》《国务院关于征收私营企业投资个人收入调节税的规定》，对鼓励私营企业的发展、加强对私营企业的管理有着重要的作用。

7月30日，马胜利承包后的贵阳造纸厂处境困难，贵阳市轻工局决定，由第一副厂长王振强行使厂长职权。

8月21日至26日，在青海省西宁市召开的全国轻工系统第三届民族用品先进企业评选会上，玉屏箫笛厂、兴义民族商品厂、镇远青溪铁锅厂榜上有名。

9月1日，贵州省农民企业家协会成立。

9月9日，经贵州省经委批准，授予贵阳市第二童装厂厂长王桂香等61人贵州省集体、个体企业优秀厂长（经理）称号。

9月26日至30日，党的十三届三中全会提出"治理经济环境、整顿经济秩序"的改革方针，并通过压缩投资规模、调整投资结构、提高存款利率、限制购买力、彻查在建项目、严控物价上涨等方式加强对宏观经济的监督管理。

12月8日，贵州省人民政府发布《贵州省企业新产品暂行管理办法》。

贵州省政府在贵州省经委内设"集体、个体经济处"，专门处理非公有制经济事务。

1989 年

3月18日，国家星火项目贵州布依地毯技术开发、蜡扎染民族工艺服装产品开发、蜡扎绞绣染花布开发利用，通过国家鉴定验收。

10月5日，贵州省经委批转《贵州省集体个体建材工业行业管理试行办法》。

10月24日，贵州省乡镇企业局划归贵州省经委管理，其工作职能和机构级别不变。

11月6日至9日，中国共产党第十三届中央委员会第五次全体会议审议并通过了《中共中央关于进一步治理整顿和深化改革的决定》（以下简称《决定》）。《决定》指出，在坚持公有制为主体的前提下发展多种经济成分；我国个体经济、私营经济是对社会主义经济的有益的、必要的补充。

1989年，民营经济发展的外部环境受到影响，对民营经济的认识也出现了波动，而"傻子瓜子"等企业主的贪污、挪用公款等现象更加重了人们对发展民营经济的担忧，"加强城乡个体工商户和私营企业税收征管"等措施使得民营经济发展受到影响。

截至1989年底，全国登记注册的个体工商户减少了205.6万户，从业人员减少了363.5万人。针对这一问题，党和国家领导人多次在重要场合肯定民营经济发展所取得的成就，提出民营经济是"社会主义有益的、必要的补充"，并指出国家继续发展民营经济的政策"在相当长的时期内是不会变的"。

1990 年

2 月 19 日至 25 日，贵州省七届人大三次会议在贵阳召开。贵州省长王朝文作了题为《进一步搞好治理整顿和深化改革推进全省国民经济持续稳定协调发展》的政府工作报告。

4 月 28 日，贵州首家专营贵州特产的商场在贵阳市遵义路开业。

5 月 12 日，贵州省七届人大常委会第十三次会议通过了《贵州省工业企业劳动卫生管理条例》。

6 月 5 日至 9 日，西南五省（区）七方第四届经济体制改革座谈会在安顺召开。

7 月 18 日，贵州省人民政府颁发《关于推进企业兼并的若干规定》。

1991 年

1 月 4 日至 8 日，全国经济体制改革工作会议明确提出，要围绕 20 世纪 90 年代经济体制改革的总目标，"建立以社会主义公有制为主体、多种经济成分共同发展的所有制结构"。

1 月 15 日至 19 日，贵州省七届人大常委会第十七次会议在贵阳举行，会议通过了《贵州省乡镇集体矿山企业和个体采矿管理办法》。

2 月 5 日至 10 日，李鹏到贵州视察工作，就开发贵州煤炭、水电、铝矾土和有色金属等作了重要指示。

7 月 1 日，江泽民在庆祝中国共产党成立 70 周年大会上的讲话中指出，要"采取适当的措施，逐步使得各种经济成分在整个国民经济中所占的比例和发展范围趋于比较合理"。

7 月，中共中央下发了《关于批转中央统战部〈关于工商联若干问题的请示〉的通知》。文件体现了邓小平理论中关于私营企业的方针和政策，是新时期各级统战部门指导工商联、开展经济领域统战工作的重要政策依据。在此推动下，党的非公有制经济人士统战工作蓬勃开展，经济领域统战工作方针政策日臻成熟。

7 月 30 日至 8 月 3 日，贵州省县长会议在贵阳举行。会议指出，县级经济发展的方向是发展社会主义有计划的商品经济，应坚持以公有制为基础，大力发展多种经济成分。

11 月，贵州省政府批准安顺市为继续"以公有制为主体、多种经济成分共生繁荣"的改革试点，明确提出从政策上扶持城乡集体经济的发展。

12 月 31 日，贵州私营经济研究会经贵州省民政厅正式注册登记成立。

1992 年

1 月 18 日至 2 月 21 日，邓小平在视察武汉、深圳、珠海、上海等地时，发表了著名的南方谈话，极大地推进了民营经济改革的进程。

2 月 13 日至 14 日，贵州省经济体制改革、企业技术进步工作会议在贵阳市召开，贵州省委书记刘正威作了题为《正确认识计划与市场，进一步发展贵州经济》的讲话。

3 月 20 日至 4 月 3 日，全国七届人大五次会议召开。李鹏在会上作出中国经济"治理整顿的主要任务已经基本完成"，下一阶段要"把改革开放的步子迈得更大一些"的论断。

4 月 17 日，贵州省委、省政府就贯彻落实邓小平南方谈话和中共中央政治局会议精神，发出《关于加快改革开放步伐加速经济发展若干问题的通知》。

6 月 1 日至 2 日，贵州省委召开地、州、市委书记会议，学习邓小平南方谈话和中央政治局会议精神，进一步讨论贵州改革开放，加速经济发展问题。

6 月 2 日，据《经济信息时报》报道，贵州私营经济研究会日前在贵阳成立。这是我国第一个研究探索私营经济的学术团体。

8 月，瓮安县农民郑雨书投资 80 多万元兴建装机容量 320 千瓦的个体水电站正式发电。

10 月 12 日，党的十四大报告明确把建立社会主义市场经济体制作为中国经济体制改革的目标，并确立以公有制为主体、多种经济成分共同发展的基本经济制度。

11 月 9 日至 13 日，贵州省委六届八次全委扩大会议在贵阳举行。

1993 年

1月4日，贵阳市一所全日制住读式私立小学——贵阳市私立联想小学正式成立挂牌招生。

1月28日，贵州省政府以黔府发〔1993〕3号文件批转贵州省工商局《关于加快个体私营经济发展的意见》（以下简称《意见》），要求各地各部门认真贯彻执行。《意见》就坚持实行公有制为主体，个体、私营经济等多种经济成分长期共同发展，继续放心、放手、放胆地发展个体、私营经济提出了13条意见。

2月28日至3月2日，贵州省经济体制改革工作会议在贵阳举行。会议主题是以转换企业经营机制为中心，推行各项配套改革。贵州省政府发布《贵州省全民所有制工业企业转换经营机制实施办法》。

4月28日，国家工商行政管理局发布了《关于促进个体私营经济发展的若干意见》，从登记注册、市场准入、参股方式、业务扩展等方面提出了相关措施以鼓励个体私营经济的发展。

6月10日至20日，国务委员、国家科委主任宋健到贵州考察时指出，当前科技体制改革的战略任务，是按照"稳定一头、放开一片"的方针，加快科技机构的结构调整和人才分流的步伐，要大力支持民办、民营科技企业。

6月，贵州省工商联首次组织有非公有制企业参加的26人考察团到新加坡、马来西亚、泰国和中国香港、中国澳门等国家和地区开展商务考察和业务访问，在上述国家和地区接触了工商界人士，考察了市场情况，洽谈签订了一批经济技术合作项目，出口成交额10多万美元。

7月16日至19日，朱镕基来黔视察，对贵州经济发展作了重要指示。

8月21日，贵州省政协七届三次常委会议讨论通过关于加快贵州个体、私营经济发展的建议案，提出了关于加快全省个体、私营经济发展的建议案。

8月，桐梓县委、县政府批准在桐梓经济开发区内建立了第一个个体私营经济试验区——"小康城"。该城位于县城河滨大道中段，城内设有菜市、摊点、汽车停息场，公厕、消防、保安、绿化景点、水、电等，市场以商贸、批发兼零售为主，集饮食、服务、加工、住宅及其他行业为一体。

11月9日至11日，贵州省城市政府联席会在遵义市举行第十次会议，集中研讨发展非公有制经济。贵阳、六盘水、安顺、都匀、凯里、铜仁、兴义、赤水、清镇、遵义10市市政府和毕节县政府的领导同志及有关部门同志出席会议。与会代表紧紧围绕调整经济结构，支持非公有制经济发展，集中进行了热烈讨论，交流了城市非公有制经济发展的基本情况、政策措施和主要经验。通过座谈讨论，取得了共识。

11月11日，贵州省政府发布《贵州省乡镇集体矿山企业和个体采矿违法处罚办法》。

11月25日至27日，贵州省工商行政管理局、贵州省工商行政管理学会、贵州省私营经济研究会在贵阳联合召开了私营经济研讨会。来自上海、天津、江苏、江西、河南、湖北、湖南、广西、四川和贵州10个省、市、自治区党校、社科院、工商联、工商局等单位从事个体私营经济理论研究和实际管理工作的同志70多人参加了研讨会。会议期间，共收到各类论文及调查报告50多篇。会上，与会同志就当前个体私营经济发展的理论、实践问题作了广泛深入的探讨。

1994 年

1月7日至8日，贵州省经济体制改革工作会议在贵阳召开。会议指出，今年经济体制改革的重点是加快转换企业经营机制步伐。

1月19日，黔东南州大型农贸市场——三穗富民市场开业。

1月19日，贵州东伟办公设备公司与中国房地产开发集团贵阳总公司、重庆纺织工业投资公司等共同发起组建了贵州东伟实业股份有限公司。

1月22日，国家工商总局以个字〔1994〕第

1 号通知，同意将黔东南州列为国家工商总局发展个体私营经济工作联系点。

4 月 28 日，贵州省商会成立。

5 月 1 日，个体工商户王元珍荣获全国先进个体劳动者和全国新长征突击手称号。

6 月 2 日，黔东南州发布《关于大力发展个体私营经济的决定》，提出 20 条鼓励个体、私营经济发展的突破性政策。

6 月 3 日至 9 日，贵州省工商联与贵州省委统战部、贵州省工商局在贵州省社会主义学院，联合举办全省非公有制经济代表人士培训班，来自全省 9 个地、州、市的部分县、市私营企业主和个体工商大户 45 人参加了学习。

6 月 7 日至 14 日，中共中央政治局常委、全国人大常委会委员长乔石到贵州考察，指出贵州资源丰富，特别是能源和有色金属，"江南煤海"的优势一定要充分发挥，要进一步解放思想，调动各族人民群众和广大党员干部的积极性，广泛吸取四面八方的有利因素，抓住机遇，把贵州经济搞上去。

6 月 25 日，贵州省委、省政府召开部分国有大中型企业负责人座谈会，通报当前工业运行情况和问题，贵州省长陈士能要求各级政府解放思想，敢闯敢冒敢试敢为人先，想企业所想，一手抓国有企业，一手抓非国有企业，研究和采取相应措施，尽快扭转工业生产的被动局面。

7 月 14 日，贵州省委、省政府发出《关于加快个体私营经济发展意见》（省发〔1994〕12 号），提出"对发展个体私营经济不限发展比例、发展速度、经营方式、经营规模、经营范围"，为个体私营经济加快发展创造了良好的政策环境。

8 月 4 日至 6 日，贵州省企业思想政治工作会议在贵阳召开，主题是以邓小平同志建设有中国特色社会主义理论和党的十四大以及贵州省委宣传思想工作会议精神，分析发展社会主义市场经济形势下建立现代企业制度过程中企业思想政治工作面临的新情况、新问题。会上表彰了一批思想政治工作优秀企业和个人。

10 月 6 日至 13 日，全国政协委员赴贵州考察团一行 32 人到黔，视察了解贵阳市、安顺地区、黔西南州、遵义地区以及贵州大中型企业、私营企业、乡镇企业等方面的情况。

10 月 25 日，成都希望集团投资 1500 万元与在贵阳乌当区野鸭乡建立的希望饲料有限公司正式签约。

12 月 25 日，贵州省委、省政府作出《关于实施开放带动战略打好扩大开放总体战的决定》。

1994 年，贵州黔城鞋业公司生产的旅游鞋和布鞋分别荣获贵州名牌产品和贵州省优秀新产品称号；在亚太国际博览会上，双双获得"受消费者欢迎的最佳产品"奖。

1994 年，贵州润丰集团总公司按照建立社会主义市场经济体制的要求，进一步解放思想，转变观念，在产权不变的前提下，实行了有偿有期限地将所有权与经营权分离，相继同下属企业润丰包装器材厂、润丰彩印复合膜厂签订了公有私营合同。

1994 年，贵州长寿长乐集团组建公司，进入大型企业的行列。公司拥有 4 个研究所（室），3 个制药、保健品厂，有 8 个公司涉足旅游、娱乐、矿产开采、房地产开发等行业，同时还在泰国设立了贸易公司。有职工 600 多人，固定资产 5 亿多元，1994 年销售收入 1.5 亿元，上交税收 2500 万元。所开发的"曾氏牌"生精散、长寿长乐补酒等系列产品获国内大奖 38 项。

1994 年底，贵州省已有民营科技企业 798 家。

截至 1994 年 12 月底，贵州省个体工商户达 339168 户、468046 人，分别比上年增加 21800 户、42845 人，增长 6.87% 和 10.08%；个体工商户自有资金 142058 万元，比上年增加 28696 万元，增长 25.31%，个体工商户全年创造总产值及营业收入 541341 万元，比上年增加 109139 万元，增长 25.25%；商品零售额 367791 万元，比上年增加 57192 万元，增长 18.41%；个体工商户的户均资金由 1993 年的 2700 元增加到 4200 元，增长 55.56%。在全省工商行政管理机关登记注册的私营企业 5155 户，比 1993 年增加 1422 户，增长 38.09%；私营企业雇工 88612 人，比 1993 年增加 26937 人，增长 43.68%。投资者 13177 人，比 1993 年增加 5806 人，增长 78.77%。

1995 年

3月4日，贵州康星植物油有限公司从法国引进日产50吨高级植物油的自动精炼生产线在金沙县建成投产。

6月21日至24日，贵州省科委、贵州省侨办、贵州省台办联合在贵阳举办1995贵阳高新技术展示暨投资洽谈会，旨在展示贵阳国家高新技术产业开发区建立以来的成就，扩大对外宣传，加大招商引资力度和促进相互间的经济技术合作。贵州航天、航空、电子三大军工企业和300多家国有企业及私营科技实体展示了近1000项高科技产品和待开展的高新技术项目。来自美国、法国、保加利亚、新加坡、马来西亚等国家和中国香港、中国台湾地区的近100家企业代表参加，达成37个合作开发项目、协议，引进外资总额3.5亿元人民币。

7月11日至17日，贵州省工商联在省社会主义学院举办全省非公有制经济代表人士培训班。来自全省9个地、州、市及其部分县、市（区）的30名非公有制经济代表人士，均为当地有一定经济实力和社会影响的私营企业厂长、经理。

8月24日，经贵州省政府批准，由贵州大夏校友会领办、贵州社会主义学院协办的贵州第一家民办高等职业大学——贵州大夏学院正式成立。

9月11日，海南海王集团公司、海南省民族对外贸易总公司注入资金3000万元，建设赫章冶炼厂粗锌冶炼二期工程与赫章冶炼厂合作项目在筑正式签字。

11月7日至10日，中共贵州省第七届委员会第四次全体会议在贵阳举行，审议通过了《中共贵州省委关于制定贵州国民经济和社会发展"九五"计划和2010年远景目标的建议》。

11月14日，贵州天和磷业股份有限公司第三期扩建工程——年产7000吨的大型磷炉点火投产。

1995年，贵州省工商联与贵州省委统战部会同有关部门，成立了"贵州省光彩事业推动委员会"及其办公室。

1995年，贵州省民营科技企业有846个（其中私营有386个，占45.63%），从业人员达1.7万人，实现科工贸收入6亿元，创利税1.5亿元。

1995年底，贵州省个体工商户发展到570925户514542人，注册资本（金）18.8亿元，总产值、营业额和社会消费品零售额分别为11.9亿元、72亿元和45.9亿元。

1995年底，在全省各级工商行政管理机关登记注册的私营企业7371户，比上年同期增加2216户，增长42.99%；投资者18841人，比上年同期增加5664人，增长42.98%；雇工105194人，比上年同期增加16582人，增长18.71%。

1996 年

6月15日至20日，全国人大常委会副委员长田纪云到贵州，深入贵阳市的企业和小河开发区考察，强调只有建立和健全适应市场经济发展的法律体系，而且得到有效的实施，社会主义市场经济才能健康有序发展，经济活动中的种种弊端和不良现象才能得到扼制，社会才能保持稳定。在听取贵州省委、省政府工作汇报后，田纪云指出，对贵州与发达地区之间的差距，既要看到自然条件、地理位置、经济基础上和政策上的差异是造成差距拉大的客观原因，更应清醒地认识到，差距在很大程度上是思想观念上的差距。

9月5日至7日，贵州省政协、贵州省委统战部、贵州省工商业联合会在筑召开全省非公有制经济代表座谈会，贵州个体、私营企业的83位厂长、经理、董事长出席会议，就如何加快全省非公有制经济发展进行研讨和交流。

9月19日，贵州天和磷业股份有限公司在瓮安投资新建的2×7000吨黄磷生产线投产。

9月24日至28日，在北京举办的全国"星火计划"实施10周年暨"九五"农业科技攻关成果博览会上，贵州有64个单位76项成果参展，其中神奇系列产品、长寿长乐系列产品、三丰有机复合肥等44个项目获奖，成交额达6473.2万元。

11月11日，贵州省工商业联合会美容业工会于在贵阳成立。

12月15日，贵州省委、省政府发布《关于进一步加快个体、私营经济发展的决定》(省发〔1996〕23号)。

12月16日至18日，贵州省经济工作会议在贵阳召开。会议主题是传达中央经济工作会议精神，深入贯彻落实党的十四届五中、六中全会精神和总书记视察贵州时的重要讲话，分析当前经济形势，安排部署1997年经济工作。

1996年，贵阳南明老干妈风味食品有限责任公司成立。

截至1996年底，全省共有城乡个体工商户37.86万户，注册资本(金)22.6亿元，全年实现营业收入116.88亿元。在全省各级工商行政管理部门登记注册的私营企业有10254户，比上年同期增加2883户，增长幅度为39.11%；投资者达27996人，比上年同期增加9155人，增长48.6%；雇工123467人，比上年同期增加18273人，增长17.37%。

1997年

3月21日，国际互联网网页贵州信息网正式开通。

3月31日至4月5日，贵州省长吴亦侠率贵州省农办、农业厅、林业厅、省乡镇企业局主要负责人深入到平坝、安顺、普定、镇宁、紫云4县1市20个乡镇及15个国有企业、乡镇企业和私营企业检查指导工作，强调当前必须集中精力搞好春耕生产，扎实苦干推进各项经济工作全面发展。

4月8日，由贵阳矿山机器厂与加拿大詹森国际集团有限公司共同投资创建的贵州詹阳机械工业有限公司正式成立。

5月23日，中共贵州省委办公厅、贵州省人民政府办公厅联合行文发出《关于成立贵州省发展个体、私营经济工作领导小组的通知》。贵州省发展个体、私营经济工作领导小组(以下简称领导小组)由省政府和有关部门领导参加组成，负责全省个体、私营经济的综合协调和指导服务，

研究、分析和处理个体、私营经济工作中的重大问题。领导小组组长由贵州省委常委、副省长胡贤生担任。领导小组办公室设在贵州省经贸委，具体工作由省经贸委非公有经济处承担。

5月30日，贵州省综合信息网已由贵州省信息中心开发设计完成并入国际互联网。

7月18日至20日，李鹏率国家有关部委负责人抵黔视察。

9月12日，党的十五大报告第一次把非公有制经济纳入中国基本经济制度，对我国所有制结构的理论与实践问题进行了认真总结，并对非公有制经济作了新的定位，即"非公有制经济是社会主义市场经济的重要组成部分"。

10月6日，贵州省委、省政府在贵阳举行省内部分非公有制经济企业负责人座谈会。

10月22日，贵州信邦制药有限责任公司银杏药品CMP标准生产线可行性研究报告及设计方案，在贵阳通过省级论证。

12月20日至22日，贵州省经济工作会议在贵阳举行。会议传达了中央经济工作会议精神，贵州省委、省政府领导就当前经济形势和1998年经济工作的总体要求和主要任务进行了全面部署。

截至1997年底，全省个体工商户已达404233户。全省个体经济总产值达207250万元，比上年同期增加66601万元，增长幅度为47.35%，占全省国内生产总值的20.38%。在全省各级工商行政管理部门登记注册的私营企业有12198户，比上年同期增加1944户，增长幅度为18.96%；投资者达32138人，比上年同期增加4142人，增长幅度为14.79%；雇工133511人，比上年同期增加10044人，增长8.13%。

1997年，全省乡及乡以上非公有制工业企业及单位有6815个，占全省的76.2%；工业增加值62.35亿元，占全省的30.5%；全省非公有制批发零售贸易商品购进总值达72.29亿元，占全省的16.1%；销售总额达82.59亿元，占全省的17.4%；非公有制社会消费品零售总额达200.89亿元，占全省的75.7%。

1998 年

6 月 22 日，贵阳首家股份制民办公助全日制普通中学——贵阳英语实验学校成立。

10 月，安龙县王明玉发明的"微细粒浸染型原生矿选冶设备"获国家"实用新型"专利证书。

11 月 2 日，贵州省政府办公厅以黔府办发〔1998〕99 号文印发贵州省经贸委《关于进一步促进我省非公有制经济发展意见的通知》（以下简称《通知》）。《通知》提出了切实加强对非公有制经济的引导；建立重点非公有制企业联系制度；充分发挥社团组织的作用；继续加大对非公有制经济的扶持力度；支持非公有制企业参与国有企业改革、改组；全面停止对非公有制经济的行政干预；认真治理"三乱"，减轻非公有制企业负担；鼓励国有企业下岗分流人员创办、领办非公有制企业；放宽政策，简化手续，鼓励兴办非公有制企业；加强舆论宣传，推动思想解放 10 条意见。

12 月 21 日至 23 日，贵州省经济工作会议在贵阳召开，传达贯彻中央经济工作会议精神，总结全省今年经济工作，分析当前经济形势，研究部署 1999 年经济工作。

12 月 26 日，贵州省政府举办建立现代企业制度专题讲座。

截至 12 月 30 日，全省贯彻执行贵州省委、省政府《关于放开搞活国有小型企业的决定》以来，共改制 2165 户国有小型企业。其中，实施股份制 156 户、股份合作制 231 户、拍卖 99 户、被兼并 16 户、破产 100 户、参股联合 104 户、分离重组 89 户、国有民营 150 户、抵押租赁 261 户、抵押承包 479 户、土地置换 52 户、引资嫁接 38 户、其他形式 300 户。一批改制后的企业重新焕发了生机。

截至 1998 年底，全省个体工商户发展到 43.16 万户，从业人员 63.64 万人，注册资本（金）36.22 亿元，私营企业发展到 1.59 万户，投资者 4.5 万人，雇工 16.35 万人，注册资本（金）91.38 亿元，全省非公有制（民营）经济固定资产已达 115.9 亿元，占全省的 41.3%。

1998 年，贵州省人民银行、省工商银行、省农业银行、省中国银行、省建设银行、省农业发展银行联合发文，对支持全省非公有制经济发展提出 10 项政策措施。

1998 年，全省各级工商行政管理部门登记注册的私营企业有 15912 户，比上年同期增加 3714 户，增长 30.45%，投资者 44998 人，比上年同期增加 12860 人，增长 40.01%，雇工 163562 人，比上年同期增加 30051 人，增长 22.51%，注册资本（金）913861 万元，比上年同期增加 294604 万元，增长 47.57%。

1999 年

3 月 5 日，贵州省委宣传部、省商务厅、省工商局和省技术监督局确定贵阳市中华中路为全省"百城万店无假货"活动示范街。

3 月 15 日，第九届全国人民代表大会第二次会议通过的《中华人民共和国宪法修正案》首次明确肯定了非公有制经济"是社会主义市场经济的重要组成部分"。

4 月至 12 月，贵州省经贸委、省电视台以"新的增长点"为题，对在非公有制经济发展中有特色、发展快、有代表性的 22 户非公有制企业和在推动地方非公有制经济发展中措施得力、狠抓落实、成效显著的毕节地区、铜仁地区、安顺市、钟山区、云岩区、桐梓县、金沙县进行了系列报道和宣传。

6 月 30 日，经中共贵州省委统战部、省民政厅、省工商联批准，贵州省非公有制经济发展促进会成立并在贵阳召开第一次会员代表大会。

8 月 18 日，贵州省工商联、工商银行省分行在贵阳签订合作意向书，为民营企业融资提供支持。

9 月 5 日至 8 日，贵州省政府在筑举办"99 贵州民营企业投资贸易洽谈会"，浙江、上海、广西等 11 个省（市、区）和中国香港企业代表，日本、新加坡等客商以及省内民营企业代表 1000 余人参加。共签订各类经济技术合作项目 96 项，协议投资金额 23.16 亿元；签订商品购销合同 11 项，成交额 2694.8 万元。

10 月 5 日，在深圳举行的首届中国国际高新技术成果交易会上，贵州省民营经济企业参展成果 17 项，成交 13 项，成交额 2.44 亿元，占贵州参展项目成交总额的 69.7%。

10 月 21 日，贵州首家为省内中小企业融资作信用担保的公司——贵州省众维中小企业信用担保有限公司在贵阳成立。

10 月 19 日，全国工商联五金商会在山东烟台正式成立，贵州私营业主——贵阳大光五金有限公司董事长吴石川当选首届会长。

11 月 10 日，贵阳格瑞纸品有限公司在贵阳建成贵州省首条年产 3000 万只环保餐具生产线并投入生产。

12 月 3 日至 5 日，贵州迎接西部大开发研讨会在贵阳举行。

1999 年，贵州省经贸委在全省非公有制企业中，选定 50 户作为重点联系企业。其中，贵州神奇制药有限公司、贵州益佰制药有限公司、贵阳久美企业发展有限公司、贵州大昌隆仓储式购物有限公司、贵阳老干妈风味食品有限公司、贵州永吉印务有限公司 6 户企业被选定为国家经贸委重点联系企业。

1999 年，贵州省政府出资 3000 万元成立贵州众维中小企业信用担保公司，不分所有制，择优扶强提供信用担保，以解决中小企业，特别是非国有制企业贷款难、担保难的问题。

截至 1999 年底，全省私营企业累计达 17619 户，从业人员 231601 人，注册资本 1108961 万元，与上年同期相比，分别增长 11%、11%、21%。

截至 1999 年底，全省注册的个体工商户有 432920 户，从业人员 666387 人，注册资本（金）393752 万元，工业总产值 289081 万元，营业额 1455818 万元，社会消费品零售额 884643 万元，与上年同期相比分别增长 0.29%、4.7%、8.6%、30.5%、14.8%、12.7%。全省个体经济国内生产总值占全省国内生产总值的 20.3%。

2000 年

1 月 27 日，贵州省非公有制经济发展促进会在贵阳成立。

2 月 15 日，贵州省非公有制经济投诉中心在贵阳成立。

3 月 24 日，贵州领先食品有限公司、南方汇通股份有限公司、铁道部贵阳车辆厂等企业共同投资组建的省内首家混合型经济企业集团——贵州领先食品股份有限公司在贵阳成立。

1 月至 6 月，贵州省及 9 个地州市和部分县（区）相继设立了非公有制经济投诉中心，贵州省非公有制经济投诉中心共收到并处理或责成有关方面处理各类投诉和问题 60 余起，切实保护了非公有制经济的合法权益。

7 月 26 日，贵州商汇经济担保有限责任公司成立。

9 月 19 日至 20 日，全国政协民族和宗教委员会调研组抵筑，就部分民营企业、非公有制经济发展现状及存在问题进行调研。

11 月 6 日，中共贵州省委召开省级各民主党派、工商联负责人和无党派人士座谈会，征求对《中共贵州省委关于制定贵州省国民经济和社会发展第十个五年计划的建议（征求意见稿）》的意见。

11 月 14 日至 16 日，贵州省委八届六次全会审议通过《中共贵州省委关于制定贵州省国民经济和社会发展第十个五年计划的建议》。

12 月 5 日，中共中央总书记在全国统战会议上指出，要"继续鼓励、引导"非公有制经济健康发展。

12 月 8 日至 12 日，在昆明举办的首届中国民营企业交易会上，贵州代表团签约经协项目，协议资金达 6.6 亿元。

12 月 25 日，贵州省委、省政府召开全省非公有制经济表彰电视电话会，对先进单位、企业和优秀个体工商户进行了表彰。

12 月 30 日，贵州省召开首次全省中小企业工作会。会议明确了全省近期中小企业工作的指导思想。

截至 2000 年 12 月底，全省私营企业累计已达 19979 户，从业人员 256143 人，注册资本（金）167.14 亿元，与上年同期相比，分别增长

13.39%、10.60% 和 50.72%。全省注册的个体工商户有 369182 户，从业人员 533513 人，注册资金 39.74 亿元，分别比上年同期下降 14.72%、19.94% 和增长 0.93%；工业总产值 21.41 亿元，销售总额及营业收入 145.56 亿元，社会消费品零售额 101.82 亿元。

到 2000 年末，贵州省非公有制经济注册资金 206 亿元；当年固定资产投资总额达到 121.38 亿元，占全省全部投资总额的 31.1%。同年，全省非公有制工业产值为 230.35 亿元，比 1999 年增长 24.8%，增速高于公有制经济 13.6 个百分点；在全省工业总产值中非公有制经济所占比重为 6.93%，增幅比上年增加 2.3 个百分点。城镇个体私营企业吸纳就业人员 63 万人，占城镇从业人员的 24%。

2001 年

3 月 30 日，贵州省成立了全省推动中小企业发展工作领导小组，负责全省中小企业工作的统筹规划、组织领导和政策协调工作。成立全省推动中小企业发展联席会议。

5 月 15 日，贵州省长石秀诗在筑就贵州实施西部大开发战略部署接受香港无线电台记者采访。

6 月，贵州牛来香实业有限公司获得"绿色食品"称号，成为贵州肉制品行业首家获此殊荣的企业。

11 月 15 日，贵州省人民政府下发《贵州省人民政府批转省经贸委关于鼓励和促进中小企业发展若干政策意见的通知》（黔府发〔2001〕40 号），从结构调整、技术创新、财税扶持、拓宽融资渠道、建立信用担保体系、健全社会化服务体系、创造公平竞争的外部环境和加强组织领导等方面提出了具体意见。

12 月，贵州神奇集团获国家人事部批准设立博士后科研工作站。这是贵州首家被批准设立博士后科研工作站的单位。

12 月 11 日，中国加入世界贸易组织（WTO），民营经济改革进入新篇章。

2001 年，仙灵药业、信邦制药、益佰制药等股份有限公司已进入上市辅导期。阿哈科技、世宇实业、威门药业、盛华源、新天药业已完成企业改制，按照《公司法》和国家有关规定，设立了规范的股份有限公司。

2001 年，全省医药工业产值超亿元的前十户企业均为非国有企业，依次为：贵州神奇、贵州益佰、安顺制药、贵州信邦、贵州益康、贵阳新天、贵州三力、贵州家诚、贵州仙灵、贵州汉方。

截至 2001 年底，全省注册的个体工商户有 394124 户、从业人员 579231 人、注册资金 47.77 亿元，分别比上年同期增长 6.76%、8.57% 和 20.22%；工业总产值 20.82 亿元，销售总额或营业收入 130.06 亿元，社会消费品零售额 90.42 亿元，分别比上年同期下降 2.78%、10.65% 和 11.2%。全省私营企业已达 22248 户，投资者 63414 人，雇工 219719 人，注册资本（金）211.69 亿元，分别比上年同期增长 11.36%、11.81%、10.18% 和 26.66%。

2002 年

11 月 8 日至 14 日，党的十六大召开，会议第一次明确提出"必须毫不动摇地鼓励、支持和引导非公有制经济共同发展""个体、私营等各种形式的非公有制经济是社会主义市场经济的重要组成部分，对充分调动社会各方面的积极性、加快生产力发展具有重要作用"。会议通过的《中国共产党章程（修正案）》扫除了私营企业主无法入党的障碍。

4 月至 8 月，经贵州省政府批准，贵州省经贸委、省统计局、省中小企业领导小组办公室、省企业调查队等单位对全省 30306 户中小企业进行了一次专项调查。

5 月 28 日，贵州同济堂药品配送有限公司正式投入运作。

6 月 5 日至 7 日，在云南省昆明市举办的 2002 年度劳动就业服务企业、小企业第十届优秀质量管理小组成果发布会上，贵州省有 3 家劳动就业服务企业获得了奖项。其中，贵阳东方变压器厂和贵州牛来香实业有限公司分别获得全国劳动就业服务企业、小企业质量管理小组活动优秀企业称号和优秀质量管理小组三等奖；贵阳东方变压器厂试验班获得全国劳动就业服务企业、小企业优秀质量信得过班组称号；贵州天毅企业有限公司的黄利贤和贵阳东方变压器厂的周洪良获得优秀质量管理推进者称号。

6月，贵州首家私营影视公司——贵州巨日影视有限责任公司在贵阳成立。

7月，贵州天龙魔芋食品公司研究发明的"人造米及其制作方法"获日内瓦国际专利技术成果博览会金质奖。

到2002年底，全省共有规模以上非公有制经济工业企业876个，与上年相比，增加91个。其中，私营企业352个。

截至2002年底，全省注册的个体工商户有385249户，从业人员569860人，注册资金52.04亿元，分别比上年同期减少2.25%、1.62%和增长8.94%；工业总产值20.92亿元，销售总额或营业收入99.38亿元，社会消费品零售额102.94亿元，分别比上年同期增长0.53%、下降23.59%和增长13.85%。全省私营企业已达23900户，投资者61288人，雇工197124人，注册资本（金）253.15亿元，同比分别增长7.83%，减少3.35%、10.28%和增长19.58%。

2003 年

1月13日，贵州在北京人民大会堂举办"赖永初酒"产品推介会，全国人大常委会副委员长王光英、蒋正华，中共中央统战部、全国人大办公厅、全国政协办公厅及有关部门200多人参会。

11月15日至17日，中共贵州省委员会九届四次全会在贵阳召开。会议审议通过《中共贵州省委关于贯彻落实〈中共中央关于完善社会主义市场经济体制若干问题的决定〉的意见》，并从10个方面部署了贵州深化社会主义市场经济体制改革工作。

12月22日，贵州省政府建立全省推动中小企业发展工作联席会议制度。召集人为张群山副省长；成员有省政府副秘书长吴跃以及省经贸委、科技厅、财政厅、劳动与社会保障厅、省贸易与合作厅、人行贵阳中心支行、证监会贵阳特派办、国税局、地税局、工商局、乡镇企业局、工商联、工行省分行、农行省分行、中行省分行、建行省分行等单位的领导。办公室设在贵州省经贸委，谢谦兼任办公室主任。

2003年底，全省共有规模以上非公有制经济工业企业1092个，比上年增加216个。非公有制经济工业企业占全部规模以上工业企业单位数的比重为51.3%。其中，私营企业489个，占44.8%。

截至2003年底，全省注册的个体工商户415492户，从业人员616493人，注册资金59.35亿元，分别比上年增长7.85%、8.18%和14.03%；工业总产值28.31亿元，销售总额或营业收入103.41亿元，社会消费品零售额124.63亿元，分别比上年增长35.27%、4.06%和21.06%。全省私营企业已达28100户，投资者72471人，雇工222723人，注册资本（金）298.97亿元，分别比上年增长17.13%、18.25%、12.99%和18.1%。

2004 年

1月13日，136名原中国南车集团贵阳车辆厂职工脱离国有企业，以自然人身份创立了中央在黔企业第一家民营股份公司——贵州汇新科技发展有限公司，成为中央在黔企业实行辅业改制、带资分流改革第一家。

1月15日，贵州首次采用BOT方式建设的大方水厂正式开工。

1月16日，贵阳南明区老干妈风味食品有限责任公司2003年度上缴国税、地税7923万元。

2月9日，浙江客商投资1000万元在贵州贞丰县挽澜乡兴建大亚焦化厂工程开工。

2月28日，浙江金华欧洲城汽车投资集团有限公司与贵州航空工业集团、贵阳经济技术开发区合作的占地2000亩，总投资32亿元人民币，年产高档客车5000辆，轿车10万辆，新增就业岗位 9800 个，带动贵州汽车零配件等相关产业发展的贵州贵航青年汽车制造项目在贵阳签约。

2 月 28 日，浙江青鸟集团注资 1 亿元开发经营贵州国家重点风景名胜区兴义市马岭河峡谷——万峰湖特许经营 50 年项目在兴义市签约。

3 月 8 日，贵州益佰制药股份有限公司采用配售方式向社会公众发行股票 2000 万股，成为贵州首家上市的民营企业。3 月 23 日在上海证券交易所正式挂牌上市。

3 月 14 日，第十届全国人民代表大会第二次会议通过的《中华人民共和国宪法（修正案）》规定："公民的合法的私有财产不受侵犯。"

3 月 26 日，全国工商联、劳动和社会保障部在人民大会堂隆重表彰了 125 家为扩大就业和促进社会保障工作做出突出贡献的民营企业，其中包括贵州凯里瑞安水泥有限公司、贵州鸿基（集团）房地产开发有限公司、贵州恒霸药业有限责任公司 3 家民营企业。

4 月 3 日至 5 日，贵州省国资委、贵州省经贸委、中国证监会贵州监管局、贵州团省委、深圳证券交易所在贵阳举办了"贵州省中小企业改制上市培训班"，由深圳证券交易所副总经理陈鸿桥等人组成的资深专家团为贵州省企业、政府各部门 600 余人进行了生动、丰富、贴近实际的讲解、引导。

4 月 28 日，福建商人投资 6000 万元的闽光电化工业有限公司在安顺普定县启动。

4 月，贵州省政府决定设立"省中小企业发展专项资金"，每年 2000 万元。贵州省经贸委、省财政厅印发了《贵州省中小企业发展专项资金管理暂行办法》，明确了专项资金的主管部门为贵州省经贸委、省财政厅，执行管理部门为贵州省中小企业局。这是贵州省第一笔明确重点支持方向是非公有制企业的专项资金。该专项资金 2004 年扶持中小企业、非公有制企业项目 89 个。

5 月 27 日，由深圳环湘发展有限公司投资 1 亿元组建的贵州印江环湘锰业发展有限公司在印江县开工建设，其是国内最大的电解锰厂。

5 月 28 日，贵州省出台《贵州省国家税务局关于再次提高增值税起征点有关问题的通知》（黔国税函〔2004〕149 号），对非公有制经济在创业、提供就业与再就业岗位、技术创新、技术开发、技术转让等方面实行税收优惠政策，非公有制经济在上述方面的税收政策优于公有制企业。

6 月 29 日，贵州镇宁生物工业有限公司总投资 4500 万元、年产 1000 吨优质明胶生产线建设项目开工。

9 月 16 日，贵州省中小企业局（贵州省非公有制经济办公室）正式挂牌成立，为副厅级行政工作机构，与贵州省非公有制经济办公室合署办公，实行两块牌子一套工作班子，下设综合处、政策法规处、中小企业发展处、非公有制经济处，主要职责是负责对全省中小企业、非公有制经济改革与发展工作进行综合协调、指导和服务。

10 月 18 日，贵州组织多家非公有制企业参加广州"第一届中国中小企业博览会"。

10 月 29 日，贵州省劳动和社会保障厅、贵州省工商业联合会联合对 27 家就业和社会保障先进民营企业进行了表彰。

2004 年，贵州省中小企业局利用国家中小企业发展专项资金开展中小企业"银河培训"工程，免费为省内中小企业培训管理、财务、营销、产业政策、网络维护等方面的人员 800 多人。

2004 年，贵州省人大常委会审议通过了《贵州省外来投资者权益保障条例》，贵阳市出台了《贵阳市非公有制经济发展办法》，黔南州制定了《个体工商户、私营企业权益保护条例》，公安部门制定了安商护商的 30 条措施，全力为外来投资保驾护航。

2004 年，全省共有规模以上非公有制经济工业企业 985 个，占全部规模以上工业企业单位数的比重为 42.3%。其中，私营企业 644 个，比上年增加 155 个，所占比重达到 65.4%。

截至 2004 年底，全省共有个体工商户 433096 户，从业人员 630722 人，注册资金 629003 万元，分别增长 4.24%、2.31%、5.98%。全省个体工商户实现生产总值 15.8 亿元，销售总额 98.9 亿元，社会消费品零售总额 75.6 亿元，分别比上年下降 7%、增长 63%、28%。全省共有私营企业 36105 户，投资者 91943 人，雇工 275851

人，注册资本（金）418.4亿元，分别比上年增长28.49%、26.87%、23.85%、39.95%。全省私营企业户均注册资金达115.8万元。全年全省私营企业创总产值46.9亿元，实现销售总额60.6亿元。

2005 年

2月，国务院以"3号文件"的形式发布了《关于鼓励支持和引导个体私营等非公有制经济发展的若干意见》，从放宽市场准入、加大财税金融支持、完善社会服务、维护合法权益、引导提高自身素质、改进监管体系、加强政策协调七个方面制定了36条促进非公有制经济发展的政策措施。此后，各地区、各部门纷纷出台了相关落实、配套措施。

2月5日，贵州省中小企业局开通了"中国中小企业信息网贵州信息网"。

5月24日，贵州省人民政府颁布了《关于贯彻〈国务院关于鼓励支持和引导个体私营等非公有制经济发展的若干意见〉的意见》。贵州民营经济发展正进入一个千载难逢的重要战略机遇期。

6月8日，贵州首次为全省50家诚信民营企业授牌。

9月5日至6日，2005中国民营企业家遵义行座谈会在遵义市举行。全国23个省、区、市的300多名代表参会。会议期间还举办了投资洽谈会，共签约59个项目，协议投资总额235.4亿元。

12月2日，贵州首家民营能源集团——贵州黎明能源集团公司成立。

12月2日，贵州省司法厅出台了《贵州省法律服务工作者为非公有制经济提供法律服务的指导意见》。该意见规定了法律服务工作者的主体、服务对象、服务范围和形式以及为非公有制经济提供法律服务应当注意的事项等。

截至2005年底，全省注册的个体工商户431662户，从业人员596604人，注册资金64.31亿元，分别比上年同期下降0.33%、5.41%和增长2.24%。全省私营企业41484户，投资者184508人，雇工322004人，注册资本（金）513.85亿元，分别比上年同期增长14.90%、

100.68%、16.73%和22.81%。

2006 年

3月，由贵州省中小企业局（贵州省非公有制经济办公室）与贵州省经济体制改革研究会合作完成的《贵州省非公有制经济现状调查研究报告》，通过了由贵州省委讲师团、贵州省政府发展研究中心、贵州省社科院、贵州大学、商专，以及人大、政协、工商联、经贸委、统计局、工商局等单位的专家、学者组成评审组的评审。

4月7日，贵州省工商业联合会第九届执行委员第五次会议在贵阳举行。贵州省委就积极引导非公有制经济人士参与新农村建设提出要求。工商联不仅要为党委、政府民主决策、科学决策当好参谋，为非公有制经济发展当好领路人，更要引导广大非公有制经济人士积极参与建设社会主义新农村的伟大实践。各级工商联组织要广泛凝聚非公有制经济人士的智慧和力量，充分发挥统一战线的优势和作用，紧紧围绕中央和省委的决策和部署，为扎实推进社会主义新农村建设献计出力。

5月24日，贵州省政府发布《贵州省人民政府关于贯彻国务院关于鼓励支持和引导个体私营等非公有制经济发展若干意见的意见》（黔府发〔2006〕14号），该意见在市场准入、财税支持、保障权益等方面提出了具体政策意见。

5月，国家人事部批准益佰公司设立博士后科研工作站。

6月，国务院法制办公室、国家发展和改革委员会联合下发《关于开展清理限制非公有制经济发展规定工作的通知》（国法〔2006〕12号），与36条促进非公有制经济发展的政策措施相比，其明确了现有规章、规范性文件及其他文件的清理重点、清理原则、清理工作的组织和实施等内容。

6月26日，贵州首个民办高校——亚泰学院正式揭牌。

7月18日，由贵州省委宣传部主办、贵州省社科联承办的"贵州省社科界促进非公有制经济

快速健康发展座谈会"在贵阳举行。与会同志紧紧围绕贵州省发展非公有制经济面临的问题以及促进非公有制经济持续健康发展应采取的政策措施等问题进行认真讨论。

8月19日，经商务部批准，贵州省中外合资百货零售企业贵州神奇百盛商业发展有限公司成立。公司投资总额1400万元人民币，注册资本1400万元人民币。公司经营范围为商业零售、组织国内产品出口业务、自营商品的进出口业务等。

9月，贵州省中小企业局组织56家中小企业、非公有制企业参加第三届中国国际中小企业博览会暨中意中小企业博览会，共设46个展位，共签订正式销售合同和意向合同184个，金额3.8亿元。

10月17日至20日，第四届中国国际农产品交易会在京开展。贵州47家企业110种产品参展，总成交额5亿余元。

11月18日，总投资25亿元的循环经济建设项目——贵州开阳化工有限公司50万吨特大型合成氨项目在开阳县开工。

2006年，全省非公有制企业中，有4户企业分别荣获"中国驰名商标""中国名牌产品""中国专利优秀奖"称号，5户企业获贵州省十大名牌产品奖，5户企业获贵州优秀专利奖，6户企业获贵州省十大著名商标奖。

2006年，在由渣打银行主办、国家发改委中小企业司特别支持的第一届"中国最具成长性新锐企业奖"评选活动中，贵州百花医药股份有限公司获得唯一金奖和"最佳诚信企业"奖，贵州森普管材有限公司获优秀奖。

2006年，贵州省中小企业局实施"中小企业银河培训工程"和"贵州省中小企业星光培训工程"，免费为省内中小企业培训企业管理、财务、营销、产业政策、信息化建设等方面的人员2256人。

2006年，根据第一次经济普查数据，整理发布了《中小企业主要统计数据报告》和《非公有制经济主要统计数据报告》。

截至2006年底，全省注册的个体工商户486247户，从业人员694302人，资金数额757231.86万元，分别比上年同期增长12.65%、

16.38%、17.75%。其中，城镇个体工商户290462户，比上年同期增长19.41%，占总数的59.74%；从业人员424586人，增长26.10%，占总数的61.15%；资金数额501552.33万元，增长20.81%，占总数的66.23%。全省私营企业48783户，投资者142131人，雇工382681人，注册资本（金）618.56亿元，分别比上年同期增长17.59%、下降22.97%、增长18.84%和20.38%。

2007 年

1月19日，贵州省工艺美术协会正式成立。

2月25日，国防科学技术工业委员会出台了《关于非公有制经济参与国防科技工业建设的指导意见》，放宽非公有制企业参与军工产品生产的准入条件。

3月，全国十届人大五次会议通过《中华人民共和国物权法》和《中华人民共和国企业所得税法》，从平等保护公有财产和私有财产、平等对待内资企业和外资企业税负两个角度保障民营经济健康发展。

3月1日，贵州首家异地商会——贵阳市工商联习水商会在贵阳成立。

3月24日，贵州湘籍企业联合会在贵阳成立。

3月，以"TCM"为代码的贵州同济堂制药股份有限公司在纽约证券交易所正式挂牌，这是第一家在美国主板市场上市的中国中药研发和生产企业，也是贵州第一家在国外股市上市的企业，募集资金1.1亿美元。

6月，贵州省中小企业局和人民银行贵阳中心支行共同成立贵州省中小企业信用体系建设领导小组，召开了首次中小企业信用体系建设领导小组工作会议。

7月8日，黔粤两省成立客商商会。粤在黔10多万人，投资企业1000多家；黔在粤100多万人，办企业3000多家。

7月19日至23日，贵州省组织企业参加在北京举办的"首届中国中小企业创新与发展成果展览会"，参展企业覆盖了航空、航天、能源、电子、机械、化工、医药、特色农业、食品9个行业，

设展位 48 个，共有 240 件产品参展。

7 月 25 日，贵州省中小企业服务中心成立，主要为中小企业提供融资担保、创业辅导、技术支持、信息服务、管理培训、市场开拓、经营管理、国际合作等服务。

9 月 15 日至 18 日，贵州组织 64 家生产企业和 600 余家商业企业，参加中国和日本共同在广州举办的第四届中国国际中小企业博览会暨中日中小型企业博览会。

9 月 17 日，由贵州省中小企业局、贵州省非公有制经济办公室与贵州省经济体制改革研究会合作，完成的《贵州非公有制经济现状调查研究报告》，在贵州省第七次哲学社会科学优秀成果评选活动中荣获调研报告类三等奖。

9 月 24 日，贵州省第十届人民代表大会常务委员会第二十九次会议通过《贵州省高新技术产业发展条例》，进一步放宽非公有制企业进入高新技术行业的准入条件。该《条例》自 2008 年 1 月 1 日起施行。

9 月 29 日，贵州省科技厅和贵州省经贸委出台了《关于贯彻落实企业技术创新优惠政策的意见》，对可申请减税的技术开发项目内容进行了规定。

10 月 15 日，党的十七大报告再次重申了公有制为主体、多种所有制经济共同发展，是我国社会主义初级阶段的基本经济制度，并且要毫不动摇地鼓励、支持、引导非公有制经济发展。

10 月 14 日至 17 日，在北京举行的第四届中国国际茶业博览会上，贵州"雀舌报春""兰馨雀舌""湄潭翠芽"和"明前翠芽"获金奖。

10 月 17 日，贵州省政府在 2001 年成立"全省推动中小企业发展联席会议"的基础上，成立了"全省推动非公有制经济、中小企业发展联席会议"，成员单位 35 个，办公室设在贵州省中小企业局（贵州省非公有制经济办公室）。各成员单位按照职责，对全省中小企业、非公有制经济实行积极扶持、加强引导、完善服务、依法规范、保障权益。

11 月 15 日，贵州同济堂承担的国家 863 科研课题《中药前处理自动化生产和管理信息化集成优化》通过国家级验收。

11 月 16 日至 20 日，贵州省知识产权局和省中小企业局共同主办以"发展知识产权市场，推进创新型国家建设"为主题的首届贵州专利技术展示交易活动。

12 月 8 日，贵阳金世旗国际控股股份有限公司与香港集团签署《贵阳市云岩区渔安、安井片区综合开发合作协议》。

12 月 20 日，2007 年"金元杯"多彩贵州旅游商品设计大赛、旅游商品能工巧匠选拔大赛和旅游商品展销大会颁奖晚会在贵阳大剧院举行。全省共有 7188 件（套）旅游商品设计作品、3199 名能工巧匠报名参赛，9 个赛区推荐了 280 件（套）作品和 223 名能工巧匠参加全省总决赛，经专家评审委员会审定，公证处公证，评选出 40 件（套）"贵州名创"和 100 名"贵州名匠"。同时举办旅游商品采购推介及产销对接会、能工巧匠培训会和旅游商品发展论坛。

2007 年下半年开始，美国次贷危机爆发，在短时间内迅速波及全球。之后，全球经济增长率连续三年下降，2009 年降至 -1.74%。国际市场需求大幅萎缩、大宗商品价格剧烈波动、生产要素成本不断上升等因素对中国民营经济发展造成了巨大冲击。

2007 年，贵阳南明区老干妈风味有限责任公司的"老干妈"、贵州百灵企业集团制药有限公司的"百灵鸟"商标被认定为"中国驰名商标"。

截至 2007 年底，全省注册的个体工商户 507655 户，从业人员 767908 人，资金数额 86.16 亿元，分别比上年同期上升 4.40%、10.60% 和 13.78%。其中，城镇个体工商户 297541 户，比上年同期上升 2.44%，占全省总数的 58.61%；从业人员 463994 人，上升 9.28%，占总数的 60.42%；资金数额 52.45 亿元，增长 4.57%，占总数的 60.88%。全省私营企业 54812 户，投资者 137963 人，雇工 432217 人，注册资本（金）777.44 亿元，分别比上年同期增长 12.36%、下降 2.93%、增长 12.94% 和 25.69%。

2008 年

1月5日至7日，贵州省政协考察团赴深圳调研广东省贵州籍企业家创业发展情况并出席广东省贵州商会成立大会。

2月5日至8日，温家宝抵黔，深入贵阳市和黔南州抗灾一线察看灾情，了解灾民生产生活，慰问救灾人员和受灾群众，调查节日市场供应情况和价格行情。反复强调：民安了，国才能安。在听取贵州省委、省政府汇报，和与会者分析讨论，研究制定贵州抗灾救灾工作方案时，温家宝指出：一要加快恢复重建的进度，特别是电力；二要加大对贵州的支持力度。突出的问题是农业的恢复，贵州要及早制定农业生产和林业的恢复规划。

5月6日至9日，吴邦国抵黔，先后到贵阳、安顺、黔西南和毕节等地区的农村、企业，就灾后重建、恢复生产和灾民安置情况以及特色农业工作进行调研。在听取贵州省委、省人大和省政府工作汇报后，吴邦国指出，贵州非公有制经济发展潜力很大，要学习和借鉴其他省区的成功经验，着力培养非公有制经济人才、引进知名非公企业，做大做强本地知名企业。吴邦国还强调发展教育事业，保护生态环境是实现贵州可持续发展的长远大计。

5月22日，贵州省商务厅和贵州省外商投资企业协会召开捐赠表彰大会，对在"抗凝冻、保民生"活动中贡献突出的贵州同济堂制药有限公司、安顺顺盛置业有限公司、威顿（中国）化工有限公司、凯晟铝业有限公司、拉法基瑞安（北京）技术服务有限公司贵阳分公司、贵州西部水务有限公司、三井华阳汽车配件有限公司、贵州鸿帆实业有限公司、凯里瑞安水泥有限公司、威宁威力淀粉有限公司10家单位颁发了奖牌和荣誉证书。

6月27日，北京市贵州商会在京成立。

6月30日，上海市贵州商会在沪成立。

7月22日，贵州省建立了贵州省小额贷款公司试点工作联席会议制度。10月29日，《贵州省人民政府办公厅关于开展小额贷款公司试点工作的通知》《贵州省小额贷款公司试点暂行管理办法》等文件下发。

8月15日，贵州省首家专业财务清算公司——贵州信达阳光财务清算公司成立。

10月12日至15日，2008年第5届中国国际茶叶博览会在北京举行，贵州绿茶获得此次茶博会17个金奖中的10个，同时还有3个绿茶产品获银奖。此后，贵州在北京王府井举办为期2天的"贵州绿茶·秀甲天下"万人品茗活动。

10月21日，贵州省委书记石宗源在贵州省学习实践科学发展观活动学习报告会上强调，要坚定不移地把发展非公有制经济作为做大做强贵州经济的突破口，推动非公有制经济快速健康发展。石宗源强调，要坚定不移地把发展非公有制经济作为做大做强贵州经济的突破口，坚持平等准入、公平待遇的原则，认真落实"非禁即入"等支持非公有制经济发展的政策措施，大力改善非公有制经济发展的社会环境，推动非公有制经济快速健康发展。

11月，温家宝到珠三角和长三角民营企业进行调研时强调，要从营造良好环境、解决市场准入、落实财税支持、改善政府服务等方面加大对民营企业的支持力度。同年，在全国层面停止征收个体工商户管理费和集贸市场管理费的基础上，各地区和各部门出台了一系列政策措施，从贷款风险损失补偿、降低创业门槛、减免各项杂费、增加政府采购等方面促进民营经济发展。

11月20日，中国茶品牌"金芽奖"在广州颁奖，贵州茶叶获全部绿茶类金奖（14个），并在第9届广州国际茶文化博览会上开展为期4天的"贵州绿茶·秀甲天下"品茶活动。

11月29日，贵州首届"黔商论坛"在筑举行。

11月29日，贵州省委统战部、省工商联、省中小企业局联合发布了《改革开放30年贵州省非公有制经济发展报告》。报告对30年来全省非公有制经济发展历程、现状以及对经济社会发展的贡献进行了全面的阐述。

12月6日，首辆莲花竞速跑车在安顺下线。

12月7日，45件作品80名选手获"贵州名创""贵州名匠"称号。

12月16日，贵州宏狮煤机制造有限公司掘进机、轻重型刮板输送机、液压支架等新式煤矿用机械在六枝特区正式下线。

12月16日，开阳县利用黄磷渣生产水泥的紫江水泥120万吨/年新型干法磷渣水泥生产线项目开工建设。

12月25日，贵州省政府转发贵州省经贸委等部门《关于加强中小企业信用担保体系建设的意见》（黔府办发〔2008〕129号），国家和省中小企业发展专项资金安排730万元对16个信用担保机构进行风险补偿。

12月29日，贵州省政府下发了《贵州省关于加快中小企业社会化服务体系建设的指导意见》（黔府办发〔2008〕131号），指明了全省中小企业社会化服务体系的建设目标、内容和方向。

同日，贵州省中小企业局下发了第一批17户小额贷款公司试点的批复通知。

12月，由贵州贵阳市民间手工艺师卢晓青制作的手工作品"中国少数民族娃娃"获得联合国教科文组织杰出手工艺品徽章奖。

2008年末，全省规模以上非公有制经济工业企业2201个，占规模以上工业企业的82.2%，工业总产值1242.31亿元，占规模以上工业总产值的39.9%，比上年下降1.6个百分点；主营业务收入1151.96亿元，比上年增长20.1%，占规模以上工业的39.4%，与上年基本持平；创造利润总额82.21亿元，比上年增长60.8%，占规模以上工业的45.1%，比上年增长15.7个百分点。

截至2008年底，全省注册的个体工商户549757户，从业人员801734人，资金总额942297.61万元，分别比上年同期增长8.29%、4.40%和9.37%。其中，城镇个体工商户297099户，比上年同期下降0.15%，占全省总数的54.04%；从业人员439442人，下降5.29%，占总数的54.81%；资金数额531859.69万元，增加1.40%，占总数的56.44%。全省私营企业达63822户，投资者147889人，雇工501413人，注册资本（金）9467677.25万元，分别比上年同期增长16.44%、7.19%、16.0%和21.78%。

2009 年

3月，贵州省中小企业局承办全省中小企业金融服务对接工作会，组织了300余户中小企业、省级13家银行及其130余户分支机构、30余户担保公司参加，共签定项目41个，合同签约金额10.84亿元，其中贷款合同签订金额5.13亿元，授信合同金额5.77亿元。

4月7日，贵州省黔投担保股份有限公司在贵阳成立。

4月19日，贵州绿茶获上海国际茶文化节29个金奖，获奖茶叶得分都在90分以上。

4月25日，贵州省山东商会在贵阳成立。

4月至9月，贵州省人大执法检查组通过单位自查、听取汇报和实地察看三个阶段的检查，采取上下联动、点面结合、委托检查与重点检查相结合的方式，重点检查了全省23个县、市、区，察看了68户企业，并召开企业座谈会听取意见和建议，对《中小企业促进法》实施5年来的落实情况、实施中存在的问题进行了调查研究。

5月8日，由贵州省中小企业局起草的《贵州省旅游商品产业振兴计划》由省政府颁布实施。

5月27日，贵州省"万户小老板工程"启动大会在贵阳举行。"万户小老板工程"是《贵州省旅游商品产业振兴计划》拟定实施的一项工作内容，是贵州省中小企业局鼓励全民创业、扩大就业渠道，积极支持、鼓励和引导下岗失业人员、高校毕业生、返乡农民工、军队复员转业人员自主创业，针对具有较好经济效益，有一定吸纳社会就业能力的个体工商户、小规模的生产经营者给予政策、资金、技术、培训服务支持的工作计划。

5月30日，贵州省江苏商会在贵阳成立。

6月11日，贵州金赤化工有限责任公司桐梓煤化工一期工程（总投资40.53亿元，年产52万吨尿素、30万吨甲醇）获银团贷款22.32亿元。

6月18日，总投资18亿元的贵州省首家年产20万吨方解石造纸项目和年产50万吨方解石超微细粉项目签约落户平塘县。

7月23日至24日，中共贵州省委十届五次全体（扩大）会议在贵阳举行。会议审议通过《中共贵州省委、贵州省人民政府关于大力推进个体私营等非公有制经济又好又快发展的意见》，强调要统一思想、提高认识、明确任务，统筹谋划、协调推进，以非公有制经济的大发展推动全省经济社会发展的大跨越。

8月21日，贵州鑫晟煤化工有限公司老鹰山煤电化一体工程项目获10亿元银团贷款。

8月，台江县与广东东兴风盈风电设备有限公司签订投资25亿元开发贵州首座30万千瓦风力发电站项目协议。

9月19日，国务院发布《关于进一步促进中小企业发展的若干意见》，从营造良好环境、缓解融资困难、加大财税扶持力度、加快技术进步和结构调整、支持开拓市场、改进政府服务、提升经营管理水平、加强工作领导方面制定了29条促进中小企业发展的政策措施。

10月28日，总投资5亿元兴建于贵阳小孟工业园区的贵州劲嘉新型包装材料有限公司一期工程正式投产。

11月3日，2009"多彩贵州"旅游商品设计大赛、能工巧匠选拔比赛总决赛在贵阳开赛。全省88个县共有3238件（套）旅游商品设计作品、2348名能工巧匠报名参赛，共评选出"贵州名创"45件，"贵州名匠"80名。

2009年，由贵州省委统战部、贵州省经济和信息化委员会、贵州省人力资源和社会保障厅、贵州省工商行政管理局和贵州省工商业联合会共同开展贵州省第三届优秀中国特色社会主义事业建设者评选表彰活动，30名非公有制经济人士获得"贵州省第三届优秀中国特色社会主义事业建设者"荣誉称号。

2009年末，全省规模以上非公有制经济工业企业2515个，占规模以上工业企业的90.1%；完成工业总产值1526.61亿元，占规模以上工业总产值的44.5%，比上年提高4.6个百分点；实现主营业务收入1358.97亿元，比上年增长17.97%；占规模以上工业的42%，比上年提高2.6个百分点；创造利润总额77.32亿元，比上年下降5.95%，占规模以上工业的40.3%，比上年下降4.8个百分点。

截至2009年底，全省注册的个体工商户597864户，从业人员886198人，资金数额1631148.57万元，分别比上年同期增长8.75%、10.54%和73.10%。其中，城镇个体工商户316276户，同比增长6.45%，占全省总数的52.90%，从业人员465966人，上升6.04%，占总数的52.58%，资金数额627191.32万元，上升17.92%，占总数的38.45%。全省私营企业达71738户，投资者161809人，雇工519714人，注册资本（金）14095566.33万元，分别比上年同期增长12.40%、9.41%、3.65%和48.88%。其中，合伙企业3375户，投资者11537人，雇工33075人，实缴出资额821603.3万元。

2010 年

1月8日，贵州省第十一届人民代表大会常务委员会第十二次会议通过了《贵州省中小企业促进条例》，自2010年3月1日起施行。这是贵州第一次以地方性法规形式支持中小企业、非公有制经济发展，也是继省委十届五次全会通过《中共贵州省委贵州省人民政府关于大力推进个体私营等非公有制经济又好又快发展的意见》以来又一扶持中小企业、非公有制经济发展的重要里程碑。《贵州省中小企业促进条例》由六章共42条组成，在中小企业资金支持、企业扶持、技术创新、市场开拓、社会服务和权益保护等方面作出了明确规定和要求。

2月4日，贵州省人民政府办公厅印发《贵州省人民政府有关部门贯彻落实〈中共贵州省委贵州省人民政府关于大力推进个体私营等非公有制经济又好又快发展的意见〉2010年目标考核分解表的通知》。

2月5日，贵州非公经济网改版升级点击仪式暨贵州中小企业信息网开通五周年纪念活动在贵阳举行，副省长孙国强出席并讲话。孙国强指出，贵州非公经济网、贵州中小企业信息网要真实有效地做好法律、法规和改善宣传，形成网络一条龙办公系统；要集中各种资源提供全方位的服务，并于服务对象开展互动，建立一个开放的网络，使贵州非公经济网和贵州中小企业信息网真正成为中小企业的良师益友。

3月1日，《贵州省中小企业促进条例》正式实施。到6月底，全省48个省直部门和单位、9个市（州、地）出台了贯彻落实《贵州省委省政府关于大力推进个体私营等非公有制经济又好又快发展的意见》的具体措施和意见。

3月10日，贵州省商务厅批准设立了首家外商投资的担保公司——贵州宝兴投资担保有限公司。

4月，贵州省个体工商户户数突破60万大关，提前两年实现贵州省委十届五次全会提出的2012年全省个体工商户超过60万户的目标（60.16万户），为全省非公有制经济发展实现"三年有突破"奠定坚实基础。

5月1日，国务院颁布了《关于鼓励和引导民间投资健康发展的若干意见》，从拓宽民间投资领域、鼓励民间资本重组联合和参与国企改革、推动民营企业加强自主创新和转型升级、引导民营企业参与国际竞争、加强规范管理等方面制定了36条促进民间投资的政策措施。

6月3日，由贵州省经济信息化委员会、贵州省农业委员会、贵州省人力资源和社会保障厅、贵州省政府研究室、贵州省扶贫办、共青团贵州省委、贵州省妇女联合会、贵州省工商联合会和省人力资源开发促进会联合，在贵阳市举行了第四届创业之星经验交流表彰大会。

8月，贵州省知识产权局、贵州省经信委共同启动实施全省中小企业知识产权战略推进工程。计划用5年时间在全省范围内培育形成20个具有自主知识产权优势的中小企业集聚区，100户具有自主知识产权优势的示范性中小企业，建立10个满足中小企业创新发展需求的知识产权服务辅导机构，培训1000名中小企业知识产权工作者和管理人员。

8月，毕节金河化工有限公司投资3亿多元、年产四醇3万吨的亚洲最大的单套四醇生产线投产。

8月，贵州泛特尔公司信邦制药公司建成4条年产8000万支人参皂苷–Rd注射液的生产线

投入产业化生产。

9月19日，贵州省委副书记、代省长赵克志在贵州饭店会见来黔开展投资考察的雨润集团董事长祝义材一行。

10月8日，贵州省政府办公厅发布了由贵州省经信委中小企业办公室起草的《贵州省融资性担保机构管理暂行办法》（黔府办发〔2010〕98号）。

10月12日，贵州省经信委与贵州省邮政公司签署战略合作协议，打造"黔之粹"电子商务平台，共同推进中小企业信息化。

10月，贵州省经信委与贵州省知识产权局共同下发了《贵州省中小企业知识产权战略推进工程实施方案》，贵州省中小企业知识产权战略推进工程启动实施。

12月10日，贵州省委常委、省委统战部部长龙超云，副省长蒙启良在贵阳会见参加第二届"黔商论坛"的东南亚著名华商、侨界领袖、慈善家、世界"五百强"企业马来西亚常青集团董事局主席、世界华文媒体集团执行主席张晓卿一行。

12月11日，在贵阳举办的第二届黔商论坛开幕式上，贵州成功对接17个招商引资签约项目，涉及高新区产业园区建设、旅游景区开发、矿产资源开发、节能减排项目、农业、煤化工、食品、房地产开发等领域，总投资达357.8亿元。

12月24日至25日，位于清镇市麦格乡的贵州劲同矿业公司年产18万吨高铝矾土熟料生产线一期工程正式投产。

2010年，贵州省大力实施省委十届五次全会提出的针对中小企业、非公有制经济企业的"全民创业计划""个体经济腾飞计划""私营企业倍增计划""骨干企业培育计划""重点领域扶持计划""产业集聚计划"六大计划。

2010年，贵州省经信委先后与中国电信、中国移动、中国邮政签订了《战略合作协议》，推动企业信息化。

2010年末，全省规模以上非公有制经济工业企业2499户，比2009年增加153户，实现主营业务收入1685.35亿元，创造利润总额156.98亿

元，就业人员 39.49 万人。

截至 2010 年底，2009~2010 年通过旅游商品两赛一会和实施万户小老板工程，对 3000 户以上的民间文化传承人、能工巧匠、个体户、返乡农民工等创业者进行了创业辅导和培训培育。

截至 2010 年底，全省注册的个体工商户 647265 户，从业人员 954639 人，资金数额 1874928.98 万元，分别比上年同期增长 8.26%、7.72% 和 14.95%。其中，城镇个体工商户 340296 户，比上年同期上升 7.59%，占全省总数的 52.57%。全省私营企业达 77773 户，投资者 175356 人，雇工 555358 人，注册资本（金）16741594.69 万元，分别比上年同期增长 8.41%、8.37%、6.86% 和 18.77%。其中，合伙企业 3541户，投资者 11871 人，雇工 30539 人，实缴出资额 849776.77 万元。

2011 年

1 月 18 日，在召开的贵州省第十一届人民代表大会第五次会议上，贵州省长赵克志在政府工作报告中指出，贵州将着力推动民间投资，制定贯彻落实《国务院关于鼓励和引导民间投资健康发展的若干意见》和鼓励民营经济加快发展的若干政策措施。首次提出非公经济五年发展目标，即到 2015 年，贵州省非公有制经济占生产总值的比重将由"十一五"末期的 35% 提高到 45%。

2 月 16 日，贵州省环境建设年非公有制企业负责人座谈会在贵阳召开。12 位非公有制企业负责人围绕环境建设年积极建言献策，就企业发展中遇到的环境问题畅所欲言。

3 月 28 日，贵州省加快民营经济发展暨表彰大会在贵阳举行。会议要求，必须以时不我待之紧迫感和使命感，拿出坚定的勇气和行动除旧布新，在全社会全方位形成大力鼓励支持民营经济加快发展的良好机制和氛围，着力解决制约民营经济发展的突出问题，实施三年倍增计划，奋力开创贵州省民营经济发展新局面。大会对"贵州省十佳民营企业家""贵州省十佳民营企业纳税大户""贵州省十佳民营经济发展县市区""贵州省

十佳民营经济服务机构""贵州省十佳服务民营经济金融机构""贵州省百家创业小老板""贵州省百家个体商户"进行了表彰。

同日，贵州省出台了《中共贵州省委、贵州省人民政府关于进一步加快全省民营经济发展的意见》（黔党发〔2011〕10 号），明确了贵州省促进民营经济加快发展的指导思想和目标任务、放宽限制、鼓励创新以及组织领导等八个方面共 38 条具体意见。因文件内容共 38 条，这份文件通常被简称为"38 条"。会上宣布实施"民营经济三年倍增计划"和"3 个 15 万元"支持微型企业发展等政策措施。

3 月 29 日，中国人民银行贵阳中心支行、贵州银监局、贵州证监局、贵州保监局联合制定下发了《关于印发进一步做好贵州省中小企业金融服务工作实施意见的通知》，指出全省金融机构面向民营经济加大信贷投放力度，创新融资模式、服务手段、信贷产品及抵质押方式，拓宽民营经济、中小微型企业融资渠道，满足民营经济、中小微型企业的融资需求，持续提升金融服务水平。

3 月 31 日，贵州省人民政府办公厅印发了《全省民营经济三年倍增计划（2011-2013 年）》，从总体目标、目标分解、计划实施、抓好工作落实、完善统计体系、营造良好发展环境六个方面提出了促进民营经济发展的一系列政策措施。

5 月 14 日，为庆祝建党 90 周年，由贵州省工商局、贵州省商会、中国市场杂志社、贵州省非公有制经济发展促进会等单位联合组织的《贵州优秀民营企业大典》（以下简称《大典》）一书于 5 月 14 日在贵阳召开启编新闻发布会。《大典》拟定于 2011 年 5 月启编、2011 年 12 月出版发行。《大典》将宣传推介一批改革开放以来全省民营经济的优秀企业，并成立《贵州优秀民营企业大典》编委会负责专项实施。据悉，《大典》在编纂出版的同时，还将邀请专家把脉贵州民营经济发展趋势，更好地推动贵州民营经济实现又好又快、更好更快发展。

5 月 27 日，贵州省人民政府下发《关于印发贵州省民营经济倍增计划的通知》（黔府发〔2011〕19 号），启动民营经济三年倍增计划。

5月，组织贵州省一批旅游商品企业和商品成功参加了贵州香港投资贸易招商洽谈会及意大利第75届佛罗伦萨国际手工艺品展览会。

6月8日，贵州省经济和信息化委员会下发《关于进一步加快全省民营经济发展的实施意见》（黔经信非公〔2011〕196号）。

7月14日，贵州省中小企业局与省知识产权局、省经济和信息化委员会研究决定，将贵阳德昌祥药业有限公司等20家中小企业、贵州航天高新技术产业园等5个中小企业集聚区、贵州技术产权交易所有限责任公司等3家服务辅导机构分别作为贵州省第二批中小企业知识产权战略推进工程实施单位。

7月19日，贵州省政府新闻办公室召开新闻发布会，表彰"茅贡"牌大米被国家工商总局认定为中国驰名商标，成为继"老干妈"辣椒、"牛头牌"牛肉干之后，贵州民营企业获此殊荣的第三个农产品类品牌。

7月23日，国家发展和改革委员会印发《关于鼓励和引导民营企业发展战略性新兴产业的实施意见》，从清理规范准入条件、协调公共资源、完善相关配套政策、支持提升创新能力、扶持科技成果产业化、鼓励发展新业态、引导设立创投基金、支持利用新型金融工具融资、推进国际合作、加强服务和引导十个方面制定了促进民营企业发展战略性新兴产业的政策措施。

8月1日，贵州省"同心同行工业强省——知名民营企业家走进工业园区"活动在安顺市平坝县举行。120多位民营企业家参加了"同心工业园"授牌仪式和开工典礼，并考察了工业园区生产企业。

9月1日，贵州省民营经济发展局（贵州省中小企业管理局）挂牌成立新闻通报会在贵州省政府举行。按照《中共贵州省委、贵州省人民政府关于进一步加快全省民营经济发展的意见》要求，经贵州省委编办批复，将贵州省经信委中小企业办公室（非公经济办公室）更名为贵州省民营经济发展局（贵州省中小企业局），并将贵州省民营经济、中小企业发展工作联席会议办公室设在省民营经济发展局。

9月26日，贵州省统一战线"万家企业联村助村活动"动员会在贵阳举行，"万家企业联村助村活动"由省委统战部、省工商联联合推动，组织1000家企业，以"一企帮一村、多企帮一村、一企帮多村"等形式开展帮扶工作。

10月12日，《贵州日报》开设了"经济总量翻一番，民营经济扛大梁"专栏，持续集中宣传各地、各部门在服务民营经济发展中涌现的典型。

10月17日，全国民企助推贵州发展座谈会暨项目推介会在北京举行，来自全国工商联执委会委员、北京及周边的300多家知名优强企业负责人参加了会议。活动期间，贵州各地州市将重点推介装备制造、特色食品、现代医药、磷煤化工、能源、现代电子信息及战略性新兴产业等优势产业和项目。

10月22日，全国工商联十届五次执委会会议和全国民营企业助推贵州发展大会组委会第二次全体会议在贵阳召开。会议传达贯彻了省委书记、省人大常委会主任栗战书，省委副书记、省长赵克志的重要批示精神，各组汇报了前期筹备工作进展情况。

10月30日，举行贵州省旅游商品两赛一会总决赛和展销大会。

11月15日，以"民企携手贵州，合作共赢未来"为主题，贵州民间商会以商招商项目推介会在贵阳举行，通过贵州异地商会和贵州异地商会邀请的全国300家民间商会企业家代表参会，全省各市（州、地）分9个分会场举行了招商项目对接活动。

12月22日，全国工商联与贵州省政府举行"全国民营企业助推贵州发展大会"，并举行项目集中签约仪式。当天，集中签约500个投资项目、总投资5835.6亿元，其中2012年底前开工的投资项目489个、总投资5517.6亿元。

12月31日，首批贵州省中小企业公共服务示范平台名单公示，共有13家单位入围。其中，贵州省中小企业服务中心和贵州匠心多彩文化产业有限公司获首批国家级中小企业公共服务示范平台。

2012 年

1月16日，国务院下发了《关于进一步促进贵州经济社会又好又快发展的若干意见》（国发〔2012〕2号），明确提出要大力支持贵州省打造黔中经济区、贵安新区、毕节试验区等重要发展平台，为贵州经济社会发展注入了强大动力。

贵州省委、省政府以此为契机，大力实施加速发展、加快转型，推动跨越的"两加一推"战略，以打造100个产业园区、100个特色小城镇、100个城市综合体、100个重点旅游景区、100个现代高效农业园区"五个一百工程"为载体，充分依托矿能资源丰富的优势，引导民间资本投资资源精深加工项目，发展特色工业；依托生物种类繁多、生态环境良好的优势，引导民间资本投资现代山地农业和特色轻工业；依托自然环境、民族风情和历史文化优势，引导民间资本投资特色旅游业。

2月8日，贵州省人民政府出台《关于大力扶持微型企业发展的意见》（以下简称《意见》）。《意见》指出，贵州将采取"3个15万元"的扶持政策，大力发展微型企业。

2月16日，贵州首家民营企业贵阳朗玛信息技术股份有限公司在深交所创业板挂牌上市，这是贵州首家成功上市的民营增值电信业务企业。

2月20日，中国银行贵州省分行与贵州省经济和信息化委员会签订《银政战略合作协议》，双方将共同推动贵州民营经济、中小企业实现更大发展。

3月23日，2012年民营企业高校毕业生招聘会在贵州大学举行。本次招聘会的主题是"为毕业生搭桥，为民营企业服务"。参加招聘活动的企业及用人单位共94家，提供岗位1339个，其中工科类153个，文科类40个，经济管理类243个，理科类11个，农科类85个，综合类807个。

4月23日，贵州省政府在贵阳召开全省民营经济三年倍增计划推进会暨中小企业座谈会。贵州省副省长孙国强在会上强调，2012年要大力发展特色优势产业，大力发展县域经济和园区经济，大力发展创新型、创业型、农副产品深加工、旅游商品和劳动密集型5类中小企业，大力鼓励和吸引民间投资，大力破解融资难、创新难、服务难、政策落实难等问题，大力培养民营企业家队伍，全力支持民营经济、中小企业加速发展，改善和优化贵州省的经济结构，推动加快转型。

6月18日，遵义市非公企业党建工作现场会暨千企助村帮户活动推进会在遵义召开。全市1064家非公企业共有党员1826名，建立党委6个，党总支和党支部156个，其余均采取"企地联建"和"企企联建"方式组建，党组织覆盖率达到了100%。

8月8日，以"同心聚力，助推发展"为主题的贵州省民营企业家座谈会在贵阳举行。贵州省委副书记陈敏尔在会上强调，民营企业是贵州后发赶超道路上的生力军，各级党委、政府要千方百计为民营企业的发展创造更好环境，坚定不移地推动贵州省民营经济加快发展。

8月25日，贵州省工商联"优秀会员企业家成长计划"首期培训班在贵阳开班，来自全省各地的250名民营企业家及省工商联全体干部职工参加了开班仪式和学习。该计划旨在培养一批具有杰出领导力、战略性眼光、全球化视野以及高度社会责任感的企业家，为快速提升贵州民营企业自主创新能力和核心竞争力，扶持优质民营企业做大做强做出应有贡献。

8月30日，全国工商联2012中国民营企业500强发布会在北京召开，贵州宏立城集团位列2012中国民营企业500强的第381名。

9月7日，由贵州省工商业联合会、贵州省农村信用社联合社共同举办的《业务合作框架协议》暨《促进非公企业融资合作协议》签约仪式在贵阳举行。双方在贵州省"十二五"经济社会可持续发展规划框架下，建立长期战略合作关系，对全省非公企业参与实施的符合国家产业政策和有关监管规定的项目，由贵州省农村信用社联合社意向性在2012~2017年提供人民币贷款1000亿元以上，多领域支持助推非公企业发展。

9月25日，贵州省科技厅与国家开发银行贵州分行在贵阳签署《中小科技企业贷款合作协议》，国家开发银行将投放10亿元贷款，支持贵州科技型中小企业的发展。

10月9日，"全省非公有制经济代表人士培训班"在贵州省社会主义学院举行开班仪式，来自全省各市、州、县28名非公有制代表人士参加培训。

11月16日，由中共贵州省委讲师团、省工商联、省社科院联合主办，贵州非公有制经济发展研究基地承办的"学习十八大精神，加快贵州非公有制经济发展"的专题研讨会在贵州省社科院召开。

11月28日，贵州省民营企业党的建设暨"万企助村"经验交流会在遵义仁怀市召开。

12月2日，贵州省"民企进园区"推进行动在丹寨县金钟经济开发区正式启动，来自广东、福建、浙江、湖南、江西等驻黔商会的40多位企业家参加启动仪式。

12月31日，贵州省委书记赵克志到贵州省工商联走访调研并召开座谈会，向企业家们了解情况并指出，近年来，贵州经济发展呈现勃勃生机，民营经济做出了突出贡献，功不可没。各级党委、政府要高度重视民营经济发展，下大气力切实解决民营经济发展中遇到的投资保护等实际问题，打破制约民营经济发展的"弹簧门""玻璃门"，千方百计营造有利于企业成长的良好社会环境，毫不动摇地支持民营经济发展壮大。

2013 年

2013年1月，贵州省民营经济发展局与香港金融管理学院签署合作备忘录，贵州省"中小企业星光培训工程"培训地将延伸至香港；贵州省实施的"千人赴港计划"培训计划中，香港金融管理学院将为贵州省中小企业、民营企业设计专项培训班。贵州省民营经济发展局将根据贵州特色产业优势提供成熟项目，香港金融管理学院帮助引进投资合作者、战略合作者。

2月28日，贵州省扶持微型企业发展电视电话会议召开。会议要求，要围绕"稳中求进、提速转型"的总基调、总目标，落实"好中求快、快中保好，能快则快、又好又快"的总要求，坚

持"民生为本、企业为基"，坚持"创业零成本、服务零距离、发展零障碍"，全面落实政策措施，全力突破发展瓶颈，全面优化发展环境，着力推动微型企业提升发展、集聚发展、创新发展，奋力走出一条质量型、效益型、跨越式微型企业发展之路。

3月2日，贵州以"凝聚民企力量，促进贵州发展"为主题，面向全国优强民营企业招商项目推介会暨签约仪式在北京举行。贵州省委书记赵克志在签约仪式上指出，贵州将进一步大力营造重商崇企的氛围，像尊重科学家一样尊重企业家，像尊重老师一样尊重老总，使投资创业者在贵州经济上有实惠、社会上有地位、政治上有荣誉。阿里巴巴集团董事局主席马云在会上发表感言："看到了贵州对市场经济的尊重，对企业家精神的尊重，如果30年前错过了广东、浙江的投资机遇，今天一定不能错过贵州。"

4月1日起，贵州再次取消行政事业性收费33项。其中，对小微企业、民营企业、个体工商户等免征41项；降低收费标准18项，转为经营服务性收费6项；取消部分地区、部门违规擅自设立的收费项目31项。以上取消和优惠项目，每年可减轻企业和社会负担约1.1亿元。

4月23日，贵州省政府新闻办在贵阳召开新闻发布会，向社会各界公布2012年贵州省知识产权保护状况。贵州通过加大政策支持、资金扶持和强化服务等措施，大力推动民营企业知识产权工作，助力民营经济又好又快发展。据统计，2012年全省民营经济共申请专利4413件，同比增长89.6%；获得专利授权3041件，同比增长171.5%。

5月21日，贵州省政府召开专题会议，研究进一步减轻民营企业税费有关政策措施，优化民营企业发展环境，促进民营经济更好更快发展。

6月14日，2013贵州企业100强发布会暨全省第十四届企业管理创新成果表彰会在贵阳召开。36家民营企业跻身百强，民族药业占据了贵州特色产业"五张名片"的主体地位。入围民企榜首仍是贵州省纳税大户贵阳南明老干妈风味食品有限责任公司，国台酒业、景峰注射剂有限公

司等 12 家民企首次入围。

6 月 28 日，贵州省民营经济局、贵州省统计局召开座谈会，研究开展民营经济统计核算工作。会议集中讨论了贵州省统计局起草的《贵州省民营经济核算方法制度（试行）》。

7 月 8 日，由贵州省中小企业局主办、省中小企业服务中心承办的贵州省中小企业星光培训工程第二次中小企业投融资专题讲座在贵阳举办。来自省内中小企业界的 150 多人聆听了讲座。

7 月 21 日，贵州省民营经济发展局相关信息显示：2012 年，贵州民营经济取得市场主体突破 100 万户、民营经济增加值突破 2600 亿元、民间投资突破 3400 亿元、新增就业突破 60 万人、缴纳税金突破 550 亿元"五大突破"。

8 月 1 日，贵州省长陈敏尔主持召开省第十二届人民政府第九次常务会议，审议并原则通过《贵州省提高民营经济比重五年行动计划》。

8 月 20 日，贵州省民营经济发展局启动经济、会计、统计系列专业技术职务的申报评审工作。面对全省民营经济组织中从事专业技术和管理工作的人员，开展工程（建筑工程类、安全工程类除外）、经济、会计、统计、农业和工艺美术系列的专业技术职务评审，共设高、中、初、员四级，并统一颁发资格证书。

8 月 26 日，贵州省中小企业局与上海股权托管交易中心签署战略合作协议，并举行上海股权托管交易中心贵州省联络办事处授牌，上海洋远投资管理有限公司分别与贵州东建集团、格林耐特科技公司、艾美信息技术公司、遵义汇峰智能系统公司、中泉电气集团公司、梵锦茶叶公司 6 家拟上市企业签订了股交托管协议。

9 月 6 日，贵州省人民政府发布《贵州省提高民营经济比重五年行动计划》（以下简称《计划》）。《计划》指出，到 2017 年，民营经济占全省生产总值比重达到 55%，力争达到 60%；民营经济增加值突破 8250 亿元，力争达到 9000 亿元；民营经济市场主体突破 330 万户，力争达到 350 万户；民营经济注册资本突破 10000 亿元，力争达到 12000 亿元；全社会民间投资总额突破 10000 亿元，力争达到 11000 亿元；民营经济年新增就

业突破 100 万人，力争达到 110 万人。

9 月 10 日，贵州银行、贵州省经信委、贵州省酿酒协会在贵阳联合召开"贵州省中小微企业融资交流会"，主要解决贵州省中小微企业融资难题，助推酒类企业发展壮大，提升贵州白酒品牌影响力。

9 月 14 日，贵州省金融系统支持小微企业发展经验交流会在贵阳召开，贵州省政府金融办、中国人民银行贵阳中心支行、贵州银监局、国开行、贵州省民营经济发展局等部门和金融机构就金融支持小微企业进行了探讨和交流。

11 月 2 日，中国银行贵州省分行与贵州省科技厅联合打造支持全省民营经济和大量中小微企业的首家"科技支行"，为解决科技型中小企业融资难题开辟一条政银合作新路径。

11 月 5 日，2013 中国（贵州）非公有制经济发展论坛在贵州省毕节市召开，本次论坛由民建中央、国家工业和信息化部、贵州省人民政府共同主办，以"强化改革创新、激活后发优势、打造非公经济升级版"为主题。论坛围绕城镇化新政下非公有制经济、中国经济升级版和改革经济发展、思维转换及战略机遇等主题，进行了深入探讨。

11 月 15 日，由贵州省工商联、贵州省国税局、贵州省地税局三方共同建立的"民营企业纳税服务联席会议制度"正式启动。来自房地产、制药、餐饮、制造、建材等行业的企业老板、行业商会会长以及公司财务高管与来自国、地两税税务局局长一起探讨如何进一步优化贵州税收征纳环境，加强民营企业和税务机关沟通互动，持续改进和优化纳税服务，切实保护民营企业合法权益。

11 月 21 日，贵州省首家支持民营经济发展的特色支行——中信银行贵阳黔灵支行正式开业，主要为广大小微企业提供包括"pos 贷"在内的创新性金融服务。已为 300 多户小微企业提供融资余额 23 亿元，累计融资量突破 100 亿元。

12 月 5 日，贵州省国税局为建立国税机关服务民营经济发展长效机制，与贵州省工商联、贵州省地税局共同组织召开贵州省民营企业纳税服务联席会议第一次会议，为贵州省民营企业搭平

台、问民需、解民忧。

12 月 8 日，中国共产党贵州省第十一届委员会第四次全体会议通过《关于贯彻落实〈中共中央关于全面深化改革若干重大问题的决定〉的实施意见》（以下简称《意见》）。《意见》指出，支持非公有制经济加快发展。坚持权利平等、机会平等、规则平等，废除对非公有制经济各种形式的不合理规定，消除各种隐性壁垒，制定非公有制企业进入特许经营领域具体办法。鼓励非公有制企业参与国有企业改革，鼓励发展非公有制资本控股的混合所有制企业，鼓励有条件的私营企业建立现代企业制度。实施提高民营经济比重五年行动计划，推动能源、交通、电信、金融、环保等行业和文化、教育、医疗卫生、体育等领域向非公有制经济开放，平等享受市场准入待遇和公共服务资源、公平获得生产要素。建立完善扶持小微企业发展的配套政策和落实机制，健全中小企业社会化公共服务体系，促进非公有制企业入驻产业园区。建立健全促进非公有制经济发展综合协调机制。

12 月 13 日，贵州省工商局发布统计数据显示：截至 2013 年 12 月，全省累计扶持微型企业 38795 户，带动就业 20 多万人；政府投入资金 17 亿元，带动企业注册资本总额达 46.2 亿元。

12 月 17 日，由贵州省民营经济发展局主办的"上股交走进遵义——贵州省中小企业星光培训工程股权融资讲座"在遵义举办。上海股权托管交易中心党委书记、副董事长、总经理张云峰从中国多资本市场体系形成的解读等方面对金融未来发展及趋势做了全面、细致、透彻的解剖和讲解。

2014 年

1 月 3 日，贵州省政府组织召开民营企业家座谈会，听取民营企业家对政府工作的意见和建议。贵州省长陈敏尔出席会议并强调，实现贵州富、贵州强、贵州美，必须充分发展民营经济、更加重视民营企业。各级政府要坚持"发展为要、民生为本、企业为基、环境为重"的基本理念，

强化规划引导，加大政策支持，做好公共服务，千方百计创造有利于民营企业成长的良好发展环境和社会环境，加快推进贵州省民营经济做大做强、转型升级。

1 月 22 日，上海股权托管交易中心 2013 年度总结暨表彰大会在上海市举行。贵州省已经有 4 家民营企业在上海股权托管交易中心挂牌。

4 月 4 日，贵州省中小企业局将拟认定的第三批贵州省中小企业公共服务示范平台向社会公示。其中省属推荐 6 家，遵义市工能委推荐 3 家，安顺市工信委推荐 1 家，毕节市工能委推荐 2 家，黔南州工信委推荐 1 家。

4 月 18 日，贵州省人民政府办公厅下发《关于切实用好扶持政策推动微型企业健康发展的通知》指出，要完善扶持微型企业发展的政策和配套措施，及时解决实施中存在的问题，不断提升服务效能，积极推动微型企业健康发展。

5 月 29 日，上海股权托管交易中心与贵州省中小企业服务中心联合主办的"贵州企业专场挂牌仪式"在上海隆重举行。贵州 13 家企业成功挂牌，黔沪合作迈出发展新步伐。

6 月 6 日，贵州省中小企业局在贵州股权金融资产交易中心举办贵州中小企业星光培训工程贵阳场外市场融资培训班并与该中心签订战略合作协议，双方携手推进贵州省中小企业在场外市场挂牌融资发展。

6 月 28 日，贵州首家民营建材企业——贵州兴达兴建材股份有限公司在上海股权托管交易中心（E 板）挂牌上市。

7 月 18 日，贵州省委、省政府召开全省半年经济工作会议暨全省第二次民营经济发展大会，会议充分肯定贵州省民营经济发展取得的显著成绩，深刻阐述了民营经济的重要地位和特殊作用，对民营经济大发展再次做了全面部署。会议对全省民营经济发展先进集体和先进个人进行了表彰。

7 月 23 日，贵州省委副书记、省长陈敏尔与出席贵州省政协"十一届"第八次常委会的委员座谈，听取委员们对深化国有企业改革、培育壮大民营企业、发展混合所有制经济的意见建

议，就委员们反映集中、比较关注的问题与大家进行交流探讨。陈敏尔指出，民营经济是贵州省经济社会发展的主力军，要认真贯彻落实全省第二次民营经济发展大会精神，要着力破解"准入难""融资难""审批难""盈利难""用工难""创业难"，掀起民营经济发展新一轮高潮。

7月25日，贵州省中小企业局公布企业信用评级名单，100户企业获得A级以上信用等级，其中AAA级的企业有5户，AAA-级的企业有3户，AA+级的企业有3户，AA级的企业有7户，AA-级的企业有12户，A+级的企业有24户，A级的企业有46户。

7月31日，贵州省推动民营经济中小企业发展工作联席会议在贵阳召开。贵州省副省长王江平在会议上强调，要针对民营经济发展准入难、融资难、政策落地难、审批难、盈利难、用工难、创业难等问题，抓紧开展民营经济政策执行情况的调查摸底工作，全面系统梳理民营经济各项政策措施落实情况。要研究建立民营经济发展环境专项考核指标体系，定期对各地、各部门进行评估考核，促进全省民营经济发展环境不断优化改善。

8月8日，第八届中国品牌节暨2014贵州品牌与投资推介会在贵阳国际生态会议中心隆重开幕。贵州民营品牌推选委员会推选出的"贵州品牌榜单"同时发布。其中，贵阳南明老干妈风味食品有限责任公司的老干妈牌油辣椒系列、贵州董酒股份有限公司的董字牌董酒、贵州省都匀市茶叶协会的都匀毛尖牌绿茶、贵州省湄潭县茶叶协会的湄潭翠芽牌绿茶、贵阳朗玛信息技术股份有限公司的朗玛信息、中天城投集团股份有限公司的中天未来方舟、贵州西洋肥业有限公司的西洋牌复合肥10个企业、品牌及其产品荣膺"贵州民营企业杰出贡献奖"。贵州青酒集团有限责任公司青酒品牌、贵州天朝上品酒业管理有限公司天朝上品品牌、遵义金紫阳食品有限公司金紫阳品牌、贵州北极熊实业集团公司北极熊品牌、贵州五福坊食品有限公司黔五福品牌等33个企业及产品获"贵州民营企业突出贡献奖"。300个贵州民营企业特色品牌及其产品荣登"贵州品牌榜单"。

8月28日，贵州省民营经济组织首次职称评审工作总结暨2014年评审工作部署会在贵阳召开。贵州省首次民营经济组织职称评审圆满完成。全省民营经济组织共7000余人申报参评，857人取得副高级技术职务任职资格，5000余人取得中、初级专业技术职务任职资格。

9月，启动实施贵州省工业"百千万"工程，即省级抓"百"立标杆、市级抓"千"强骨干、县级抓"万"夯基础，形成大企业"顶天立地"、小企业"铺天盖地"的良好发展格局，以企业强产业、以产业强工业、以工业强经济，为后发赶超、同步小康提供有力支撑。将"百千万"工程作为促进工业提质增效的重要平台和抓手，开展精准帮扶，实行贴身服务，解决突出问题，助推企业发展，有效促进了工业转型升级和提质增效。

10月10日，以"新贵商新跨越"为主题，旨在弘扬"贵商"精神、传承"贵商"文化、树立"贵商"形象、打造"贵商"品牌、凝聚"贵商"力量、促进"贵商"发展的首届贵商发展大会在贵阳隆重召开。大会对杰出贵商代表进行了表彰，并举行了百家商会助推贵州发展项目推介及签约仪式，现场签约227.4亿元。

11月19日，贵州首家民营食品企业贵州遵义天阳食品股份有限公司，在上海股权托管交易中心（E板）挂牌上市。

11月20日，贵州省副省长王江平主持召开全省推动民营经济中小企业发展联席会议，审议《破解民营经济发展"七难"问题的实施意见》和《贵州省民营经济发展环境指数调查方案》，对下一步民营经济发展工作进行安排部署。

11月26日，贵州省工商局发布消息显示，10年来，贵州省市场主体总量实现从50万户到150万户的"三级跳"，特别是用了两年多时间，就实现了从100万户到150万户的大幅跳跃。其中，民营经济发展态势良好，注册资本迅猛增长。

2004年，全省民营企业和个体工商户注册资本为481.26亿元，占全省注册资本总量的26.58%。到2014年10月达8056.43亿元，占52.48%。私营企业和个体工商户齐头并进，发展态势良好。

12 月 26 日,贵州省工商联召开民营企业家座谈会。

同日,全国首家省级民营文化产业协会——贵州省民营文化产业协会在贵阳成立。

12 月 29 日,2014 年度贵州经济十件大事出炉。首次召开贵商发展大会,成为 2014 年度贵州经济十件大事之一。

2015 年

1 月 20 日,贵州省中小企业发展促进会在贵阳启动,贵州省中小企业发展促进会与中国建设银行贵州省分行、招商银行贵阳分行、厦门大学、上海丰谷投资有限公司、贵州中小乾信金融信息服务有限公司、通联支付等签署战略合作协议。

1 月 20 日,贵州省工商联第十一届三次执委会在毕节市召开。会议指出,2015 年,全省工商联将坚持"两个健康"主题,以"深化一个引导、优化四个平台、举办四项活动、推动四项工作、打好四个基础"为重点,为贵州省全面深化改革和全面推进依法治省做出新贡献。

1 月 27 日,贵州省委书记赵克志在贵州省政协第十一届三次会议与工商联、经济、农业界委员进行联组讨论时指出,企业是市场的主体,要把服务企业作为工作重点,把 2015 年作为"民营企业服务年",加快转变政府职能。贵州省长陈敏尔要求,要研究提出"民营企业服务年"活动方案,结合工业"百千万"工程,聚焦解决"七难"问题,扎实开展活动,取得实效。

2 月 5 日,贵州省"民营企业服务年"服务需求企业家座谈会在贵阳召开。会议主要围绕企业的现实需求、存在困难、重点任务、关键环节等问题展开座谈,以切实帮助企业走出困境,促进科学发展。

3 月 17 日,贵州省微型企业自主生产的工业产品走出国门。由贵州省凤冈县顺强缝纫机配件制造有限公司生产的缝纫机配件产品发至浙江出口贸易平台,产品将发往非洲多个国家以及亚洲的朝鲜、土耳其、泰国等。

3 月 5 日,贵州省工商局出台 12 条措施,从优化准入环境、强化品牌建设、拓宽投融资渠道三个方面,支持全省"百千万"工程企业加快发展。

4 月 14 日,贵州省人民政府办公厅召开深化商事制度改革专题会。贵州省工商局扎实推进商事制度各项改革,全省注册资本登记制度、先照后证登记制度、三证合一改革试点、企业信用信息平台建设等工作稳步快速推进,大众创业激情高涨,民营资本活跃,全省市场主体总量增幅保持 20% 左右,注册资本(金)增幅保持 25% 以上,个体私营经济占比达 95.72%。

4 月 16 日,贵州省"民营企业服务年"活动动员部署会议在贵阳召开。会议就 2015 年提升民营企业发展的质量和水平,促进民营经济快速持续健康发展,提高民营经济占国民经济的比重的目标,聚焦民营企业发展中遇到的准入难、融资难、政策落地难、审批难、盈利难、用工难、创业难等"七难"问题,从切实改善民营经济发展环境入手做出了安排部署。

4 月 16 日,贵州省委办公厅、省政府办公厅印发《贵州省"民营企业服务年"活动工作方案》,安排部署 2015 年"民营企业服务年"活动。

4 月 26 日,"云腾贵州·贵州省中小企业云平台"在贵安新区电子信息产业园体验馆举行上线启动仪式。该平台由贵州云谷数据有限公司负责运营和管理,贵州云谷数据有限公司通过资源聚集与优势整合,为贵州省数十万中小微型企业提供"企业信息化云服务""投融资渠道服务""企业互联网+服务"和"企业创新推动服务"。

5 月 11 日,贵州省工商局发布信息显示,贵州省 2015 年将新增微企贷款 25 亿元,年内在全省推广"三证合一"改革相关工作,以破解企业"融资难"等一系列问题。

6 月 9 日,贵州省经信委、贵州省工商联召集华融证券股份有限公司、贵州银行、贵州省银监局、浙江商会、中意传媒公司等单位相关负责人,就进一步推进民营经济跨越发展战略合作和开展"民营企业服务年"活动等问题进行研究。

7 月 18 日,由贵州企业投融资协会、贵州省信息中心主办,贵州云谷数据有限公司、微软(中国)有限公司承办的贵州省"中小企业云"平台推广会在贵安新区举行。

7月24日，贵州按照"加速发展、加速转型、推动跨越"的工作要求多措并举，加大民营经济支持力度，大力扶持微型企业发展，着力缓解中小微企业"融资难、融资贵"，启动民营企业财务专项服务工作，认真落实税收优惠政策，清理规范涉企行政事业性收费，鼓励民营企业参与政府采购，助推民营经济加快发展。

8月13日，贵州省科技厅与省工商联共同出台《关于推动科技创新促进贵州省民营经济大发展的实施方案》，从民营企业的科研机构建设、众创空间建设、企业深化产学研合作和培养引进创新人才、知识产权创造及应用、民营企业创新服务保障建设、引进培育民营成长梯队企业、改善民营企业创新融资环境七个方面，支持全省民营企业发展。

8月26日，贵州省首次发布"贵州民营企业100强"榜单，贵州通源集团以136.87亿元在民营企业排名第一。100强民营企业累计实现营业总收入1202.58亿元，为2014年全省民营经济增加值4200亿元的28.63%，资产总额达2354.58亿元。100强榜单中，百亿元营业收入以上企业有两户，10亿元以上有36户。

8月28日，贵州省2015年"大众创业、万众创新"示范园名单公示，分别为：贵阳国家高新区大学生创业园（贵阳市）、贵州娄山关高新技术产业开发区科技企业孵化器（遵义市）、赤水市鑫竹投资开发有限公司（遵义市）、夏云工业园综合型生产性服务业集聚区（安顺市）、闽商科技产业园（六盘水市）、贵州金沙经济开发区电子信息产业园（毕节市）、独山县轴承产业园（黔南州）、贵州金钟经济开发区（黔东南州）、安龙县创业孵化园（黔西南州）、贵安高端"智造"众创空间（贵安新区）。

9月21日，贵州省文化厅、贵州省扶持微型企业发展工作领导小组办公室联合出台了《关于大力发展文化及相关产业微型企业的通知》，明确了重点扶持的除娱乐业外的文化及相关产业微型企业具体行业，并从三个方面提出了加大对文化及相关产业微型企业扶持力度的举措，进一步降

低了创意设计等文化及相关产业微型企业创设扶持门槛。

9月24日，贵州省发放第二批科技创新券，共有35家企业受领发放金额为810.5万元，引导企业投入研发资金2843.8万元。此次受领的35家企业，全部属于"中小微"企业。2015年全省预计发放4000万元，将有400余家企业受益。

9月29日，第二届贵商发展大会在贵阳开幕。开幕式上，贵州省委书记、省长陈敏尔向十位"2015年新贵商"颁奖。

9月30日，贵州省颁发全省首张"一照一码"营业执照，标志着贵州省"三证合一、一照一码"登记制度正式启动实施。这是继2014年贵州省注册资本登记制度改革、先照后证改革后，贵州省商事制度改革的又一项重大举措。

10月15日，贵州省中小企业金融服务调查座谈会在贵阳召开。座谈会围绕企业所处行业及衍业发展状况、前景、经营情况、融资需求、融资渠道、银行融资情况、融资成本、融资用途、贷款资金使用效率等多个方面进行深度沟通交流和探讨。

12月4日，贵州省经济和信息化委员会印发《贵州省工业设计中心认定管理办法（试行）》（黔经信产业〔2015〕20号）。

2016 年

1月13日，贵州省担保公司与贵州省农村信用合作联社签订了双方合作协议，对"黔微贷"第二轮新增贷款额、扶持微型企业户数、新增贷款认定范围、重点行业扶持比例、贷款利率以及考核方式进行了明确。截至2016年第三季度末，"黔微贷"新一轮政策共计扶持微型企业14896户，发放贷款26.86亿元，完成计划89.5%。

1月14日，铜仁市首张电子营业执照在铜仁市政务中心工商窗口颁发，同时，铜仁市各区县同步启动了电子营业执照试点工作。铜仁市是全省唯一一个全市整体推进电子营业执照的试点地区。

1月26日，小微企业名录（贵州）正式上线

运行。

2 月 23 日，贵州省经济和信息化委员会下发《关于促进全省消费品配套产业加快发展的通知》（黔经信消费〔2016〕3 号）。

2 月 28 日至 29 日，国家企业信用信息公示系统建设工作座谈会（全国部分省市）在贵阳召开。

2 月 29 日，贵州省委、省政府印发《关于推进供给侧结构性改革提高经济发展质量和效益的意见》，要求按照国家下达计划，完成去产能、降成本等工作任务，主动转型增强竞争力，加快发展新兴产业。

4 月 8 日，全省旅游商品供需衔接会召开，共有 420 余家企业的 600 余人参加，200 多家企业达成合作协议。

4 月 14 日，贵州省组织 16 家企业、60 余人，赴北京参加第八届国家高端饮用水博览会，现场签约金额 3000 余万元。

5 月 10 日，贵州省民营经济发展局下发《2016 年贵州省非公经济发展改革实施方案》。

5 月 16 日，贵阳市入围工信部、财政部等部委授予的第二批"小微企业创业创新基地城市"示范名单，2016 年国家下达资金 4.05 亿元，共支持 9 亿元。

5 月 30 日至 6 月 2 日，开展了企业跟踪监测业务培训，对抽样企业涉及市、县级局的 220 多名工作人员进行培训。

7 月 14 日至 16 日，组织 20 余家企业到深圳参加第九届 APEC 中小企业技术交流暨展览会。

7 月 18 日，贵州省经济和信息化委员会出台《关于开展省级制造业创新中心建设试点意见》（黔经信技质〔2016〕22 号）。

7 月 18 日，贵州省委、省政府印发《中共贵州省委、贵州省人民政府关于进一步促进民营经济加快发展的若干意见》，从加大金融支持力度、加大财税支持力度、降低企业成本等方面提出 38 条意见，成为促进民营经济发展的新"38 条"。

7 月 22 日，贵州省 2016 年第二次项目建设现场观摩总结会暨贵州省第三次民营经济发展大会召开。

7 月 29 日至 31 日，贵州省工业及大数据信息产业项目银企对接会在贵州饭店国际会议中心召开。本次会议组织了 2769 个工业及大数据信息产业企业，动员了 35 家银行、担保、信托、证券、保险、基金、投资公司在内的金融机构参会。提交大会的项目达到 1858 个，实现融资总需求超过 3500 亿元；签约项目数 912 个，已放款项目数 655 个，项目落实比例为 71.82%；签约金额 1377.35 亿元，已放款金额 596.08 亿元，资金落实比例为 43.28%。

8 月 5 日，贵州省政府办公厅印发了《贵州省扶持微型企业发展实施方案》，规定符合条件的微型企业，可以获得创办扶持、财政支持、金融支持、税费减免等。

8 月 12 日，贵州省人民政府办公厅印发《贵州省实施"千企改造"工程促进工业全面转型升级方案》。

9 月 28 日，贵州省正式出台《关于促进民间投资健康发展若干政策措施》，下发《贵州省人民政府办公厅关于印发促进民间投资健康发展若干政策措施的通知》（黔府办发〔2016〕31 号）。

10 月 10 日至 13 日，贵州省 30 余家企业、100 余人参加广州第十三届中国国际中小企业博览会，展示了贵州省中小企业在旅游商品、特色食品、名茶、白酒、新兴产业等优势领域具有自主知识产权的亮点产品和成果。

10 月 26 日，贵州省中小企业公共服务平台网络正式上线。该平台已聚集了贵州省 9 个市（州）和贵安新区、6 个专业共 16 个窗口平台、100 多家机构的服务资源，聚集带动服务机构 282 家，服务小微企业达到 1023 家。

11 月 19 日至 20 日，2016 首届贵州（铜仁）国际天然饮用水博览会在贵州省铜仁市碧江区举行，水博会由贵州省经信委、贵州省商务厅、铜仁市人民政府、中国民族卫生协会等联合主办。活动包括开幕式、健康水及关联产品展览展销会、贵州天然饮用水招商引资推介会及签约仪式、"好水贵天然·汇聚梵净山"全国水主题摄影大赛、国际天然饮用水高峰论坛等。展览展销会上，意大利圣碧涛、希腊段怡、娃哈哈、农夫山泉等 266

户国际国内著名品牌水企业参展。此次展会招商引资共签约项目 278 个，资金 149.5 亿元，其中投资类项目 47 个，资金 117.8 亿元；贸易类项目 231 个，资金 31.7 亿元。

2016 年，成立了"双创"活动工作领导小组。积极支持贵阳国家高新区大学生创业园、贵州娄山关高新技术产业开发区科技企业孵化器等 11 个省级示范园区不断完善工作机制。经过推荐、评审和公示。2016 年 11 月 23 日，贵州省 3 家基地入围第二批国家小型微型企业创业创新示范基地。

12 月 1 日至 3 日，组织 20 家企业、60 余人参加香港中小企业博览会。

12 月 22 日，贵州省经济和信息化委印发《贵州省产业转移指导目录（2016 年本）》。

2017 年

2 月 8 日，贵州省经济和信息化委员会、贵州省财政厅、贵州省科学技术厅、贵阳海关联合印发《贵州省企业技术中心认定管理办法》。

2 月 15 日，贵州省民营企业服务年活动办公室下发《关于继续开展民营企业服务年活动的通知》（黔民服办发〔2017〕1 号）。

2 月 24 日，贵州省中小企业局下发《关于认真做好 2017 年贵州省"中小企业星光培训工程"工作的通知》（黔民经局发〔2017〕2 号）。

2 月 28 日，贵州绿色优质农产品招商推介展示会在广州市举行。

3 月 5 日，全国人大代表、贵州省委书记、省人大常委会主任陈敏尔在审议《政府工作报告》（以下简称《报告》）时说，要深入贯彻习近平总书记系列重要讲话精神和治国理政新理念新思想新战略，认真落实《报告》部署要求，坚持稳中求进工作总基调，着力稳住经济发展基本面，加快培育新的经济增长点，扎实做好贵州各项工作，以优异成绩迎接党的十九大胜利召开。

3 月 14 日，贵州省政府与瑞士联邦中小企业联合会在瑞士签署了共建瑞士（贵州）产业示范园协议，举行贵州驻瑞士商务代表处揭牌仪式。

共建瑞士（贵州）产业示范园协议是贵州省获批内陆开放型经济试验区后与外国签署的第一个产业园合作协议。

3 月 20 日，贵州省 2016 年度市（州）非公企业和社会组织工委书记抓党建工作述职暨 2017 年党建工作部署会在贵阳召开。会议深入学习贯彻习近平总书记系列重要讲话精神，认真落实全国社会组织党建工作座谈会和全国园区非公有制企业党建工作座谈会精神，开展非公有制企业和社会组织工委书记抓党建工作述职，并进一步总结工作、分析形势，部署当年工作。

3 月 21 日，贵州省经信委与贵州邮政公司签署了战略合作协议，创新开展"2017 贵州省民营企业服务年系列活动——腾邮助推贵州中小企业活动"，借力腾讯和邮政的服务资源以及强大的数据汇集分析能力、海量用户群体，发挥"互联网 + 邮政传媒"的网络优势，通过"腾讯社交广告 + 邮政电商平台 + 邮政线下网点产品体验专区"，搭建互联网营销体验平台。"腾邮助推中小企业"活动是民营企业服务年活动开展两年来的一次全新尝试和创新服务举措，是贵州省经信委牵头打造的民企服务年的自有服务品牌。

4 月 14 日，贵州省出台了《中共贵州省委 贵州省人民政府关于推动数字经济加快发展的意见》，这是全国首个从省级层面出台的关于推动数字经济发展的意见。

5 月 26 日召开了全省产业园区大数据监测调度平台填报培训工作会，进一步推动全省产业园区大数据监测、调度、服务工作质量再提升。

6 月 6 日，贵州绿色优质农产品招商推介展示会在浙江杭州西子湖畔举办，活动旨在向杭州市民展示、推介贵州绿色优质农产品，搭建贵州省各市州与杭州市合作交流平台，助推黔货出山。

6~7 月，在 9 个市（州）举办"星光培训走进贵股交——贵州省中小企业星光培训工程全省融资培训班"，旨在提升中小企业主管部门及企业负责人管理水平。

6 月 28 日，贵州省首届装备工业博览会在贵阳市国际会展中心举行。展会为期 4 天，260 家企业参展。

7 月 20 日，贵州省政府正式印发《贵州内陆开放型经济试验区建设规划》。

7 月 21 日，2017 贵州安顺爱飞客通用航空飞行大会在贵州省安顺市黄果树机场开幕。大会由贵州省经济和信息化委员会、贵州省安顺市人民政府、中航通用飞机有限责任公司、中航文化有限责任公司联合举办，为期 3 天。

7 月 26 日，贵州省新经济产业政金企对接会在贵阳召开，会上共签约融资项目 224 个，融资额度 545 亿元，涉及项目总投资 1760 亿元，项目主要包含了大数据、大旅游、大生态等领域。

8 月 25 日至 28 日，由广州市政府主办的第 25 届广州博览会举行，10 家贵阳企业参展。

2017 年 8 月 21 日，贵州省经济和信息化委印发《中小企业"星光"行动实施方案》，围绕供给侧结构性改革，发展环境优化，大众创业、万众创新，中小企业绿色发展、创新发展、转型发展的命题，将中小企业的"专精特新"发展与"双百千"工程衔接，立足培育后备力量和中坚力量的定位，五年内，滚动培育成长潜力较大的中小企业万户以上，涌现一批在产品、技术、市场管理等方面达到国内先进水平、具有核心竞争力的中小企业。

9 月 5 日，贵州省政府办公厅印发《贵州省发展生态家禽产业助推脱贫攻坚三年行动方案（2017—2019 年）》（黔府办发〔2017〕46 号）。

9 月 6 日，贵州省政府印发《贵州省深化制造业与互联网融合发展实施意见》（黔府发〔2017〕23 号），提升全省制造业与互联网融合发展水平。

9 月 8 日至 10 日，2017 中国·贵州内陆开放型经济试验区跨境投资贸易洽谈会暨全球贵商发展大会在贵安新区举行。

9 月 9 日至 12 日，"第七届中国（贵州）国际酒类博览会"在贵阳举行。

9 月 9 日至 17 日，在浙江大学举办星光行动——2017 贵州中小企业"专精特新"培训班，同时建立了"浙江大学管理学院贵州教学基地"。

9 月 20 日，贵州省政府下发《关于促进创业投资持续健康发展的实施意见》（黔府发〔2017〕

28 号），该意见提出，到 2020 年，贵州省全社会创业投资超过 500 亿元。

9 月 26 日，贵州正式印发了《贵州省降低实体经济企业成本工作实施方案》，预计 2017 年全年可为企业降低成本 500 亿元以上，2018 年至 2020 年实体经济综合成本进一步下降，使贵州成为西部地区实体经济企业综合成本较低的省份之一。

9 月 28 日，贵州省委副书记、代省长谌贻琴莅临贵州省经信委，听取全省工业经济发展情况汇报，就坚定不移地深入实施工业强省战略作出重要指示。

11 月 10 日至 12 日，2017 年中国（贵州）国际民族民间文化旅游产品博览会在贵安新区东盟国际会议中心隆重举行。本届民博会以"展示文化旅游精品，促进全域合作交流"为主题，活动总体分为民博赛事、展览展销、招商推介、交流论坛 4 个主体板块，并开展文艺展演、网上直播民博会等配套活动。

10 月，贵州省组织中小企业参加第十四届中国国际中小企业博览会。

12 月，《贵阳市工业和信息化产业发展引导基金管理办法》（以下简称《办法》）正式印发。《办法》指出，基金不以营利为目的，引导股权投资机构和社会资本投资贵阳市相关领域。

12 月 6 日，贵州省经信委党组成员、副主任，贵州省民营经济发展局（贵州省中小企业局）局长敖鸿，贵州省民营经济发展局（贵州省中小企业局）及贵州省经信委相关处室、贵州省中小企业发展促进会和全省各州市经信委负责人及 30 家参展企业的 70 余名参展商参加 2017 香港国际中小企业博览会。

12 月 25 日至 26 日，贵州省经济工作会议在贵阳召开。会议的主要任务是，深入学习贯彻党的十九大精神和习近平总书记在贵州省代表团重要讲话精神，以习近平新时代中国特色社会主义思想为指导，全面贯彻落实中央经济工作会议精神，总结 2017 年经济工作，部署 2018 年经济工作。贵州省委孙志刚在会上作了讲话，强调要深入学习贯彻习近平新时代中国特色社会主义经济思想，推动贵州省经济在高质量发展上不断取得新进步，开启新时代贵州经济社会发展新征程。贵州省委副书记、代省长谌贻琴在讲话中对2018年经济工作作出具体安排，并作了总结讲话。

2017年，贵州省经信委对《促进民营经济发展若干政策措施运用指南》增补了国家和贵州省新出台的促进民营经济发展的相关政策，计197个文件。

2017年，贵州省经信委与中国银行贵州省分行和中国邮储银行贵州省分行签订合作协议，为推动全省民营经济、中小企业发展提供多维度、全方位的金融服务。贵州省中小企业局与贵州股权金融资产交易中心签署战略合作协议，共同承办"星光培训走进贵股交"系列活动，深入到全省9个市州为1200余户中小企业开展融资服务，反响热烈。

2017年，分别组织70余家企业参展中国中小企业博览会和香港国际中小企业博览会，并在香港成功举办黔港中小企业交流座谈会，搭起了黔港两地企业的互动交流与合作平台，起到了帮助企业解决销售渠道、提升产品品质及推动"黔货出山"的作用。

2017年，贵州省有3家机构被授予国家级中小企业公共服务示范平台、13家机构认定为省级中小企业公共服务示范平台，平台网络聚集服务机构432家，服务小微企业达到2532家，服务供给总量逐步扩大，服务满意度进一步提升，成为全省中小企业开展经济运行监测、政策宣传、业务指导等方面服务工作的"多面手"。

2018 年

2月，贵州省正式印发《贵州省2018产业大招商突破年行动方案》，建立"省带头、市（州）推动、县（市、区）落实"2018产业大招商突破年行动推进机制，推动全省经济发展质量变革、效率变革、动力变革取得新进步，做大产业、做强企业，加快构建现代化经济体系，推进全省经济又好又快长期可持续发展。

2月，由贵州省经信委推荐申报的贵州遵义新蒲工业园区、贵州独山经济开发区、贵州大龙经济开发区入选国家新型工业化产业示范基地（特色类）名单。至此，贵州省已有国家新型工业化产业示范基地13个，省级新型工业化产业示范基地40个。

3月8日，贵州省产业大招商突破年行动和优化营商环境集中整治行动大比武启动。通过查找基层需求、帮助解决问题、提升招商引资战斗力，实现产业大招商的大转折、大突破、大提升。

5月24日，贵州省经济和信息化委员会、贵州省商务厅印发《贵州省促进包装产业转型发展的实施意见》（黔经信办〔2018〕17号）。

5月25日，贵州省经济和信息化委员会、贵州省发展和改革委员会、贵州省科技厅、贵州省商务厅、贵州省卫生和计划生育委员会、贵州省食品药品监督管理局六部门联合印发《贵州省关于贯彻落实〈医药工业发展规划指南〉的实施方案》（黔经信消费〔2018〕3号）。

5月25日，2018中国电子商务创新发展峰会在贵阳开启一场电子商务动向探索之旅。国内电商排名前100名企业、独角兽企业等200余家优秀电商企业代表齐聚贵阳，分享相关领域的探索与实践。

5月26日至29日，2018中国国际大数据产业博览会在贵阳国际会议展览中心、贵阳国际生态会议中心召开。本届数博会以"数化万物智在融合"为年度主题，围绕"同期两会、一展、一赛及系列活动"展开。

5月29日，贵州省经济和信息化委员会印发《贵州省中小企业公共服务示范平台认定管理办法》（黔经信中小〔2018〕5号）。

6月，贵阳国家高新区行政审批局核发了该区历史上首户外资企业营业执照。

7月24日，贵州省经济和信息化委员会印发《贵州省民爆行业安全管理水平提升三年专项行动实施方案》（黔经信民爆〔2018〕18号）。

10月10日至11日，第十五届中国国际中小企业博览会在广州召开，贵州省经信委党组成员、副主任，贵州省民营经济发展局（省中小企业局）

局长敖鸿率队，组织贵州中兴博源科技有限公司、贵州乐道科技股份有限公司、遵义市大地和电气有限公司、贵州聚诚识别科技有限公司、江口县世佳电气科技有限公司、贵州大瑭本草生物科技有限公司、贵州镇远埃克塞科技有限责任公司、贵州天宇携创科技发展有限公司等 20 余家企业参展。

10 月 11 日，贵州省特色手工产业锦绣计划实施五周年暨 2018 年工作推进会在贵阳市召开。

10 月 18 日，由贵州省人民政府主办，贵州省经济和信息化委、茅台集团承办的改革开放 40 年暨 2018"多彩贵州风黔酒中国行"宣传推介活动在深圳举办。贵州酒业"大咖"茅台集团、国台酒业、董酒股份和鸭溪酒业负责人悉数登场，各抒美酒情怀。

10 月 26 日至 27 日，"纪念改革开放 40 周年'时代有温度——民营经济再出发'研讨会"在贵州省安顺市举办。会上举行了《纪念改革开放 40 周年暨中华工商时报贵州记者站建站 20 周年——时代有温度》一书首发仪式。部分学者嘉宾、企业家以及工商联（商会）代表共话友谊，共商发展大计。

11 月 1 日，中共中央总书记、国家主席、中央军委主席习近平在京主持召开民营企业座谈会并发表重要讲话。习近平强调，公有制为主体、多种所有制经济共同发展的基本经济制度，是中国特色社会主义制度的重要组成部分，也是完善社会主义市场经济体制的必然要求。非公有制经济在我国经济社会发展中的地位和作用没有变，我们毫不动摇鼓励、支持、引导非公有制经济发展的方针政策没有变，我们致力于为非公有制经济发展营造良好环境和提供更多机会的方针政策没有变。在全面建成小康社会进而全面建设社会主义现代化国家的新征程中，我国民营经济只能壮大、不能弱化，而且要走向更加广阔的舞台。

11 月 2 日，2018 中国（贵州）特色产业生产加工设备、包装机械及材料展览会开幕式暨多彩贵州水招商、融资租赁项目对接交流会在贵阳召开，官员、企业负责人、供应商、经销商、客户、新闻媒体等 500 余人参会。

11 月 5 日至 10 日，首届中国国际进口博览会在上海举行，贵州省组团参加，"贵州非遗抛花绣帽"等一批贵州元素亮相首届进博会。

12 月 1 日，贵州省开通"服务民营企业省长直通车"，24 小时受理民营企业来电来信，受理范围包括政策咨询、投诉举报、建议意见等。

12 月 1 日，贵州省委、省政府印发了《关于进一步促进民营经济发展的政策措施》（以下简称《政策措施》）的通知。《政策措施》明确了降低民营企业经营成本、缓解民营企业融资难题、全面放开民间投资限制、推动民营企业转型升级、优化公平高效市场环境、加强民营企业队伍建设、保护民营企业合法权益、构建"亲""清"新型政商关系、提升服务保障民营经济发展能力九个方面内容，全力支持全省民营企业做大做强做优，着力推动全省民营经济高质量健康发展。

12 月 25 日，贵州省人民政府印发《贵州省十大千亿级工业产业振兴行动方案》，启动十大千亿级工业产业振兴行动，打造基础能源、优质烟酒、新型建材、先进装备制造、大数据电子信息、健康医药等十大产业为支撑的现代工业体系。

12 月 27 日，贵州省促进中小企业发展领导小组办公室、贵州省工信厅印发了《政策落实专项行动方案》，从全面梳理政策措施、加强政策措施宣传、强化政策落地渠道、构建信息发布平台、建立投诉救助机制、健全服务机构体系等方面作了详细安排部署，切实解决促进民营经济发展政策知晓度不高、落实不到位、执行不力等问题，为民营经济发展营造良好氛围。

同日，贵州省促进中小企业发展领导小组办公室、贵州省工信厅印发了《领导干部联系服务企业专项行动方案》，以帮助企业解决发展中遇到的困难和问题，促进全省民营经济高质量发展，持续提高民营经济在全省经济总量中的比重。

贵州省印发《扩大民间投资专项行动方案》，以激发有效民间投资活力，更好地发挥民间投资在优化供给结构、建设现代化经济体系、推动高质量发展中的重要作用，并明确了五项重点任务。

贵州省印发《降本减负专项行动方案》，围绕深入推进供给侧结构性改革主线，坚持高质量发展要求，落实降成本各项政策措施，为促进民营经济发展，降低民营企业经营成本，提出四项重点任务。

贵州省印发《金融服务专项行动方案》，着力解决民营企业融资难融资贵问题。

12月28日，贵州省民营经济发展大会在贵阳召开。会议强调，要深入学习贯彻党的十九大精神和习近平总书记在贵州省代表团重要讲话精神，深入学习贯彻习近平总书记在中央经济工作会议和在民营企业座谈会上的重要讲话精神，坚持基本经济制度，落实"两个毫不动摇"，奋力推动贵州省民营经济发展壮大。

附录2 1978~2018年贵州省民营经济发展重要文件汇编

文件1 《贵州省人民政府批转省工商行政管理局关于加快个体私营经济发展意见的通知》

【发布单位】贵州省人民政府
【发布文号】黔府发〔1993〕3号
【发布日期】1993-01-28

省人民政府批转省工商行政管理局关于加快
个体私营经济发展意见的通知
黔府发〔1993〕3号

省人民政府同意工商行政管理局《关于加快个体私营经济发展的意见》，现转登如下：

一、放宽个体工商户和私营企业经营的行业和品种。除国家禁止和限制的金融等十种行业和商品（见附件）外，都允许个体工商户、私营企业生产、经营，任何部门和个人不得限制。

二、凡是国家法律、法规及省政府规定放开经营的行业和品种，具备物质条件的，允许经营批发业务，允许综合经营，允许长途贩运，任何地区和部门不得封锁和限制。

三、允许个体工商户一照多摊经营，增设摊点可凭营业执照副本经营。个体户到外地经营的，由原登记机关开具外出经营证明，注销原登记，由经营地核发营业执照，并进行管理。

四、个体工商户和私营企业可以开展各种形式的横向经济技术联合，与公有制企业实行各种形式联营；可以开展代购、代销、代加工、代储、代运等业务或租赁、兼并、购买公有制企业。同公有制经济实行股份制经营的，享受国家股份制有关政策。

五、支持具备条件的个体工商户、私营企业开展边境贸易，举办合资、合作企业，发展外向型经济。支持它们到国外经商办企业，有关部门要提供方便，根据其经营需要，给予进出口权。审批过程中，需要主管部门出具证明的，可分别由同级个体劳动者协会或私营企业协会办理。

六、党政机关、事业、企业单位的离退休人员、停薪留职人员、辞、退职人员及停工行业人员，复员退伍军人，大中专毕业生，可持居民身份证或有关证明向工商行政管理机关申请从事个体工商户或私营企业的经营。

七、允许经所在单位同意的在职人员利用业余时间从事简易便民的临时经营，允许企业在职专业技术人员到个体工商户、私营企业兼职。对各类人员从事经济中介（即经纪人）活动和经济、技术法律咨询活动，要积极支持，制定办法，加强管理。具体管理办法由省工商行政管理局制定。

八、积极支持高等院校、科研、设计单位各类专业人才，从事技术开发和咨询等服务业。科技人员从事或参与经营，其取得专利的项目和经过鉴定的科研成果，可以作为技术投入，折价计算为注册资金。

九、个体工商户和非法人私营企业的注册资金，按申请数额核准，不需要其他证明。

十、各级政府要像支持国营、集体工商业一样，把个体工商户、私营企业的经营场地列入当地（特别是各类开发区、厂矿集中区、新建城镇等）城乡建设规划，统一安排。新建各类市场和商业、饮食街群，要给个体工商户、私营企业妥善安排门面。因城市、街道、旧房改造确需个体工商户、私营企业搬迁的，应妥善给其安置新的经营场地。允许企业、事业单位出租闲置的仓库、场地，给个体工商户和私营企业作为经营场地，打开沿街围墙改设经营门点，可以出租给个体工商户、私营企业使用。

十一、个体工商户、私营企业生产经营用水、用电，水电管理部门要给予安排，与集体企业同样对待。

十二、个体工商户、私营企业生产的产品，可向行业主管部门申请鉴定，行业主管部门应同本部门其他企业一样按规定标准进行审批。

十三、对个体工商户和私营企业的人员参加技术等级与专业技术职务评聘，要同其他企业人员一视同仁。其产品鉴定和职称评定工作，由各级个体劳动者协会和私营企业协会负责，根据有关行业管理部门要求，分别报请有关部门审定核准。

十四、税务机关对没有建账的个体工商户征税，在核定营业额和负担率时，应征询工商行政

管理部门及个体劳动协会的意见。

十五、个体工商户、私营企业开具的由税务机关统一制发的发票，各机关、事业、企业单位应作为报销的凭据。

十六、各级人民银行要积极扶持个体工商户、私营企业的发展，增设主要为个体工商户、私营企业服务的信用社，允许个体劳动者协会建立基金会组织，对个体工商户贷款要与其他企业一视同仁。银行和信用社要为个体工商户、私营企业开户、存取款、结算提供方便。

十七、对鼓励发展的行业适当减免市场管理费。对于进入新开办市场的个体工商户、私营企业，继续采取经营初期减免管理费的鼓励措施。对本小利微、经营困难、难以维持生计的个体工商户，经当地工商所批准，可以减免市场管理费。

十八、干部、职工个人到跳蚤市场出售自有物品，不需办理营业执照，也不收取市场管理费。需要使用市场设置门点的，可适当收取租赁费。

十九、坚决制止乱收费、乱摊派、乱罚款。对个体工商户、私营企业收取费用，必须经财政、物价部门批准，使用财政部门制定或批准使用的统一收据，并公开收费依据和收费标准，接受社会监督。任何地区和部门不得违反国家法律、法规和省政府、省工商行政管理局和物价部门的规定，向个体工商户和私营企业乱收费、乱摊派、乱罚款，否则，个体工商户和私营企业有权拒付或控告。各级政府和工商行政管理机关对乱收费、乱罚款、乱摊派的单位要加以制止。工商行政管理机关要严格要求自己，严禁对个体工商户、私营企业乱收费、乱罚款、乱摊派。

二十、各级工商行政管理机关，要在当地党委、政府的领导和有关部门的配合下，发挥好个协、私营的"三自"作用，按照国家有关法律、法规的要求，切实加强对个体工商户、私营企业的职业道德教育和监督管理，严厉打击制售假冒伪劣商品和欺行霸市、短尺少秤等损害消费者利益的违法违章经营行为，使个体、私营经济健康发展。

1993年1月28日

附件：

我省当前禁止个体工商户和私营企业从事的行业及生产经营的商品目录

1. 金融业；
2. 军工业及军、警、执法机关的制服、标志；
3. 金、银、宝石、文物；
4. 计划内钢材：钢坯、生铁、有色金属、铂族金属；
5. 汽车、报废汽车；

6. 军队退役报废装备；
7. 生产性废金属；
8. 爆破器材；
9. 猎枪、气枪、仿真手枪或电击器；
10. 麻醉药品、精神药品和医疗用毒性药品。

文件 2　《中共贵州省委　贵州省人民政府关于进一步加快个体、私营经济发展的决定》

【发布单位】贵州省人民政府
【发布文号】省发〔1996〕23 号
【发布日期】1996–12–15

中共贵州省委　贵州省人民政府关于进一步加快个体、私营经济发展的决定
省发〔1996〕23 号（1996 年 12 月 15 日）

自《中共贵州省委，贵州省人民政府关于加快个体、私营经济发展的意见》（省发〔1994〕12 号）颁发以来，全省个体、私营经济有较大的发展。根据党的十四届五中全会精神，为使我省个体、私营经济在"九五"期间持续、快速、健康发展，在实现富民兴黔的战略目标中发挥更大的作用，现就进一步加快个体、私营经济发展作如下决定。

一、解放思想，更新观念，提高对发展个体、私营经济重要性和必要性的认识

1. 坚持以公有制为主体，多种经济成分共同发展，是党和政府一项长期不变的方针。在积极促进国有经济和集体经济发展的同时，允许和鼓励个体、私营、外资等非公有制经济的发展，并正确引导、加强监督、依法管理，使它们成为社会主义经济的必要补充。国家对各类企业一视同仁，为各种所有制经济平等参与市场竞争创造良好的环境和条件。各级党委、政府要进一步解放思想，更新观念，采取有力措施，放心放胆放手发展我省的个体、私营经济。

2. 个体、私营经济是社会主义市场经济的必要补充，是我省富有活力的经济增长点之一。鼓励和引导个体、私营经济快速发展，是加快我省经济振兴，促进贫困地区稳定脱贫，提高农村商

品经济的发育程度，增加地方财政收入，繁荣城乡市场，方便群众生活，扩大社会就业的重要途径，对于实现富民兴黔奔小康的战略目标，促进社会稳定，具有特殊重要的地位和作用。

3. 各级党委、政府及有关部门、单位必须进一步解放思想，破除不适应发展社会主义市场经济的观念，改变不利于个体、私营经济发展的做法，政治上给信任，政策上给优惠，服务上给方便，发展上给支持，经营上给指导，切实把促进个体、私营经济发展作为经济工作的一项重要任务抓紧、抓好，使之真正成为促进我省地方经济发展的重要力量。

4. 报刊、电台、电视台等宣传舆论工具，要积极宣传党和政府对发展个体、私营经济的方针、政策；宣传个体、私营经济在发展社会主义市场经济中的重要作用，宣传发展个体、私营经济的先进经验和对促进地方经济发展、有利于社会稳定等方面的先进典型；正确引导社会舆论，为个体、私营经济的快速健康发展创造良好的舆论环境。

二、加强领导，搞好服务，大力促进个体、私营经济的发展

5. 各级党委和政府要切实加强对个体、私营经济的领导。省委、省政府决定成立"贵州省发展个体私营经济工作领导小组"，由省政府和有关部门领导同志组成，负责全省个体私营经济的综合协调和指导服务。领导小组办公室设在省经贸委，从有关部门抽调人员参加，负责日常工作。每季召开一次领导小组会议，专门研究、分析和处理发展个体、私营经济工作的重大问题。各地、州、市、县（市、特区、区）要结合本地实际，建立相应的议事协调机构，统筹负责此项工作。

6. 省直各有关部门、单位要各司其职，在加强综合协调、监督管理的同时，要提供优质周到的服务。要认真解决好个体、私营经济发展中存在的问题和困难，属于部门职权范围内的工作，要及时、主动地办理好，属于过去职责不清的要及时划分明确；对涉及两个以上部门的问题，由省发展个体私营经济工作领导小组及其办公室协

调处理。

7. 各级党委、政府及有关部门、单位对各种所有制企业要一视同仁，要为个体、私营经济的发展创造平等参与市场竞争的环境和条件。要根据社会主义市场经济发展的需要，深化改革，转变职能，切实把个体、私营经济的发展纳入地方经济和社会发展的总体规划，列入党委和政府的重要议事日程，真正做到统筹安排，精心指导，排忧解难，搞好服务。省有关部门、单位要按照省发展个体私营经济工作领导小组的统一安排和工作部署，根据我省个体、私营经济的地区、行业分布和产业结构，从产业导向、土地征拨、资金、税收、技术、电力、运输、信息、产品鉴定、教育培训、加强改革和管理等方面切实给予支持和帮助。各地州市和省直有关部门要把支持和帮助个体、私营经济发展的工作情况纳入年度目标责任考核内容。

8. 各级政府及有关部门，要积极帮助和扶持个体工商户、私营企业扩大生产经营规模，加强横向联系，规范内部管理，推进技术进步，提高产品质量，增强市场竞争力，促进我省个体、私营经济尽快上水平、上规模、上档次，更快更好地发展。

9. 省委、省政府决定从明年开始，每两年召开一次全省个体、私营经济总结表彰会议，总结交流经验，表彰先进人物和先进单位，推动个体、私营经济加快发展。

三、制定扶持政策，采取有力措施，放手发展个体、私营经济

10. 各级党委、政府和有关部门都要关心、支持和帮助个体、私营经济的发展。省有关经济管理、执法、监督部门和金融机构要根据本决定的要求，制定和实施促进我省个体、私营经济发展的配套措施，由省发展个体、私营经济工作领导小组办公室负责督促检查，由各地、州、市县（市、特区、区）政府贯彻落实，使加快发展个体、私营经济的方针得以全面贯彻执行。

11. 各级工商及有关部门要简化办理证照手

续,对边远贫困地区,可给予减、免费照顾。在国家法律法规允许和产业政策的指导下,对发展个体、私营经济实行"五不限",即不限发展比例、不限发展速度、不限经营方式、不限经营规模、不限经营范围。对注册资金(资本金)适当放宽。尤其鼓励兴办生产型、开发型、科技型、外向型企业。

12. 省、地、县各有关部门要敞开大门,立足服务,简化手续,提供方便,热诚欢迎省外、境外个体工商户和私营企业来我省从事个体、私营经济的生产与经营。凡来贵州省投资办企业的个体工商户和私营企业,都可享受贵州省人民政府颁发的《关于进一步推动横向经济联合与协作的若干规定》和本决定中有关的优惠政策。

支持贵州省个体工商户和私营企业到省外、境外投资经营,鼓励他们参与各种形式的横向经济联合。允许他们承包、租赁、购买包括国有和集体企业在内的企业,有条件的私营企业还可以兼并国有、集体企业。也可以采取入股、参股方式,将国有、集体企业逐步改制为股份合作制或股份制企业。鼓励和扶持有一定规模、经济效益好的私营企业组建或参与跨地区、跨行业、跨所有制的企业集团或股份制企业。国有、集体企业可以采取多种方式与个体工商户、私营企业进行联合与协作,实行一厂多制。

13. 鼓励国有、集体企业减员增效,对分离分流出来的人员,尤其是停产、半停产、亏损严重的国有、集体企业职工经过批准后申办从事个体经营或开办私营企业的人员,有关部门和单位要给予大力支持。对已参加社会统筹企业的分流人员不再保留原单位关系和身份的,个人继续按当地统筹比例交纳养老保险金的,投保年限可连续计算,达到退休条件时,可享受退休金待遇。如需要保留原有关系或身份的,可将其档案等有关材料存放原单位,对按其工资总额的 35% 以上的比例交足"保职费"的人员,在国家调资时,可以按规定调整档案工资,需要返回企业的,原企业按有关政策规定作好妥善安置。

14. 个体工商户和私营企业与国有、集体企业一样,在市场竞争中,具有同等的地位。在生产经营活动中任何部门、单位和个人不能歧视个体、私营经济,不得干预其合法生产经营活动,更不准侵害其合法权益。对违反的,要认真及时依法查处。也不能因个体工商户和私营企业无主管部门,不予审批或办理需主管部门出具证明的有关手续,更不能采取罚款、多收费的办法。对确需主管部门出具有关手续或材料的,当地个体、私营经济管理部门或有关协会审查符合条件后可代为办理,有关部门和单位要给予认可并办理有关手续。

15. 有关部门要制定相应的政策和措施,鼓励行政机关和事业单位中分流的干部职工、国有企业的下岗职工、转业干部及城镇复退军人从事个体、私营经济或到私营企业就业,在一定时间内保留全民所有制身份。大中专毕业生从事个体经营和到私营企业工作的,按经营场地和企业所在地,由毕业生分配部门出具有关证明,政府人事部门的人才交流中心办理档案并按有关规定进行管理,公安部门办理户籍手续,其中,需到贵阳市区入户的按贵阳市的有关规定办理。

16. 个体工商户和私营企业从业人员需报考和评定国家统一组织的专业技术职务资格,同国有、集体企业职工一视同仁,不受其他任何限制。

17. 对长期处于停产半停产、亏损严重的国有、集体企业职工经批准分流出来申办个体经营和私营企业的,工商和有关部门要尽量简化办证办照手续,在注册资本金、经营场地、从业人员等规定上,给予优惠照顾。对从事个体经营交纳工商管理费或市场管理费确有困难的,各级工商部门应给予免收两年管理费或减半征收三年管理费的照顾。

18. 个体工商户和私营企业自筹资金投资的生产项目,无论是新建还是更新改造,只要不违反有关法律法规和国家规定,在投资规模的审批方面,可不受有关审批管理权限的限制。

19. 经省发展个体私营经济工作领导小组办公室会同有关部门批准,可在有条件的地区建立"私人投资园(区)"。园(区)内可实行统一规划、统一政策、统一管理、统一收费。在发展目标上,要形成生产型、科技型和外向型为主,兼顾商业、服务业等第三产业的工贸结合的经济园（区）。经省人民银行批准，园（区）内还可设立相应的金融机构，办理园（区）内个体工商户和私营企业的存贷款业务，开拓筹资渠道，解决生产经营发展急需的资金。

20. 各级金融机构，应按照国家信贷原则和利率政策，把对个体、私营经济的贷款指标纳入年度信贷计划。安排和解决个体工商户、私营企业生产经营所需的技术改造和流动资金贷款。

21. 省、地、县三级都应根据发展需要，筹集个体私营经济发展专项资金。资金的来源：一是省财政一次性安排300万元，作为省的发展资金，主要用于扶持贫困县发展个体、私营经济。该项资金由省发展个体私营经济领导小组办公室掌握使用，财政监督，实行滚动有偿使用。二是经批准可成立由个体工商户和私营企业按照自愿原则组成的个体、私营经济投资服务有限公司，实行自主经营、自负盈亏、自我管理，向企业和社会筹资。三是地、县可根据自身财力情况，从预算中安排适当资金，作为地、县发展资金。四是地、县工商部门提留的个体工商管理费中，提取10%作为地、县级发展资金。以上资金主要用于解决个体工商户和私营企业所需的短期周转金等。

22. 对在贫困地区开办的生产型、外向型、科技型的私营企业，开办初期发生亏损或盈利微薄，造成生产经营困难的或从事直接为农业生产提供产前、产中、产后服务的个体工商户和私营企业，经同级人民政府批准，在五年内对有关税种地方所得部分，按有关政策规定，经当地人民政府批准可给予先征收后按一定比例退还的照顾。

23. 鼓励有条件的个体工商户和私营企业承包、租赁、购买停产半停产或亏损严重的国有、集体企业，有条件的私营企业还可兼并国有、集体企业。对恢复正常生产、原有企业职工得到妥善安置的，在实现利润弥补亏损后，经当地政府批准，三年内年盈利在20万元以下的，免征地方所得税；超过20万元不足50万元的，减半征收地方所得税；超过50万元，不足100万元的，先征收地方所得税后按40%的比例返还；100万元以上的，按20%的比例返还企业。以上所减免和

返还的税款，主要用于企业扩大再生产，不得挪作他用。

24. 私营企业安置停产半停产或亏损严重的国有、集体企业职工及机关、事业单位分流人员占从业人员总数60%（含60%）以上的，从投产经营之日起，经当地政府批准，可免征地方所得税一至三年；达不到60%的，当年新安置以上人员占30%以上的，经当地政府批准，可减半征收地方所得税一至两年。

25. 个体工商户和私营企业获准使用的土地和自行建设的生产经营场所，任何单位或个人不得无故占用和拆迁。因城市建设确需征用的，应安排好新的场所，给予合理补偿。对依法获得使用权的土地，经批准可以更改使用用途和出租、抵押、转让、折价入股。

26. 按照《劳动法》的规定，认真组织个体、私营企业的从业人员参加全社会的养老、失业、工伤、医疗、生育等保险，社会保险部门要维护和保障他们的合法权益，要扩大宣传，提高宣传效果，从多方面提供优质服务。

27. 鼓励和支持个体工商户和私营企业兴办各种社会公益事业，尤其是兴办文化教育事业。各级政府及有关部门要做好各项服务工作，要为他们及时排忧解难，要从税收、贷款、价格等方面给予扶持，为促进我省社会公益事业的发展创造良好的环境和条件。

四、切实治理"三乱"，为个体、私营经济的发展提供宽松环境

28. 各级财政、物价及有关部门，要根据中华人民共和国《行政处罚法》及国务院、省政府的有关规定，严格执行向个体工商户和私营企业的收费项目和标准。凡不符国务院、省政府规定，未经批准收费的项目，都要一律取消。对收费项目要颁发"收费许可证"，实行统一的"收费卡"制度，严格按规定的范围和标准收取，禁止"搭车收费"。收费部门要规范收费行为，实行收支两条线，使用由财政部门监制的专用票据。各级政府要加强收费管理，公布举报电话，负责对乱收

费进行监督和查处。

29. 任何部门和单位不得利用职权搞行业垄断，不能以任何形式硬性向个体工商户和私营企业推销产品，从中牟利。

30. 各级执法、监督管理部门及其工作人员，要秉公办事，严格履行职责，严禁利用职权向个体工商户和私营企业敲诈勒索、吃卡拿要。对违法违纪者，要依法依纪严肃处理，对检举、控告者进行打击报复的，更要坚决依法依纪严肃查处。对不切实际的检举、控告也要给予严肃查处。根据国家计委清理收费项目的有关规定，不准向私营企业收取工商管理费。对违反规定的乱收费、乱罚款、乱摊派行为，个体工商户和私营企业有权拒绝。可按本规定向个体私营经济管理部门要求保护，也可依法提起诉讼。

31. 在对个体工商户和私营企业依法进行监督、检查等工作中，除工商行政管理部门外，任何单位和个人无权收缴、吊销他们的营业执照。违者要责令其赔偿由此造成的损失。

五、加强教育和管理，逐步提高个体、私营经济经营者的政治、业务素质和职业道德水平

32. 各级党委、政府及有关部门和有关社会团体要做好个体工商户、私营企业从业人员的思想政治工作，要按照"团结、帮助、引导、教育"的方针，经常向他们宣传党和国家的方针政策，进行爱国主义、集体主义、社会主义教育，进行

时事政策教育、职业道德和法制教育，提高他们"爱国、敬业、守法"的自觉性，要有计划地通过多种形式组织个体、私营经济从业人员参加政策、业务学习和培训，逐步提高经营能力、管理水平和职业道德水平。

33. 个体工商户和私营企业要自觉遵守市场规则，维护市场秩序，公平竞争，合法经营，不制造和销售假冒伪劣商品，不哄抬物价，牟取暴利。要严格遵守《劳动法》的规定，尊重和自觉维护员工的合法权益。

34. 私营企业应按国家财务、会计法规建立健全财务会计制度，按时编报财务报表。个体工商户和私营企业都要严格依法履行纳税义务，并主动接受税务部门检查。

35. 对具备条件的私营企业要在有关部门的领导和帮助下，建立党、团、工会组织并理顺组织关系。私营企业和个体工商业的党组织隶属关系，按省组通〔1995〕119 号文件办理。对发展个体、私营经济成绩卓著，贡献重大的，与国有、集体企业的职工一视同仁，可评选劳模和先进生产者享受同等待遇。

36. 各级党委和政府及有关部门，要支持各级统战部门和工商联，认真做好非公有制经济代表人士的思想政治工作，充分发挥工商联（商会）在发展非公有制经济中的桥梁和助手作用，建立一支拥护共产党的领导、与共产党团结合作的积极分子队伍，做好代表人士的政治安排工作。个体劳动者协会、私营企业协会要做好"自我教育、自我约束、自我管理、自我服务"工作。

文件3 《贵州省人民政府关于贯彻国务院鼓励支持和引导个体私营等非公有制经济发展若干意见的意见》

【发布单位】贵州省人民政府
【发布文号】黔府发〔2006〕14号
【发布日期】2006-05-24

省人民政府关于贯彻国务院鼓励支持和引导个体私营等非公有制经济发展若干意见的意见

黔府发〔2006〕14号

各自治州、市人民政府，各地区行署，各县（自治县、市、市辖区、特区）人民政府，省政府各部门、各直属机构：

为贯彻落实《国务院关于鼓励支持和引导个体私营等非公有制经济发展的若干意见》（国发〔2005〕3号，以下简称《若干意见》），充分发挥非公有制经济在贵州省经济社会发展中的重要作用，现提出如下实施意见：

一、充分认识鼓励支持和引导非公有制经济发展的重要意义

（一）公有制为主体、多种所有制经济共同发展是我国社会主义初级阶段的基本经济制度。毫不动摇地巩固和发展公有制经济，毫不动摇地鼓励、支持和引导非公有制经济发展，使两者在社会主义现代化进程中相互促进，共同发展，是必须长期坚持的基本方针，是完善社会主义市场经济体制、建设中国特色社会主义的必然要求。改革开放以来，贵州省个体、私营等非公有制经济不断壮大，已经成为国民经济的重要组成部分和促进生产力发展的重要力量。积极发展个体、私营等非公有制经济，有利于繁荣城乡经济、增加财政收入，有利于扩大社会就业、改善人民生活，有利于优化经济结构、促进经济发展，对全面建设小康社会和实现贵州省经济社会发展的历史性

跨越具有重要意义。

二、我省非公有制经济发展的总体要求和目标任务

（二）贵州省非公有制经济发展的总体要求是：以邓小平理论和"三个代表"重要思想为指导，全面落实科学发展观，认真贯彻中央确定的方针政策，进一步解放思想，深化改革，消除影响非公有制经济发展的体制性障碍，确立平等的市场主体地位，实现公平竞争；进一步完善和落实相关政策法规，依法保护非公有制企业和职工的合法权益；进一步加强和改进政府监督管理和服务，为非公有制经济发展创造良好环境；进一步引导非公有制企业依法经营、诚实守信、健全管理，不断提高自身素质，促进非公有制经济持续健康发展。

（三）我省非公有制经济发展的目标是：到2010年，非公有制经济占全省生产总值的比重提高到35%以上，吸纳就业人数占全省城镇就业人数的40%左右；力争年销售收入超过1亿元的非公有制企业达到100户，其中超过10亿元的达到10户。

三、放宽非公有制经济市场准入

（四）贯彻平等准入、公平待遇原则。在非公

有制经济市场准入和市场主体设立方面，除法律、行政法规和国务院决定规定的外，不得随意增加登记前置许可项目。允许非公有资本进入法律法规未禁入的行业和领域。允许外资进入的行业和领域，也允许国内非公有资本进入，并放宽股权比例限制等方面的条件。在投资核准、融资服务、财税政策、土地使用、资源配置、对外贸易、经济技术合作和进入资本市场等方面，对非公有制企业与其他所有制企业一视同仁，实行同等待遇。外商投资企业依照有关法律法规的规定执行。

（五）允许非公有资本进入垄断行业和领域。加快垄断行业改革，在电力、电信、石油、铁路、民航等行业和领域，进一步引入市场竞争机制，对其中的自然垄断业务，积极推进投资主体多元化，非公有资本可以参股等方式进入；对其他业务，非公有资本可以独资、合资、合作、项目融资等方式进入。除国家法律法规另有规定外，允许具备资质的非公有制企业依法平等取得矿产资源的探矿权、采矿权，鼓励非公有资本进行商业性矿产资源的勘查开发。

（六）允许非公有资本进入公用事业和基础设施领域。加快完善政府特许经营制度，规范招投标行为，支持非公有资本积极参与城镇供水、供气、供热、公共交通、污水垃圾处理等市政公用事业和基础设施的投资、建设与运营。在规范转让行为的前提下，具备条件的公用事业和基础设施项目，可向非公有制企业转让产权或经营权。鼓励非公有制企业参与市政公用企业、事业单位的产权制度和经营方式改革。

（七）允许非公有资本进入社会事业领域。支持、引导和规范非公有资本投资教育、科研、卫生、体育等社会事业的非营利性和营利性领域。支持非公有制经济参与公有制社会事业单位的改组改制。鼓励非公有制经济捐资捐赠社会事业。认真贯彻落实《国务院关于非公有资本进入文化产业的若干决定》（国发〔2005〕10号），除法律法规尚未允许进入的文化新闻传媒的部分领域外，文化新闻传媒产业的其他领域要进一步扩大开放，积极吸引非公有资本投资；允许非公有资本以控股、参股、合作等多种形式兴办影视制作、发行、放映、演艺、娱乐等文化企业；允许以版权等无形资产作价参与组建文化企业；允许非公有资本参与政府主导的包括公益性的文化活动和项目。

（八）允许非公有资本进入金融服务业。在加强立法、规范准入、严格监管、有效防范金融风险的前提下，允许非公有资本进入区域性股份制银行和合作性金融机构。允许符合条件的非公有制企业发起设立金融中介服务机构，参与银行、证券、保险等金融机构的改组改制。

（九）鼓励非公有制企业发展高新技术产业。支持科研人员、留学回国人员等创办和投资发展电子信息、生物技术、新型材料、新能源等高新技术企业。经科学技术行政管理部门认定的非公有制高新技术企业，在技术改造、技术引进、科研立项、银行贷款、财政贴息、嘉奖、知识产权保护等方面，与国有企业一视同仁，享受同等待遇。对高新技术产业开发区内新办的非公有制高新技术企业，自获利年度起，免征所得税两年，期满后可减按15%的税率征收企业所得税。

（十）允许非公有资本进入国防科技工业建设领域。坚持军民结合、寓军于民的方针，发挥市场机制的作用，允许非公有制企业按有关规定参与贵州省军工科研生产任务的竞争以及军工企业的改组改制。鼓励非公有制企业参与军民两用高技术开发及其产业化。

（十一）鼓励非公有制经济参与国有经济结构调整和国有企业重组。大力发展国有资本、集体资本和非公有资本的混合所有制经济。鼓励非公有制企业通过并购和控股、参股等多种形式，参与在我省的国有企业和集体企业改组改制改造。非公有制企业并购国有企业，参与其分离办社会职能和辅业改制，在资产处置、债务处理、职工安置和社会保障等方面，参照执行国有企业改革的相应政策。

（十二）支持非公有制资本投资贵州省特色优势产业和劳动密集型产业。支持和引导非公有制资本投资符合国家产业政策和环保要求的能源、优势原材料工业。扶持非公有制企业发展高附加值的民族制药、特色食品等特色产业。鼓励非公有制企业发展种养殖业和农副产品精深加工，参与农业产业化经营。引导非公有制经济参与旅游资源开发。鼓励非公有制经济发展就业容量大的加工贸易、社区服务等劳动密集型产业。吸纳农村富余劳动力的非公有制企业，享受国家及省在税费减免等方面的优惠政策；吸纳下岗失业人员的非公有制企业，依法享受国家及省的再就业扶持政策。

（十三）鼓励非公有制经济参与生态建设。按照"谁造林、谁种草、谁经营、谁拥有土地使用权和林草所有权"的原则，鼓励非公有制经济利用宜林宜草荒山、荒地造林种草。国有荒山、荒地等未利用地依法出让给非公有制企业和个人进行造林、种草等生态建设的，可以减免土地出让金，实行土地使用权 50 年不变，土地使用权期限届满后，可以申请续期；利用农村集体所有的荒山、荒地等未利用地进行造林、种草等生态建设的，可以通过承包、租赁、拍卖等方式取得土地使用权，实行土地使用权 50 年不变，土地使用权可以依法继承和流转。

四、加大对非公有制经济的财税金融和土地支持

（十四）加大财税支持力度。市（州、地）及有条件的县（市、区）要在本级财政预算中设立中小企业发展专项资金并逐步扩大资金规模，重点支持非公有制企业创业和技术创新及中小企业服务体系建设等。2006 年省中小企业发展专项资金增加至 5000 万元，到 2010 年以前，每年递增 20% 左右。积极支持非公有制企业申请国家中小企业发展基金，对获得国家中小企业发展基金的项目，市（州、地）可给予配套资金支持。对下岗失业人员、高校毕业生、军队转业干部和城镇退役士兵从事个体经营或创办企业的，按有关规定依法享受减免税政策。对涉及非公有制企业的税收，政策制定权限在省内的，由省级税务部门结合实际制定相应税收优惠政策。

（十五）鼓励金融服务创新，加大信贷支持力度。改进对非公有制企业的资信评估制度，降低评估和登记费用。支持符合规定的非公有制企业以知识产权进行质押贷款。有效发挥贷款利率浮动政策的作用，支持金融机构加快面向非公有制企业的金融产品和服务创新，开办融资租赁、公司理财和账户托管等业务，提高对非公有制企业的贷款比重。支持非公有制企业依照有关规定吸引国际金融组织投资。城市商业银行和城市信用社要积极吸引非公有资本入股；农村信用社要积极吸引农民、个体工商户和中小企业入股，增强资本实力。政策性银行要研究改进服务方式，扩大为非公有制企业服务的范围，提供有效的金融产品和服务。支持地方商业银行等地方金融机构争取国家政策性银行向非公有制中小企业提供转贷款和担保贷款。

（十六）拓宽非公有制企业融资渠道。非公有制企业在资本市场发行上市与国有企业一视同仁。积极支持非公有制企业通过创业板市场融资。健全证券公司代办股份转让系统的功能，为非公有制企业利用资本市场创造条件。鼓励符合条件的非公有制企业到境外上市。规范和发展产权交易市场，推动各类资本的流动和重组。鼓励非公有制企业以股权融资、项目融资等方式筹集资金。允许符合条件的非公有制企业依照国家有关规定发行企业债券。建立健全创业投资机制，支持非公有制风险投资公司发展。鼓励非公有制企业以商引商、以项目引资金，吸引更多国内外战略投资者来黔投资。

（十七）建立健全信用担保体系。支持非公有制经济设立商业性或互助性信用担保机构。鼓励有条件的地区建立中小企业信用担保基金和区域性信用再担保机构。对纳入全国试点范围的非营利性中小企业信用担保和再担保机构从事担保业务，并按地市级以上人民政府规定的收费标准取得的收入，三年内免征营业税。建立和完善信用担保的行业准入、风险控制和补偿机制，加强对信用担保机构的指导和监管。建立健全担保业自律性组织。

（十八）依法保障非公有制经济用地需求。将非公有制经济用地统一纳入城镇土地利用总体规划和年度用地计划。非公有制企业以出让方式取得的国有土地使用权和合法的地上建筑物，在出让合同规定的土地使用期内，可以依法转让、入股、出租、抵押，其生产经营场地在土地有偿使

用期内，任何单位不得随意收回、拆除或侵占，政府决定确需收回土地和拆迁房屋的，要依法给予补偿。对非公有制企业依法提交的用地申请和土地使用方案，国土资源管理部门要及时作出答复，并限时办理登记发证手续。

五、完善对非公有制经济的社会服务

（十九）大力发展社会中介服务。各级政府要加大对中介服务机构的支持力度，坚持社会化、专业化、市场化原则，不断完善社会服务体系。支持发展创业辅导、筹资融资、市场开拓、技术支持、认证认可、信息服务、管理咨询、人才培训等各类社会中介服务机构。规范和发展行业协会、商会等自律性组织，政府可以授权其拟订行业标准、规划和进行资质审查，维护行业公平竞争。整顿中介服务市场秩序，规范中介服务行为，为非公有制经济营造良好的服务环境。

（二十）支持开展企业经营者和员工培训。根据非公有制经济的不同需求，开展多种形式的培训。整合社会资源，创新培训方式，形成政府引导、社会支持和企业自主相结合的培训机制。依托现有高等院校和各类培训机构，面向非公有制企业经营管理人员，重点开展法律法规、产业政策、经营管理、职业技能和技术应用等方面的培训，各级政府给予适当补贴和资助。企业应定期对职工进行专业技能和安全知识培训。

（二十一）加强科技创新服务。加大对非公有制企业科技创新活动的支持，加快建立适合非公有制中小企业特点的信息和共性技术服务平台，推进非公有制企业的信息化建设。大力培育技术市场，促进科技成果转化和技术转让。科技中介服务机构要积极为非公有制企业提供科技咨询、技术推广等专业化服务。充分利用现有科技资源，引导和支持科研院所、高等院校与非公有制企业开展多种形式的产学研联合，鼓励国有科研机构向非公有制企业开放试验室。支持非公有资本创办科技型中小企业和科研开发机构。鼓励有专长的离退休人员为非公有制企业提供技术服务。对非公有制企业和个人从事技术转让、技术开发业务和与之相关的技术咨询、技术服务业务所取得的收入，免征营业税。非公有制企业进行技术转让，以及在技术转让过程中发生的技术咨询、技术培训等所得，年净收入在30万元以下的暂免征企业所得税。鼓励和支持非公有制企业依法取得知识产权，依法保护非公有制企业的知识产权。

（二十二）支持非公有制企业开拓国内外市场。改进政府采购办法，在政府采购中非公有制企业与其他企业享受同等待遇。推动信息网络建设，建立宣传平台，积极为非公有制企业提供国内外市场信息。利用中小企业国际市场开拓资金，支持非公有制企业开拓国际市场。鼓励和支持非公有制企业扩大出口和"走出去"，到境外投资兴业，在对外投资、进出口信贷、出口信用保险等方面与其他企业享受同等待遇。鼓励和支持非公有制企业在境外申请专利、注册商标等，参与国际竞争。

（二十三）推进企业信用制度建设。加快建立适合非公有制中小企业特点的信用征集体系、评级发布制度以及失信惩戒机制，推进企业信用档案试点工作，建立和完善非公有制企业信用档案数据库。对资信等级较高的企业，有关登记审核机构应简化年检、备案等手续。强化企业信用意识，建立企业信用自律机制。

（二十四）清理和规范行政审批事项。各级政府要加快清理和修订限制非公有制经济发展的地方性法规和政策性文件，减少审批事项，简化审批程序，提高审批效率。规范和完善"一站式"、"一条龙"服务体系，切实为非公有制企业提供优质便捷的服务。按照"主办负责、抄告相关、同步审批、限时反馈、一次办结"的要求，实行关联审批制度。对需要审批、核准和备案的事项，政府部门必须公开相应的制度、条件和程序，承诺审批时限并接受相应的社会监督。除涉及公众利益和公共安全的项目外，由投资者自主决定是否进行项目招标。

六、维护非公有制企业和职工的合法权益

（二十五）完善合法私有财产保护制度。严格

执行保护合法私有财产的法律法规和行政规章，任何单位和个人不得侵犯非公有制企业的合法财产，不得非法改变非公有制企业财产的权属关系。加快完善保护合法私有财产等各类产权的地方性法规和行政规章。

（二十六）坚决治理向非公有制企业乱收费、乱罚款、乱摊派和乱检查的行为。进一步清理现有面向非公有制企业的行政机关和事业单位收费，除国家法律法规和国务院以及省政府财政、价格主管部门规定的收费项目外，任何部门和单位无权向非公有制企业强制收取任何费用，无权以任何理由强行要求企业提供各种赞助费或接受有偿服务。严格执行收费公示制度和收支两条线的管理规定，企业有权拒绝和举报无证收费和不合法收费行为。国家和省人民政府批准收费的单位必须依法办理收费许可证，并在新闻媒体、收费场所公示收费项目及标准。进一步规范城乡集贸市场收费和管理，促进城乡集贸市场健康有序发展。各级行政执法部门依法对非公有制企业进行罚款，应实行罚没收入登记证制度。除法律法规规定的例行检查、过程监管和对重大违法违纪举报的检查外，有关部门应避免重复检查、随意检查、多头检查等行为。

（二十七）建立健全非公有制经济维权投诉机制。各级政府要建立非公有制经济维权投诉中心，受理非公有制企业合法权益受侵害的投诉和举报。非公有制企业依法进行的生产经营活动，任何单位和个人不得干预。非公有制企业合法权益受到侵害时提出的行政复议等，政府部门必须及时受理，公平对待，限时答复。各级政法机关要严格依法处理涉及非公有制经济的各类纠纷和案件，加强对非公有制企业生产经营场所的社会治安管理，严厉打击破坏生产经营秩序、侵犯非公有制企业主的人身安全等合法权益的违法犯罪行为。对在公务活动中滥用职权，徇私舞弊，玩忽职守，办事推诿，干扰、限制和影响非公有制经济发展的国家公务人员，要严肃查处。各级各有关部门要认真贯彻落实《贵州省外来投资者权益保障条例》等有关规定，不断改善投资环境，进一步健全相关制度，切实维护非公有制外来投

资者的合法权益。

（二十八）切实保障职工合法权益。非公有制企业要严格遵守《中华人民共和国劳动法》等法律法规，尊重和维护职工的各项合法权益，在平等协商的基础上与职工签订规范的劳动合同，并健全集体合同制度，保障双方权利与义务对等；必须依法按时足额支付职工工资，工资标准不得低于或变相低于当地政府规定的最低工资标准，逐步建立职工工资正常增长机制；必须尊重和保障职工依照国家规定享有的休息休假权利，不得强制或变相强制职工超时工作，加班或延长工时必须依法支付加班工资或给予补休；必须按照《中华人民共和国安全生产法》等法律法规的要求，切实做好安全生产与作业场所职业危害防治工作，加强职业病防治，改善劳动条件，加强劳动保护。保障女职工合法权益和特殊利益，禁止使用童工。

（二十九）推进社会保障制度建设。非公有制企业及其职工要按照国家有关规定，参加养老、医疗、失业、工伤、生育等社会保险，缴纳社会保险费。按照国家规定建立住房公积金制度。有关部门要根据非公有制企业量大面广、用工灵活、员工流动性大等特点，积极探索建立健全相应的职工社会保障制度。

（三十）建立健全企业工会组织。非公有制企业要保障职工依法参加和组建工会的权利，为工会正常开展工作创造必要条件，依法拨付工会经费，积极支持工会工作。企业工会组织实行民主管理，依法代表和维护职工合法权益。

七、引导非公有制企业提高自身素质

（三十一）贯彻执行有关法律法规和政策规定，规范企业经营管理行为。非公有制企业要依法经营，照章纳税，服从国家的宏观调控，严格执行有关技术规范，自觉遵守环境保护和安全生产等有关法规，主动调整和优化产业、产品结构，加快技术进步，提高产品质量，降低资源消耗，减少环境污染。非公有制企业从事生产经营活动，必须依法进行工商登记，并依法获得安全生产、环保、卫生、质量、土地使用、资源开采等方面

的相应资格和许可。企业要强化生产、营销、质量等管理，完善各项规章制度；建立安全、环保、卫生、劳动保护等责任制度，并保证必要的投入；建立健全会计核算制度，如实编制财务报表，依法报送统计信息。加快研究改进和完善个体工商户、小企业的会计、税收、统计等管理制度。

（三十二）完善企业组织制度。非公有制企业要按照法律法规的规定，建立规范的个人独资企业、合伙企业和公司制企业。公司制企业要按照《中华人民共和国公司法》要求，完善法人治理结构，逐步建立现代企业制度。积极探索建立有利于个体工商户、小企业发展的组织制度。

（三十三）提高非公有制企业经营管理者素质。非公有制企业出资人和经营管理人员要自觉学习国家法律法规和方针政策，学习现代科学技术和经营管理知识，增强法制观念、诚信意识和社会公德，努力提高自身素质。引导非公有制企业积极参与社会主义新农村建设，开展扶贫开发、社会救济和"光彩事业"等社会公益性活动，增强社会责任感。各级政府要重视非公有制经济的人才队伍建设，将非公有制企业人才培训纳入人才培训总体规划，在人事管理、教育培训、职称评定和政府奖励等方面与公有制企业实行同等政策。建立职业经理人测评与推荐制度，加快企业经营管理人才职业化、市场化进程。

（三十四）鼓励有条件的企业做强做大。支持有条件的非公有制企业通过兼并、收购、联合等方式，进一步壮大实力，发展成为主业突出、市场竞争力强的大企业大集团。鼓励非公有制企业实施品牌发展战略，争创名牌产品。鼓励非公有制企业加大科技创新和新产品开发力度，努力提高自主创新能力，形成自主知识产权。非公有制企业技术更新改造项目与其他所有制企业同等享受有关贷款贴息政策。国家及省关于企业技术改造、科技进步、对外贸易以及其他方面的扶持政策，对非公有制企业同样适用。从 2006 年起，对获得中国专利金奖、中国驰名商标、中国名牌产品的非公有制企业，省人民政府给予 50 万元的一次性奖励；对获得中国专利优秀奖、贵州省著名商标、贵州省名牌产品的非公有制企业，省人民

政府给予适当奖励。

（三十五）推进专业化协作和产业集群发展。支持企业从事专业化生产和特色经营，向"专、精、特、新"方向发展。鼓励中小企业与大企业开展多种形式的经济技术合作，建立稳定的供应、生产、销售、技术开发等协作关系。通过提高专业化协作水平，培育骨干企业和知名品牌，发展专业化市场，创新市场组织形式，推进公共资源共享，促进以中小企业集聚为特征的产业集群健康发展。

八、加强领导，统筹贵州省非公有制经济协调发展

（三十六）切实加强对发展非公有制经济工作的领导。各级政府要坚持"两个毫不动摇"，将非公有制经济发展纳入国民经济和社会发展规划，制定非公有制经济发展战略和目标，完善扶持政策。建立促进非公有制经济发展的工作协调机制和部门联席会议制度，研究协调有关非公有制经济发展的重大问题。省非公有制经济行政管理部门具体负责全省非公有制经济发展的指导和协调工作。完善工商联的商会职能，充分发挥各级工商联和个体、私营企业协会在政府管理非公有制企业方面的助手作用。

（三十七）加强对非公有制经济发展的指导。各级政府要根据非公有制经济发展的需要，强化服务意识，改进服务方式，创新服务手段。加强对非公有制经济发展动态的监测和分析，及时向社会公布有关产业政策、发展规划、投资重点和市场需求等方面的信息。各部门之间要加强配合，形成促进全省非公有制经济健康发展的合力，统计部门要改进和完善非公有制经济统计制度，及时准确反映非公有制经济发展状况；档案管理部门要认真做好非公有制经济档案管理工作，确保其档案得到安全保管和有效使用；对在非公有制企业工作的外来人员，符合落户条件的，公安部门要依照规定及时办理户籍登记及车辆转落户手续；教育部门要积极帮助其子女接受教育，使其子女在就托、就学等方面与本地区居民子女享受同等待遇，其子女参加高考的，应严格执行外省

学生迁入贵州省报考普通高等学校资格审查的有关规定。

（三十八）改进政府对非公有制企业的监管。各级政府要根据非公有制企业生产经营特点，完善相关制度，依法履行监督和管理职能。各有关监管部门要改进监管办法，公开监管制度，规范监管行为，提高监管水平；加强监管队伍建设，提高监管人员素质；及时向社会公布有关监管信息，发挥社会监督作用。

（三十九）加强劳动监察和劳动关系协调。各级劳动保障等部门要加强对非公有制企业执行劳动合同、工资报酬、劳动保护和社会保险等法规、政策的监督检查；建立和完善非公有制企业劳动关系协调机制，健全劳动争议处理制度，及时化解劳动争议，促进劳动关系和谐，维护社会稳定。

（四十）积极营造良好的政治环境、社会环境和舆论氛围。加强非公有制企业党建工作，符合条件的非公有制企业要建立党组织，建立健全共青团等群众组织；帮助和指导非公有制企业开展精神文明建设和企业文化建设；充分发挥非公有制企业中的各级人大代表和政协委员的参政议政作用，使其为经济社会发展建言献策。大力宣传党和国家鼓励、支持和引导非公有制经济发展的方针政策与法律法规，宣传非公有制经济在社会主义现代化建设中的重要地位和作用，形成有利于非公有制经济发展的良好社会舆论环境。

（四十一）建立鼓励非公有制经济发展的奖励表彰制度。对非公有制经济中涌现出的先进典型，省人民政府定期召开表彰大会给予表彰。对遵纪守法、连续三年以上获得"守合同、重信用"称号、无违法违规行为、经营情况良好的非公有制企业，经当事人申请和工商行政管理部门批准，予以年检免检。

（四十二）认真做好贯彻落实工作。省政府各有关部门要根据《若干意见》及本实施意见的要求，结合贵州省实际，抓紧制定具体措施及配套办法，促进我省非公有制经济持续健康发展。

贵州省人民政府

二〇〇六年五月二十四日

文件4　《中共贵州省委　贵州省人民政府关于大力推进个体私营等非公有制经济又好又快发展的意见》

【发布单位】中共贵州省委　贵州省人民政府

【发布文号】黔党发〔2009〕12号

【发布日期】2009-07-24

中共贵州省委　贵州省人民政府关于大力推进个体私营等非公有制经济又好又快发展的意见

（2009年7月24日中国共产党贵州省第十届委员会第五次全体会议通过）

为全面贯彻党的十七大精神，深入贯彻落实科学发展观，促进贵州省非公有制经济又好又快发展，加快实现经济社会发展的历史性跨越，现提出以下意见。

一、坚持把发展非公有制经济作为做大做强贵州省经济的突破口

公有制为主体、多种所有制经济共同发展，是我国社会主义初级阶段的基本经济制度。实现贵州省经济社会发展历史性跨越、全面建设小康社会，必须在大力发展公有制经济的同时，推进非公有制经济又好又快发展。改革开放以来，贵州省个体、私营等非公有制经济不断发展壮大，为全省经济社会发展发挥了不可替代的重要作用。面对日趋激烈的竞争，面对实现经济社会发展历史性跨越、全面建设小康社会繁重艰巨的任务，大力发展非公有制经济，具有重大的战略意义。没有非公有制经济的大发展，就没有全省经济的大发展；不做大做强非公有制经济，就难以做大做强全省经济；只有加快发展非公有制经济，才能加快全省工业化、城镇化、市场化和农业产业化进程。

目前，贵州省非公有制经济发展总体水平比较低，非公有制企业数量少、规模小、竞争力不强，非公有制经济总量小、占生产总值的比重低。这已经成为影响全省经济生机与活力、制约全省发展的一个十分突出的因素。在非公有制经济发展过程中，还面临不少问题和困难，主要是：在一些干部的思想中，仍不同程度地存在疑私、怕私、防私的观念；有形无形的市场准入限制依然较多；社会服务体系不健全，企业融资渠道窄、贷款困难；非公有制经济负担重，合法权益受到侵犯的情况还时有发生；政府服务亟待改进，存在多头管理、各自为政以及管理越位、缺位等问题；部分企业行为不规范，自身素质需要提高等。面对国际金融危机的冲击，非公有制企业面临巨大的压力。

全省各级党委、政府要充分认识发展非公有制经济的重要性和紧迫性，牢固树立抓非公有制经济发展就是抓发展这个第一要务的理念和环境就是竞争力的观念，进一步增强紧迫感、责任感和使命感，大力改善非公有制经济的发展环境，真正做到思想认识到位、领导力量到位、工作责任到位、政策措施到位，形成党委加强领导、政府全力服务、司法公正保障、社会积极支持、企业自主发展的良好局面，努力使贵州成为非公有制经济发展的沃土和企业家创业的乐园，促进全省非公有制经济的大发展。

二、推进非公有制经济发展的指导思想、目标任务和主要原则

（一）指导思想。以邓小平理论和"三个代表"重要思想为指导，深入贯彻落实科学发展观，认真贯彻落实中央确定的方针政策，坚持把发展非公有制经济作为做大做强贵州省经济的突破口，思想上放心、放胆，政策上放宽、放活，工作中放手、放开，大力营造有利于非公有制经济发展的法治环境、政策环境、市场环境和舆论环境，依法保护非公有制企业和职工的合法权益，进一步引导非公有制企业依法经营、诚实守信、健全管理、提高素质，促进贵州省非公有制经济又好又快发展。

（二）目标任务。贵州省非公有制经济发展的基本目标是：三年有突破，五年上台阶，十年大跨越。到 2012 年，非公有制经济占全省生产总值的比重力争达到 40%，个体工商户超过 60 万户，私营企业超过 10 万户；到 2015 年，非公有制经济占全省生产总值比重达到 45% 左右，个体工商户超过 80 万户，私营企业超过 20 万户；到 2020 年，非公有制经济占全省生产总值的比重达到 50% 左右，个体工商户超过 100 万户，私营企业超过 40 万户。

（三）主要原则。一要坚持平等准入、公平待遇。允许非公有资本进入法律法规未禁入的行业和领域。放宽股权比例等方面的条件。在投资核准、融资服务、财税政策、土地使用、资源配置、经济技术合作和进入资本市场等方面，对非公有制企业与其他所有制企业一视同仁，实行同等待遇。二要坚持发展与提高并重。在促进非公有制经济总量增长的同时，着力优化产品和产业结构，进一步转变发展方式，提高非公有制企业的素质，不断增强非公有制经济的活力和竞争力。三要坚持因地制宜、分类指导。各地要从实际出发，有

计划、有步骤地推进本地区非公有制经济发展。不搞行政命令，防止"一阵风"和"一刀切"。四要坚持统筹兼顾、协调发展。把发展非公有制经济与发展其他所有制经济相结合，与加快工业化、城镇化、市场化和农业产业化进程相结合，与深化改革、扩大开放相结合，与增加就业、改善民生相结合。

三、迅速壮大全省非公有制经济总体规模

（一）实施全民创业计划。壮大创业主体，鼓励高校毕业生、归国留学人员、退复军人、农民、就业困难群体自主创业，支持科技人员携非职务科研成果创办科技型企业，允许国家工作人员依法辞职、提前退休创办企业，积极吸引贵州籍在外经商人员和外地客商来黔投资创业。加大创业支持，建立创业辅导站或小企业创业基地，多渠道筹集资金用于贷款担保、贷款贴息、创业补贴、创业奖励，引导和鼓励金融机构大力开办小额贷款业务，在工商注册、税务登记等方面开设绿色通道，最大限度地降低创业的有形成本和无形成本。完善创业服务，在省级开发区、科技园区和城市建设总体规划中明确的产业园区、工业园区、创业园区、科技园区、物流节点建设创业孵化区，为处于开办期、发展期的中小企业提供创业培训、市场信息、经营场所等服务。

（二）实施个体经济腾飞计划。放宽个体工商户申请人范围、名称核准条件、经营场所限制，实行"限时办结"、"超时默许"制度，建立快速、便捷的注册制度，加快扩大个体工商户数量。以商品市场为基础、要素市场为重点，按商品流通的需要，建成一批大中小结合、各种经济形式并存、功能完备、相互配套的批发市场和零售市场网络，有条件的地方可规划建设一批前店后厂的专业街区，为个体工商户提供快速发展的载体。扎实推进"万户小老板"工程，重点扶持一批具有地方民族特色、在省内有较大辐射能力、服务地方经济发展、产供销一体化的个体工商户集群。

（三）实施私营企业倍增计划。按照新创一批、改制一批、招商一批的思路，每年在全省遴选100户左右特色优势明显、具有示范带动作用的中小非公有制企业，由省中小企业专项资金、乡镇企业发展专项资金给予一次性奖励，带动扩大私营企业数量。围绕贵州省特色优势产业，按照"专、精、特、新"的方向，积极引导私营企业围绕大企业、大集团发展配套产品和下游产品，新创立一批各具特色、各具优势的中小企业。加快推进国有企业、垄断行业、公用事业改革，推进国有企业分离办社会职能和主辅分离、辅业改制，为私营企业留出更多发展空间。抓住沿海部分企业向内地转移投资的有利机遇，充分发挥贵州省的区位、资源、人力和市场优势，借助国家实施拉动内需的政策机遇，通过定向招商、产业招商等多种形式，全方位、多层次、宽领域引进外地非公有制企业到贵州省发展。

（四）实施骨干企业培育计划。建立骨干企业领导联系制度，遴选一批管理基础好、发展潜力大的企业，列入重点扶持对象，在2015年前，集中扶持1000家左右私营小企业，使其成长为规模以上企业；重点扶持100家左右规模以上企业，在项目安排、资金融通、人才引进、企业上市等方面予以扶持，及时协调解决发展中遇到的困难和问题，使其发展成为技术先进、主业突出、优势明显、竞争力强的骨干企业。支持有条件的私营企业参与国有企业改革，引导同行业企业通过并购、重组、上市等多种方式做大做强，培育一批百亿元企业集团。

增强企业市场开拓能力和自主创新能力，在优势资源领域培育一批规模较大、实力较强、效益较好的十亿元企业。大力实施中小企业成长工程，培育一批科技型、外向型、服务型亿元企业。

（五）实施重点领域支持计划。支持非公有制经济进入现代农业、优势资源、社会事业、公用事业、基础设施和现代服务领域。现代农业领域，重点支持发展辣椒、茶叶、肉禽、薯类、粮油、果蔬、花卉、油菜等产业及加工、保鲜、贮藏。发挥资源优势，鼓励发展中药种植、民族医药、旅游商品、煤炭电力、电子信息、新型材料、节能环保、精细化工、装备制造等产业。非公有制经济投资教育、医疗、体育和民族文化事业，与

国有投资主体享受同等待遇。鼓励非公有制经济参与贵州省市政公用事业投资、建设与运营。支持社会资本进入交通、水利、航空等基础设施领域。鼓励非公有制经济投资新闻出版、广播影视、动漫制作、娱乐演出、文化经纪、软件开发、服务外包等产业。大力发展物流、信息、咨询、法律、金融、保险等现代服务业。

（六）实施产业集聚计划。立足贵州省区位、资源优势和产业基础，调整优化产业布局，搞好科学论证，制定发展规划，完善配套措施，形成一批特色园区、特色乡镇、特色产品。鼓励和支持各市（州、地）和有条件的县（市、区、特区）从各自实际出发，突出特色，建设各类创业园区，为非公有制经济集聚发展创造条件。鼓励有条件的乡镇根据资源禀赋和区位条件，集中扶持一两个产业，逐步形成集中布局、成片发展的区域性特色产业基地。鼓励有条件的村根据本乡镇产业规划，选择一两个产品予以重点发展。

四、切实解决制约非公有制经济发展的突出问题

（一）放宽准入条件。放宽投资领域，全部放开除国家法律法规明令禁止的行业和领域，任何部门和单位不得设置地区、所有制、行业经验、从业年限等限制条件。放宽登记条件，创新工作方式，提高工作效率，方便创业主体。放宽出资限制，在国家政策法规内，帮助初次创业者解决创业资金困难的问题。放宽经营场所限制，除法律法规明令禁止外，根据实际尽量放宽限制。放宽冠名限制，对登记注册冠省、市、县名称的，不受注册资本金限制。放宽经营范围，除涉及国家安全、群众健康等必须按照法定前置条件和程序严格审批外，工商行政部门应及时核准中小企业和个体工商户申请的经营项目。

（二）简化规范行政审批。加快清理和修订制约非公有制经济发展的地方性法规和政策性文件，减少审批事项，下放审批权限，简化审批程序，提高审批效率。除法律法规规定的以外，任何部门和单位不得擅自增设前置审批条件。推进

政务公开，规范办事程序，优化办事流程，实行并联审批，做到主办负责、抄告相关、同步审批、限时反馈、一次办结。对审批项目实行告知承诺制和首办责任制，不得将行政许可前置审查和备案作为行政许可权来行使，不得非法委托下属企事业单位、中介组织、行业协会行使行政许可权，不得超期作出或不作出行政许可决定。

（三）拓宽融资渠道。整合支持非公有制经济发展的各项资金，打捆使用，更好地发挥中小企业发展专项资金、科技型中小企业创新基金、科技风险投资基金、中小企业国际市场开拓资金、中小商贸企业专项资金、农业产业化经营专项资金、乡镇企业发展专项资金的作用，优化使用方式，提高经济效益。大力培育和引进信用担保机构，完善资本金补充和风险补偿机制，对符合条件的中小企业信用担保机构3年内免征营业税。对符合产业政策、成长性好、有上市意愿的企业实施系统性服务和配套政策支持，积极支持鼓励上市。加快发展城市商业银行、农村合作银行、小额贷款公司，积极开发适应非公有制企业的信贷服务项目和信贷产品，确保对非公有制经济贷款增速不低于全部新增贷款增速。培育和发展社会信用评级市场，完善失信惩戒和守信激励机制，建立和完善非公有制企业信用档案数据库。

（四）确保用地需求。将非公有制经济用地统一纳入城镇土地利用总体规划和年度用地计划，国土资源部门要合理安排非公有制经济的用地需求。农用地转用指标、新增用地指标要向非公有制经济发展较快的地方倾斜，生产型重大项目、高新技术项目用地指标由省统一调剂。符合国家划拨用地目录的要采取划拨方式提供，生产经营用地可采取租赁方式提供。对非公有制企业依法提交的用地申请和土地使用方案，国土资源管理部门要在10个工作日内作出答复，符合条件的要在20个工作日内完成登记发证工作。用1年左右时间解决现行企业工业用地，尤其是开发区、工业园区内企业用地存在的历史问题。

（五）减轻企业负担。坚决制止乱收费、乱摊派、乱罚款、乱检查等行为，全面清理涉及非公有制经济的各类收费，除法律、法规、规章规

定的收费项目外，任何部门和单位不得向非公有制企业强制收取任何费用；合法收费项目必须依法办理收费许可证，并在收费场所公示收费项目及标准，实行亮证收费；凡收费标准有浮动幅度的，均按最低标准收取。严禁提前征税和多征税款。禁止利用职权向企业报销费用、推销商品和服务，禁止向个体工商户和私营企业强制征订报刊杂志、音像制品。建立检查报批制，除有特别规定的外，同一部门对同一企业的例行检查1年不得超过1次。除法律法规规定需要年检外，不得规定对个体工商户、私营企业的年检。禁止安排企业开展无实际意义的达标、评比活动，不得要求企业参加以营利为目的的学术研讨和业务培训。

（六）维护企业权益。进一步完善投诉机制，各级纪检监察机关要设立非公有制经济发展侵权投诉中心，公开投诉电话和其他联系方式，畅通投诉渠道。非公有制经济发展侵权投诉中心在接到投诉后，要主动协调，认真调查，在15个工作日内对投诉事项调查处理终结并予以答复，情况复杂的可适当延期，但最长不得超过30个工作日。凡国家工作人员因侵害企业权益而受到投诉并查实的，要依法依纪追究责任。严厉打击针对非公有制经济的违法活动，及时审理涉及非公有制经济的各类案件。

（七）健全支持体系。继续实施西部大开发税收优惠政策，认真落实国家鼓励支持非公有制企业发展高新技术产业、参与国企改组改制、发展社会公益事业和自主创业的一系列税收优惠政策。大力发展各类咨询、培训、认证、评估、试验、设计、加工、检测、会计、法律等社会服务机构和中介组织，积极开展针对非公有制经济的创业辅导、筹资融资、市场开拓、技术支持、认证认可、信息服务、管理咨询、人才培训等业务。进一步转变政府职能，按照市场化原则，加快行业协会的改革步伐，规范和发展各类行业协会、商会等自律性组织，通过授权、委托等方式，制定行业标准，充分发挥其联系政府和非公有制经济的纽带作用。非公有制经济人士要求在创业区落户的，要予以优先保障。

五、进一步引导非公有制企业提升自身素质

（一）增强法制观念。非公有制企业要自觉遵守国家法律法规，严格执行劳动合同、工资报酬、劳动保护、社会保险等方面的政策法规，不得侵害职工合法权益，不得损害社会公共利益。要自觉遵守市场规则，安全生产，诚信经营，依法纳税，提高依法经营的水平。引导非公有制企业加强企业文化建设，履行社会责任，自觉维护社会和谐稳定。加强非公有制企业内部综合治理，完善非公有制企业劳动争议协调机制，引导非公有制企业建立内部调解制度，健全劳动争议处理制度，及时化解劳动争议，促进劳动关系和谐发展。

（二）推进科学管理。鼓励具备条件的个体工商户、合伙企业、独资企业组建有限责任公司或股份有限公司，健全法人治理结构，建立现代企业制度。鼓励非公有制企业通过相互参股、职工持股、引进外资等多种形式，建立多元和开放的产权结构。鼓励非公有制企业创新内部组织结构和管理结构，逐步实现所有权和经营权分离。企业要强化生产、营销、质量等管理，完善各项规章制度。建立安全、环保、卫生、劳动保护等责任制度，并保证必要的投入。加强企业财务管理，建立健全会计核算制度，如实编制财务报表。

（三）支持自主创新。支持非公有制企业与高等院校、科研单位共建研发中心、技术中心、工程中心，非公有制经济为主体开展的技术创新、产学研联合项目，在申报政府科技奖励、高新技术企业认定、知识产权保护等方面，与国有企事业单位享有同等待遇。通过发掘、整合、激活现有科技资源，加快中小企业政府科技服务平台建设，促进社会科技资源共享。充分利用各种成果交易平台和技术交易中心，组织科研成果与非公有制企业对接，推进科技成果产业化。鼓励和扶持非公有制企业开发新产品、新技术、新工艺，其产品优先纳入政府采购范围。鼓励企业积极采用国际标准和国外先进标准，建立以技术标准、管理标准和工作标准为主要内容的标准体系。

（四）鼓励创建品牌。省工商管理部门和质监部门每年重点选择一批品牌给予指导扶持，各地也要选择一定数量品牌予以重点支持。支持并指导知名度高、产品质量好、市场覆盖面广的个体工商户、私营企业通过驰名商标、著名商标认定，加强对其商标权益的保护。对已获中国驰名商标、省著名商标称号或列入发展计划的产品，要优先列入技术改造、技术创新和新产品开发计划，享受政策优惠。注重培育、发展和保护黔酒、黔茶、黔菜、黔药、旅游商品等地方特色优质品牌，支持申报和积极保护地理标志产品，发展区域品牌，鼓励在境外注册商标。

（五）引导科学发展。引导企业认真贯彻落实科学发展观，坚持节约资源、保护环境的基本国策，自觉遵守环境保护、节能减排和安全生产等规定，着力发展资源消耗低、环境污染少、经济效益好的绿色产业，实现节约发展、清洁发展、安全发展、高效发展。引导企业推进发展方式的转变，力求把企业发展真正转到依靠科技进步、提高劳动者素质和管理创新轨道上来。引导企业推进产业结构和产品结构优化升级，提高发展质量和效益。引导企业加入优势产业链，促进相关产业优化升级。鼓励、支持企业扩大出口和"走出去"，积极参与国际国内经济技术合作与交流。

（六）加强人才培养。积极开展面向非公有制企业的人才培训，将非公有制经济人士纳入全省大规模培训干部规划，推进以企业家为核心的企业高素质人才队伍建设。建立职业经理人社会化专业测评与市场化中介推荐制度，加快非公有制企业经营管理人才职业化和市场化进程，充分发挥市场配置人才的作用。对在非公有制企业就业的专业技术人才，在人事管理、教育培训、职称评定和政府奖励等方面，与其他各类企业实行同等政策。针对非公有制企业人才短缺问题，将非公有制企业和公有制单位专业技术人员的职称工作纳入同一申报体系，实行统一的评审标准和管理制度。对非公有制企业引进人才，执行贵州省吸引人才的有关规定，与其他单位引进人才享受同等政策。积极发挥大中专学校在非公有制企业和个体工商户人才培养、业务培训、智力支持等方面的作用。

六、进一步加强组织保障

（一）加强领导协调。各级党委、政府要把发展非公有制经济列入重要议事日程，主要领导亲自抓，定期研究和协调解决非公有制经济发展中的重大问题，并加强同非公有制企业的沟通和联系。党委统战部门要加强非公有制经济人士统战工作，充分发挥好各级工商联在政府管理和服务非公有制经济方面的桥梁和助手作用，促进非公有制经济人士健康成长和非公有制企业健康发展。理顺非公有制经济的管理体制，搞好非公有制经济的发展规划、政策协调、日常管理和服务工作。建立健全部门协调机制，积极发挥职能部门的作用，充分发挥省推动非公有制经济中小企业联席会议的作用，加强相互间的协调配合，促进政府资源与社会资源、经济资源与智力资源的结合，共同推进非公有制经济又好又快发展。要把推进非公有制经济发展情况纳入对各地和各有关部门的目标绩效管理中，进行考核评价。

（二）建立激励机制。省委、省政府每3年召开一次非公有制经济发展大会，评选一次全省"十佳非公有制企业家"、"百佳个体工商户"、"十佳非公有制企业纳税大户"，表彰在非公有制经济发展中涌现出来的先进典型。各级党代表、人大代表、政协委员候选人的推荐和劳动模范等各类先进的评选，都应给予非公有制经济人士一定的名额。工会、共青团、妇联等组织要根据各自的性质和特点，发挥非公有制经济人士的作用，提高他们的社会知名度和影响力。

（三）加强企业党建。各级党委要高度重视非公有制企业党的建设工作，不断扩大党组织和党的工作覆盖面，指导和帮助非公有制企业建立健全党的组织，加强工会、共青团、妇联等群众组织的建设，发挥党组织在推动企业发展、维护职工合法权益、促进企业和谐稳定中的重要作用。加强思想政治工作和精神文明建设，做好非公有制经济领域的统战工作和人才队伍建设，组织民间商会、行业协会和非公有制企业积极参政议政，为经济社会发展献计献策。

（四）营造良好氛围。大力宣传党和政府鼓励、支持和引导非公有制经济发展的方针政策与法律法规，宣传非公有制经济在社会主义现代化建设中的重要地位和作用，宣传和表彰在非公有制经济发展中涌现出来的先进典型，树立非公有制企业的良好形象。对于艰苦创业、依法经营、诚实纳税、积极回报社会等先进典型，要予以重点报道。积极发挥新闻舆论的监督作用，对侵犯非公有制企业合法权益和干扰非公有制经济合法经营活动的典型案例，要予以曝光。

（五）加强督促检查。建立有效的督促检查机制，把推进非公有制经济发展情况作为考核领导班子和领导干部政绩的重要依据，确保已出台的各项政策真正落实到位。由省委督查室、省政府督查室组成督查组，每年对省直有关部门和9个市（州、地）贯彻落实发展非公有制经济政策的情况进行一次督查。省非公有制经济发展环境投诉中心每年会同有关部门、单位进行一次执法环境检查，每年开展一次非公有制经济业主无记名评议政府职能部门服务质量活动。督查和评议结果在省内主要媒体上公布，并作为考核评价部门工作的重要依据。

（六）加强统计监测。进一步完善贵州省非公有制经济、中小企业统计监测制度，建立政府统计与行业统计互为补充的非公有制经济统计调查体系，全面、完整、系统、有效地反映非公有制经济发展状况。开展调查研究，及时反映非公有制经济发展中的新情况和新问题，科学分析非公有制经济发展总量、速度、结构和区域性等运行情况，为各级政府制定有关政策、进行管理提供依据。健全非公有制经济信息发布制度，定期发布各地、各行业非公有制经济发展情况信息。

各市（州、地）、省直有关部门要结合实际，在2009年内研究制定促进非公有制经济发展的配套政策措施，确保省委、省政府的决策部署落到实处。

文件5　《中共贵州省委　贵州省人民政府关于进一步加快全省民营经济发展的意见》

【发布单位】中共贵州省委　贵州省人民政府
【发布文号】黔府发〔2011〕10号
【发布日期】2011–03–28

中共贵州省委　贵州省人民政府关于进一步加快全省民营经济发展的意见

（2011年3月28日）

为进一步加快全省民营经济发展，根据《国务院关于进一步促进中小企业发展的若干意见》（国发〔2009〕36号）、《国务院关于鼓励和引导民间投资健康发展的若干意见》（国发〔2010〕13号）精神，提出以下意见。

一、促进民营经济加快发展的指导思想和目标任务

1. 充分认识加快民营经济发展的重要意义。民营经济是共产党执政和社会主义国家的社会基

础，是推动我国社会主义市场经济改革、促进生产力发展的重要动力，是推动贵州省经济社会发展的重要力量，是贵州省加快转变经济发展方式的生力军。经过多年的努力，贵州省民营经济发展环境不断改善，民营经济呈现良好发展态势，已经成为全省经济发展新的增长点、新的支撑点、新的带动点，在扩大就业、缩小城乡差距和区域差距、致富城乡居民、增加财政收入、促进社会发展等方面发挥了积极作用，为繁荣地方经济、构建和谐社会作出了重要贡献。各级、各部门一定要从经济社会发展全局和战略的高度出发，充分认识加快民营经济发展的重大意义，着力扩大开放、强化服务、优化环境、完善市场机制，逐步消除影响民营经济发展的体制机制障碍，使民营经济在激发经济发展内生动力、促进经济发展方式转变、优化经济结构、实现富民强省等方面发挥更大的作用。

2. 指导思想。坚持以邓小平理论和"三个代表"重要思想为指导，紧紧围绕科学发展这个主题和加快转变经济发展方式这条主线，紧紧围绕加速发展、加快转型、推动跨越的主基调及工业强省和城镇化带动战略，把进一步加快民营经济发展摆在更加突出的战略位置，解放思想，更新观念，牢固树立机遇意识、忧患意识、责任意识，思想上放心放胆，政策上放宽放活，工作中放手放开，大力营造有利于民营经济发展的开放环境、政策环境、法治环境和社会环境，切实维护民营企业及其职工的合法权益，引导民营企业依法经营，诚实守信，转型升级，提高素质，推动民营经济在较短时期内实现跨越式发展，为贵州省与全国同步建成全面小康社会作出更大贡献。

3. 目标任务。制定实施民营经济发展三年倍增计划，到 2013 年底，全省民营经济增加值达到 3200 亿元以上，民间投资达到 4000 亿元，民营经济注册资本达到 4000 亿元，新增就业 30 万人以上。到 2015 年底，全省民间投资占全社会固定资产投资比重达到 55% 左右，民营经济注册资本达到 5000 亿元。

二、放宽民营经济发展限制

4. 实行公平的行业准入政策。坚持平等准入、公平竞争原则，市场准入标准和优惠扶持政策对所有经济主体公开透明，同等对待各类投资主体，严禁在国家法律、法规、规范、标准之外提高行业准入、市场准入门槛。

5. 全面拓宽准入领域。除国家法律法规明确禁止的领域外，一律对民营经济开放。支持民营经济进入传统垄断行业和领域，落实支持民营经济进入矿产资源、能源、制造业、交通运输、水利、建筑、信息产业、土地整治等基础产业和基础设施领域的政策，落实支持民营经济进入金融、市政公用事业、国防科工等领域的政策，落实支持民营经济进入科学研究、教育、卫生、文化、旅游、体育、社会福利等社会事业及商贸流通、政策性住房建设等投资领域的政策。

6. 放宽工商登记条件。允许个人独资企业、合伙企业、有投资能力的城镇社区居民委员会、农村村民委员会作为投资主体，投资设立公司制企业，未成年人可作为投资人投资设立公司制企业或成为股东，其出资人或股东的权利由法定代理人代为行使。

省、市（州、地）、县（市、区、特区）行政区划连用的企业名称，由最低一级工商行政管理机关核准。申请连锁经营的企业，连锁总部在名称预先核准时，可先行申请使用"连锁"字样，其"总部"和"门店"可同时办理工商登记手续。企业注册资本在 500 万元以上，且在经营范围中有生产、加工等项目的，可以申请在名称中使用"实业"字样；放宽个体工商户名称登记条件，允许个体工商户名称在行政区划后缀其经营所在地的乡（镇）、街道或者行政村、社区、市场名称。在符合个体工商户名称规范要求的情况下，经营者的姓名、阿拉伯数字可以作为个体工商户名称中的字号使用；放宽个体工商户再投资登记条件，在名称不重复的情况下，允许同一个体工商户申请人在同一登记机关管辖区域内申请多个个体工商户登记。

放宽民营企业注册资本条件，对出资期限到

期但无违法记录的公司，经申请允许延长出资期限1年；放宽民营企业经营范围和经营方式，除法律法规禁止的外，允许企业自主选择经营范围和经营方式。积极支持民营企业根据市场变化调整经营范围。

放宽民营企业经营场所登记条件。未取得产权证的经营场所，可提交房管部门、居委会或村委会、开发区管委会等出具的使用证明或房屋购买合同；征用或租赁土地作为经营场所的企业，提交土地使用证明文件或县以上土地管理部门出具的批准文件。将住宅改变为经营性用房的，提交住所使用证明、《住所（经营场所）登记表》和住所（经营场所）所在地居民委员会或业主委员会出具的有利害关系的业主同意将住宅改变为经营性用房的证明文件后，可进行设立（开业）或住所（经营场所）变更登记。

放宽民营企业集团登记条件，对达到集团登记条件的，母公司可以申请使用带有"集团"字样名称，也可申请地域名称用在字号后面的企业名称。母公司注册资本在1000万元人民币以上并至少拥有3家子公司，或母公司和子公司的注册资本总和在2000万元人民币以上的，可申请企业集团登记。

允许省内自然人与国外（境外）投资者共同出资组建外商投资合伙企业。经审批机关批准，允许省内自然人与国外（境外）投资者共同出资组建外商投资公司制企业。

推行试营业制。对申请从事个体经营的符合法律法规规定条件的各类人员，除国家明确限制的特殊行业和需要前置审批的经营范围外，备案后允许试营业6个月，在试营业期内可不办理工商注册登记；6个月后如需继续经营再申请登记。

7. 全面清除准入障碍。全面清理整顿现行与民营经济市场准入等有关的规定，加快清理审核全省行政许可项目和非行政许可项目，坚决取消不符合规定的各类行政审批事项和前置审批条件，下放、归并一批行政许可和非行政许可审批项目，取消各类针对民营企业的准入限制和壁垒。

8. 发展壮大民营工业。实施工业强省战略，全力促进民营工业发展壮大。大力支持和鼓励民营经济投资建设火电、水电及新能源，参与煤炭资源整合和大型煤矿建设，投资开发磷、铝、锰、钡、钒等矿产资源，参与大型煤化工、磷化工、铝工业、钛工业等基地建设，发展资源深加工，延长产业链，提高附加值，改造提升传统能矿产业水平。对民间经济主体参与的矿产资源整合项目，按变更登记方式办理采矿权登记，减免交易服务费。民营煤矿企业申请安全生产许可证要件审查程序与现场核实程序合并进行。对非煤矿矿山安全设施设计和竣工验收审查、规模较小的危险化学品生产项目安全设施设计审查、危险化学品经营许可证审查和现场核实、煤矿企业之外的特种作业资格证、煤矿救护队之外的矿山救护队资质认定、四级安全培训机构资格认定等，下放市（州、地）安全生产监督管理部门负责。

大力支持民营企业投资发展辣椒、蔬菜、茶叶、马铃薯、肉类、禽蛋等特色农业和农产品加工，发展民族制药，扶持一批民营医药企业做强做大。

支持和鼓励民营企业发展高新技术产业，参与制定有关技术规范和标准；投资新产品开发、新技术推广、产学研结合、重大技术装备、高新技术成果转化、循环经济、节能减排项目。积极帮助民营企业争取军工订单。鼓励民间资本投资建设国家级开发区、省级开发区、产业园区、循环经济基地以及综合保税区和出口加工区。

民营经济工业项目需审批、备案和核准的，除国家规定外，不设任何限制性条件。放宽工业领域投资项目招标资质等准入条件，同等条件优先选择省内民营工业企业及产品。将民营经济纳入经济运行调度范围，在煤、电、油、运调度和协调保障中同等对待。

9. 推进民营经济信息化。实施民营企业信息化工程，将信息技术应用到工业研发设计、加工制造、原料采购、库存管理、市场营销等各环节，改造提升传统产业。推动民营经济产业工业化和信息化融合、三网融合试点，大力发展信息服务业，建设商贸、金融、物流、产品检测、旅游、科技等公共信息服务平台，发展电子商务、网络动漫、软件服务和电子娱乐等新兴产业。对民营企业生产、销售无线电发射设备给予免费检测，简化民营企业申请设置无线电台（站）的程序。

10. 鼓励民营经济参与基础设施建设。建筑、交通、市政建设等领域全面向民营经济开放。对民间资本投资的基本建设投资项目，除国家规定必须由省级办理的手续外，一律下放市（州、地）或县（市、区、特区）办理。建立健全市政公用事业招标制度、特许经营制度，推进市政公用产品价格和收费制度改革，支持和鼓励民间资本进入市政公用基础设施建设、运营和管理。二级、三级、四级资质房地产企业承担建设规模分别扩大到 25 万、20 万、15 万平方米。住房城乡建设领域民营企业的资质核准时限缩短为 15 个工作日。取消全省范围内房地产开发企业、房地产中介机构、物业服务企业、城市房屋拆迁单位、建设工程勘察单位、建设工程设计企业、设计施工一体化企业、城市园林绿化企业、城乡规划编制单位、工程建设项目招标代理机构、建筑业企业、工程监理企业及工程造价咨询企业等 13 类建设工程企业的资质年检。民营企业参与建设保障性住房同等享受各级政府规定的资金补助和优惠政策。民营企业住房城乡建设领域新技术推广证书和建筑节能技术与产品证明有效期延长至三年。

支持和鼓励民间资本通过建设—移交（BT）、建设—运营—移交（BOT）、收购—运营—移交（TOT）等多种方式参与快速铁路、重点原材料铁路货运通道建设；以独资、控股、参股等方式投资高速公路、国家公路运输枢纽、干线机场和支线机场、水运航道。

11. 鼓励民营经济参与"三农"建设和扶贫开发。按照"谁投资、谁受益"的原则，采取与土地使用权挂钩、延长经营权等办法，鼓励民间资本参与石漠化治理、利用宜林宜草荒山和荒地造林种草。民营经济同等享受各级政府规定的石漠化治理、荒山荒地造林等资金补助和优惠政策。民营企业贷款用于扶贫项目的，财政扶贫资金按 3% 的贴息率给予支持；贫困农民贷款发展个体、私营经济，财政扶贫资金按 5% 的贴息率给予支持；民营企业以"招工＋培训＋就业"方式招用贫困农民，省级扶贫部门按每人 500 元标准给予补贴。鼓励民间资本投资种养殖产业。符合屠宰加工要求、生产畜产品外销的民营屠宰加工企业办理屠宰加工许可证不受《贵州省生猪屠宰管理办法》的屠宰企业指标限制。凡法律法规未作明令禁止的，林业全面向民间资本开放。民营林业企业按照省利用发展规划和技术规范建设的基地林，优先纳入商品林补助范围。人工商品林采伐和木材经营加工审批一律下放到县级林业部门。通过业主招标和承包租赁等方式，吸引民间资本投资建设骨干水源工程和病险水库除险加固、中小河流治理、大中型灌区、节水改造工程、烟水配套工程、中小水利工程等项目，以及小水电代燃料、水电农村电气化县等民生工程，参与水土保持工程的建设和经营，参与地质灾害治理和矿山地质环境恢复治理。鼓励和支持民营资本投资建设县城超市、配送中心和乡（镇）、村综合服务站及连锁农家店等流通网络。

12. 鼓励民营经济大力发展服务业。鼓励民营经济以独资、控股、参股、特许经营等方式开发旅游资源，投资建设旅游基础设施、专业旅游城市、旅游城镇和旅游商品集散地，开办旅行社等旅游服务机构，开发特色旅游商品。省级风景名胜区内特许经营权下放市（州、地）风景名胜区管理部门核准，办理时限缩短为 3 个月。鼓励民间资本参与城市商业银行、村镇银行和金融租赁公司的设立和增资扩股。支持民间资本参股地方政府融资平台建设。鼓励和支持民间资本发起设立或参股农村资金互助社等新型金融机构。发展创业投资、股权投资和融资租赁企业，重点支持起步期的科技型、成长型、劳动密集型民营企业。对民间资本投资设立新的保险专业代理、保险专业销售、保险公估、保险经纪公司，在法定时限内提前 5 个工作日完成行政审批流程。支持和鼓励民间投资参与现代物流枢纽、物资集散货运中心和商贸流通中心建设，投资连锁经营、电子商务、第三方物流。支持民营商贸流通企业协作发展共同配送。

13. 鼓励民营经济参与教育事业发展。积极鼓励民营企业兴办教育事业，建立健全政府主导、行业指导、民营企业参与的民间投资办学机制，创新政府、行业及社会各方分担职业教育基础能力建设机制，推进贵州省校企合作制度化。省教育厅负责牵头清理并纠正对民办教育的各类歧视性政策，保障民办学校办学自主权。完善支持民办教育发展的政策措施，探索公共财政资助民办教育的具体政策，支持民办学校创新体制机制和育人模式，办好一批高水平民办学校。落实民间资本兴办各类教育和社会培训机构在办学用地、政策性贴息、资金奖补、教师保障、税收优惠等方面的扶持政策，民办培训机构在师资培养、技能鉴定、就业信息服务、政府购买培训成果等方面与国有职业培训机构同等待遇。民办学校教师在资格认定、职称评定、业务培训、教学活动、表彰奖励、申请科研项目和课题等方面享有与公办学校教师同等权利，符合条件的可享受同类公办教师退休待遇。

14. 鼓励民营经济参与卫生事业发展。制定实施民间资本兴办医疗机构的政策措施，各地在制定区域卫生规划、医疗机构设置规划和其他医疗卫生资源配置规划时，要为民营医疗机构留出合理空间，全省范围内调整和新增医疗卫生资源，优先考虑由民间资本兴办医疗机构，改善民间资本兴办医疗机构的执业环境。民营医疗机构凡执行政府规定的医疗服务和药品价格政策，符合医保定点相关规定的，应按程序纳入城镇基本医疗保险、新型农村合作医疗、医疗救助、工伤保险、生育保险等社会保障的定点，通过签订服务协议进行管理，并执行与公立医疗机构相同的报销政策。支持和鼓励民间资本在县（市、区、特区）兴办一、二、三级综合医院、专科医院及门诊部。各级卫生行政部门对民间资本兴办医疗机构的，可先出具同意申请人开展设置医疗机构前期工作的文件，待筹办工作结束后，再办理《设置医疗机构批准书》。

15. 鼓励民营经济参与文化事业发展。支持和鼓励民间资本通过独资、合资、合作、联营、参股、特许经营等多种形式，进入国家未禁止的文化产业领域，支持民间演艺团体发展，发展一批影响大、有特色的文化演艺、影视制作、文化创意、民族文化品牌。参与国有文化单位转企改制的民营企业享受转企改制企业的税收优惠政策。

16. 鼓励民营经济参与体育事业等其他社会事业发展。支持民营经济投资生产体育用品，建设和经营各类体育场馆及健身设施，兴办各类体育俱乐部，从事体育健身、训练、竞赛表演等活动。支持和鼓励民营经济投资建设、经营专业化的各类社会服务设施。对符合条件的福利性、非营利性民办养老服务机构免征营业税和企业所得税，使用土地和自用房产免征土地使用税、房产税。对民间资本投资殡葬设施建设给予用地保障、税收支持。

17. 鼓励民营经济联合重组和参与国有企事业单位改革。支持和鼓励民营企业利用产权市场组合各类资本，开展跨地区、跨行业兼并重组。鼓励民间资本在省内流动，实现产业有序转移。支持民营企业通过联合重组等方式发展成为特色突出、市场竞争力强的集团化公司。进一步调整优化国有经济投资结构和布局，国有资本要把投资重点放在不断加强和巩固关系国计民生的重要行业和关键领域，在市场竞争充分、市场化程度较高的行业和领域，国有资本逐步有序退出，为民间资本发展提供空间。国有资产管理部门要制定民营资本参股国有企业的具体操作办法，推进国有企业股权多元化。支持和鼓励民营企业通过参股、控股、资产收购等多种形式，参与国有企事业单位的改制重组。积极推动国有大中型企业通过增资扩股、国有股权转让等方式引进民间资本。

三、鼓励民营企业科技创新和品牌创建

18. 不断提高创新能力。充分发挥企业推动技术创新的主体作用，重点培育一批具有创新能力的民营龙头企业，支持具有技术优势、产业优势和人才优势的民营中小企业做强做大，鼓励民营企业向专、精、特、新方向发展。支持民营企业持续加大科技投入，在原始创新、集成创新和引进消化吸收再创新方面取得突破。支持和鼓励民营企业建立工程技术研究中心、工程研究中心、工程实验室、企业技术中心，增加技术储备，加强技术人才培训，提高自主创新能力，掌握拥有

自主知识产权的核心技术；参与国家重大科技计划项目和技术攻关，同等条件下，逐年增加民营企业在科技计划中的比例，不断提高企业技术水平和研发能力；承接科研成果转化项目，按政策对民营企业产学研合作项目予以补助。支持和鼓励民营企业加大新产品开发力度，实现产品升级换代，增强持续创新能力和市场竞争能力。

每年认定、扶持一批民营高新技术企业，发挥示范作用，带动民营企业向创新型企业转型升级。优先给予科技型中小企业技术创新基金支持，加快科技成果转化和产业化。省知识产权专项资金重点扶持民营企业科技创新成果申请专利保护，推进知识产权服务体系建设，推动专利技术的转化与实施。继续实施"百名教授、博士进企业"活动，提高进入民营企业服务的教授、博士比例。

对经认定为国内、省内首台（套）装备的民营生产企业和研发人员给予奖励；对引进国内外先进科技成果并实现产业化的项目，经省级科技、知识产权、经济和信息化、财政等部门认定，省级相关资金给予无偿资助或贷款贴息。经国家或省认定的高新技术产品和新产品，自认定之日 3 年内，其新增增值税省、市（州、地）留成部分，省、市财政分别通过转移支付企业所在县（市、区、特区）财政，由当地财政全额奖励企业。

19. 大力实施知识产权和品牌带动。引导民营企业增强知识产权创造能力，推进知识产权的运用、保护、管理和产业化。实施品牌带动，提高民营企业品牌意识，加强集群商标和自主品牌建设，创建一批具有自主知识产权和自主品牌的产品。培育技术交易市场和中介服务机构，支持民营企业知识产权通过转让、质押等形式转化运用；强化行政执法、司法保护和维权机制，切实加强民营企业知识产权保护。把创建自主品牌和开拓市场、管理创新、规模发展统一起来，扩大品牌影响力，提高产品质量和信誉度，扩大规模效应，增强市场竞争力。支持民营企业积极注册商标，争创省著名商标和中国驰名商标，通过各类方式宣传其产品、服务、品牌和科技成果。鼓励民营企业在境外注册商标和申报知识产权。支持民营

企业申报贵州中华老字号，支持民营企业重点围绕黔酒、黔茶、黔药、黔菜和贵州旅游商品申请一批地理标志产品保护，积极打造贵州省农特产品的区域品牌。鼓励和支持民营企业积极将自主知识产权转化上升为地方标准、行业标准、国家标准、国际标准。制定民营企业名牌培育帮扶计划，加强民营企业名牌产品培育工作，大力发展和壮大民营经济品牌产品集群。

四、加大财税、金融和土地支持

20. 加大财政扶持力度。省级财政逐年增加省级工业和信息化发展专项资金，其中单列省中小企业发展专项资金用于发展民营经济。今年省级工业和信息化发展专项资金 60% 以上要用于民营经济发展，在此基础上，省级财政连续三年递增 20%。其他支持企业发展的专项资金用于支持民营企业发展的比例原则上不低于三分之一。继续扩大财政性资金的贷款贴息范围和增量，支持民营企业技术改造、技术创新、标准制定、品牌创建及民营企业社会化服务体系建设。支持民营企业参与政府采购，同等条件下本省民营企业的产品和服务优先进入政府采购目录、优先从本省民营企业采购，预算金额在 200 万元以下的政府采购项目应优先从本省民营企业采购，力争较大幅度提高本省民营企业在政府采购合同中所占比例，提高本省民营企业产品和服务在重大工程项目招投标中的中标金额比重，有关部门、单位要定期公布贵州省参与政府采购的民营企业名单和产品、服务目录。民营企业一次性缴纳采矿权价款有困难的，可申请分期缴纳，分期缴纳最长期限为 10 年；符合《矿产资源补偿费征收管理规定》（国务院第 150 号令）的，可以申请减缴或免缴矿产资源补偿费。

21. 落实税收优惠政策。按国家规定可由省调整的税收优惠政策，对民营企业按照最优惠的规定执行。对从事鼓励类产业的民营企业减按 15% 的税率征收企业所得税。符合条件的民营企业技术服务所得按规定享受税收免征或减征政策。民营企业从事《公共基础设施项目企业所得税优惠

目录》规定的港口、码头、机场、铁路、公路、城市公共交通、电力、水利等公共基础设施项目投资经营所得，以及符合条件的环境保护、节能节水项目所得，依法享受企业所得税"三免三减半"优惠。民营企业投资鼓励类产业项目，在投资总额内进口的自用设备，在政策规定范围内免征关税。加快制定贵州省民族自治地区企业所得税税收优惠政策，开展服务业营业税改革试点工作。企业所得税减免政策原则上实行备案管理。除法律法规和国家税务总局明文规定必须由省级税务机关审批的涉税项目外，其余涉税项目审批权限一律下放各市（州、地）。搭建网络纳税平台，建立推广国税、地税联合办税服务厅，共建纳税服务热线，加强宣传和咨询辅导，帮助民营企业及时、充分享受国家各种税费优惠政策。对年新增销售收入 3000 万元以上的民营企业，由各县（市、区、特区）人民政府按当年新增所得 20% 以上的比例给予企业扶持；对经税务主管部门确认、纳税后提出申请的小型微利民营企业，由当地政府给予一定额度补贴。

22. 加大投融资支持力度。鼓励有条件的地区设立创业投资基金或产业发展基金，支持民营经济主体创业发展。积极推动民营企业发行集合债券、集合中期票据、集合信托计划、集合短期融资券等。培育和规范发展产权交易市场，为民营企业产权、股权交易和创投资金退出提供服务。支持和鼓励民间资本发起或参股设立证券公司，参与证券公司的改组改制。鼓励民营企业上市，将拟上市民营企业纳入政策支持和资金扶持范围，优先办理上市或再融资手续。对上市辅导期验收合格的民营企业奖励 50 万元，对拟上市民营企业申报材料经中国证监会受理后奖励 60 万—100 万元，对在中小板或创业板上市的民营企业奖励 100 万元，对在主板上市的民营企业奖励 150 万元，所需资金由省级工业和信息化发展专项资金安排。鼓励和支持高新技术产业园区非上市股份有限公司参与新三板市场挂牌交易。

23. 改善金融服务。实施"引银入黔"工程，积极引进中外金融机构。完善民营企业授信制度，支持对民营企业金融服务实施差异化监管，提高

对于民营中小企业不良贷款比例的容忍度，完善信贷人员尽职免责机制，明确尽职要求和免责范围，提高贷款审批效率，提高对民营企业的贷款增长速度和比重，提高民营企业中长期贷款的规模和比重。支持金融机构创新金融产品和服务方式，推广动产、应收账款、仓单、股权、生产性生物资产、政府采购中标合同和知识产权等抵质押贷款方式，扩大贷款担保物范围。国土资源、住房和城乡建设、工商、金融等单位要为民营企业、担保机构、小额贷款公司开展抵押物和出质的登记、确权、转让等提供优质服务，缩短土地使用权、房屋、机器、设备、林木和林地使用权及其他标的物的抵押登记时间；抵押物确需评估的，登记部门不得指定评估机构；登记部门在办理企业贷款抵押物登记时，不得额外收取费用；评估机构收取的企业贷款抵押物评估费不得高于现有规定收费标准的 50%。支持金融机构对民营企业贷款单独管理、单独考核。对金融机构新增民营中小企业贷款给予适当奖励。

24. 建立完善中小企业信用担保体系。各级政府要安排资金，采取资本注入、风险补偿和奖励补助等方式提高担保机构担保能力。对信用担保机构按其每年为民营企业担保的一年期及以上新增贷款金额的 5‰给予奖励，省和当地中小企业发展资金各承担奖励费用的 50%。发展商业性和企业互助性担保机构，发挥政策性担保机构的作用，支持省、市（州、地）担保机构向县（市、区、特区）延伸。支持和鼓励县（市、区、特区）乡（镇）设立担保机构，省、市（州、地）设立政府出资的再担保机构，为县（市、区、特区）、乡（镇）担保机构提供再担保业务，增强其担保能力。鼓励担保机构对有产品、有信用、有发展前景的民营经济单位适当降低担保收费标准，积极探索开展融资性担保、工程担保、财产保全担保、经济合同履约担保、融资租赁担保、信托计划担保以及应收账款质押、股权质押、林权使用权质押、知识产权质押等担保贷款方式。各级政府可制定支持信用担保机构发展的激励政策。

25. 大力支持小额贷款公司发展。小额贷款公司注册资本最大单一股东持股比例放宽到 30%。

放宽小额贷款公司经营范围，允许有条件的公司在省内跨地区经营。到 2012 年小额贷款公司覆盖全省 80% 以上的县（市、区、特区），业务向乡（镇）延伸。小额贷款公司的营业税、企业所得税参照财政部、国家税务总局《关于农村金融有关税收政策的通知》（财税〔2010〕4 号），由地税部门负责征收。小额贷款公司的小额贷款余额之和占全部贷款余额的比重不低于 70%（小额贷款额度标准由各市、州、地小额贷款公司主管部门确定，报省小额贷款公司主管部门备案），"三农"贷款余额之和占全部贷款余额的比重不低于 70%，贷款期限在 3 个月以上的经营性贷款余额之和占全部贷款余额的比重不低于 70% 的，企业所得税减按 12.5% 税率征收。对小额贷款公司办理工商登记、土地房产抵押及动产和其他权利抵质押等相关事务，参照银行业金融机构执行。小额贷款公司接入人民银行征信系统。各级政府可制定支持小额贷款公司发展的激励政策。

26. 推进信用体系建设。省社会信用体系建设联席会议要统筹协调全省社会信用体系建设工作，加强企业信用体系和社会责任体系建设，建立和完善信用评价机制、信用信息征集制度、信用档案数据库和信用查询系统。建立部门联动的信用信息共享平台，为社会提供优质信用服务。推进民营企业和担保机构的信用评级，构建信贷市场信用评级工作机制。加快推进民营企业信用体系实验区建设。建立守信激励、失信惩戒的信用奖惩机制，实施千户诚信民营企业培植计划，促进民营企业加强自身信用建设和管理，提高信用意识和水平。各市（州、地）每年评选诚信守法民营企业，给予奖励，并向社会公布。鼓励民营经济单位争创"诚信示范企业""守合同重信用企业""贵州最佳企业公民""文明诚信民营企业""文明诚信个体工商户"和"消费者满意单位"。

27. 保障用地需求。各级政府要在土地利用总体规划和年度土地利用计划要统筹安排民营经济投资项目用地，按照民营经济占全省生产总值中的比重年均提高 2 个百分点的发展目标，同比例增加民营经济在产业园区的项目用地指标，保障重点民营企业发展用地需要。各市（州、地）要

优先安排县（市、区、特区）小企业创业基地建设用地，原则上各县（市、区、特区）每年不少于 50 亩。鼓励民营企业利用存量土地、闲置场地建设多层标准厂房。积极解决民营企业用地历史遗留问题，对符合土地利用总体规划和国家产业政策，租用农村集体建设用地实际建厂 10 年以上的民营企业依法办理集体建设用地手续。对民营企业投资符合国家产业政策、用地节约集约的工业项目和以农、林、牧、渔业产品初加工为主的工业项目，在确定土地使用权出让底价时，可按不低于所在地土地等别对应《全国工业用地出让最低价标准》的 50% 执行；对使用土地利用总体规划确定的城镇建设用地范围外的国有未利用土地，且土地前期开发由土地使用者自行完成的民营企业工业项目，在确定土地出让价时可按不低于所在地土地等别对应《全国工业用地出让最低价标准》的 10% 执行。对工业用地符合规划、不改变土地用途、利用自有土地进行建设、提高土地利用率和增加容积率的，不再增收土地价款。对符合国家产业政策和贵州省产业结构调整方向，企业投资强度（不含土地价款）达到 150 万元／亩以上，或吸纳就业人数达到 200 人及以上的民营企业生产性新建或技改工业项目，按照省、市（州、地）、县级所得土地出让金 30% 的金额，按规定通过其他渠道奖励或补助企业；投资强度（不含土地价款）达到 80 万元／亩以上，或吸纳就业人数达到 100 人及以上的民营企业生产性新建或技改工业项目，按照省、市（州、地）、县级所得土地出让金 20% 的金额，按规定通过其他渠道奖励或补助企业，具体办法由省财政厅、省经济和信息化委制定。简化民营经济用地土地征收和农用地转用的行政审批要件和程序，对民营经济单独选址建设项目用地申报要件减至 21 项，批次用地申报要件减至 15 项。优化民营经济所涉工业用地的申报方式，可将多个项目打捆并参照批次用地方式报批。国土资源部门负责的建设用地审查及国有土地使用权出让、转让、租赁审查和登记，各项要件和手续齐备的，在 10 个工作日内完成。

28. 引导集聚发展。支持民营企业为各类重大项目配套，尽快进入重点产业发展的产业链条。

支持民营企业参与省内外大企业、大集团产品配套，对与大企业签订配套合同、专业化程度较高的民营企业，给予贴息支持，担保机构要积极提供贷款担保；对本土配套率达到40%或本土配套率年增速达到10%以上的大企业予以奖励，所需资金从省级工业和信息化发展专项资金中列支。鼓励为贵州省重点项目进行专业化、协作化配套的民营企业向产业园区集中。加强产业集群环境建设，培育一批民营企业产业园区及创业孵化"园中园"。发展一批以特色产业为依托的商品批发市场。鼓励民营企业投资建设民营经济产业园区，达到省级民营经济产业园区标准的，从省级工业和信息化发展专项资金中安排1000万元给予奖励，民营经济产业园区的具体标准由省经济和信息化委制定。工业发展、环境保护、服务业发展等专项资金要对民营经济产业集聚区污染集中治理、资源综合利用、现代物流、产品检验检测与研发等基础设施建设项目给予重点支持。

五、鼓励和引导各类人才进入民营经济领域创业

29. 加强人才支持。将民营经济人才队伍建设作为全省人才工作的一项重要内容，加快培养适应发展需要的企业家队伍、企业经营管理人才队伍、专业技术人才队伍和高技能人才队伍。组织民营企业家、经营管理者参加高层管理人员工商管理硕士（EMBA）、工商管理硕士（MBA）、职业经理人等培训。加强民营企业与职业学校"订单式"培训合作，建立民营企业员工岗前培训和在职提升培训体系。对民营企业年新增就业并签订一年以上劳动合同的，每培训一人，由人力资源和社会保障部门从职业技能培训资金中根据工种给予500—1000元的培训补贴。中小企业星光培训工程重点为民营企业免费培训各类人员。实施"百千万"人才培育计划，每年培训100名成长性好的民营企业和拟上市民营企业的董事长、总经理，1000名民营企业经营者和中高级经营管理人员，10000名民营企业骨干技术工人。民营企业引进高层次人才享受与国有企业同样的政策

和待遇，按照国有企业技术人才职称评审办法和方式评定民营企业技术和研发人员的职称，增加职称评定专家库中民营企业的专家比例。采取先落户、再就业方式，解决民营企业员工城镇户籍。对民营企业为提升创新能力和研发水平作出突出贡献的专业技术人员，同等条件下优先选拔推荐为享受国务院特殊津贴专家、省有突出贡献的中青年专家等高层次专家；对经营状况好、产品技术含量高、科技研发能力强的民营高新技术企业，优先推荐设立博士后科研工作站。以股权配给、职称评定、科技成果和知识产权奖励、政府津贴等政策措施为激励，重点培育一批民营企业科技领军人。

30. 改善创业环境。实施全民创业计划，加强创业指导，鼓励全民创业，以创业带动就业。优化政府服务，为创业人员简化注册程序、扩大出资方式，提供创业场地，收费项目能免则免，收费标准有上下限幅度的一律按下限收取，实行创业服务绿色通道。从2011年5月1日起，对注册登记及变更注册登记的民营企业、个体工商户，免收登记类、证照类行政事业性收费。支持民营企业创业园区建设，兴建小企业创业基地；实施农民创业促进工程，建设一批农民创业基地和创业园区；加强科技企业孵化器建设，支持科研人员、高校毕业生等创办企业。鼓励有条件的县（市、区、特区）兴建一批大学生和留学人员创业园，作为大学生、留学人员创业的载体。返乡农民工、下岗失业人员、复转军人、大中专毕业生等在小企业创业基地内自主创业，创业期间可向创业项目所在地的政策性小额贷款担保中心申请小额担保贷款，个人贷款最高额度为5万元；各类创业人员合伙经营贷款最高额度为20万元；创办企业且当年新招用符合小额担保贷款申请条件的人员达企业职工总数30%（超过100人的企业达15%）以上并与其签订1年以上劳动合同的，贷款最高额度为200万元。在小企业创业基地创业的，从创办之日起，3年内免缴物管费、卫生费，1年内减半缴纳房租、水电费，减免费用由当地政府补贴。省、市（州、地）各类支持创业的专项资金要用于微型、小型企业创业补贴和奖

励，支持创业企业的发展。实施"万户小老板创业行动计划"，重点培育一批民营小企业尽快进入规模企业行列。

六、扩大对内对外开放

31. 加大招商引资力度。进一步扩大开放，加大招商引资力度，以开放促发展，借助外力发展壮大民营经济。抢抓东部产业加快转移、贵州省交通等基础设施不断完善的机遇，充分发挥贵州省资源优势，积极承接东部沿海地区资源精深加工、农产品加工等产业，发挥各级政府、工商联、民间商会、行业协会、驻外机构及民营企业家的作用，以中国民营企业 500 强为重点对象，积极引进省外优强民营企业到贵州投资。搭建招商引资平台，在省内外举行各类招商引资活动，争取引进更多的省外优强民营企业到贵州省发展。创新招商引资方式，把招商引资作为各级、各部门的重要工作，建立招商引资重大项目库，每年列出领导干部带头招商引资的项目清单，分解工作任务，明确工作责任，并加强对各级领导的考核。在扩大招商引资的同时，引导本省民营企业扩大开放，加强与省外优强企业合作。同等对待省内外民营企业和国有企业，省内外民营企业都享受同等政策，给予同等扶持，促进民营企业与国有企业公平竞争、省外企业与省内企业公平竞争。

32. 支持民营经济拓展境内外市场。采取财政补助、降低展费标准等方式，支持民营企业参加各类展览展销活动，支持举办一批专业性品牌展会。发挥中小企业国际市场开拓资金和出口信用保险的作用，提高民营企业市场开拓能力。驻省外、海外机构要为民营企业提供国内外市场信息，为民营企业开展合作交流活动提供服务和帮助。鼓励支持有条件的民营企业到境外开展并购等业务，吸引技术、资金和品牌，带动产品和服务出口。引导和推动民营企业开展电子商务活动，鼓励电信、网络运营企业以及新闻媒体发布市场信息，帮助民营企业宣传产品，开拓市场。支持餐饮、旅游、休闲、家政、物业、社区服务等行业拓展服务领域，创新服务方式，扩大服务规模，

促进扩大消费。

七、提升对民营经济的服务水平

33. 提供规范高效的政府服务。依法在政府网站公开申办事项的前置条件、办理流程、审批环节，推行网上申办、网上受理、网上办结。进一步规范和简化项目审批、核准、备案程序，切实提高办事效率，缩短办事时限；省委、省政府要求缩短办理时间的审批事项，要按要求时限完成；加强政务公开，一次告知项目各类手续办理程序、时限、所需申报资料，公开项目办理进展情况，法律规定时限内未对申报资料进行批复的视为许可该行政事项；认真履行职责，强化公共服务职能，积极为民营企业争取国家政策和资金支持。各有关部门要通过各种方式全面公布本行业的中介服务机构，由民营企业自主择优选择，不得为民营企业指定中介机构、提供有偿代理和咨询服务。任何单位和个人不得干预民营企业正常生产经营活动，不得违反国家规定组织民营企业参加评选、达标等评比活动。建立挂牌保护制度，职工人数在 500 人以上、200 至 500 人、50 至 200 人的民营企业，分别列为省、市（州、地）、县（市、区、特区）挂牌保护企业。民营经济主管服务部门要对挂牌保护的民营企业加强指导。对民营企业慎用查封、扣压、冻结等手段，对企业经营者慎用限制人身自由等司法手段。对挂牌保护的民营企业法定代表人需采取强制措施或对民营企业、法定代表人的财产进行查封、扣压、冻结等刑事侦查手段的，按挂牌层级分别报省、市（州、地）、县（市、区、特区）委政法委协调同意后执行，并尽可能避免扩大影响，维持企业正常生产和职工稳定。设立民营企业投诉热线和投诉调查、处理机制，民营企业合法权益受到侵害时提出的行政复议、投诉等，有关部门要明确受理单位或投诉中心，有关单位必须依法及时受理、处理，公平对待，限时答复。在按照国家有关规定取消 31 项涉企行政事业性收费的基础上，继续清理贵州省涉企行政事业性收费项目，凡能取消的坚决取消；每年度公布贵州省行政事业性收

费项目目录，并对涉及民营企业的收费项目加以标注；收费标准有上下限幅度的，一律按下限标准执行，使用省级以上财政部门统一印发的财政票据。依法严肃查处乱收费、乱罚款、乱摊派行为，切实减轻民营企业负担。由省纪委（省监察厅）牵头，会同省委组织部、省经济和信息化委建立通报、警示和问责制，对发展民营经济思想认识不足、政策措施不力、工作不作为、领导不到位的地方、部门负责人进行问责。从今年起,省、市（州、地）、县（市、区、特区）都要查处3件以上制约民营经济发展的典型案件，追究相关负责人和责任人的责任，并向社会公布。

34. 完善社会化服务体系。各级各部门要完善工作机制，加强对民营经济的协调服务。建立健全县级以上民营企业服务中心，制定民营企业服务中心星级认定和奖励补助办法。培育骨干服务机构，制定民营企业公共服务示范平台认定办法，在重点行业、关键领域、产业园区建设一批省级及国家级公共服务示范平台。研究制定政府购买服务的具体办法，引导各类服务机构为民营经济提供信息服务、人才培训、技术支持、技术创新、产品开发、检验检测、咨询服务、创业辅导、市场开拓、法律服务等业务。鼓励信息技术企业开发和建设行业应用平台。到2015年，全省基本建立以公益性综合服务机构为主导、商业性专业服务机构为支撑的省、市、县三级民营经济服务体系。

35. 建立健全与民营经济发展相适应的行业组织。要充分发挥行业组织对民营企业的引导、服务作用，反映民营企业的合理诉求，保护其合法权益，应对贸易纠纷，促进民营企业依法、自律经营。加大对优秀行业协会、商会组织的支持，加强对行业发展作出贡献的行业协会、商会组织的政策扶持。制定促进民间商会组织发展的具体办法，加快建立与国际接轨的商会组织架构，鼓励支持民营企业发起成立行业协会、商会。促进行业组织加强自身建设，提高行业组织的公信力、影响力。

八、加强对民营经济工作的组织领导

36. 加强组织领导。各级党委、政府要把加快民营经济发展列入重要议事日程，切实加强组织领导。将省经济和信息化委中小企业办公室（非公有制经济办公室）更名为省民营经济发展局，加挂省中小企业管理局牌子，履行全省民营经济、中小企业发展工作管理、协调和服务职责。全省民营经济、中小企业发展工作联席会议要充分发挥综合协调作用，各有关部门要加强协调，密切配合，形成合力，为民营经济提供优质服务。继续完善贵州省民营经济统计监测制度，加强对规模以下民营企业的统计分析工作。把加快民营经济发展作为各地和有关部门工作考核指标体系的重要组成部分，省纪委、省委督查室、省政府督查室、全省民营经济、中小企业发展工作联席会议办公室要对民营经济发展环境、民营企业反映强烈的问题进行专项督查，督查结果作为年度考核评价和干部任用的重要依据。

37. 营造民营经济人士健康成长环境。加强对民营经济人士的保护，依法保护民营经济人士的名誉、人身和财产等合法权益。引导民营经济人士积极参加社会公益事业。省委、省政府每3年召开一次全省加快民营经济发展暨表彰大会，表彰在民营经济发展中涌现的先进典型。积极推荐表现突出的民营经济人士成为各级党代表、人大代表、政协委员、工商联执委候选人，参加劳动模范、优秀中国特色社会主义事业建设者等各类先进的评选。加大对优秀民营经济人士的宣传力度，营造爱护民营企业家、尊重民营企业家的社会氛围。积极发挥新闻舆论的监督作用，对侵犯民营企业合法权益和干扰民营经济合法经营活动的典型案例予以曝光。

38. 规范民营企业经营行为。各级政府要依法对民营经济进行监督管理，支持民营企业建立现代企业制度，督促民营企业严格遵守安全生产、环境保护、节能减排、产品质量、卫生管理、价格管理、劳动保障等法律法规和有关技术标准规范，诚实守信经营，依法经营，履行社会责任。加强劳动合同管理，规范用工行为，坚持和完善以职工代表大会为基本形式的民主管理制度，建立健全平等协商集体合同制度和职工工资协商制度，改善劳动条件，提供学习培训机会，保护职工合法权益，重视人文关怀，关心照顾困难职工、残疾职工，构建和谐劳动关系。引导民营企业建立健全党、团组织，依法建立工会组织。完善劳动争议处理制度，做好劳动仲裁工作，及时化解劳动纠纷。

各市（州、地）政府（行署）和省直各有关部门要按照本意见和职责分工，结合实际，尽快

制定具体配套政策和实施办法，并于4月底前完成与本意见不一致的文件、规定的清理工作，及时向社会公布。由省委督查室和省政府督查室对本意见确定事项进行分解、督办，确保各项政策措施落实到位。

文件6　《贵州省人民政府办公厅关于印发全省民营经济三年倍增计划（2011年—2013年）的通知》

【发布单位】贵州省人民政府办公厅
【发布文号】黔府办发〔2011〕41号
【发布日期】2011-03-31

贵州省人民政府办公厅关于印发全省民营经济三年倍增计划（2011年—2013年）的通知

黔府办发〔2011〕41号

各自治州、市人民政府，各地区行署，各县（自治县、市、市辖区、特区）人民政府，省政府各部门、各直属机构：

经省人民政府同意，现将《全省民营经济三年倍增计划（2011年—2013年）》印发给你们，请结合本地区、本部门实际，认真贯彻执行。

贵州省人民政府办公厅
二○一一年三月三十一日

全省民营经济三年倍增计划（2011年—2013年）

为实现全省民营经济三年倍增目标，促进民营经济加快发展，根据《中共贵州省委　贵州省人民政府关于进一步加快全省民营经济发展的意

见》（黔党发〔2011〕10号）精神，制定本计划。

一、总体目标

到2013年底，全省民营经济增加值达到3200亿元以上，比2010年增长1倍以上；民间投资达到4000亿元，比2010年增长1.6倍；民营经济注册资本达到4000亿元，比2010年增长1.2倍；新增就业30万人以上，比2010年增长1倍以上。

二、目标分解

各市（州、地）要认真贯彻落实黔党发〔2011〕10号文件精神，切实担负起民营经济发展"第一推手"的作用，坚定信心，强化措施，狠抓落实，努力实现以下目标：

贵阳市：到2013年底，全市民营经济增加值

达到 1100 亿元以上，比 2010 年增长 1 倍以上；民间投资达到 1500 亿元，比 2010 年增长 1.8 倍；民营经济注册资本达到 1400 亿元，比 2010 年增长 1.2 倍；新增就业 10 万人以上，比 2010 年增长 1 倍以上。

遵义市：到 2013 年底，全市民营经济增加值达到 800 亿元以上，比 2010 年增长 1 倍以上；民间投资达到 580 亿元，比 2010 年增长 1.7 倍；民营经济注册资本达到 1000 亿元，比 2010 年增长 1.1 倍；新增就业 7.5 万人以上，比 2010 年增长 1 倍以上。

六盘水市：到 2013 年底，全市民营经济增加值达到 400 亿元以上，比 2010 年增长 1 倍以上；民间投资达到 450 亿元，比 2010 年增长 1.8 倍；民营经济注册资本达到 440 亿元，比 2010 年增长 1.2 倍；新增就业 2 万人以上，比 2010 年增长 1 倍以上。

安顺市：到 2013 年底，全市民营经济增加值达到 240 亿元以上，比 2010 年增长 1 倍以上；民间投资达到 140 亿元，比 2010 年增长 1.7 倍；民营经济注册资本达到 180 亿元，比 2010 年增长 1.3 倍；新增就业 2 万人以上，比 2010 年增长 1 倍以上。

黔南自治州：到 2013 年底，全州民营经济增加值达到 280 亿元以上，比 2010 年增长 1 倍以上；民间投资达到 320 亿元，比 2010 年增长 1.6 倍；民营经济注册资本达到 220 亿元，比 2010 年增长 1.3 倍；新增就业 1.8 万人以上，比 2010 年增长 1 倍以上。

黔东南自治州：到 2013 年底，全州民营经济增加值达到 280 亿元以上，比 2010 年增长 1 倍以上；民间投资达到 220 亿元，比 2010 年增长 1.8 倍；民营经济注册资本达到 200 亿元，比 2010 年增长 1.1 倍；新增就业 1.5 万人以上，比 2010 年增长 1 倍以上。

黔西南自治州：到 2013 年底，全州民营经济增加值达到 200 亿元以上，比 2010 年增长 1 倍以上；民间投资达到 220 亿元，比 2010 年增长 1.7 倍；民营经济注册资本达到 190 亿元，比 2010 年增长 1.2 倍；新增就业 1.5 万人以上，比 2010 年增长 1 倍以上。

毕节地区：到 2013 年底，全地区民营经济增加值达到 500 亿元以上，比 2010 年增长 1 倍以上；

民间投资达到 600 亿元，比 2010 年增长 1.6 倍；民营经济注册资本达到 450 亿元，比 2010 年增长 1.2 倍；新增就业 3.4 万人以上，比 2010 年增长 1 倍以上。

铜仁地区：到 2013 年底，全地区民营经济增加值达到 220 亿元以上，比 2010 年增长 1 倍以上；民间投资达到 200 亿元，比 2010 年增长 1.7 倍；民营经济注册资本达到 180 亿元，比 2010 年增长 1.3 倍；新增就业 2.1 万人以上，比 2010 年增长 1 倍以上。

三、计划实施

（一）加强组织领导。各地、各有关部门要把加快民营经济发展摆在更加突出的战略位置，切实加强组织领导，主要负责人是第一责任人，分管负责人要具体抓；要建立健全加快民营经济发展工作机制，履行好管理、协调和服务的职责，加大对《全省民营经济三年倍增计划》（以下简称《倍增计划》）实施过程中的组织、指导、协调和检查力度，确保实现各项目标任务；要努力改进工作作风，强化服务意识，减少行政干预，减轻企业负担，提高办事效率，为民营经济发展创造良好的外部环境。

（二）抓好工作落实。省有关部门要按照各自职责分工，加强沟通协商，密切配合，落实国家和省的各项保障措施，确保实现《倍增计划》；要加强对《倍增计划》实施的适时调度，掌握实施进度，及时协调处理实施中的问题，定期向省政府报告进展情况。各市（州、地）要制定具体工作方案和保障措施，及时处理和解决实施中的新情况和新问题，确保涉及本地区的民营经济项目顺利实施。省政府定期召开的全省工业经济运行调度会议将听取各部门、各地区《倍增计划》实施情况汇报，采取有力措施解决存在的困难和问题。

（三）完善统计体系。由省统计局、省经济和信息化委牵头，省人力资源社会保障厅、省工商局、省国税局、省地税局和金融等部门配合建立和完善全省民营经济统计指标体系，合理界定统计范围，全面科学统计有关数据，确保真实反映民营经济发展情况，为掌握民营经济发展动态、加强工作考核提供重要依据。

（四）建立目标责任考核制度。由省经济和信息化委负责将年度计划目标逐一分解落实到各市（州、地），并建立目标责任考核制度，纳入全省工业经济发展目标统一考核和奖罚。2013年底，由省经济和信息化委牵头，会同省统计局、省财政厅等有关部门对目标完成情况开展全面检查与考核，联合提出奖惩方案，报省政府批准后实施。

（五）营造良好发展环境。各地、各有关部门要加大民营经济发展重要性和政策措施的宣传力度，认真借鉴发达地区的成功经验，大力推广进展情况较好的地区、企业的成功经验和做法。充分发挥新闻媒体的导向作用，为加快全省民营经济发展创造一个良好的社会氛围。

文件7　《贵州省人民政府关于印发贵州省民营经济倍增计划的通知》

【发布单位】贵州省人民政府
【发布文号】黔府发〔2011〕19号
【发布日期】2011-05-27

省人民政府关于印发贵州省民营经济倍增计划的通知
黔府发〔2011〕19号

各自治州、市人民政府，各地区行署，各县（自治县、市、市辖区、特区）人民政府，省政府各部门、各直属机构：

现将《贵州省民营经济倍增计划》印发给你们，请结合本地区、本部门实际，认真贯彻执行。

贵州省人民政府
二○一一年五月二十七日

贵州省民营经济倍增计划

为贯彻落实《中共贵州省委　贵州省人民政府关于进一步加快全省民营经济发展的意见》（黔党发〔2011〕10号），促进民营经济加快发展，制定本计划（2011—2013年）。

一、总体思路

以科学发展观为统领，以加快转变经济发展方式为主线，紧紧围绕加速发展、加快转型、推动跨越的主基调，按照实施工业强省战略和城镇化带动战略的要求，以民营经济三年倍增为目标，开放发展领域，创新发展思路，优化发展机制，提升服务环境，大力开展招商引资和项目建设，壮大民营经济规模，提高民营经济综合竞争力和可持续发展能力，使民营经济成为支撑贵州省经济社会发展的主体力量。

二、发展目标

——主体倍增。到2013年底，全省民营企业超过15万户，个体工商户超过120万户，注册资本达到4000亿元。

——总量倍增。到2013年底，全省民营经济年均增速超过26%，实现增加值3200亿元以上，民营经济增加值占全省生产总值的比重提高到40%；全社会民间投资达到4000亿元，占全社会固定资产投资的比重提高到50%。

——就业倍增。到2013年底，全省民营经济新增就业30万人，占全省新增就业人员的比重提高到70%。

——创新能力倍增。到2013年底，全省民营企业拥有国家级、省级企业技术中心70个以上，专利申请受理2440件，专利授权1750件。

三、发展重点

（一）能源产业。围绕将贵州省建成国家重要能源基地的目标，引导民营经济参与开发煤炭、水能及太阳能、风能、生物质能等能源资源。到2013年底，民营能源产业累计完成投资900亿元，实现总产值1000亿元。

煤炭：鼓励采用先进采掘技术、安全技术、资源综合利用技术加快实施扩能技改，建设高产高效和安全标准化矿井，提高煤炭生产机械化程度，小型煤矿采煤机械化达到45%以上，掘进装载机械化达到70%以上。鼓励开展煤矸石、煤泥、煤层气、与煤共伴生其他资源的综合利用，提高煤炭资源综合利用水平。支持通过兼并重组，建成一批80万吨/年—200万吨/年及以上规模的民营煤炭企业集团，实现规模化、集约化发展。支持煤、电、冶、化、运一体化经营，实现上下游产业联动，提高企业市场竞争力和抵御风险能力。到2013年底，民营煤炭企业生产规模达到1.8亿吨，原煤产量达到1.6亿吨，累计完成投资650亿元，实现总产值800亿元。

电力：鼓励投资建设单机30万千瓦以上的洗中煤、煤矸石、煤泥和煤层气发电厂，支持在有条件的地方开发小水电，支持具备规模集聚发展条件的化工、冶金、有色、水泥等行业民营企业建设热电联产车间。到2013年底，民营电力产业累计完成投资150亿元，装机规模达到160万千瓦，实现总产值50亿元。

新能源：鼓励加大技术研发，在黔东南等地区投资建设太阳能光伏微风发电项目，在黔南、铜仁等地区投资建设风能、生物质能发电项目。到2013年底，民营新能源产业累计完成投资60亿元，风电装机规模达到5万千瓦，生物质能发电装机规模达到50万千瓦，实现总产值180亿元。

（二）原材料工业。围绕将贵州省建成国家重要资源深加工基地的目标，引导民营经济走循环经济发展道路，参与开发磷、铝、锰、钡、钒、镍和非金属矿物等矿产资源，重点发展化工、冶金、有色金属、建材等产业。到2013年底，民营原材料工业累计完成投资900亿元，实现总产值1500亿元。

化工：鼓励在煤炭、水、电资源丰富的六盘水、毕节、遵义、黔西南、安顺等地区，采用先进适用技术，通过上大压小、产能置换，投资建设合成氨、尿素等煤化工项目，适度发展符合国家产业政策的甲醇、二甲醚、乙二醇、苯加氢和焦油等煤化工项目。鼓励有序开发利用磷矿资源，加快发展阻燃剂、食品添加剂、饲料添加剂、有机磷、有机磷脂、功能材料等精细磷制品和精细磷酸盐产品，发展黄磷尾气制甲酸、磷石膏制酸联产水泥、磷石膏制新型建材等循环综合利用项目。到2013年底，民营化工产业累计完成投资300亿元，实现总产值500亿元。

冶金：支持发展特钢及其他钢铁深加工，引导民营铁合金、金属锰及工业硅冶炼企业加快技术改造升级，鼓励延长锰、镍、钒、硅产业链，开发高附加值产品，配套发展下游产业，建设深加工基地。到2013年底，民营冶金产业累计完成投资250亿元，实现总产值400亿元。

有色金属：鼓励参与贵阳、遵义铝深加工基地建设，发展铝板带箔、铝板材、铝型材、高强度铝合金等铝精深加工项目。支持开发镁、钛、铝合金系列深加工产品，支持发展填补国内空白、满足国民经济重点领域需要的高精尖深加工项目。到2013年底，民营有色金属产业累计完成投资200亿元，实现总产值300亿元。

建材：加大淘汰落后产能，优化发展民营水泥产业，重点支持建设新型干法水泥生产线和预拌混凝土基地。大力发展以粉煤灰、矿渣等为原料的新型墙材，积极发展塑料管材和型材为主的化学建材、建筑卫生陶瓷、石材产业，引导向中心城市周边、工业园区集聚发展。支持贵阳金石石材产业园等产业园区加快发展。到 2013 年底，民营建材产业累计完成投资 150 亿元，实现总产值 300 亿元。

（三）装备制造业。围绕将贵州省建成国家重要装备制造业基地的目标，引导民营经济投资发展汽车、能矿及工程机械、电力器材及装备等产业。到 2013 年底，民营装备制造业累计完成投资 200 亿元，实现总产值 300 亿元。

汽车：支持毕节载货汽车、遵义微型客车、贵阳客车及专用车三个汽车生产基地加快发展；推进整车生产企业整合资源、扩大产能，建设产品开发基础平台，提升自主创新能力，拓展中低端产品市场，逐步向高端产品发展；积极发展专用汽车，不断拓展产品服务领域，向"专、精、特、新"方向发展；支持围绕三个汽车基地发展发动机、传动、制动、转向、行走、点火、燃油、冷却、电气仪表等配件系列产品，发展铝轮毂及铝合金铸件、前后桥铸件、轮胎、内饰配件等汽车配套产品，推动汽车零部件深度本地化；大力发展现代汽车服务业，支持向汽车制造的研发和服务业延伸，拓展汽车检测监理、维修保养、4S 服务、驾驶培训等服务，提升服务能力和水平。到 2013 年底，民营汽车产业累计完成投资 110 亿元，实现总产值 180 亿元。

能矿及工程机械：支持开发生产新型矿用设备、高端中小型特种矿山机械、抢险救援装备、环保节能型工程装备、大型架桥铺路装备、建筑垃圾回收破碎设备以及小型工程机械等工程机械主机，支持自主研发和生产工程机械基础件、配套件、变速箱及其他关键零部件，开展机械设备的延伸服务。到 2013 年底，全省民营经济能矿及工程机械产业累计完成投资 50 亿元，实现总产值 50 亿元。

电力器材及装备：支持扩大智能化、高可靠性和节能环保智能电网装备的生产能力，支持发展风电发电设备及关键零部件、高低压开关成套设备、高压超高压电力变压器、电力线路器材、电线电缆等产品。到 2013 年底，民营电力器材及

装备产业累计完成投资 20 亿元，实现总产值 50 亿元。

其他装备制造业：鼓励提高基础工艺、基础材料、基础元器件等基础制造能力，支持发展船舶制造、包装机械、石材加工设备、农机、食品工业机械、医疗器械及医用检测设备、磨料磨具及铁钎、模具等产品，落实省内首台（套）设备奖励政策，扶持企业尽快形成规模化生产。到 2013 年底，民营其他装备制造业累计完成投资 20 亿元，实现总产值 20 亿元。

（四）新兴产业。围绕将贵州省建成国家重要战略性新兴产业基地的目标，引导民营经济投资发展新材料、先进制造、电子及新一代信息技术、生物技术、节能环保、新能源汽车等新兴产业。到 2013 年底，民营新兴产业累计完成投资 125 亿元，实现总产值 140 亿元。

新材料：支持高性能合金及其制造工艺关键技术、新型金属粉体材料等的研发及成果转化应用，重点发展高强高韧轻质合金、高钛铁等金属及合金材料。依托省内铝矾土、重晶石、石英等矿产资源优势，支持加强超微细粉体材料、陶瓷材料、耐火材料、隔热材料、高纯非金属材料等的研发及产业化，重点开发太阳能级多晶硅、电子级磷酸、高强低密陶粒支撑剂等无机非金属材料。支持开展无卤阻燃技术、微孔发泡技术、复合共混改性技术及成型加工新技术研发及成果转化应用，重点发展反渗透膜、超滤膜、纳滤膜等高性能聚合物材料。到 2013 年底，民营新材料产业累计完成投资 33 亿元，实现总产值 36 亿元。

先进制造：鼓励加强核心技术自主创新和集成创新，用高新技术和先进适用技术提升传统装备制造业，提高零部件、中间材料制造业的技术水平，增强大型成套设备和终端产品的设计、开发、制造能力，投资建设具有较高附加值和技术含量的数控机床、工程机械、现代农业装备、特种装备等产业化项目。到 2013 年底，民营先进制造业累计完成投资 34 亿元，实现总产值 38 亿元。

电子及新一代信息技术：支持发展新型电子元器件、电子信息材料和新能源电池材料、通信终端和信息家电、工业软件、嵌入式软件、行业

应用解决方案、系统集成和支持服务、软件外包、数字内容加工处理与服务等项目，培育发展云计算、物联网、3G、三网融合等新技术、新业态，推进贵阳国家现代服务业数字内容产业化基地，小河—孟关家用视听和电子仪器、设备及电子装备制造产业带，遵义消费类电子、电子设备产业集聚区发展。到2013年底，民营电子及新一代信息技术产业累计完成投资20亿元，实现总产值22亿元。

生物技术：支持开发以贵州特色苗药为主的民族药、新型疫苗和诊断试剂、中药现代制剂、道地中药材、绿色生物保健品及化学药物，投资先进医疗设备、医用材料等生物医学工程和生物技术产品研发和产业化，开发生物育种、生物肥料、生物农药及生物填料等产品。支持开展中药新品种、血液制品、抗氧化剂系列生物提取产品、抗乙肝一类新药、新药5类毛子草片等项目研发和产业化。到2013年底，民营生物技术产业累计完成投资28亿元，实现总产值30亿元。

节能环保：支持节能环保、资源综合利用、污染防治技术和产品的研发和应用，生产节能降耗、"三废"综合利用、污染防治等成套设备；支持对低品位矿产资源及铝矿、磷矿等资源的回收利用，大力发展规模化利用赤泥、煤矸石、粉煤灰、锰渣、工业副产石膏、建筑垃圾等固体废弃物生产新型建材的综合利用项目，加快形成一批具有规模效益、技术装备先进的节能环保、资源综合利用的骨干企业。到2013年底，民营节能环保产业累计完成投资2.5亿元，实现总产值3亿元。

新能源汽车：支持新型锂电池功能材料与动力电池、磷酸铁锂离子电池、新能源汽车驱动电机及动力总成系统等产品研发及产业化，培育以汽车动力电池为代表的新能源汽车产业链，将贵州省打造成为国家新能源汽车零部件产业基地。到2013年底，民营新能源汽车重点项目累计完成投资3.5亿元，实现总产值4亿元。

（五）民族制药、特色食品和旅游商品等特色优势产业。围绕将贵州省建成国家优质轻工业基地的目标，引导民营经济立足贵州省生物、旅游和民族文化资源，发展民族制药、特色食品和旅游商品等特色优势产业。到2013年底，民营民族制药、特色食品、旅游商品等特色产业累计完成投资200亿元，实现总产值600亿元。

民族制药：以骨干民营制药企业为龙头，带动和促进中小型制药企业向"专、精、特、新"方向发展，引导向医药产业园区集聚，形成产业上下游配套的良性发展集群，培育2-3家大型制药企业集团。支持以道地特色、大宗常用、名贵珍稀药材、喀斯特石漠化治理用药材、林药间作与食药保健多用药材为重点，多元化发展中药材规范化种植，建成规范化药材种植示范基地20个。支持加强半夏、石斛、太子参、天麻、杜仲、银杏、喜树、观音草、艾纳香、何首乌、桔梗、刺梨、鱼腥草等特色大宗中药民族药材的市场开发，推动品牌化发展。支持开展以苗药为主的民族药基础理论研究，支持中药民族药新品种研发，培育年销售额超1亿元以上的单品种药品25个。鼓励大型医药流通民营企业跨地区、跨行业兼并重组，联合上下游企业建设具有独立法人资格的药材物流中心。到2013年底，民营民族制药产业累计完成投资90亿元，实现总产值300亿元。

特色食品：支持发展辣椒、茶、肉类制品、禽肉和禽蛋、粮油、果蔬、薯类制品、山野菜等农副食品加工业，饮用水、乳制品、酿酒等饮料加工业，调味品、休闲和方便食品等食品制造业，培育、壮大一批特色食品品牌，建成国家级龙头示范企业5个，省级龙头示范企业10个，形成一批优势突出的特色食品产业集群。到2013年底，民营特色食品产业累计完成投资100亿元，实现总产值250亿元。

旅游商品：支持发展银器银饰、蜡染蜡画、刺绣、民族服装服饰、民族乐器、雕刻、编织、特色仿制品、特色旅游食品、动漫旅游商品等10大系列，培育10位工艺美术大师和设计大师，发展100户旅游商品龙头企业，建设100个旅游商品专业市场、公共服务平台，开发1000种旅游商品新产品，推进具有贵州特色的旅游商品申请集体商标注册，建立许可使用机制，扶持企业争创驰名、著名商标。到2013年底，民营旅游商品累计完成投资 10 亿元，实现总产值 50 亿元。

（六）现代农业。围绕推进农业产业化经营和新农村建设，引导民营经济大力发展农产品加工业、特色种养殖业、休闲农业等现代农业。到 2013 年底，民营现代农业累计完成投资 250 亿元，实现总产值 500 亿元。

农产品加工业：支持发展特色食品及竹、藤、草特色制品的加工，培育一批具有地方特色的农产品加工品牌，建成一批省级农产品加工试点示范企业，形成优势突出的特色农产品加工产业集群。到 2013 年底，民营农产品加工业累计完成投资 150 亿元，实现总产值 250 亿元。

特色种养殖业：支持采取订单农业、公司 + 协会 + 农户等方式建设花卉、茶叶、辣椒、马铃薯、精品水果、蔬菜、中药材等种植基地和猪、牛、羊、鸡、鸭、鹅、野猪、大鲵、梅花鹿等生态畜牧业基地，发展无公害绿色农产品。到 2013 年底，民营特色种养殖业累计完成投资 30 亿元，实现总产值 100 亿元。

休闲农业：支持在公路主干线两侧、重点旅游景点周边、城市（县城）郊区，以民俗风情、农耕文化、农业基地、农业设施、民族村镇为载体，发展参与体验型、休闲疗养型、生态观光型、综合观赏型等休闲农业项目，建设一批观光农业示范点。到 2013 年底，民营休闲农业累计完成投资 20 亿元，实现收入 150 亿元。

（七）服务业。围绕实施工业强省战略和城镇化带动战略，引导民营经济发展金融、现代物流、科技、信息、商务服务等生产性服务业；加快发展旅游、文化、商贸流通、家庭服务、教育、卫生、体育、房地产、市政公用等生活性服务业。到 2013 年底，民营服务业累计完成投资 3000 亿元以上，实现收入 3000 亿元以上。

金融：鼓励符合条件的民营企业发起设立企业财务公司。支持参与农村信用社、商业银行的改制发展，参与设立村镇银行、农村资金互助社等新型金融机构。支持发起或参股设立信托投资公司、金融租赁公司、期货公司、证券公司、保险公司等非银行金融机构和小额贷款公司、典当机构、投资公司等民间融资机构及产权交易所、

担保公司、拍卖公司等金融中介服务机构，引导建立以民营经济为主要对象的各类产业发展投资基金和创业投资基金。到 2013 年底，实现融资性担保机构、小额贷款公司注册资本分别超 200 亿元和 100 亿元，为民营经济提供超 600 亿元的融资额度。

现代物流：支持发展公路运输，支持货运企业扩大经营范围和延伸服务领域，支持发展集装箱运输、小件快运、多式联运和城市物流配送等，支持围绕快速铁路、高速公路、机场等重大交通建设项目和交通枢纽、交通节点，建设一批物资集散中心和物流园区，支持发展现代物流服务，引进和培育一批大型现代物流企业。到 2013 年底，民营现代物流业累计完成投资 40 亿元，实现总产值 300 亿元。

科技、信息、商务服务：支持发展专业化的科技研发、技术推广、工程勘察设计、工业设计、节能服务，支持发展软件服务、互联网及电信增值业务、电子商务。鼓励发展法律咨询、会计审计、工程咨询、知识产权咨询、认证认可、资产及信用评估、房产中介、生产资料（设备）租赁、人力资源服务等商务服务。

旅游：支持参与贵州省旅游资源开发和管理，发展旅游景区、酒店、购物街、乡村旅游、休闲度假旅游。支持参与多彩贵州城、乐湾国际温泉休闲城、黄果树国家公园、龙里国际山地避暑休闲度假区、镇远古镇文化旅游度假区等十大重点旅游工程和旅游休闲度假区的开发、建设和运营。鼓励参与各旅游配套要素特别是新型业态的开发。

文化：引进和培育一批民营文化企业，支持发展动漫、游戏等创意产业，壮大以"多彩贵州风"为代表的民族歌舞、杂技等表演团体，推动文化产业与旅游、经贸、体育等产业有机结合，加快建设一批文化产业园区和文化产业基地。

商贸流通：支持发展连锁经营、特许经营、仓储超市和物流配送等新型商贸流通业态，打造一批各具特色的商贸聚集区，培育一批在全国有影响的大型商贸零售企业，在商品生产地和集散地扶持发展一批交易量大、管理水平较高的全国

性、区域性工业产品和农副产品批发市场。

家庭服务：支持参与社区信息服务体系建设、发展就业、社区医疗、养老托幼、食品配送、家政、修理等服务；重点支持发展社会化养老，开展政府购买服务试点工作，积极推行"民办公助"和"公办民营"等养老服务机构发展方式，支持日间照料中心、老年公寓等加快发展，支持建设示范性、综合性的养老服务设施和活动场所。

教育：鼓励和引导社会力量参与教育事业发展，采取独资、股份、合作等多种形式办学。鼓励发展学前和高中阶段的民办教育，积极扶持民办高、中等职业教育和各类职业技术培训。到2013年底，全省新增民办幼儿园100所左右，新增民办普通高中或中等职业学校30所左右；力争新增民办高等职业院校2所。

卫生：支持举办规模化医疗机构，发展特色专科，与公立医疗机构形成错位经营，优势互补。以购买服务方式，支持和鼓励民营医疗机构参与公共卫生服务，参与应对重大灾害、事故的医疗救治和疫情防控。对符合条件的民营医疗机构，支持纳入急救医院网络和各种医疗服务项目定点医疗机构，支持参与实施专项卫生服务项目。鼓励与高等医学院校合作，开展科技创新和学术交流，符合条件的可申请成为高等医学院校的非直属附属医院、教学医院、实习医院。到2013年底，民营医疗机构的医院总数、实际床位、门诊和住院量达到总量的10%。

体育：支持发展体育健身休闲、体育用品制造、体育竞赛表演、体育中介服务，建设和经营各类体育场馆及健身设施，兴办各类体育俱乐部。培育一批有竞争力的体育企业，鼓励参与开发体育赛事运作，打造一批高水平、影响力大的品牌赛事。到2013年底，培育民营体育俱乐部3—5个，打造2—3项品牌赛事。

房地产和市政公用业：鼓励发展工业地产，参与保障性住房建设，参与供水、供气、供热、污水和垃圾处理、城市绿化、环境卫生、工业园区基础设施等市政公用业建设。

四、主要任务

（一）全面推进创业，增加市场主体

1. 实施万户小老板工程。建立万户小老板创业行动计划项目库，建设小老板创业服务平台，为留学归国人员、大中专毕业生、转业退伍军人、城镇下岗失业人员、被征地农民等各类人员创业创造条件。优先安排小企业创业基地建设用地，原则上各县（市、区）每年不少于50亩；利用国有企业和军工企业闲置场地和基础设施，新建50个以上小企业创业基地，为创业者提供创业场所。省级中小企业发展专项资金每年扶持2000户以上小老板，各市（州、地）每年重点扶持200户以上。

2. 实施农民工创业工程。各地、各有关部门要明确资金、用工、服务等扶持措施，建立工作机制，加强培训指导，积极引导和扶持有技术、有资金、有创业愿望并具有创业能力的农民工自主创业，重点创办经营农产品加工业、民族民间特色旅游商品加工业、乡村特色餐饮业、旅游业、家庭服务业等产业项目，支持发展农业经纪人。

3. 实施青年创业带富工程。加强青年创业培训，建立青年创业带富工程项目库，重点支持发展潜力较好、符合产业政策、体现区域特色的涉农项目、工业项目、服务业项目，培养一批创业青年成为致富带头人。引导相关行业的龙头企业参与青年创业带富工程，以企业为龙头，以创业带富青年为主体，采取公司＋协会＋创业者＋基地＋带富对象的模式，通过项目化、产业化、规模化和区域化推进青年创业带富工程。

4. 实施高校毕业生就业创业工程。组织实施"五个一"就业创业工程计划，探索建立青年大讲堂、青年创业导师进高校巡回辅导长效机制，引导大学生树立正确的创业就业观念，在全省范围内打造1个省级创业示范基地，建立10个就业（创业）见习基地，每年扶持100个高校毕业生创业项目，为1000名高校毕业生提供创业辅导和支持，组织10000名高校毕业生参加创业培训。

5. 健全完善创业服务指导体系。完善创业服务中心工作机制，提供财会、法律、政策、信息、技术和融资咨询服务，开展以项目开发、项目推

介、创业培训、小额贷款、跟踪服务为重点的"一条龙"服务，开展创业孵化活动，推动创业园区和创业基地建设，建立创业实习示范基地，鼓励和引导创业者参加创业实习。进一步完善小额担保贷款政策，规范工作流程，简化操作程序，为创业者提供及时快捷的贷款服务。采取补贴等形式，扶持社会创业辅导机构，调动民间组织开展创业服务的积极性。积极推进贵阳、遵义等创业型城市试点，带动全民创业活动深入开展。

（二）优化产业布局，做大做强民营企业

1. 强化园区发展主平台作用。鼓励和引导民营经济进入贵州省"十二五"时期规划建设的100 个产业园区，发展医药、食品、旅游商品、装备制造、冶金、建材、化工、高新技术、包装、物流、文化、信息、金融等产业，促进民营经济分工合作、协同发展，形成集聚效应，提高创新能力和劳动生产率，形成区域优势产业，优化产业结构，壮大产业规模。落实省委、省政府加快产业园区发展的各项扶持政策，加强服务体系建设，加快道路、供水、供电、供气、通信、网络、污染处理等基础设施建设，为民营企业入园建设发展、尽快形成生产能力创造条件。鼓励有条件的民营企业投资建设和经营产业园区基础设施，或自主建设"区中园"、"园中园"。到 2013 年底，培育形成 10 户省级民营经济产业园区。

2. 提高土地集约利用水平。按照"控制总量、用好增量、盘活存量、提高质量"的原则，鼓励"零增地技改"，加大闲置土地查处力度，积极盘活用地指标和闲置地块。按照国家通用标准及行业要求，在产业园区内统一规划、统一设计、集中建设标准厂房，出租或出让给民营企业。建立工业用地储备制度，进一步推进工业用地招拍挂出让，强化工业建设项目批后监管，建立完善项目开工申报及竣工核验制度，督促企业加快建设，切实提高工业用地投入产出效率。

3. 培育具有竞争力的民营企业集团。根据企业规模、市场占有率、发展潜力和对产业带动作用等条件，选择 15 户民营企业为重点培育对象，实行点对点培育指导服务，到 2013 年底，5 户以上民营企业实现销售收入超 50 亿元，力争形成

百亿元龙头企业。省级财政资金通过各种方式支持科技含量高、发展前景好的民营企业迅速发展壮大。支持有实力的民营企业改制上市，力争新增 5 户左右的民营上市企业，提高技术创新能力和资本运作能力，形成具有竞争力的企业集团。每年选择一批发展前景好、管理完善的民营企业，在技术改造、技术创新、人才培养、市场开拓、投融资服务等方面给予重点支持，培育企业做大做强，并通过招商引资，引进形成一批优强民营企业。

（三）积极推进自主创新，增强企业竞争力

引导民营企业加大研发投入，提高研发投入占销售收入的比例，建立企业技术中心、工程技术研究中心和博士后工作站，引进和培养创新人才，增强自主创新能力，建设创新型企业。积极推进民营企业采用新技术、新工艺、新设备、新产品，加快民营企业技术改造。鼓励民营企业与高等院校、科研院所建立各类产学研技术创新战略联盟，将企业所需要的科技成果引入企业进行转化推广，协作开发先进技术和产品。支持民营科技企业承担国家各类技术创新项目和省级科技攻关、消化吸收再创新和科技成果产业化项目，培育具有自主知识产权的技术和产品。鼓励国有科研机构向民营企业开放研发中心和实验室，充分利用现有科技资源。扶持民营经济发展科技资金 2011—2013 年每年递增 20%，重点支持一批具有战略意义、创新水平高、产业带动性强的重大科技成果产业化项目，力争在优势领域取得重大进展和突破，形成一批进入高科技产业链前端的规模型民营企业。引导和帮助民营企业将自主创新技术成果、高新技术、高附加值产品的关键技术转化为标准，支持民营企业参与国际、国家、行业和地方标准化活动和标准制修订工作。加快创新服务平台建设，鼓励和支持技术信息、成果转化、产权交易等各类技术服务机构为民营经济创新服务。实施知识产权战略推进工程，增强民营企业集聚区和民营企业知识产权的创造、运用、保护和管理能力。到 2013 年底，初步建成 5 个具有技术优势、示范带动作用和产学研结合的产业技术创新战略联盟，培育 50 户具有自主知识产权

的民营企业，建立 5 个服务于民营企业知识产权服务辅导机构。

（四）大力实施品牌战略，增强民营经济发展竞争优势

加强商标注册指导、宣传和保护，引导民营企业树立商标意识，积极注册商标和争创省著名商标、中国驰名商标。加快黔酒、黔茶、黔药、黔菜和贵州旅游商品等集体商标注册，鼓励有条件的民营企业开展商标境外注册。推进民营企业自主品牌建设，培育品牌企业和品牌产品，形成一批拥有自主知识产权和知名品牌、国际竞争力较强的优势企业。鼓励民营企业争创贵州省名牌和中国名牌产品，引导通过广告、公司网站等形式加大宣传力度，提升品牌知名度和影响力。以保护驰名商标、著名商标以及涉农商标、地理标志、食品商标、药品商标为重点，加大对名牌产品和商标的保护，严厉打击各种侵权行为，着力打造一批具有国内外影响力的知名品牌和著名商标。对获得中国驰名商标、中国名牌产品、贵州省著名商标、贵州名牌产品的民营企业予以奖励。到 2013 年底，民营企业新增中国驰名商标 5 件以上，贵州省著名商标 150 件以上，贵州省名牌产品 80 个以上，地理标志产品 10 件以上。

（五）扩大对外开放，加大招商引资力度

进一步解放思想，树立开放意识，全方位扩大对外开放，加大招商引资力度，积极引进省外民营企业来贵州省投资兴业。深入开展"环境建设年、项目建设年、作风建设年"活动，优化投资环境，加快产业园区和产业转移承接园区建设，搭建投资平台，创新招商引资方式，为省外民营企业顺利落户贵州省，加快建设创造良好条件。建立完善民营经济招商引资重点项目库，加强与发达地区经贸合作，认真总结和发挥好香港招商经验，组织好向其他发达省市区开展的招商引资活动，充分发挥贵州省优势，引进优强民营企业等各类企业，带动全省民营经济倍增发展。建立重点民营企业联系制度，开展面对面的沟通与服务，不断提高服务水平和工作效率，及时解决招商引资企业的困难，做到亲商、爱商、安商、敬商，形成持续招商引资的格局。

五、保障措施

（一）加强组织领导。各级、各有关部门要把加快民营经济发展摆在更加突出的战略位置，切实加强组织领导，主要负责人是第一责任人，分管负责人要具体抓；要建立健全加快民营经济发展工作机制，履行好管理、协调和服务的职责，加大对计划实施的组织、指导、协调和检查力度，形成各司其职、分工合作、齐抓共管的工作格局，确保实现各项目标任务。要努力改进工作作风，强化服务意识，减少行政干预，减轻企业负担，提高办事效率，为民营经济发展创造良好的外部环境。

（二）完善落实政策措施。省有关部门要按照各自职责分工，加强沟通协商，密切配合，落实国家和省的各项保障措施，确保实现本计划；要加强对本计划实施的适时调度，掌握实施进度，及时协调处理实施中的问题，定期向省政府报告进展情况。各市（州、地）要制定保障计划实施的具体方案，及时处理和解决实施中的新情况和新问题，确保涉及本地区的民营经济项目顺利实施。省政府定期召开的全省工业经济运行调度会议将听取各部门、各地区计划实施情况汇报，研究存在的困难和问题，采取措施加以解决。

（三）加大资金投入和金融服务。各级政府扶持企业发展的专项资金要向民营经济发展项目倾斜，探索财政资金扶持民营经济发展的新模式，探索建立财政资金向市场前景好、带动性大、成长性好的民营企业资本金注入和退出机制。鼓励银行加大对民营企业的信贷支持力度，积极搭建"政、银、企、保"融资服务平台。支持符合条件的民营企业通过发行企业债券、短期融资券、中小企业集合票据等直接融资工具在银行间债券市场进行融资。大力发展担保公司、创投公司、上市辅导机构、小额贷款公司，初步建立起以股权投资、风险投资、融资担保和上市培育四类业务为核心的投融资体系。帮助民营企业通过典当、设备租赁等渠道进行融资，促进民营经济发展。

（四）强化人才支撑。大力实施民营经济"百千万"人才培育计划，建立健全政府扶持、面向市场、多方办学的培训机制，组织民营经济参加企业管理高级研修班、职业经理人培训班、劳动技能培训班等各种培训活动，每年培训民营经济人员不少于30000人次。鼓励支持民营企业与大学、专科学院联合办学，培训生产一线技术工人。进一步健全人才服务平台，适时通过全省各级人力资源市场公布民营经济人才供需信息、民营经济人才资源状况和人才需求开发目录。

（五）完善社会化服务体系。建立健全省、市（州、地）和县（市、区）三级中小企业服务中心，连结整合社会服务资源，强化公益服务功能，到2013年底实现100%县（市、区）覆盖，并在全省范围内认定一批星级中小企业服务中心。制定中小企业公共服务示范平台的认定办法，建成一批国家级中小企业公共服务示范平台，重点扶持一批省级中小企业公共服务示范平台。支持发展信息咨询、创业辅导、会计审计、资产评估、投资融资、市场开拓、技术支持、认证服务、人才培训、职业中介等各类社会中介服务机构，拓展服务内容。建设一批检验检测公共技术服务平台，为民营企业提供产品检验检测、产品研发、技术标准服务、预警与信息服务、咨询和培训等服务。大力发展与贵州省产业结构和特点相适应、市场化运作、规范化管理、功能完善的行业商（协）会，促进民营企业依法经营，反映民营企业合理诉求，帮助民营企业争取合法权益。

（六）完善统计体系。由省统计局、省经济和信息化委牵头，省人力资源和社会保障厅、省工商局以及税务、金融等部门配合建立和完善全省民营经济统计指标体系，合理界定统计范围，全方位科学统计民营经济有关数据，确保真实反映民营经济发展情况，为掌握民营经济发展动态、加强工作考核提供重要依据。

（七）建立目标责任考核制度。由省经济和信息化委负责将年度计划目标逐一分解落实到各市（州、地），并建立年度目标责任考核制度。各地、各部门要围绕民营经济三年倍增计划提出的目标、任务和政策措施，按照职责分工，制定年度工作目标，提出工作计划，明确责任人和进度要求，定期检查，抓好落实。2013年底，由省目标办牵头，会同省经济和信息化委、省统计局、省财政厅等有关部门对目标完成情况开展全面检查与考核，联合提出奖惩方案，报省政府批准后实施。

（八）营造良好发展环境。在计划实施过程中，要认真总结借鉴发达地区的成功经验，注意总结推广进展情况较好的地区、企业的经验和做法。充分发挥新闻媒体的导向作用，为计划的顺利实施创造良好的社会氛围。

文件8 《贵州省人民政府关于印发贵州省提高民营经济比重五年行动计划的通知》

【发布单位】贵州省人民政府
【发布文号】黔府发〔2013〕22号
【发布日期】2013-09-16

省人民政府关于印发贵州省提高民营经济比重五年行动计划的通知

黔府发〔2013〕22号

各市、自治州人民政府，贵安新区管委会，各县（市、区、特区）人民政府，省政府各部门、各直属机构：

现将《贵州省提高民营经济比重五年行动计划》印发给你们，请结合实际，认真组织实施。

贵州省人民政府
2013年9月6日

贵州省提高民营经济比重五年行动计划

为提高民营经济在全省经济中的比重，充分发挥民营经济的支撑作用，特制定本计划。

一、总体要求

围绕主基调、主战略，以"5个100工程"为载体，以实现五项突破目标为重点，着力培育和壮大市场主体，着力激活民间投资，着力优化发展环境，推动民营经济比重不断提高，到2017年，民营经济占全省生产总值比重达到55%，力争60%，呈现活力增强、规模扩大、产业提升、效益显著、贡献突出的良好局面。（省经济和信息化委、省民营经济发展局牵头落实）

二、发展目标

（一）民营经济增加值有较大突破。到2017年，民营经济增加值突破8250亿元，力争达到9000亿元。（省经济和信息化委牵头落实）

（二）市场主体有较大突破。到2017年，民营经济市场主体突破330万户，力争达到350万户。（省工商局牵头落实）

（三）注册资本有较大突破。到2017年，民营经济注册资本突破10000亿元，力争达到12000亿元。（省工商局牵头落实）

（四）民间投资有较大突破。到2017年，全社会民间投资总额突破10000亿元，力争达到11000亿元。（省发展改革委牵头落实）

（五）新增就业有较大突破。到2017年，民营经济年新增就业突破100万人，力争达到110万人。（省人力资源社会保障厅牵头落实）

三、基本原则

（一）坚持解放思想、创新发展。深入开展"十破十立"解放思想大讨论活动，冲破传统观念障碍，突破利益固化藩篱，推进体制创新、管理创新，更好地发挥市场机制作用，为民营经济发展最大限度地释放改革红利、政策红利。

（二）坚持分类指导、分级推进。注重培育大型企业，着重壮大中型企业，促进小型企业上规模，扶持微型企业发展，推动全民创业，壮大市场主体、做大经济总量、加快转型升级。

（三）坚持集群发展、专精特新。引导民间资本向"5 个 100 工程"集聚，鼓励民营企业集群集约发展，鼓励中小企业围绕大企业、大集团专业化、协作化配套，走具有贵州特色和产业优势的专、精、特、新发展道路。

（四）坚持优化环境、主体自强。转变政府职能，提高服务效能，优化发展环境，增强民营市场主体现代管理意识、市场开拓意识、诚信经营意识，促进创新发展，不断提高整体竞争力。

四、重点任务

（一）实施产业升级优化工程。支持民营经济较集中的"四个一体化"、"五张名片"等特色优势产业发展，鼓励重点企业、项目进园区、进标准厂房，重点建设 10 个省级民营经济示范园区；引导民间资本投资现代高效农业，提高农副产品标准化程度，提升农业与服务业关联度；引导民间资本投资战略性新兴产业、旅游、文化等生产生活性服务业，推动民营中小企业围绕大企业、大集团协作配套，提高产业集中度，形成具有区域竞争优势的产业集群。（省经济和信息化委牵头，省科技厅、省农委、省文化厅、省旅游局、省投资促进局、省民营经济发展局配合落实）

（二）实施"双增"示范提升工程。推动县域经济增加民营经济总量、增加民营经济比重。一是着力打造 15 个民营经济"双增"示范县，民营经济占 GDP 比重 65% 以上，民营经济增加值达到 100 亿元以上；二是着力帮助 15 个民营经济"双增"提升县，民营经济占 GDP 比重 45% 以上，民营经济增加值达到 30 亿元以上；三是实施贵安新区民营经济"双增"综合配套改革试点，建设民营经济创新发展综合配套改革示范区。（省发展改革委牵头，各市、州人民政府、贵安新区管委会、省直管县市人民政府、省委政研室、省统计局、省民营经济发展局配合落实）

（三）实施民营企业培育工程。一是省级重点培育营业收入 100 亿元以上民营企业 20 个，50-100 亿元民营企业 30 个；二是各市（州）重点培

育营业收入 10-50 亿元民营企业 50 个；三是各县（市、区、特区）重点培育营业收入 1-10 亿元民营企业 2000 个；四是加大各类专项资金引导扶持力度，培育规模以上至 1 亿元民营企业 10000 个；五是支持民营企业上市融资，培育上市民营企业达到 20 个；六是继续实施"3 个 15 万元"扶持微型企业发展政策、"万户小老板工程"等，以全民创业带动全民就业，私营企业活跃度显著增强，每万人私营企业数达到 100 个以上。（省经济和信息化委牵头，各市、州人民政府、贵安新区管委会、省直管县市人民政府、省发展改革委、省科技厅、省财政厅、省农委、省商务厅、省工商局、省政府金融办、省民营经济发展局、贵州证监局配合落实）

（四）实施民企产品市场开拓工程。开展贵州民营企业产品、服务品牌培育推广活动，使驰名商标总数达到 50 件，著名商标达到 800 件，通过人物专访、企业宣传、品牌商标展播等形式，在省内主要媒体宣传推广特色品牌达到 500 个以上。引导民间资本在全国重要城市设立 100 家贵州特色产品专卖店，开展连锁经营；分地区、分区域建立 20 个特色产品网络销售平台、产品配送体系；鼓励民营企业与各级政府接待宾馆、酒店签订长期供货协议。（省商务厅、省工商局牵头，各市、州人民政府、贵安新区管委会、省直管县市人民政府、省经济和信息化委、省广电局、省民营经济发展局配合落实）

（五）实施服务体系升级工程。一是加快建设省、市、县三级民营经济综合服务机构，重点打造 100 个中小企业服务中心，推进中小企业服务中心进园区、进街道（社区、村镇），形成全方位、多层次、广覆盖的服务网络；二是按照"1 个省级平台 +9 个市州级平台 +6 个专业平台"的模式，建设全省中小企业公共服务平台网络，形成政府公共服务、中介机构商业化服务、商协会公益性服务为一体的服务网络；三是重点建设 100 个中小企业技术创新服务平台，推广应用先进实用技术，提高民营经济创新能力，使国家、省级企业技术中心达到 180 个，专利申请量达到 10500 件，专利授权量达到 8200 件；四是依托中国国际中小企业博览会、香港国际中小企业博览会等对外开

放平台，鼓励民营企业"走出去"。（省经济和信息化委、省知识产权局牵头，省科技厅、省商务厅、省文化厅、省民营经济发展局配合落实）

（六）实施引贤育才工程。一是重点引进具有市场开拓、现代管理、创新能力的高端人才1000名；二是每年分类培训3000名优强民营企业的中高级管理人员和专业技术人员；三是继续实施中小企业"银河培训"、"星光培训"及"阳光工程"等人才培训工程，每年培训中小微企业技术人员及管理人员10000人、农村劳动力100000人。到2017年，全省民营企业经营管理人才达到25万人，专业技术人才达到40万人，技能人才达到50万人。（省人力资源社会保障厅牵头，省经济和信息化委、省科技厅、省农委、省民营经济发展局配合落实）

五、保障措施

（一）加强组织协调。建立全省推动民营经济中小企业发展工作联席会议制度，联席会议办公室设在省民营经济发展局，统筹协调解决民营经济发展中的重大问题。（省民营经济发展局牵头落实）

（二）加强环境建设。支持民营企业创新创业，保护民营企业平等参与市场竞争。清理要素市场中有关所有制限制等歧视性条款，让民营企业平等使用各种生产要素。加大财政支持力度，认真落实国家出台支持民营企业发展的税收政策，切实减轻民营企业税费负担，完善融资服务平台建设和企业信用评价机制，畅通民营企业融资渠道。严肃处理侵害民营企业合法权益的各类违法违纪行为，维护企业正常生产经营和生活秩序。（省政府法制办牵头，省发展改革委、省教育厅、省经济和信息化委、省公安厅、省监察厅、省财政厅、省人力资源社会保障厅、省国土资源厅、省环境保护厅、省住房城乡建设厅、省交通运输厅、省农委、省水利厅、省卫生厅、省地税局、省工商局、省质监局、省政府金融办、省投资促进局、省民营经济发展局、省国税局、人行贵阳中心支行、贵州银监局配合落实）

（三）加强考核激励。将支持、服务民营企业发展成效纳入各地、各部门及领导班子年度目标绩效考核内容。省委督查室、省政府督查室、省小康办及全省推动民营经济中小企业发展工作联席会议办公室牵头，定期对各市（州）、各县（市、区、特区）民营经济发展情况进行督查，对年度全省排名后10位的县（市、区、特区）人民政府主要负责人进行约谈。（省政府督查室、省直目标办牵头，省委督查室、省委政研室、省统计局、省民营经济发展局配合落实）

（四）加强统计分析。省统计局、省民营经济发展局要继续完善全省民营经济统计体系，各级统计部门要会同相关部门，强化对民营经济发展的动态监测和分析，为各级政府推动民营经济发展提供决策依据。（省统计局、省民营经济发展局牵头落实）

（五）加强企业联系。选择重点培育的优强民营企业作为省级领导、省直部门联系户，帮助企业解决生产经营中遇到的困难和问题。市（州）、县（市、区、特区）比照省级建立相应机制，帮助企业做好与省、市（州）有关职能部门的协调、沟通和相关政策落实工作。（省民营经济发展局牵头，省发展改革委、省科技厅、省经济和信息化委、省商务厅配合落实）

（六）加强法律服务。成立贵州省民营经济律师服务团，服务到企业，普法到基层，举办法律讲座、法律咨询会；引导企业外聘律师参与重大经营管理决策，加强企业在合同管理、资产重组、知识产权保护和诉讼仲裁等重点领域和重点环节的法律风险管理。（省司法厅牵头，省工商局、省知识产权局、省民营经济发展局配合落实）

（七）加强监督问责。各级监察机关公布投诉电话，及时受理民营企业的投诉、举报。严肃查处破坏民营经济发展环境的案件，对损害发展环境的领导干部实施问责，加大效能监察力度，强化行政问责。坚决纠正乱摊派、乱收费、乱罚款，以及违法行政、不守诚信行为，严肃查处故意刁难、敲诈勒索投资者和企业经营者，干扰和阻碍企业正常生产经营活动特别是在项目审批中吃拿卡要、牟取私利的行为。（省监察厅牵头，各市、州人民政府、贵安新区管委会、省直管县市人民政府配合落实）

文件9 中共贵州省委 贵州省人民政府关于进一步促进民营经济加快发展的若干意见

【发布单位】中共贵州省委 贵州省人民政府
【发布文号】黔党发〔2016〕16号
【发布日期】2016-07-23

中共贵州省委 贵州省人民政府关于进一步促进民营经济加快发展的若干意见

黔党发〔2016〕16号

民营经济是社会主义市场经济的重要组成部分，是推动我省经济社会发展的重要力量，是未来我省经济增长的主要源泉。为认真贯彻落实党中央、国务院和省委、省政府部署要求，始终坚持"两个毫不动摇"，大力实施新一轮"民营经济倍增计划"，着力构建"亲""清"新型政商关系，着力破解制约民营经济发展面临的突出困难和问题，不断优化民营经济发展环境，减轻民营企业发展负担，激发民营经济活力和创造力，促进民营企业创新发展、转型发展，到2020年，全省民营经济增加值和民间投资均突破10000亿元，双双实现倍增，分别占全省地区生产总值和全省固定资产投资的比重达60%和50%以上，进一步提升民营经济发展规模、占比和质量，切实为"十三五"时期全省经济持续快速稳定增长、决战脱贫攻坚、决胜同步小康提供强有力支撑，结合我省实际，提出如下意见。

一、进一步加大金融支持力度

（一）建立中小企业转贷应急机制和转贷应急资金管理平台，为部分生产经营正常、市场前景好但暂时资金周转困难的企业提供转贷，帮助办理续贷或展期。对有市场、有回款、有效益，但资金周转暂时困难的中小微企业给予贷款贴息，贴息比例不超过贷款基准利率的50%。（责任单位：省财政厅、省经济和信息化委、省政府金融办、中国银监会贵州监管局、人行贵阳中心支行）

（二）建立小微企业差别化监管机制，对小微企业贷款的不良率容忍度可比平均贷款不良率容忍度高出2个百分点，切实做到"三个不低于"，即对小微企业贷款增速不低于各项贷款平均增速、小微企业贷款户数不低于上年同期户数、小微企业申贷获得率不低于上年同期水平。（责任单位：中国银监会贵州监管局、人行贵阳中心支行）

（三）对于金融机构发放中小微企业贷款的增量，按照"黔微贷""贵园信贷通""贵工贷""电商信贷通""外贸信贷通"等融资政策，以风险补偿和以奖代补的方式从现行资金渠道给予金融机构奖励。依托中征应收账款融资服务平台和动产融资统一登记公示系统，支持中小微企业应收账款、存货、设备、知识产权、金融资产等动产融资。（责任单位：省财政厅、省经济和信息化委、省商务厅、省政府金融办、中国银监会贵州监管局、人行贵阳中心支行）

（四）鼓励民营企业改制上市，对在境内主板、中小板、创业板、境外资本市场上市融资的企业，按规定省工业和信息化发展专项资金分别给予400万元、350万元、350万元、350万元的补助。鼓励和支持我省高新技术产业园区非上市股份有限公司参与"新三板"挂牌交易，对在

"新三板"实现挂牌的企业，从科技部门有关资金中给予适当奖励。改制上市当年应补缴的企业所得税数额较大且存在资金困难的，可按照企业隶属关系或属地原则从相应资金渠道垫资支持，企业上市成功后归还，或采取政府相关产业基金参股认购方式予以支持。（责任单位：省政府金融办、中国证监会贵州监管局、省经济和信息化委、省科技厅、省财政厅，各市〔州〕人民政府、贵安新区管委会）

（五）投入 5 亿元以上的政府引导资金，建立中小企业发展基金，以参股等方式支持企业发展。设立 10 亿元小微企业和"三农"贷款风险补偿金，首期规模 5 亿元，用于政策性担保机构提供的贷款担保，发生贷款风险代偿后给予 70% 以内的补偿。省财政 2016 年安排 10 亿元参股支持部分财力困难的县（市、区）政策性担保机构，实现政策性担保机构县域全覆盖，担保费率降至 2% 以下。（责任单位：省经济和信息化委、省科技厅、省农委、省政府金融办、省财政厅）

二、进一步加大财税支持力度

（六）对有特殊困难，不能按期缴纳税款且符合税法规定条件的民营企业，经省级税务机关批准可以延期缴纳税款，最长不得超过 3 个月。对民营企业发生的符合规定的公益性捐赠支出，在年度利润总额 12% 以内部分，准予在计算应纳税所得额时扣除。民营企业缴纳房产税、城镇土地使用税确有困难且符合税法规定条件的，可依法给予减免。（责任单位：省国税局、省地税局）

（七）民营企业为生产经营活动依法举借资金所发生的利息支出及相关费用，准予在企业所得税前按规定扣除。企业获得的财政扶持资金，符合税法规定的可作为不征税收入，在计算应纳税所得额时从收入总额中减除。（责任单位：省国税局、省地税局）

（八）全面推开资源税改革，将全部资源品目矿产资源补偿费费率降为零。（责任单位：省国税局、省地税局、省国土资源厅）

（九）各级政府每年安排支持民营经济发展的专项资金，相关部门要按照"6 月底不低于 50%、9 月底不低于 90%"的预算执行进度规定落实到具体项目，各地各有关部门对符合拨付条件的到位资金，应在 15 个工作日内拨付项目单位。（责任单位：省财政厅、省经济和信息化委、省科技厅、省发展改革委，各市〔州〕人民政府、贵安新区管委会）

（十）探索建立专项资金项目网络服务平台，实现专项资金的统一申报和资金使用统一公示，加大资金使用的透明度、公平性。（责任单位：省经济和信息化委、省财政厅、省发展改革委、省科技厅、省农委、省商务厅）

三、进一步降低企业成本

（十一）各类园区内民营工业企业取得土地可分期缴纳土地出让价款，期限原则上不超过一年，首次缴纳比例不得低于全部土地出让价款的 50%。（责任单位：省国土资源厅）

（十二）将符合条件的民营企业纳入省级电力市场交易主体，全面落实降低大工业企业用电价格政策，加快完善直接交易电价结算方式，将交易价格由上网电价下浮的模式调整为固定交易价格。对农业服务业中的农产品初加工用电，执行农业生产用电价格。（责任单位：省经济和信息化委、省发展改革委、省能源局、省农委）

（十三）对持有黔通卡通行全省高速公路的货运车辆通行费给予打折优惠，最高可达 8.9 折。加快全省交通运输物流公共信息平台建设，降低货运车辆空载率。鼓励铁路部门与民营企业实行"量价互补"，实施好国家公路运输绿色通道政策。（责任单位：省交通运输厅、省发展改革委、省经济和信息化委）

（十四）对涉企行政事业性收费、政府性基金、实行政府定价或指导价的涉企经营服务收费，实行目录清单管理并动态更新。行政事业性收费标准有上下限幅度的，一律按下限标准执行。（责任单位：省发展改革委、省财政厅）

（十五）阶段性将企业职工基本养老保险单

位缴费比例由 20% 降至 19%，全省工伤保险平均费率降至 1% 以内，失业保险企业缴费比例降至 1%，企业缴纳生育保险费率降至 0.5%。企业经营发生严重困难，不能按照统筹地最低职工工资标准发放职工工资，且暂时无力足额缴纳社会保险费的，经申请并提供担保、抵押，可暂缓缴纳单位应缴部分，期限 3 个月，缓缴的社保费不计收滞纳金。（责任单位：省人力资源社会保障厅）

（十六）企业可在 5%—12% 之间确定合适的住房公积金缴存比例，凡缴存比例高于 12% 的一律予以规范调整。经企业职代会或工会讨论通过，生产经营困难企业除可降低缴存比例外。还可申请暂缓缴存住房公积金。（责任单位：省住房城乡建设厅、省发展改革委、省财政厅、人行贵阳中心支行）

（十七）对建筑业企业在工程建设中，除依法依规设立须缴纳的投标保证金、履约保证金、工程质量保证金、农民工工资保证金外，其他保证金一律取消。对保留的保证金，推行银行保函制度，建筑业企业可以银行保函方式缴纳；严格执行相关规定，确保按时返还。对取消的保证金，各地要于 2016 年 12 月 31 日前退还相关企业；未按规定或合同约定返还保证金的，保证金收取方应向建筑业企业支付逾期返还违约金。（责任单位：省住房城乡建设厅、省财政厅）

四、进一步强化市场主体培育

（十八）大力实施"百企引进"工程，进一步完善民营经济招商引资项目库，下大力招商引资，加快引进大数据电子信息等领域高新技术企业、农业产业化龙头企业、旅游和物流等现代服务业企业以及经过转型升级后的企业，丰富产业门类，优化产业机构，壮大产业规模，提高企业核心竞争力，增强全省发展动力和活力。（责任单位：省投资促进局、省经济和信息化委、省发展改革委、省农委、省商务厅、省旅发委）

（十九）加快完善扶持微型企业发展政策，将扶持范围由初创企业改为已办重点产业企业，财政补助资金由直接补助改为直接补助与间接补助相结合，增加扶持内容和项目，注重后续帮扶，提高微型企业成活率、成长率。（责任单位：省工商局、省经济和信息化委、省财政厅）

（二十）支持中小企业发展基金、创业投资引导基金、高新技术产业发展基金、科技成果转化基金、商务发展基金等，按一定比例认购参股在贵州设立且投资贵州省资金比例不低于 60% 的市场化基金，重点支持贵州省发展战略性新兴产业。省级服务业发展引导资金每年不低于 60% 用于支持民营企业投资项目建设。（责任单位：省经济和信息化委、省发展改革委、省科技厅、省财政厅、省商务厅）

（二十一）落实"先照后证"改革，逐步推进登记全程电子化和电子营业执照应用，推动"一址多照""一照多址"、集群注册等住所登记改革。启动个体工商户、未开业企业、无债权债务企业简易注销改革试点，开展"证照分离"改革试点工作。加快国家企业信用信息公示系统（贵州）建设，整合企业工商登记、行政许可、行政处罚等信用信息，推动企业信用信息互联互通和集中公示。（责任单位：省工商局、省质监局、省国税局、省地税局）

（二十二）个体工商户转型升级为企业后办理不动产等所有权更名时，投资主体、经营场所、经营范围不变的，免收交易手续费等。小微企业首次升级为规模以上企业，按照相关规定，省级给予 5 万元的一次性奖励。（责任单位：省工商局、省国土资源厅、省住房城乡建设厅、省经济和信息化委、省财政厅）

（二十三）2016 年起，对首次入评"中国 500 强"的民营企业，省级给予 300 万元奖励，首次入评"中国民营 500 强"的民营企业，省级给予 200 万元奖励。（责任单位：省经济和信息化委、省财政厅）

五、进一步促进企业转型升级

（二十四）加快实施"千企改造"工程，每年重点抓好千个示范企业改造，省级扶持资金重点向民营企业倾斜。按照"一业一策"要求，针对煤炭、电力、白酒、医药、有色、冶金、化工、装备制造、电子信息、特色食品、建材等重点产业，分产业推进供给侧结构性改革，推动产业成龙配套，实现转型升级优化。（责任单位：省经济和信息化委、省发展改革委、省财政厅）

（二十五）对新认定的民营省级科技中介机构给予一次性30万元补助，对升级为国家级的科技中介机构给予一次性80万元补助。对新认定的科技型小巨人企业、小巨人成长企业、科技型种子企业、大学生创业企业，分别给予50万元、20万元、15万元、10万元后补助。新认定的创新型领军企业，给予不低于500万元后补助。对新认定的民营高新技术企业给予一次性30万元补助，符合税法规定条件的减按15%税率征收企业所得税。（责任单位：省科技厅、省发展改革委、省财政厅、省经济和信息化委、省国税局、省地税局）

（二十六）对新认定的国家级或省级民营科技企业孵化器，由科技部门分别给予300万元或100万元的补助。对我省民营企业创制的具有自主知识产权、在我省首次研制生产的新技术新产品，实行首购首用风险补偿，经认定按照购置金额的10%给予购买者一次性风险补助，最高不超过100万元。（责任单位：省科技厅）

（二十七）对获得中国质量奖表彰的民营企业每户给予奖励150万元，对获得中国质量奖提名奖表彰的民营企业每户给予奖励100万元，对中小微民营企业获得发明专利授权后给予申请费、代理费、实质审查费全额补贴。（责任单位：省质监局、省科技厅、省财政厅）

（二十八）支持和鼓励在具有竞争优势领域的民营企业参与国际标准、国家标准、行业标准的制定和修订，对起主导作用的民营企业，给予国际标准50万元、国家标准20万元、行业标准10万元、地方标准5万元的补助。（责任单位：省质监局、省科技厅、省经济和信息化委、省财政厅）

（二十九）充分借助中央外经贸发展专项资金和省级开放型经济发展专项资金，引导和鼓励我省民营外贸企业通过境外展会、境外市场考察、国际市场准入认证、信息化建设等多种渠道和方式加快"走出去"步伐。对民营企业为开拓国际市场所发生的相关费用给予一定比例的支持。（责任单位：省商务厅、省财政厅、省经济和信息化委、省投资促进局、省工商联）

六、进一步优化发展环境

（三十）各级政务服务中心设立审批服务代办窗口，完善代办功能，健全代办机制，可采取政府购买服务方式，对企业办理相关审批手续提供全程代办、无偿代办、无节假日代办等服务。加快推进行政审批标准化工作，2016年实现省级行政审批标准化，2017年实现市县两级行政审批标准化，逐步实现省市县三级垂直业务系统完全对接。（责任单位：省政府政务服务中心、省政府法制办，各市〔州〕人民政府、贵安新区管委会）

（三十一）按照"非禁即入、公平待遇"的原则，支持和鼓励民间资本进入更广领域，通过出资入股、收购股权、认购可转债、股权置换等多种方式，参与国有企业改制重组或国有控股企业上市公司增资扩股以及企业经营管理。积极发展混合所有制经济，允许更多国有经济和其他所有制经济发展成为混合所有制经济，允许非国有资本参股国有资本投资项目，鼓励国有资本以多种方式入股非国有企业。（责任单位：省国资委、省发展改革委，各市〔州〕人民政府、贵安新区管委会）

（三十二）加大政府采购民营企业、民间组织社会服务力度，政府采购项目每年预留年度项目预算总额的30%，专门面向中小微企业采购。在政府采购评审中，对小微企业产品可视不同行业情况给予6%—10%的价格扣除。（责任单位：省财政厅、省公共资源交易中心，各市〔州〕人民政府、贵安新区管委会）

（三十三）高校、科研院所等事业单位专业技术人员离岗创业或进入民营企业开展技术开发研究的，经原单位同意，可在3年内保留人事关系，与原单位其他在岗人员同等享有参加职称评聘、岗位等级晋升和社会保险等方面的权利。积极支持民营企业申报技能大师工作室，对被认定为省级技能大师工作室的，按规定给予10万元经

费支持。(责任单位:省人力资源社会保障厅、省教育厅、省科技厅)

(三十四)每年对招商引资来黔投资的民营企业给予的承诺兑现情况开展专项督查,落实不力的及时进行督促整改,切实保障投资者合法权益。对民营企业用地历史遗留问题进行督查,对投资项目已批准建设以及项目完工投入生产尚未办理相关土地手续的民营企业,各级政府和相关部门要在 2016 年 12 月 31 日前妥善解决。每年 6 月 30 日前,对上一年政府拖欠民营企业工程款问题开展专项督查,制定还款计划,明确偿还时限,进行分类化解。对核定属于政府投资工程项目拖欠的工程款,各级政府要多渠道筹措资金依法依规分类进行清偿。(责任单位:省委督查室、省政府督查室、省投资促进局、省经济和信息化委、省工商联、省国土资源厅、省人力资源社会保障厅、省住房城乡建设厅、省发展改革委、省财政厅,各市〔州〕人民政府、贵安新区管委会)

七、进一步强化组织保障

(三十五)各级党委、政府要进一步加强对发展民营经济工作的组织领导,建立健全支持民营经济加快发展的协调服务机制。全省推动民营经济中小企业发展工作联席会议要切实发挥统筹协调作用,持续深入开展工业"百千万"工程、服务企业服务项目大行动、民营企业服务年活动等,努力改进工作作风,强化服务意识,千方百计解决制约民营经济加快发展的困难和问题。切实加强民营企业和商会组织党建工作,充分发挥党组织促进民营经济发展的重要作用。(责任单位:各市〔州〕人民政府、贵安新区管委会,省委组织部、省委统战部、省经济和信息化委、省工商局、省工商联)

(三十六)各地各有关部门要积极采取发放民营经济政策汇编、创建政策"搜索引擎"等方式,努力提高政策知晓率。强化统计监测,健全民营经济统计监测体系,全方位科学统计民营经济有关数据,为全面掌握民营经济政策落实提供重要依据。强化民营经济发展考核,将民营经济发展指标完成情况作为对各地各有关部门主要负

责人考核的重要依据。委托第三方评估机构,全面评估各地政策执行情况,对突出问题进行整改。建立民营经济工作约谈制度,对民营企业反映的突出问题办理不力、政策执行不到位的地方和部门主要负责人进行约谈,并对责任单位和责任人进行通报、依法问责。(责任单位:各市〔州〕人民政府、贵安新区管委会,省经济和信息化委、省统计局、省委督查室、省政府督查室)

(三十七)各地各有关部门国家工作人员尤其是领导干部在与民营企业及其负责人交往中,要守住底线、把好分寸,对企业的正当要求要积极回应,认真办理民营企业依法依规提请的事项。公安、司法、执法机关要依法打击侵害民营企业合法权益的各种违法犯罪行为,坚决打破"玻璃门""弹簧门""旋转门",杜绝"吃拿卡要"。积极推广检察长与企业董事长座谈服务企业活动模式,切实维护企业合法权益。引导民营企业逐步建立现代企业制度,规范企业管理。在商会组织、民营企业中,广泛开展以"守法诚信、坚定信心"为主要内容的理想信念教育实践活动以及预防职务犯罪活动,积极开展法律法规教育、廉洁自律教育等工作。(责任单位:各市〔州〕人民政府、贵安新区管委会,省委统战部、省纪委、省法院、省检察院、省监察厅、省公安厅、省司法厅、省经济和信息化委、省工商联)

(三十八)省委、省政府定期召开全省民营经济发展大会,支持省工商联每年召开一次贵商发展大会,大力弘扬企业家精神,营造重商、亲商、安商、富商的良好氛围。各地各有关部门要充分发挥媒体舆论宣传作用,着力破除制约民营经济发展的思维桎梏,最大限度凝聚促进民营经济加快发展的共识和合力。(责任单位:各市〔州〕人民政府、贵安新区管委会,省委宣传部、省委统战部、省经济和信息化委、省工商联)

各地各有关部门要认真贯彻落实本意见精神,制定切实可行的实施意见和配套政策,明确具体目标、实施步骤和保障措施,确保各项工作落到实处,贯彻落实情况要及时向省委、省政府报告。省委、省政府将就贯彻落实情况适时组织开展督促检查。

文件10 《省人民政府办公厅关于建立贵州省推动民营经济中小企业发展工作联席会议制度的通知》

【发布单位】贵州省人民政府办公厅
【发布文号】黔府办函〔2017〕177号
【发布日期】2017-10-12

省人民政府办公厅关于建立贵州省推动民营经济中小企业发展工作联席会议制度的通知

黔府办函〔2017〕177号

各市、自治州人民政府，贵安新区管委会，各县（市、区、特区）人民政府，省政府各部门、各直属机构：

为贯彻落实《中共贵州省委 贵州省人民政府关于进一步促进民营经济加快发展的若干意见》（黔党发〔2016〕16号）精神，进一步加强对全省民营经济中小企业发展工作的指导和统筹协调，省人民政府决定建立贵州省推动民营经济中小企业发展工作联席会议（以下简称联席会议）制度。现将有关事项通知如下：

一、组成人员

召集人：省委常委、副省长
副召集人：罗强（省政府副秘书长）
吴强（省经济和信息化委主任）
成员：王嶒（省发展改革委总经济师）
潘建春（省教育厅督学）
林浩（省科技厅副厅长）
敖鸿（省经济和信息化委副主任、省民营经济发展局〔中小企业局〕局长）
闵建（省公安厅副厅长）
杨亚军（省民政厅机关党委书记）
周全富（省司法厅副厅长）
王瑰（省财政厅副厅长）
徐海涛（省人力资源社会保障厅副厅长）
郭强（省国土资源厅副厅长）
姜平（省环境保护厅副厅长）
周宏文（省住房城乡建设厅副厅长）
章征宇（省交通运输厅副厅长）
胡继承（省农委副主任）
鲁红卫（省水利厅副厅长）
沈新国（省商务厅副厅长）
王红光（省文化厅副厅长）
杨洪（省卫生计生委副主任）
牟勇（省旅游发展委副主任）
沈晓春（省林业厅副厅长）
安丰明（省国资委总经济师）
张林军（省地税局副局长）
丁琨（省工商局副局长）
徐国骏（省质监局副局长）
叶文邦（省安全监管局副局长）
林登富（省政府法制办副巡视员）
钟春琍（省食品药品监管局副局长）
张绍新（省政府发展研究中心副主任）
任辉（省政府金融办副主任）
余显强（省投资促进局副局长）
魏俊（省总工会副主席）
闵江涛（团省委副书记）
龙丽红（省妇联副主席）
陈广臣（省工商联副主席）

周进新（省国税局副局长）

孙涌（人行贵阳中心支行副行长）

蒋敏（贵州银监局副局长）

程催禧（贵州证监局副局长）

黄海晖（贵州保监局副局长）

联席会议下设办公室，办公室设在省民营经济发展局（省中小企业局），敖鸿兼任办公室主任。联席会议成员单位相关处（室）负责人任联席会议办公室成员。联席会议及联席会议办公室不刻制印章，因工作需要，由省民营经济发展局（省中小企业局）代章。

二、主要职责

（一）联席会议。贯彻落实国家和省委、省政府关于发展民营经济和中小企业的各项决策部署，统筹推进全省民营经济中小企业加快发展，研究决定重大事项，协调解决重大问题。办理省委、省政府交办的其他事项。

（二）联席会议办公室。承担联席会议日常工作。负责指导、检查、督促各地、各有关单位贯彻落实省委、省政府以及联席会议关于民营经济中小企业发展有关工作部署的推进落实情况；督促指导民营经济中小企业发展的规划和政策制订工作；及时收集汇总、分析民营经济中小企业发展运行情况，研究提出需要由联席会议研究解决的问题建议，协调解决工作推进过程中遇到的具体问题。负责联席会议筹备、组织和会务工作，起草会议纪要。完成联席会议交办的其他工作。

三、工作规则及工作要求

（一）联席会议根据工作需要定期或不定期召开会议，由召集人或其委托的副召集人主持。

（二）联席会议议定事项以联席会议名义印发会议纪要，有关成员单位要抓好贯彻落实，由联席会议办公室负责定期督促检查议定事项落实情况，及时报告联席会议。

（三）各成员单位要全面落实工作责任制，结合自身工作职责，主动研究解决推动民营经济中小企业发展相关问题，认真落实联席会议各项工作要求，加强沟通，密切配合，互相支持，形成合力，共同推动贵州省民营经济中小企业更好更快发展。

贵州省人民政府办公厅

2017年10月12日

文件11　中共贵州省委　贵州省人民政府印发《关于进一步促进民营经济发展的政策措施》的通知

【发布单位】中共贵州省委办公厅　贵州省人民政府办公厅
【发布文号】黔党发〔2018〕29号
【发布日期】2018-12-01

中共贵州省委　贵州省人民政府印发《关于进一步促进民营经济发展的政策措施》的通知

各市（自治州）党委和人民政府，贵安新区党工委和管委会，各县（市、区）党委和人民政府，省委各部委，省级国家机关各部门，省军区、省武警总队党委，各人民团体：

现将《关于进一步促进民营经济发展的政策措施》印发给你们，请结合实际认真贯彻落实。

中共贵州省委

贵州省人民政府

（此件发至县）2018年12月1日

关于进一步促进民营经济发展的政策措施

为进一步深入贯彻落实习近平总书记关于民营经济发展的重要讲话重要指示精神和党中央、国务院决策部署，坚持"两个毫不动摇"，全力支持民营企业做大做强做优，推动全省民营经济高质量发展，特制定以下政策措施。

一、降低民营企业经营成本

（一）进一步降低企业用地成本，在法律法规范围内，根据实际探索工业用地先租后让、租让结合、弹性出让等制度，合理缩短工业用地出让年限。对符合产业政策、不改变工业用地用途、按程序提高土地容积率的，不再使其补交土地出让金。支持新产业，新业态用地，以先租后让等方式供应土地的，可在租赁供应时实施招标拍卖挂牌程序，租赁期满且符合条件的可转为出让土地。（责任单位：省自然资源厅，各市〔州〕政府、贵安新区管委会）

（二）进一步降低企业用地成本，完善电价形成机制，推进电力市场化交易，扩大直接交易范围，合理降低工商业用电目录电价，清理规范转供电主体加价行为，保持贵州省工商业用电价格处于全国较低水平。推广小微企业低压接电容量由100千伏安提升至200千伏安试点，降低小微企业接电成本。鼓励天然气大用户直供，整顿规范天然气输配企业收费行为，降低企业用气成本。（责任单位：省发展改革委、省能源局、贵州电网公司）

（三）进一步降低物流运输成本，推动取消高速公路省界收费站，试行高速公路差异化收费政策，继续对持有黔通卡通行全省高速公路的货运车辆通行费给予打折优惠。推进运输结构调整，对从事内河集装箱运输的船舶免收船闸过闸费，引导大宗货物向水运分流。（责任单位：省交通运输厅）

（四）严格落实国家和省出台的各项税收优惠和收费减免政策，贯彻政府性基金和行政事业性收费清理优惠政策，省级实行涉企行政事业"零收费"，政府部门委托的涉企技术性中介服务费用一律由政府部门支付并纳入部门预算。认真落实国家社保政策，降低社保缴费名义费率，稳定缴费方式，确保企业社保缴费实际负担实质性下降。（责任单位：省财政厅、省税务局、省人力资源社会保障厅）

二、缓解民营企业融资难题

（五）充分利用省工业和信息化发展专项资金、省工业及省属国有企业绿色发展基金，以及发展改革、科技、农业农村、商务、能源等部门涉及民营经济发展的各专项财政资金，按每年不低于 60% 的比例用于支持民营企业发展，帮助民营企业缓解经营发展中遇到的资金困难。（责任单位：省工业和信息化厅、省财政厅、省发展改革委、省科技厅、省农业农村厅、省商务厅、省能源局）

（六）落实国家对民营企业差异化信贷政策，逐步扩大贵州省银行业金融机构对民营企业贷款占新增公司类贷款的比例。鼓励各银行机构建立民营企业"白名单"、增配战略性信贷计划、单列小微企业信贷增长计划，为普惠金融业务配备专项规模，专款专用，并优化融资品种、期限、流程和模式。（责任单位：贵州银保监局、人行贵阳中心支行）

（七）建立金融机构授信尽职免责认定标准，鼓励金融机构理当下放授信审批权限，下沉小微企业信贷审批层级，构建以二级分行和重点一级支行为主的小微企业信贷审批体系。提高民营企业业务在金融机构全部业务中的考核权重，将小微企业贷款业务与内部考核等奖惩机制挂钩。对小微企业贷款基数大、占比高的金融机构，通过"黔微贷""贵工贷"等融资政策产品给予适当正向激励。（责任单位：贵州银保监局）

（八）鼓励银行机构改进信用评价模型和信贷流程，提升差别化利率定价能力，合理控制民营企业贷款利率水平，探索建立贷款全流程限时制度，建立重点民营企业审查审批"绿色通道"，逐步推广模板化运作和批量化自动化审批，进一步压缩民营企业信贷审批时间。（责任单位：贵州银保监局）

（九）支持银行机构拓展增信方式和信用贷款范围，完善抵质押率相关制度，合理调整抵质押率，扩大可接受抵质押物范围。丰富信用贷款产品，扩大适用范围，对于符合国家产业政策、公司治理完善、信用记录良好、市场竞争力强的优质民营企业，可发放信用贷款。（责任单位：人行贵阳中心支行、贵州银保监局）

（十）鼓励各地设立过桥转贷资金，按照"专款专用、封闭运行"原则管理和使用。鼓励金融机构加强与转贷基金的合作，简化操作流程，以政府资金为主导的转贷基金使用费率原则上控制在同期银行贷款基准利率上浮 50% 以内。（责任单位：省财政厅、省地方金融监管局、贵州银保监局、各市〔州〕政府、贵安新区管委会）

（十一）支持金融机构简化续贷产品办理流程，改进贷款期限管理，开展"无还本续贷"业务，推行以新发放贷款结清已有贷款等业务。对暂时遇到经营困难，但产品有市场、项目有前景、技术有竞争力的民营企业，通过借新还旧和展期等方式帮助企业续贷，不得随意停贷、压贷、抽贷、断贷。（责任单位：贵州银保监局）

（十二）支持全省符合条件的金融机构发放民营、小微企业贷款，设立不低于 30 亿元支小再贷款、再贴现专项额度，支持符合条件的金融机构对授信 3000 万元以下民营企业，以及小微企业发放贷款，利率必须低于同类同档次贷款利率。（责任单位：人行贵阳中心支行）

（十三）支持金融机构发行小微贷款资产支持证券，将小微企业贷款基础资产由单户授信 100 万元以下放宽至 500 万元以下。鼓励金融机构发行小微企业金融债券，放宽发行条件，将不低于 AA 级小微企业金融债券纳入再贷款合格担保品范围。推动有发债意愿、愿意参与信用风险缓释工具机制的民营企业积极运用该工具进行融资。（责任单位：人行贵阳中心支行、贵州银保监局）

（十四）设立省级融资担保基金，积极争取国家融资担保基金支持，进一步扩大民营企业融资担保覆盖面，引导政策性融资担保机构将担保费率控制在 2% 以内。（责任单位：省财政厅、省地方金融监管局）

（十五）加大民营企业上市支持力度，探索建立省级上市公司稳健发展支持基金，用于化解股权质押风险，支持上市公司健康发展。（责任单位：贵州证监局、省地方金融监管局、省财政厅）

三、全面放开民间投资限制

（十六）落实公平竞争审查制度，除法律法规明令禁止的外，不得以规范性文件、会议纪要等任何形式对民间资本设置附加条件和准入门槛。建立吸引民间资本投资重点领域项目库，形成项目储备、公开推介、进展调度的分层管理机制，定期发布向民间投资推介项目清单。（责任单位：省发展改革委、省市场监管局、省司法厅）

（十七）在产业园区开展审批手续前置办理试点，将部分具备条件的审批事项由政府提前集中统一办理，单个项目建设时不再办理相关手续。在"1+8"国家级开放创新平台开展企业投资项目承诺制改革试点，探索创新以政策条件引导、企业信用承诺、监管有效约束为核心的管理模式。（责任单位：省发展改革委、省工业和信息化厅、省商务厅、省科技厅）

（十八）鼓励民营企业积极参与贵州省"十百千万"计划和重点培育产业领域，参与国有企业重大投资项目、成果转化项目和资产整合项目，鼓励民营资本参股或组建相关产业投资基金、基础设施投资基金。（责任单位：省工业和信息化厅、省国资委）

（十九）鼓励民营资本参与国有企业改制重组或国有控股企业上市公司增资扩股以及企业经营管理，提高民营资本在混合所有制企业中的比重。（责任单位：省国资委）

（二十）政府投资优先支持引入社会资本的项目，根据不同项目情况，通过投资补助、基金注资、担保补贴、贷款贴息等方式，支持社会资本投资重点领域。（责任单位：省发展改革委、省财政厅）

（二十一）保障民营企业与其他类型企业按同等标准、同等待遇参与政府和社会资本合作（PPP）项目，不得以不合理的采购条件对潜在合作方实行差别待遇或歧视性待遇。（责任单位：省财政厅、省发展改革委）

四、推动民营企业转型升级

（二十二）深入推进"千企改造"工程、"万企融合"行动，"一企一策"推动规模以上民营工业企业加快实施转型升级，深化大数据、云计算、人工智能等新一代信息技术在民营经济中的创新融合。（责任单位：省工业和信息化厅、省大数据发展管理局）

（二十三）组织实施民营经济百亿企业培育行动，不断壮大民营企业规模，建立龙头企业动态管理机制，每年遴选一批省级重点龙头企业予以倾斜支持。（责任单位：省工业和信息化厅）

（二十四）大力实施中小企业"星光"行动，到2022年滚动培育成长潜力较大的中小企业10000户以上，加大培育民营企业"个转企、企转规、规转股、股转上"，提升企业发展和市场竞争能力。（责任单位：省工业和信息化厅、省发展改革委、省财政厅、省市场监管局、省地方金融监管局）

五、优化公平高效市场环境

（二十五）依托政府门户网站建立跨部门涉企政策"一站式"网上发布平台，及时为民营企业提供政策信息服务。（责任单位：省政府办公厅、省工业和信息化厅）

（二十六）全面推行"最多跑一次"改革，2019年内力争实现90%以上的涉企审批事项"一次办成"。设立投资项目审批单一窗口，将投资项目审批事项全部纳入窗口集中办理，建立"一窗受理、集中审批"新模式。除按规定必须由省级办理的核准、备案手续外，民间资本投资项目一律下放到市、县两级办理。（责任单位：省政府办公厅、省发展改革委）

（二十七）全面深化"证照分离"改革，进一步扩大"多证合一"登记制度改革实施范围，推广应用无介质电子营业执照。进一步压缩企业开办时间，简化工商登记、刻章、申领发票等手续办理,将企业开办时间压缩到3个工作日。完善市场主体退出机制,简化注销办理程序,减少资料报送,解决民营企业"注销难"问题。(责任单位:省市场监管局)

(二十八)加快"电子税务局"建设,提供功能更加全面、办税更加便捷的网上办税系统,推进无纸化退税申报试点。继续推广"税务信用云",联通税企银政四方共享数据资源以信换贷,促进民营企业"纳税信用"与"贷款信用"更有效结合。(责任单位:省税务局)

六、加强民营企业队伍建设

(二十九)鼓励民营企业申报技能大师工作室建设项目,对业绩贡献突出的民营企业高层次专业技术人才,允许通过"直通车"或"绿色通道"破格申报高级职称。(责任单位:省人力资源社会保障厅)

(三十)加大民营企业家管理能力培训补贴力度,每年组织一批民营企业家到国内"双一流"大学或省内大学培训学习,免费培训一批民营企业高层管理人员,加强企业员工技能培训。(责任单位:省工业和信息化厅、省人力资源社会保障厅)

(三十一)支持民营企业引进具有较高科研攻关能力或掌握关键技术和生产技能的高级技术人才,支持携带资金、项目、技术的优秀民营企业家、优秀人才及创新人才团队到贵州省创业。鼓励各地实施个性化人才奖补措施,柔性引进一批高层次人才。(责任单位:省委组织部、省人力资源社会保障厅、省科技厅、省发展改革委)

七、保护民营企业合法权益

(三十二)切实提高政府部门履职水平,在安监、环保等领域微观执法过程中避免简单化,坚持实事求是,一切从实际出发,不搞执行政策"一刀切"。(责任单位:省应急管理厅、省生态环境厅、省市场监管局,各市〔州〕政府、贵安新区管委会)

(三十三)规范涉企执法检查活动,着力改善涉企执法环境,行政执法人员对企业进行执法检查实行备案制度。不得以各种借口到企业反复检查,违反规定任意对合法企业实施查封。对确实存在违法违规行为的企业,要"一企一策"依法依规查处整治,不得简单实施大面积停工停业停产等行为。(责任单位:省纪委省监委、省委政法委、省法院、省检察院、省公安厅、省生态环境厅、省市场监管局,各市〔州〕政府、贵安新区管委会)

(三十四)切实保护民营企业和经营者合法权益,加强民营企业产权保护,对民营企业和经营者的一般违法行为,依法慎用查封、扣押、冻结等措施。依法打击针对民营企业的不当竞争、侵犯知识产权、强迫交易等违法犯罪,依法打击侵犯民营企业财产权利和民营企业经营者人身权利等行为。妥善处理涉及民营企业的民商事、行政案件,依法支持民营企业合法诉求。持续推进解决执行难问题,加大生效判决执行力度,各级党政机关、国有企业带头执行法院生效判决,保障民营企业胜诉权益及时实现。建立完善涉民营企业及经营者冤假错案件甄别纠正常态工作机制。(责任单位:省委政法委、省法院、省检察院、省发展改革委、省公安厅,各市〔州〕政府、贵安新区管委会)

(三十五)政府部门要严格履行与民营企业签订的合法协议或合同,不得以政府换届、相关责任人更替等理由拒绝执行,依法追究行政机关拒不履行合法承诺和拖欠工程款等行为的法律责任。因国家利益、公共利益或其他法定事由需改变政府承诺和合同约定的,应当依照法定权限和程序进行,并对相关企业和投资人的财产损失依法予以补偿。(责任单位:省发展改革委,各市〔州〕政府、贵安新区管委会)

(三十六)建立政府部门、国有企业对民营企业欠款台账,开展专项清欠行动,签订还款协议,对欠款"限时清零",严禁发生新的欠款。对欠款额度大、时间长、不按还款协议支付欠款的单位或部门列入失信"黑名单"。(责任单位:省工业和信息化厅、省国资委、省财政厅,各市〔州〕

政府、贵安新区管委会）

八、构建亲清新型政商关系

（三十七）建立领导干部联系民营企业制度，各级党政机关干部要坦荡真诚同民营企业家交往，切实树立服务意识，了解企业经营情况，设身处地为企业着想，千方百计帮助企业解决实际困难，同企业家建立真诚互信、清白纯洁、良性互动的工作关系。对政商关系中的违规违纪行为"零容忍"，机关单位工作人员尤其是领导干部在与民营企业负责人交往中要遵规守纪、廉洁自律，不得利用职权干预和插手市场经济活动，为企业谋取不正当利益或损害其合法权益。（责任单位：省纪委省监委、省委统战部、省工业和信息化厅，各市〔州〕政府、贵安新区管委会）

（三十八）大力弘扬企业家精神，加大对优秀民营企业和企业家的宣传力度，营造尊重企业家、保护企业家、支持企业家的浓厚氛围，让企业家在社会上有地位、政治上有荣誉、工作上没有后顾之忧。鼓励民营企业家积极参与脱贫攻坚等公益事业，增强履行社会责任的荣誉感和使命感。（责任单位：省委宣传部、省委统战部、省工业和信息化厅，各市〔州〕政府、贵安新区管委会）

九、提升服务保障民营经济发展能力

（三十九）各级党委、政府要高度重视民营经济发展工作，切实加强组织领导，建立工作机制，明确牵头部门，细化目标任务，压实工作责任，狠抓工作落实，打通政策落实"最后一公里"，

提高服务保障的针对性和实效性。（责任单位：省工业和信息化厅，各市〔州〕政府、贵安新区管委会）

（四十）大力开展政策落实专项行动、金融服务专项行动、降本减负专项行动、扩大民间投资专项行动、营商环境整治专项行动、领导干部联系服务企业专项行动等六大专项行动，为民营企业健康发展营造良好环境，切实解决民营企业发展中存在的问题和困难。定期对六大专项行动推进落实情况进行调度。（责任单位：省发展改革委、省工业和信息化厅、省地方金融监管局、省投资促进局，各市〔州〕政府、贵安新区管委会）

（四十一）探索组建民营企业律师服务团队，为省内重点民营企业进行免费法治体检，针对民营企业关注的法律问题、多发、易发的法律纠纷和潜在的法律风险，为企业提供精准、及时、有效的法律服务、帮助企业完善内部治理结构、防范化解风险等，提升企业治理法治水平。（责任单位：省司法厅）

（四十二）建立"服务民营企业省长直通车"平台，开通电话专线，倾听民营企业心声，受理和转办民营企业的政策咨询、投诉举报、建议意见等，及时反馈办理情况，提高政府部门履职水平，切实维护企业合法权益。（责任单位：省政府办公厅、省工业和信息化厅）

各地各有关部门要制定切实可行的细化配套政策，明确具体目标、实施步骤和保障措施，加大宣传力度，确保各项工作落到实处。

中共贵州省委办公厅

2018年12月3日印发

附表1 1978~2018年贵州省民营经济发展市场主体及就业状况

年份	个体工商户（万户）	个体工商户从业人员（万人）	个体工商户注册资本（万元）	私营企业（户）	私营企业从业人员（万人）	私营企业注册资本（万元）	历年就业人员（万人）	城乡就业人员（个体经营）（万人）
1978	0.86	1.00	547	—	—	—	1053.67	0.01
1979	—	—	—	—	—	—	1060.62	0.87
1980	—	—	—	—	—	—	1109.63	2.19
1981	4.39	4.62	1139	548	43.22	777.44	1152.95	4.12
1982	5.15	5.81	1600	—	—	—	1207.06	5.99
1983	14.37	15.59	6700	—	—	—	1234.18	9.40
1984	19.64	22.74	11200	—	—	—	1285.32	14.15
1985	20.84	26.69	1700	—	—	—	1335.17	14.84
1986	25.26	33.41	27800	—	—	—	1383.17	18.77
1987	29.58	39.34	25800	—	—	—	1435.85	19.54
1988	25.33	34.60	39100	—	—	—	1501.32	19.39
1989	25.81	34.56	52400	1698	3.86	12400	1570.84	21.09
1990	27.80	39.27	66600	1597	4.01	15700	1651.75	24.00
1991	29.02	39.20	78900	1878	4.27	21100	1701.47	25.05
1992	28.17	38.28	92800	2398	5.23	29600	1739.03	18.63
1993	31.74	42.52	113400	3733	7.10	57400	1779.01	21.10
1994	33.92	46.81	142100	5155	10.20	95200	1828.30	22.88
1995	37.10	51.50	188000	7371	12.40	210900	1812.20	32.45
1996	37.90	53.00	226000	10254	15.15	419600	1783.20	44.60

续表

年份	个体工商户（万户）	个体工商户从业人员（万人）	个体工商户注册资本（万元）	私营企业（户）	私营企业从业人员（万人）	私营企业注册资本（万元）	历年就业人员（万人）	城乡就业人员（个体经营）（万人）
1997	40.40	57.00	—	12198	16.60	619300	1796.70	41.50
1998	43.20	63.60	362200	15900	20.90	913800	1844.43	55.40
1999	43.29	66.64	393752	17619	22.70	1108961	1832.50	45.60
2000	36.90	53.40	397400	19979	25.61	1671400	1866.28	55.87
2001	39.40	57.92	477700	22248	28.31	2116900	2068.01	30.27
2002	38.50	57.00	520400	23990	25.80	2531500	2106.14	35.98
2003	41.55	61.65	593500	28100	29.50	2989700	2145.00	75.61
2004	43.31	63.07	629003	36105	36.80	4184000	2186.00	95.90
2005	43.17	59.66	643100	41484	50.70	5138500	1944.29	100.90
2006	48.62	69.43	757231	48783	52.50	6185600	1953.24	111.50
2007	50.77	76.79	861600	54812	57.02	7774400	1872.64	106.00
2008	54.98	80.17	942297	64000	64.90	9467677	1867.20	123.30
2009	59.79	88.62	1631148	72000	68.20	14095566	1841.92	—
2010	64.73	95.46	1874928	77773	73.10	16741594	1770.90	—
2011	75.51	120.14	—	94625	95.73	—	1792.80	—
2012	89.48	152.82	—	144000	123.60	—	1825.82	—
2013	106.10	185.16	—	195000	161.70	—	1864.21	—
2014	127.99	220.81	—	262000	207.80	—	1909.69	—
2015	149.21	253.54	—	338000	261.20	—	1946.65	—
2016	166.21	288.69	—	494711	—	—	1983.72	—
2017	184.86	324.20	—	565465	345.21	—	2023.20	—
2018	195.81	352.91	14730400	—	374.56	351000000	2038.50	—

资料来源：根据历年统计年鉴、年鉴及报告等综合整理。

附表2　1978~2018年贵州省民营经济发展规模及民营工业发展状况

年份	地区生产总值（亿元）	民营经济增加值（亿元）	民营经济增加值一产（亿元）	民营经济增加值二产（亿元）	民营经济增加值三产（亿元）	民营经济增加值占GDP比重（%）	私营企业税收收入（亿元）	个体经营税收收入（亿元）	规模以上民营工业企业单位数（个）	规模以上民营工业增加值（亿元）	全部工业增加值（亿元）	全部民营工业增加值（亿元）
1978	46.62	—	—	—	—	—	—	—	—	—	15.24	—
1979	55.28	—	—	—	—	—	—	—	—	—	18.33	—
1980	60.26	—	—	—	—	—	—	—	—	—	19.37	—
1981	67.89	—	—	—	—	—	—	—	—	—	20.36	—
1982	79.39	—	—	—	—	—	—	—	—	—	22.58	—
1983	87.38	—	—	—	—	—	—	—	—	—	28.16	—
1984	108.27	—	—	—	—	—	—	—	—	—	36.85	—
1985	123.92	—	—	—	—	—	—	—	—	—	41.96	—
1986	139.57	—	—	—	—	—	—	—	—	—	43.57	—
1987	165.50	—	—	—	—	—	—	—	—	—	49.93	—
1988	211.79	—	—	—	—	—	—	—	—	—	68.32	—
1989	235.84	—	—	—	—	—	—	—	—	—	77.26	—
1990	260.14	—	—	—	—	—	—	—	—	—	82.15	—
1991	295.90	—	—	—	—	—	—	—	—	—	88.96	—
1992	339.91	—	—	—	—	—	—	—	—	—	106.41	—
1993	417.69	—	—	—	—	—	—	—	—	—	135.40	—
1994	524.46	—	—	—	—	—	—	—	—	—	173.03	24.60
1995	636.21	—	—	—	—	—	—	—	—	—	208.75	27.86
1996	723.18	—	—	—	—	—	—	—	—	—	225.36	42.66
1997	805.79	—	—	—	—	—	—	—	—	—	251.10	49.22
1998	858.39	—	—	—	—	—	—	—	—	—	273.82	26.88

续表

年份	地区生产总值（亿元）	民营经济增加值（亿元）	民营经济增加值一产（亿元）	民营经济增加值二产（亿元）	民营经济增加值三产（亿元）	民营经济增加值占GDP比重（%）	私营企业税收收入（亿元）	个体经营税收收入（亿元）	规模以上民营工业企业单位数（个）	规模以上民营工业增加值（亿元）	全部工业增加值（亿元）	全部民营工业增加值（亿元）
1999	937.50	—	—	—	—	—	—	—	—	—	294.42	31.87
2000	1029.92	—	—	—	—	—	—	—	—	—	328.73	41.16
2001	1133.27	—	—	—	—	—	—	—	—	—	360.73	47.60
2002	1243.43	—	—	—	—	—	—	—	—	—	395.45	53.39
2003	1426.34	—	—	—	—	—	—	—	—	—	473.38	90.14
2004	1677.80	460.63	70.79	203.77	186.07	27.6	—	—	—	—	577.40	135.78
2005	2005.42	570.27	78.58	247.09	244.60	28.4	17.14	—	851	73.44	707.35	164.98
2006	2338.98	723.63	86.20	322.81	314.62	30.9	26.44	—	988	96.91	839.13	229.53
2007	2884.61	904.03	101.77	380.81	421.45	31.3	38.52	—	965	128.4	978.86	287.97
2008	3563.27	1152.42	134.80	472.35	545.27	32.3	55.02	—	1267	177.82	1195.30	418.36
2009	3913.27	1295.10	139.77	525.39	629.94	33.1	65.50	—	1308	196.08	1252.67	455.97
2010	4602.79	1610.76	165.63	674.31	770.82	35.0	87.90	—	1469	277.96	1516.87	579.44
2011	5725.99	2103.98	197.77	856.50	1049.71	36.7	100.32	—	—	—	1846.96	728.81
2012	6878.59	2759.40	378.24	1128.85	1252.31	40.1	111.52	—	1700	590.19	2237.13	1042.88
2013	8116.34	3493.52	508.27	1500.89	1484.36	43.0	106.01	109.51	1851	761.01	2707.29	1376.85
2014	9300.52	4275.38	655.34	2010.34	1609.70	46.0	95.60	113.50	2436	914.99	3165.32	1858.84
2015	10541.00	5246.19	939.38	2352.97	1953.84	49.8	71.90	111.01	3008	1178.33	3342.99	2162.20
2016	11792.35	6097.00	—	—	—	51.7	81.65	120.69	3344	1333.03	3715.64	—
2017	13540.83	7201.68	—	—	—	53.2	138.55	153.09	—	—	4260.48	—
2018	14806.45	8121.40	—	—	—	54.9	162.74	177.79	—	—	4378.91	—

资料来源：根据历年统计年鉴、年鉴及报告等综合整理。

本书作者及撰写专题

一、序

敖鸿，贵州省工业和信息化厅副厅长，原贵州省民营经济发展局（中小企业局）局长。

二、总报告

• 贵州省民营经济发展报告

课题组组长：吴大华，贵州省社会科学院党委书记，二级研究员、贵州省核心专家、经济学博士后、博士生导师。

执行组长：罗以洪，贵州省社会科学院区域经济研究所副研究员、博士。

主执笔：罗以洪，贵州省社会科学院区域经济研究所副研究员、博士；黄勇，贵州省社会科学院副院长、研究员、省管专家；陈加友，贵州省社会科学院工业经济所副研究员、博士；陈涛，贵州师范大学经济管理学院副教授、博士；林宏伟，湖北医药学院经济管理系教授、博士。

三、分报告

• 贵阳市民营经济发展报告

报告基本材料由贵阳市工业和信息化局协助提供。

编撰专家：赵策，保利九联集团，主要研究方向：国有经济、民营经济、企业管理。

• 遵义市民营经济发展报告

报告基本材料由遵义市工业和能源局协助提供。

编撰专家：朱薇，贵州省社会科学院区域经济研究所副研究员，主要研究方向：区域经济、工业经济、民营经济。

• 六盘水市民营经济发展报告

报告基本材料由六盘水市工业和信息化局协助提供。

编撰专家：陈婷，西南财经大学天府学院副教授，主要研究方向：大数据、人工智能、民营经济、区域经济。

• 安顺市民营经济发展报告

报告基本材料由安顺市工业和信息化局协助提供。

编撰专家：陈涛，贵州师范大学经济与管理学院副教授，主要研究方向：电子商务、民营经济、企业管理、区域经济。

• 毕节市民营经济发展报告

报告基本材料由毕节市工业和信息化局协助提供。

编撰专家：丁文将，西南财经大学天府学院副教授，主要研究方向：企业管理、民营经济、财务管理、区域经济。

• 铜仁市民营经济发展报告

报告基本材料由铜仁市工业和信息化局协助提供。

编撰专家：杨燕，中共四川省委党校副教授，主要研究方向：区域经济、民营经济、国有经济、企业战略。

• 黔南布依族苗族自治州民营经济发展报告

报告基本材料由黔南布依族苗族自治州工业

和信息化局协助提供。

编撰专家：林宏伟，湖北医药学院创新创业学院教授，主要研究方向：电子商务、民营经济、国有经济、创新管理。

• 黔东南苗族侗族自治州民营经济发展报告

报告基本材料由黔东南苗族侗族自治州工业和信息化局协助提供。

编撰专家：梅小亚，贵州民族大学博士研究生，主要研究方向：交通经济、民营经济、国有经济、社会管理。

• 黔西南布依族苗族自治州民营经济发展报告

报告基本材料由黔西南布依族苗族自治州工业和信息化局协助提供。

编撰专家：罗以洪，贵州省社会科学院区域经济研究所副研究员，主要研究方向：区域经济、工业经济、民营经济。

• 贵安新区民营经济发展报告

报告基本材料由贵安新区经发局协助提供。

编撰专家：任永强，贵州省社会科学院副研究员、高级律师，兼任贵安新区管委会法律顾问室主任，研究方向：民商法、行政法、农业经济法。

四、专题报告

• 贵州省民营企业政策环境发展报告

张松，贵州省社会科学院科研处助理研究员，主要研究方向：政策法规、民营经济、营商环境。

• 贵州省民营经济市场主体发展报告

游建民，贵州省社会科学院工业经济研究所助理研究员，主要研究方向：区域经济、工业经济、民营经济。

• 贵州省民营企业融资发展报告

李成刚，贵州财经大学金融学院教授，主要

研究方向：大数据、人工智能、民营经济、区域经济。

• 贵州省民营企业人才发展报告

林玲，贵州省社会科学院对外经济研究所副研究员，主要研究方向：区域经济、工业经济、民营经济。

五、附录

• 附录1　1978~2018年贵州省民营经济发展大事记

曾亮，贵州省社会科学院图书信息中心工作人员，博士；邓小海，贵州省社会科学院农村发展研究所副研究员、博士；何松，贵州省社会科学院图书信息中心副研究馆员。

• 附录2 1978~2018年贵州省民营经济发展重要文件汇编

罗以洪，贵州省社会科学院区域经济研究所副研究员，博士；陈涛，贵州师范大学经济与管理学院副教授、博士；杨春明，贵州师范大学经济与管理学院硕士研究生。

• 附录3 1978~2018年贵州省民营经济发展成效主要指标

罗以洪，贵州省社会科学院区域经济研究所副研究员，博士；陈涛，贵州师范大学经济与管理学院副教授、博士；杨春明，贵州师范大学经济与管理学院硕士研究生。

六、后记

吴大华，贵州省社会科学院党委书记，二级研究员、省核心专家、经济学博士后、博士生导师。

后　记

　　1978 年改革开放以来，贵州省经济社会发生了翻天覆地的变化。贵州省民营经济从无到有、由弱到强，在贵州国民经济中的地位和作用越来越显著，民营经济在促进贵州省经济发展、创业就业、改善民生等方面发挥了不可替代的重要作用，是全省国民经济快速发展、内生经济发展活力提升的重要支撑，也是全省经济发展新生的经济力量。

　　为系统总结 1978 年以来贵州省民营经济发展的历程和成就，2017 年 12 月，贵州省民营经济发展（中小企业）局委托贵州省社会科学院组织省内外专家编写反映贵州省民营经济近 40 年发展的专著《贵州省民营经济发展报告（1978-2018）》。在参考全国其他地区相关文献资料编撰基础上，结合贵州省民营经济发展实际，通过查阅文献、档案、到各个市（州）调研，组织专家团队研究及撰写等扎实工作，撰写总报告、分报告、专题报告、附录四个部分 18 个专题撰写。总报告回顾了改革开放前贵州民营经济的发展历程，以及 1978~2018 年贵州省民营经济发展的主要历程、取得的主要成效、存在的问题和未来发展建议。分报告主要由贵阳市、遵义市、六盘水市、安顺市、毕节市、铜仁市、黔南州、黔东南州、黔西南州及贵安新区民营经济发展的分报告组成，主要记录了 1978 年来各个市（州）民营经济的发展历程、取得的主要成效及做法、发展中存在的主要问题、发展展望，以及民营经济发展大事记等。专题报告由四个报告组成，分别对民营企业政策环境、民营经济的市场主体、民营企业的融资发展、民营企业的人才发展做了专题研究。附录主要包括三个部分。附录 1 为 1978~2018 年贵州省民营经济发展大事记，系统梳理了 1978~2018 年贵州省民营经济发展的主要大事。附录 2 为重要文件汇编，摘录了 1978~2018 年由贵州省委、省政府出台的关于民营经济发展的 11 个重要文件。附录 3 为 1978~2018 年贵州省民营经济发展成效主要指标，根据研究中获取的资料及筛选，系统整理了 1978~2018 年贵州省民营经济发展取得的主要成效指标变化。

通过对本书内容的精心编撰，书稿最终于 2019 年 12 月完成。在本书编写过程中融合了全省各个市（州）民营经济管理部门，以及各专题作者在多个研究领域中的研究成果。贵州省民营经济发展（中小企业）局及相关部门，贵阳市、遵义市、六盘水市、安顺市、毕节市、铜仁市、黔南州、黔东南州、黔西南州及贵安新区民营经济主管部门为本书的编写提供了大量的第一手资料和数据，冯守明、徐德生、张瑞炎、李意德、杨雄、冉然、万晓民、刘淑勇、洪玉华等同志也为本书的结构、内容等提出了大量建设性意见。原贵州省民营经济发展（中小企业）局局长敖鸿，副局长王骥、吴仕华，中小企业处处长高瑞、调研员袁丽娟，民营经济处长王瑞、刘华，副处长罗以洪（挂职）等为本书的撰写倾注了大量心血，原民营经济发展（中小企业）局干部吴蓉、王忠、罗正平、周中强、杨德明、徐政、成锦、斯维、白映霞、李凌等为本书的编辑做了大量工作。贵州省社会科学院党委书记、二级研究员、博士生导师吴大华牵头负责了本书的编撰、审稿把关工作；贵州省社会科学院副院长、三级研究员黄勇负责了本书的内容撰写、框架撰写和调研协调；湖北医药学院教授、博士林宏伟，贵州财经大学教授、博士李成刚，贵州师范大学副教授、博士陈涛，四川省委党校副教授、博士杨燕，西南财经大学天府学院副教授陈婷、副教授丁文将，贵州省社会科学院图书信息中心副研究馆员卫肖晔，贵州省社会科学院历史研究所副研究员、博士谢孝明，贵州省社会科学院工业经济研究所副研究员、博士陈加友，贵州省社会科学院区域经济研究所研究员魏霞、副研究员朱薇负责了本书的部份编辑工作；本书的其他撰写作者张松、曾亮、邓小海、林玲、梅小亚、刘杜若、游建民、赵策、何松、杨春明等，以及经济管理出版社的责任编辑宋娜、杜雨茜、张鹤溶为本书的编辑付出了艰辛的努力，在此一并表示衷心感谢。

最后，由于编者水平有限，书中难免存在不当或疏漏，竭诚希望广大读者提出宝贵意见。

《贵州省民营经济发展报告（1978–2018）》课题组

2019年12月